KB211097

빌립보서–
데살로니가후서

ESV 성경 해설 주석

편집자 주

- 성경의 문단과 절 구분은 ESV 성경의 구분을 기준하였습니다.
- 본문의 성경은 《성경전서 개역개정판》과 ESV 역을 주로 사용하였습니다.

빌립보서–데살로니가후서

ESV 성경 해설 주석

제이슨 C. 마이어 · 앨리스터 I. 윌슨
· 데이비드 W. 채프먼 지음

김명희 옮김

ESV EXPOSITORY COMMENTARY

부흥과개혁사

추천의 글

성경은 하나님의 생명의 맥박이다. 성경은 사망에서 생명으로 옮겨 주는 생명의 책이다. 성경은 하나님의 창조와 구원 디자인에 따라 삶을 풍요롭게 하는 생활의 책이다. 성경을 바로 이해하고 적용해서 그대로 살면 우선 내가 살고 또 남을 살릴 수 있다. '하나님의 생기'가 약동하는 성경을 바로 강해하면 성령을 통한 생명과 생활의 변화가 분출된다. 이번에 〈ESV 성경 해설 주석〉 시리즈가 나왔다. 미국 필라델피아 웨스트민스터신학교의 이언 두기드 교수와 남침례교신학교의 제임스 해밀턴 교수와 커버넌트신학교의 제이 스클라 교수 등이 편집했다. 학문이 뛰어나고 경험이 많은 신세대 목회자/신학자들이 대거 주석 집필에 동참했다. 일단 개혁주의 성경신학 교수들이 편집한 주석으로 신학적으로 건전하다. 〈ESV 성경 해설 주석〉은 또한 목회와 신앙생활 전반에 소중한 자료다. 성경 내용을 총체적으로 이해하고 적용한 주석으로 읽고 사용하기가 쉽게 되어 있다. 성경 각 권의 개요와 주제와 저자와 집필 연대, 문학 형태, 성경 전체와의 관계, 해석적 도전 등을 서론으로 정리한 후 구절마다 충실하게 주석해 두었다. 정금보다 더 값지고 꿀보다 더 달고 태양보다 더 밝은 성경 말씀을 개혁주의 성경 해석의 원리에 따라 탁월하게 해석하고 적용한 〈ESV 성경 해설 주석〉이 지구촌 각 교회 지도자들과 성도들에게 널리 읽혀서 생명과 생활의 변화를 통해 하나님의 영광이 극대화되기 바란다.

권성수 | 대구 동신교회 담임목사

〈ESV 성경 해설 주석〉은 미국의 건전한 개혁주의 전통에 서 있는 젊고 탁월한 학자들을 중심으로 집필된 해설 주석이다. 이 책은 매우 읽기 쉬운 주석임에도 세세한 부분까지 놓치지 않고 해설을 집필해 놓았다. 성경 전체를 아우르는 신학적 큰 그림을 견지하면서도 난제는 간결하고 핵심을 찌르듯 해설한다. 목회자들이나 성경을 연구하는 이들은 이 주석을 통해 성경 기자의 의도를 쉽게 파악하여 설교와 삶의 적용에 적절하게 활용할 수 있을 것이다.

김성수 | 고려신학대학원 구약학 교수

ESV 성경은 복음주의 학자들이 원문에 충실하게 현대 언어로 번역한다는 원칙으로 2001년에 출간된 성경이다. ESV 번역을 기초로 한 이 해설 주석은 성경 본문의 역사적 의미를 밝힘으로써, 독자가 하나님의 영감된 메시지를 발견하도록 도울 목적으로 기획되었다. 각 저자는 본문에 대한 학문적 논의에 근거하여 일반 독자가 이해하고 적용할 수 있도록 충실하게 안내하고 있다. 또한 성경 각 권에 대한 서론은 저자와 본문을 이해하는 데 큰 도움을 준다. 이 주석은 말씀을 사모하는 모든 사람들, 특별히 말씀을 선포하고 가르치는 책임을 맡은 이들에게 신뢰할 만하고 사용하기에 유익한 안내서다.

김영봉 | 와싱톤사귐의교회 담임목사

〈ESV 성경 해설 주석〉은 성경 해석의 정확성, 명료성, 간결성, 통합성을 두루 갖춘 '건실한 주석'이다. 단단한 문법적 분석의 토대 위에 문학적 테크닉을 따라 복음 스토리의 흐름을 잘 따라가며, 구약 본문과의 연관성 속에서 견고한 성경신학적 함의를 제시한다. 성경을 이해하는 데 관심 있는 일반 독자들은 이 책을 통해 최신 해석들을 접할 수 있으며, 설교자들은 영적 묵상과 현대적 적용에 통찰을 얻을 수 있을 것이다.

김정우 | 총신대학교 명예교수, 한국신학정보연구원 원장

〈ESV 성경 해설 주석〉은 단락 개요, 주석 그리고 응답의 구조로 전개되기 때문에 독자는 성경의 말씀들을 독자 자신의 영적 형편에 적합하게 적용할 수 있다. 특히 절 단위의 분절적인 주석이 아니라 각 단락을 하나의 이야기로 묶어 해석하기 때문에 본서는 성경이라는 전체 숲을 파악하는 데 더없이 유익하다. 목회자, 성경 교사, 그리고 성경 애호적인 평신도들에게 추천할 만하다.

김회권 | 숭실대학교 기독교학과 구약신학 교수

성경 주석의 가장 중요한 사명은 하나님의 말씀을 바르게 해석하고 오늘날 청중에게 유익하게 적용할 수 있도록 안내하는 일이다. 〈ESV 성경 해설 주석〉은 목회자와 성도 모두에게 성경에 새겨진 하나님의 마음을 읽게 함으로 진리의 샘물을 마시게 할 뿐 아니라 하나님을 더욱 사랑하는 마음을 불러일으킨다. 성경과 함께 〈ESV 성경 해설 주석〉을 곁에 두라. 목회자는 강단에 생명력 있는 설교에 도움을 얻을 것이고 일반 독자는 말씀을 더 깊이 깨닫는 기쁨을 누릴 것이다.

류응렬 | 와싱톤중앙장로교회 담임목사, 고든콘웰신학교 객원교수

주석들의 주석이 아니라 성경을 섬기는 주석을, 학자들만의 유희의 공간이 아니라 현장을 섬기는 주석을, 역사적 의미만이 아니라 역사 속의 의미와 오늘 여기를 향하는 의미를 고민하는 주석을, 기발함보다는 기본에 충실한 주석을 보고 싶었다. 그래서 책장 속에 진열되는 주석이 아니라 책상 위에 있어 늘 손이 가는 주석을 기다렸다. 학문성을 갖추면서도 말씀의 능력을 믿으며 쓰고, 은혜를 갈망하며 쓰고, 교회를 염두에 두고 쓴 주석을 기대했다. 〈ESV 성경 해설 주석〉은 나를 성경으로 돌아가게 하고 그 성경으로 설교하고 싶게 한다. 내가 가진 다른 주석들을 대체하지 않으면서도 가장 먼저 찾게 할 만큼 탄탄하고 적실하다. 현학과 현란을 내려놓고 수수하고 담백하게 성경 본문을 도드라지게 한다.

박대영 | 광주소명교회 책임목사, 《묵상과 설교》 편집장

또 하나의 주석을 접하며 무엇이 특별한가 하는 질문부터 하게 된다. 먼저 디테일하고 전문적인 주석과 학문적인 논의의 지루함을 면케 해주면서도 성경 본문의 흐름과 의미 그리고 중요한 주제의 핵심을 잘 파악하게 해 준다는 점을 들 수 있다. 그래서 분주한 사역과 삶으로 쫓기는 이들의 시간과 에너지를 절약해 준다는 이점이 있다. 또한 본문에 대한 충실한 해석뿐 아니라 그 적용까지 이끌어낼 수 있도록 돕는다는 점이 유익하다. 더불어 가독성이 뛰어나다는 점에서 설교를 준비하는 이들뿐 아니라 성경을 바로 이해하기 원하는 모든 교인들에게 적합한 주석이다.

박영돈 | 작은목자들교회 담임목사, 고려신학대학원 교의학 명예교수

성경이 질문하고 성경이 답변하게 하는 방법을 찾는 것은 이 시대에 성경을 연구하거나 가르치거나 설교하는 이들의 가장 큰 고민거리라고 할 수 있다. 그동안 접했던 많은 성경 주석서들은 내용이 너무 간략하거나 지나치게 방대했다. 〈ESV 성경 해설 주석〉은 이 시대의 목회자들뿐만 아니라 진리를 갈망하는 모든 신자들, 특히 제자

훈련을 경험하는 모든 동역자들에게 매우 신선하고 깊이 있는 영감을 공급하는 주석이다. 첫째, 해석이 매우 간결하고 담백하면서도 깊이가 있다. 둘째, 영어 성경과 대조해서 본문을 폭넓게 이해할 수 있다. 셋째, 성경 원어 이해를 돕기 위한 세심한 배려는 목회자뿐만 아니라 성경의 깊이를 탐구하는 모든 신앙인들에게도 큰 유익을 준다. 넷째, 이 한 권으로 충분할 수 있다. 성경이 말하기를 갈망하는 목회자의 서재뿐만 아니라 말씀을 사랑하는 모든 신앙인들의 거실과 믿음 안에서 자라나는 다음 세대의 공부방들도 〈ESV 성경 해설 주석〉이 선물하는 그 풍성한 말씀의 보고(寶庫)가 되기를 염원한다.

故 박정식 | 전 은혜의교회 담임목사

〈ESV 성경 해설 주석〉는 성경 본문을 통해 저자가 드러내기 원하는 사고의 흐름을 따라가면서 예수님을 중심으로 하는 구원계시사적 관점에서 친절히 해설한다. 《ESV 스터디 바이블》의 묘미를 맛본 분이라면, 이번 〈ESV 성경 해설 주석〉을 통해 복음에 충실한 개혁주의 해설 주석의 간명하고도 풍성한 진미를 기대해도 좋다. 설교자는 물론 성경을 진지하게 읽음으로 복음의 유익을 얻기 원하는 모든 크리스천에게 독자 친화적이며 목회 적용적인 이 주석 시리즈를 기쁘게 추천한다.

송영목 | 고신대학교 신학과 신약학 교수

일반 성도들이 성경을 읽을 때 곁에 두고 참고할 만한 자료가 의외로 많지 않다. 그런 점에서 〈ESV 성경 해설 주석〉이 한국에 소개되는 것을 매우 기쁘게 생각한다. 학술적이지 않으면서도 깊이가 있는 성경 강해를 명료하게 담아내고 있기 때문이다. 성경을 바르고 분명하게 이해하려는 모든 성도들에게 큰 도움이 되리라 확신하며 추천한다.

송태근 | 삼일교회 담임목사, 미셔널신학연구소 대표

본 시리즈는 장황한 문법적 · 구문론적 논의는 피하고 본문의 흐름을 따라 단락별로 본문의 핵심을 파악할 수 있도록 도와주는 매우 간결하고 효율적인 주석 시리즈다. 본 시리즈는 석의 과정에서 성경신학적으로 건전한 관점을 지향하면서도, 각 책의 고유한 신학적 특성을 드러내 보여주는 것도 소홀히 하지 않는다. 특히 본 시리즈는 목회자들이 설교를 준비할 때 본문 이해의 시발점으로 사용하기에 적절하며, 평신도들이 읽기에도 과히 어렵지 않은 독자 친화적 주석이다. 본 시리즈는 성경을 연구하는 모든 이들에게 매우 요긴한 동반자가 될 것이다.

양용의 | 에스라성경대학원대학교 신학학 교수

메시아적 시각을 평신도의 눈높이로 풀어낸 주석이다. 주석은 그저 어려운 책이라는 편견을 깨뜨리고 성경을 사랑하는 모든 이의 가슴 속으로 살갑게 파고든다. 좋은 책은 평생의 친구처럼 이야기를 듣고 들려주면서 함께 호흡한다는 점에서 〈ESV 성경 해설 주석〉은 가히 독보적이다. 깊이에서는 신학적이요, 통찰에서는 목회적이며, 영감에서는 말씀에 갈급한 모든 이들에게 열린 책이라고 할 수 있다. 서사적 구조와 시의적절한 비유적 서술은 누구라도 마음의 빗장을 해제하고, 침실의 머리맡에 두면서 읽어도 좋을 만큼 영혼의 위로를 주면서도, 말씀이 주는 은혜로 새벽녘까지 심령을 사로잡을 것으로 믿는다. 비대면의 일상화 속에서 말씀을 가까이하는 모든 이들이 재산을 팔아 진주가 묻힌 밭을 사는 심정으로 사서 평생의 반려자처럼 품어야 할 책이다.

오정현 | 사랑의교회 담임목사, SaRang Global Academy 총장

〈ESV 성경 해설 주석〉 시리즈의 특징은 신학자나 목회자들에게도 도움이 되겠지만 평신도 지도자인 소그룹 인도자들의 성경본문 이해에 대한 통찰력을 제공한다. 건강한 교회의 공통분모인 소그룹 활성화를 위하여 인도자의 영적 양식은 물론 그룹원들의 일상을 새로운 각도에서 조명하는 원리를 찾아주는 데 도움을 준다. 서로 마음이 통하는 반가운 친구처럼 손 가까이 두고 싶은 책으로 추천하고 싶다.

오정호 | 새로남교회 담임목사, 제자훈련 목회자네트워크(CAL-NET) 이사장

〈ESV 성경 해설 주석〉은 내용이 충실하여 활용성이 높고, 문체와 편집이 돋보여 생동감을 주기에 충분하다. 이와 함께 본문의 의미를 최대한 살려내는 심오한 해석은 기존의 우수한 주석들과 어깨를 나란히 할 만큼 정교하다. 또한 본 시리즈는 성경 각 권을 주석함과 동시에 성경 전체를 관통하는 그리스도 중심의 구속사적 관점을 생생하게 적용함으로써 탁월함을 보인다. 설교자와 성경 연구자에게는 본문에 대한 알찬 주석을 제공한다는 차원에서 오아시스와 같고, 실용적인 주석을 기다려온 평신도들에게는 설명이 뛰어나다는 점에서 가장 이상적인 해설서로 적극 추천한다.

윤철원 | 서울신학대학원 신약학 교수, 한국신약학회 회장

설교자들은 늘 신학적으로 탄탄하면서도 성경신학적인 주석서가 목말랐다. 학문적으로 치우쳐 부담되거나 석의가 부실한 가벼운 주석서들과는 달리 〈ESV 성경 해설 주석〉은 깊이 있는 주해와 적용에 이르기까지 여러 면에서 균형을 고루 갖춘 해설 주석서다. 한국 교회 강단을 풍성케 할 역작으로 기대된다.

이규현 | 수영로교회 담임목사

ESV 성경은 원문을 최대한 살려서 가장 최근에 현대 영어로 번역한 성경이다. 100여 명의 대표적인 복음주의 학자와 목회자들로 구성된 팀이 만든 ESV 성경은 '단어의 정확성'과 문학적 우수성뿐만 아니라 그 의미를 깊이 있게 드러내는 영어 성경이다. 2001년에 출간된 이후 교회 지도자들과 수많은 교파와 기독교 단체에서 널리 사용되었고, 현재 전 세계 수백만의 그리스도인들이 사용하고 있다. 〈ESV 성경 해설 주석〉은 무엇보다 개관, 개요, 주석이 명료하고 탁월하다. 포스트모던 시대에도 진지한 강해설교를 고민하는 모든 목회자들과 성경공부 인도자들에게 마음을 다하여 추천하고 싶다. 이 책을 손에 잡은 모든 이들은 손에 하늘의 보물을 잡은 감사를 느끼게 될 것이다.

이동원 | 지구촌교회 원로목사, 지구촌 목회리더십센터 대표

〈ESV 성경 해설 주석〉은 '성경'을 '말씀'으로 대하는 신중함과 경건함이 부드럽지만 강렬하게 느껴지는 저술이다. 본문의 흐름과 배경을 알기 쉽게 보여주면서 본문의 핵심을 명확하게 제시하는 묘한 힘을 가지고 있다. 연구와 통찰을 질서 있고 조화롭게 제공하여 본문을 보는 안목을 깊게 해 주고, 말씀을 받아들이는 마음을 곧추세우게 해 준다. 주석서에서 기대하는 바가 한꺼번에 채워지는 느낌이다. 설교를 준비하는 목회자, 성경을 연구하는 신학생, 말씀으로 하나님을 만나려는 성도 모두에게 단비 같은 주석이다.

이진섭 | 에스라성경대학원대학교 신약학 교수

ESV 성경 간행에 이은 〈ESV 성경 해설 주석〉의 발간은 이 땅을 살아가는 '말씀의 사역자'들은 물론, 모든 '한 책의 백성'들에게 주어진 이중의 선물이다. 본서는 구속사에 대한 거시적 시각과 각 구절에 대한 미시적 통찰, 학자들을 위한 학술적 깊이와 설교자들을 위한 주해적 풀이, 그리고 본문에 대한 탁월한 설명과 현장에 대한 감동적인 적용을 다 아우르고 있는 성경의 '끝장 주석'이라 할 만하다.

전광식 | 고신대학교 신학과 교수, 전 고신대학교 총장

〈ESV 성경 해설 주석〉은 처음부터 그 목적을 분명히 하고 집필되었다. 자기 스스로 경건에 이르도록 성장하기 위해서, 또 다른 사람들을 가르치기 위해서, 성경을 진지하게 연구하는 모든 사람들에게 도움을 주기 위해서라고 밝힌다. 목사들에게는 목회에 유익한 주석이요, 성도들에게는 적용을 돕는 주석이다. 또 누구에게나 따뜻한 감동을 안겨주는, 그리하여 주석도 은혜가 된다는 것을 새삼 확인할 것이다. 학적인

주석을 의도하지 않았지만, 이 주석의 구성도 주목할 만하다. 한글과 영어로 된 본문, 단락 개관, 개요, 주해, 응답으로 구성되어 있다. 만약 신구약 한 질의 주석을 곁에 두길 원하는 성도라면, 〈ESV 성경 해설 주석〉 시리즈는 틀림없이 실망시키지 아니할 것이라고 확신한다.

정근두 | 울산교회 원로목사

말씀을 깊이 연구하는 일부의 사람들에게는 원어 주해가 도움이 되겠지만, 강단에 서는 설교자들에게는 오히려 해설 주석이 더 요긴하다. 〈ESV 성경 해설 주석〉은 본문해설에 있어 정통 신학, 폭넓은 정보, 목회적 활용성, 그리고 적용에 초점을 두었다. 이 책은 한마디로 설교자를 위한 책이다. 헬라어나 히브리어에 능숙하지 않아도 친숙하게 성경 본문을 연구할 수 있다는 점에서 주변 목회자들에게 적극적으로 추천하고 싶다. 목회자가 아닌 일반 성도들도 깊고 풍성한 말씀에 대한 갈증이 있다면, 본 주석 시리즈를 참고할 것을 강력하게 권하고 싶다.

정성욱 | 덴버신학교 조직신학 교수

입고 있는 옷이 있어도 새 옷이 필요할 때가 있다. 기존의 것이 낡아서라기보다는 신상품의 맞춤식 매력이 탁월하기 때문이다. 〈ESV 성경 해설 주석〉 시리즈는 분주한 오늘의 목회자와 신학생뿐 아니라 성경교사 및 일반 그리스도인의 허기지고 목마른 영성의 시냇가에 심길 각종 푸르른 실과나무이자 물 댄 동산과도 같다. 실력으로 검증받은 젊은 저자들은 개혁/복음주의 신학과 신앙의 깊은 닻을 내리고, 성경 각 권의 구조와 문맥의 틀 안에서 저자의 의도를 핵심적으로 포착하여 침침했던 본문에 빛을 던져준다. 아울러 구속사적 관점 아래 그리스도 중심적 의미와 교회-설교-실천적 적용의 돛을 바라보게 함으로써 본문의 지평을 한 층 더 활짝 열어준다. 한글/영어 대역으로 성경 본문이 제공된다는 점은 한국인 독자만이 누리는 보너스이리라. "좋은 주석은 두껍고 어렵지 않을까"라는 우려를 씻어주듯 이 시리즈 주석서는 적절한 분량으로 구성된 '착한 성경 해설서'라 불리는 데 손색이 없다. 한국 교회 성도의 말씀 묵상, 신학생의 성경 경외, 목회자의 바른 설교를 향상시키는 데 〈ESV 성경 해설 주석〉 시리즈만큼 각 사람에게 골고루 영향을 끼칠 주석은 찾기 어려울 듯싶다. 기쁨과 확신 가운데 추천할 수 있는 이유다.

허주 | 아세아연합신학대학교 신약학 교수, 한국복음주의신약학회 회장

〈ESV 성경 해설 주석〉은 정확무오한 하나님의 말씀을 전하는 설교자와 전도자들에게 훌륭한 참고서다. 성경적으로 건전하고 신학적으로 충실할 뿐 아니라 목회 현장에 실질적인 도움이 된다. 나 또한 나의 설교와 가르침의 사역에 활용할 수 있기를 고대한다.

대니얼 에이킨(Daniel L. Akin) | 사우스이스턴침례신학교 총장

하나님은 그의 아들에 대해 아는 것으로 모든 열방을 축복하시려는 영원하고 세계적인 계획을 그의 말씀을 통해 드러내신다. 이 주석이 출간되어 교회들이 활용할 수 있게 된 것만으로 행복하고, 성경에 대한 명확한 해설로 말미암아 충실하게 이해할 수 있게 해 준 것은 열방에 대한 축복이다. 물이 바다를 덮음같이 하나님의 영광에 대한 지식이 온 땅에 충만해지는데 이 주석이 사용되길 바란다.

이언 추(Ian Chew) | 목사, 싱가포르 케이포로드침례교회

〈ESV 성경 해설 주석〉은 탁월한 성경 해설과 깊이 있는 성경신학에 바탕한 보물 같은 주석이다. 수준 높은 학구적 자료를 찾는 독자들뿐만 아니라 읽기 쉽고 이해하기 쉽도록 잘 정리된 주석을 원하는 사람들에게도 적합하다. 목회자, 성경교사, 신학생들에게 이 귀한 주석이 큰 도움이 되고 믿을 수 있는 길잡이가 되리라 확신한다.

데이비드 도커리(David S. Dockery) | 사우스이스턴침례신학교 석좌교수

대단한 주석! 성경을 배우는 모든 학생들에게 도움이 될 수 있도록 최고 수준의 학자들이 성경의 정수를 정리하여 접근성을 높여서 빠르게 참고하기에 이상적인 주석이다. 나 또한 설교 준비와 성경 연구에 자주 참고하고 있다.

아지스 페르난도(Ajith Fernando) | 스리랑카 YFC 교육이사, *Discipling in a Multicultural World* 저자

〈ESV 성경 해설 주석〉은 성경교사들의 기초 자료로서 활용성 높은 최고의 주석 중 하나다. 일반 독자들도 쉽게 이해할 수 있는 동시에 강해설교가들에게 충분한 배움을 제공한다. 이 주석 시리즈는 성경을 제대로 배우고자 하는 전 세계 신학생들에게도 표준 참고서가 될 것이다.

필립 라이켄(Philip Graham Ryken) | 휘튼칼리지 총장

〈ESV 성경 해설 주석〉에 대하여

성경은 생명으로 맥동한다. 성령은 믿음으로 성경을 읽고 소화해서 말씀 대로 살아가는 사람들에게 맥동하는 생명력을 전해 준다. 하나님께서 성 경 안에 자신을 계시하셨기 때문에 성경은 꿀보다 달고 금보다 귀하며, 모 든 부(富)보다 가치 있다. 주님은 온 세상을 위해 생명의 말씀인 성경을 자 신의 교회에 맡기셨다.

또한 주님은 교회에 교사들을 세우셔서 하나님의 말씀이 무엇을 의미 하는지를 설명해 주고 각 세대에 어떻게 적용해야 하는지를 분명하게 보 여주도록 하셨다. 우리는 이 주석이 하나님의 말씀을 진지하게 공부하는 모든 사람들, 즉 다른 사람들에게 가르치기 위해 성경을 연구하는 사람들 과 스스로 경건에 이르도록 성장하기 위해 성경을 공부하는 사람들에게 큰 유익을 주길 기도한다. 우리의 목표는 성경 본문을 그리스도 중심적으 로 명료하고 뚜렷하게 설명하는 것이다. 모든 성경은 그리스도에 대해 말 하고 있으며(눅 24:27), 우리는 성경의 각 책이 우리가 "예수 그리스도의 얼 굴에 있는 하나님의 영광을 아는 빛"(고후 4:6)을 보도록 어떻게 돕고 있는 지 알려주길 원한다. 그런 목표를 이루고자 이 주석 시리즈를 집필하는 저 자들에게 다음과 같은 원칙을 제시했다.

- 올바른 석의를 토대로 한 주석 성경 본문에 나타나 있는 사고의 흐름과 추론 방식을 충실하게 따를 것.
- 철저하게 성경신학적인 주석 성경은 다양한 내용들을 다루지만, 그리스도 안에서 완성된 구속이라는 단일한 주제를 말하고 있다는 점에서 성경 전체를 하나의 통일된 관점으로 볼 수 있게 할 것.
- 전 세계를 대상으로 한 주석 성경과 신학적으로 신뢰할 만한 자료들을 가능한 한 많은 사람들에게 공급하겠다는 크로스웨이(Crossway)의 선교 목적에 맞게 전 세계 독자들이 공감하고 필요로 하는 주석으로 집필할 것.
- 폭넓은 개혁주의 주석 종교개혁의 역사적 흐름 안에서 오직 은혜와 오직 믿음으로 말미암아 오직 그리스도 안에서 오직 성경의 가르침을 따라 오직 하나님의 영광을 위한 구원을 천명하고, 큰 죄인에게 큰 은혜를 베푸신 크신 하나님을 높일 것.
- 교리 친화적인 주석 신학적 담론도 중요하므로 역사적 또는 오늘날 신학적으로 중요한 문제들과 성경 본문에 대한 주석을 서로 연결하여 적절하고 함축성 있게 다룰 것.
- 목회에 유익한 주석 문법적이거나 구문론적인 긴 논쟁을 피하고, 하나님을 경외하는 마음으로 '성경 본문 아래 앉아' 경청하게 할 것.
- 적용을 염두에 둔 주석 오늘날 서구권은 물론이고 그 밖의 다른 세계에서 살아가는 사람들이 처한 상황과 성경 본문이 어떻게 연결되는지를 간결하면서도 일관되게 제시할 것(이 주석은 전 세계 다양한 상황 가운데 살아가는 사람들을 대상으로 하기 때문에).
- 간결하면서도 핵심을 찌르는 주석 성경에 나오는 단어들을 일일이 분석하는 대신, 본문의 흐름을 짚어내서 간결한 언어로 생동감 있게 강해할 것.

이 주석서에서 기본적으로 사용한 영역 성경은 ESV이지만, 집필자들에게 원어 성경을 참조해서 강해와 주석을 집필하도록 요청했다. 또한 무조건 ESV 성경 번역자들의 결해(結解)를 따르라고 요구하지도 않았다.

인간이 세운 문명은 시간이 흐르면 무너져서 폐허가 되지만, 하나님의 말씀은 영원히 서 있다. 우리 또한 바로 그 말씀 위에 서 있다. 성경의 위대한 진리들은 시간과 공간을 뛰어넘어 말하고, 우리의 목표는 전 세계적으로 적용될 수 있는 방식으로 그 진리들을 전하는 것이다.

하나님께서 자신의 말씀을 연구하는 일에 복을 주시고, 그 말씀을 강해하고 설명하려는 이 시도에 흡족해 하시기를 기도한다.

차례

약어표

참고 자료 I

ABRL   Anchor Bible Reference Library

BDAG   Bauer, W., F. W. Danker, W. F. Arndt, and F. W. Gingrich. *A Greek-English Lexicon of the New Testament and Other Early Christian Literature.* 3rd ed. Chicago: University of Chicago Press, 1999.

BECNT   Baker Exegetical Commentary on the New Testament

BHGNT   Baylor Handbook on the Greek New Testament

BNTC   Black's New Testament Commentaries

LNTS   The Library of New Testament Studies

NICNT   New International Commentary on the New Testament

NIGTC   New International Greek Testament Commentary

NTL   New Testament Library

PNTC   Pillar New Testament Commentary

SHBC   Smith and Helwys Bible Commentary

SNTSMS   Society for New Testament Studies Monograph Series

WBC   Word Biblical Commentary

ZECNT   Zondervan Exegetical Commentary on the New Testament

성경 ┃

빌립보서

ESV 성경 해설 주석

제이슨 C. 마이어 지음

ESV Expository Commentary
Philippians

빌립보서 서론[1]

개관

빌립보서는 그 중심에서 그리스도의 복음의 불길로 불타오른다. 복음이 서신 전체에 확고한 일관성과 통일성을 제공한다. 바울은 편지를 시작하는 인사에서, 복음을 통해 그와 빌립보 교인들이 공통으로 가진 정체성을 기뻐한다(빌 1:1-2). 그는 감사 기도에서(1:3-8), 하나님께서 그들 모두를 은혜에 참여한 자가 되게 하셨고, 이로 인해 그들이 복음을 위한 일에 참여하게 되었음을 강조한다. 또한 중보기도를 통해, 그들의 삶에서 복음의 열매가 더 놀랍도록 풍성해지기를 담대하게 간구한다(1:9-11).

서신의 본문은, 그가 옥에 갇혔음에도 복음 전파가 놀라운 진전을 이루었다는 새로운 소식으로 시작된다(1:12-26). 서신의 논지는 "복음에 합당하게"(1:27) 살라는 명령과 함께 나온다. 빌립보 교인들은 굳건히 서서 "복음

---

1 서론 내용의 일부는 필자가 Andreas J. Köstenberger, L. Scott Kellum, and Charles L. Quarles, *The Cradle, The Cross, and the Crown: An Introduction to the New Testament* (Nashville: B&H, 2009)에 쓴 옥중서신에 관한 장에서 가져왔다. 제14장을 보라.

의 신앙"이 진보되도록 협력해야 할 것이다(1:27-30). 복음에 합당하게 살라는 이 명령을 따르기 위해서는, 마음이 복음으로 하나 되어야 한다(2:1-4). 이 마음가짐은 그리스도의 마음에서 빛을 발하지만(2:5-11), 디모데(2:19-24)와 에바브라디도(2:25-30)의 삶이 이 마음가짐의 본이 되기도 한다, 이들은 복음을 위해 자신의 필요보다는 다른 사람의 필요를 우선시했다. 복음에 합당한 삶은, 세상에서 빛들로 나타나기 위해 원망 없이 구원을 이루라고 빌립보 교인들에게 주는 구체적인 권면으로 적용된다(2:12-18). 다음으로 바울은 복음의 진보에 위협이 되는 상황에 대응한다. 곧, 거짓 선생들과 그들의 거짓 복음(3:2-21) 그리고 빌립보 교인들의 분열(4:2-3)이다. 바울은 마지막 감사와 인사로 서신을 마무리한다(4:10-23). 여기서 그는 빌립보 교인들이 헌금을 통해 복음에 함께 참여함을 다시금 강조한다.

제목

바울은 이 서신을 그리스도 예수 안에서 "빌립보에 사는" 모든 성도에게 보냈다(빌 1:1). 빌립보라는 도시는, 주전 42년 안토니우스와 옥타비아누스가 브루투스와 카시우스(율리우스 카이사르의 암살범들)에게 승리를 거둔 격전지로 고대 세계에 잘 알려져 있었다. 이후 옥타비아누스는 안토니우스를 물리치고서(주전 31년), 빌립보를 재건하여 식민지가 얻을 수 있는 최고의 특권인 '이우스 이탈리쿰'(ius italicum, 이탈리아의 권리)을 선사했다.[2] 그러나 빌립보의 역사는 이 사건들 훨씬 이전으로 거슬러 올라간다. 주전 358-357년에 마케도니아의 필립 2세가 이곳에 도시를 세우고 자기 이름을 따라 빌립보라고 이름 붙였다. 빌립보는 에게해에서 12.9킬로미터 떨어진

---

2 식민지는 이를 통해 마치 이탈리아 내에 있는 것처럼 법의 적용을 받는 권리를 얻었고, 따라서 그 식민지의 시민들은 황제에게 내는 세금을 면제받았다.

곳에 위치한 아주 비옥한 지역으로, 샘과 금이 풍부했다(Strabo, *Geographica* 7.331). 빌립보는 주전 168년에 로마 식민지가 되었고, 에그나티아 가도(Via Egnatia, 로마와 동쪽 지역을 잇는 주요 육로) 위에 자리했다는 그 전략적 위치 덕분에 번창했다. 사도행전 내러티브에 따르면, 빌립보 교회는 바울이 주후 49-50년경 유럽에 세운 첫 교회였다(행 16:6-40).

저자

바울이 저자라는 점에 대해 학자들이 널리 받아들이고 있으므로 긴 논의는 불필요하다. 이 서신을 바울의 저작으로 받아들이는 이유는 다음과 같다. (1) 서신이 '바울에게서'라는 표현으로 시작된다. (2) 초대교회가 만장일치로 바울이 저자임을 인정했다.[3] 더 나아가 서신이 아주 개인적이라는 점이 바울이 진짜 저자임을 입증한다. 바울은 시작 부분(1:12-26)과 끝 부분(4:10-20)에서 자신의 개인적인 상황을 이야기하는 데 많은 부분을 할애한다. 또한 자신을 여러 번 본보기로 제시하고(3:4-14), 일인칭 대명사를 아주 많이 사용한다.

바울 이야기에 나오는 전환점은 인간 역사상 가장 급진적인 회심 가운데 하나다. 다소의 사울은 바리새인이자 열성적으로 교회를 핍박하는 자였다. 그리스도인들을 박해하러 다메섹으로 길을 가던 사울에게 부활하신 주 예수님이 나타나셨다. 회심 이후 사울은 교회 역사상 가장 위대한 선교사, 신학자, 저자가 되어 열세 편의 정경 서신을 썼다.

---

3   초대교회 교부인 서머나의 폴리캅, 이레니우스, 알렉산드리아의 클레멘트, 터툴리안 모두 이견 없이 바울을 저자로 받아들였다. 이러한 의견 일치는 19세기에 F. C. Baur 같은 사상가들의 의심을 받았다. Baur는 바울이 로마서와 고린도전후서, 갈라디아서만 썼다고 결론 내렸다. Baur의 견해는 많은 이들에게 설득력을 얻지는 못했다.

저작 연대와 배경

빌립보서의 저작 연대는, 바울이 로마에 투옥되어 있던 기간인 주후 60년과 62년 사이가 가장 가능성 있다.[4] 바울은 이른바 옥중서신 전체에서 자신의 투옥을 언급한다(엡 3:1; 4:1; 6:20; 빌 1:7, 13, 14, 16, 17; 골 4:3, 10; 몬 1:1, 9, 10, 13, 23). 누가에 따르면 바울은 로마에서 2년 간 가택연금 상태로 있었는데, 이때 자유롭게 방문객을 맞이할 수 있었다(행 28:30).

빌립보서에서 바울은 몇몇 목회적 문제와 개인적인 일들을 언급한다. 첫 번째로, 바울은 빌립보 교인들의 분열 소식을 들었던 것 같다. 여기에는 구체적으로 교회의 두 여성인 유오디아와 순두게의 갈등도 포함되었다. 바울은 그들에게 주 안에서 연합하라고 권한다(빌 4:2). 두 번째로, 바울은 거짓 선생들과 "십자가의 원수"로 행하는 이들을 조심하라고 심각하게 경고한다(3:2-21).

바울은 또한 수많은 개인적인 일을 언급한다. 그는 빌립보 교인들에게 자신의 상황과 복음의 진보에 관한 최신 소식을 전한다(1:12-26). 또 빌립보 교인들을 복음을 위한 일에 동참하는 자들로 여긴다(1:5). 그들은 바울을 위한 기도에 힘썼다(1:19). 따라서 자연스럽게 바울은 자신의 개인적인 정황과 함께, 그 일이 복음의 진보라는 더 큰 목표와 가지는 관계를 알리고 싶어 한다. 이 외에 세 가지 다른 개인적인 정황이 드러난다. (1) 바울은 디모데가 빌립보 교인들에게 갈 때, 그들이 디모데를 환영하도록 그를 칭찬한다(2:19-23). (2) 이후에 빌립보 교인들에게 가고자 하는 자신의 마음을 알린다(2:24). (3) 에바브로디도와 그의 병에 관한 소식을 전해 준다 (2:25-30).

---

4 빌립보서의 저작 연대는 저술 장소에 달려 있다. 이르면 주후 54년, 늦게는 62년이 가능하다. 바울의 로마 투옥 시기에 대한 전통적인 견해에 따르면, 이 서신의 연대는 60년대 초반일 것이다. 만약 바울이 에베소에서 이 서신을 썼다면 연대는 54년과 57년 사이일 수 있다.

장르와 문학적 구조

빌립보서는 서간문 장르에 속하므로 신약의 다른 서신들과 공통된 특징이 있다. 시작하는 인사(1:1-2)와 감사/기도(3-11절)가 담겨있고, 또 다른 감사 (4:10-20)와 마지막 인사(21-23절)로 마무리된다. 서신의 본문은 바울이 다른 서신들에서 사용한 구조, 곧 교리 부분(롬 1-11장; 엡 1-3장; 골 1-2장) 이후에 윤리 혹은 적용 부분이 이어지는(롬 12-16장; 엡 4-6장; 골 3-4장) 구조를 따르지 않는다. 대신 권면과 본보기에 집중한다(참고. '개요'). 바울은 정교하게 주제문을 제시하고(빌 1:27-30), 본문이 끝남을 표시하기 위해 세 가지 핵심 용어를 되풀이하는데(3:20-4:3), 이는 종종 수미상관(inclusio)이라 부르는 '북엔드'(bookend) 효과를 만들어낸다(표1을 보라).

1:27	3:20-4:3
"오직 복음에 합당한 시민으로 행동하라[폴리튜오마이(politeuomai)]"(1:27, ESV 난외주)	"우리의 시민권[폴리튜마(politeuma)]은 하늘에 있는지라"(3:20)
"내가…너희가 한마음으로 서서[스테코(stēkō)]…듣고자 함이라"(1:27-28a)	"이와 같이 주 안에 서라[스테코]"(4:1)
"한뜻으로 복음의 신앙을 위하여 협력하는[쉬나틀레오(synathleō)] 것"(1:27)	"복음에 나와 함께 힘쓰던[쉬나틀레오]"(4:3)

표1. 빌립보서의 북엔드 효과

고대의 서간문을 연구하는 사람들은 보통 빌립보서를 '우정 서신'이라 부른다. 또 어떤 이들은 빌립보서를 '가족 서신' 장르와 비교한다. 물론 이러한 연구들이 확실한 통찰을 제시하기는 하지만, '우정'이나 '가족' 서신으로 접근할 경우 이 서신의 3:1-4:9과 4:10-20의 배치를 설명하기 어려우며, 또한 그러한 명칭이 실제로 서신 전체를 제대로 설명하는 것인지 의

심을 품는 이들도 있다.[5]

신학

그리스도의 복음

빌립보서는 복음을 중심에 두고 복음을 구체적으로 적용하라고 지속적으로 간절하게 호소한다. 이는 "복음에 합당하게" 생활하라는 빌립보서 1:27에서 가장 포괄적으로 나타난다. 개인적이고 구체적인 순종의 행위(연합, 겸손, 기뻐함, 다툼이나 염려를 하지 않음)는 복음'에서' 나올 뿐 아니라, 복음과 복음의 진보를 '위해서'도 필요하다.

그리스도의 인격

빌립보서는 예수 그리스도의 우월성을 찬양한다. 이는 특히 '그리스도 찬가'(2:6-11)에 나타나는데, 이 찬가는 (1) 경이로운 그리스도의 선재하심(6절), (2) 모든 면에서 아버지께 겸손히 순종하심(7-8절), (3) 모든 무릎이 꿇고 모든 입이 시인하는 주님이라는 높은 지위(9-11절)를 숙고한다.

이 놀라운 구절 때문에 빌립보서에서 그리스도의 중심되심을 증언하는 여러 다른 구절을 무시해서는 안 된다. 바울서신의 구절들 가운데, 이생에도 내세에도 그리스도를 높이고 그분을 더 알고자 하는 바울의 불타는 열

---

5 특히 Moisés Silva가 우정 서신 모델에 대한 의심을 상세히 설명했다. 그가 보기에 분명한 문제는, "빌립보서 어디에서도 바울이 그리스-로마의 우정 개념을 명확하게 언급하지(혹은 확실하게 암시하지) 않는다"는 것이고, "서신의 본문(1:12부터 3장 끝까지)에 혹시 있다 해도 이 입장을 지지하는 증거가 거의 없다"는 것이다[Moisés Silva, *Philippians*, 2nd ed., BECNT (Grand Rapids, MI: Baker, 2005), 19].

서론

정을 표현하는 점에서 빌립보서 1:21-23과 3:7-11에 필적할 만한 것은 거의 없다. '그리스도 안에', '그 안에', '주 안에'와 같은 어구들에서 나타나 듯이 그리스도에 대한 언급이 서신 전체에 가득하다. 이 표현들은 그리스도와의 연합을 나타내기도 하고(1:1, 14, 29; 3:9; 4:21), 예수님의 인격과 사역과 주되심을 기반으로 하거나 그에 응답하는 행동을 강조하기도 한다.

- '그리스도를 위한' 매임(1:13, 문자적으로는 "그리스도 안에서")
- "주 안에서" 신뢰함(1:14)
- 사는 것이 "그리스도"(1:21)
- "그리스도 예수 안에서" 자랑함(1:26; 3:3)
- "그리스도 안에" 있는 권면(2:1)
- 그리스도 예수의 마음(2:5)
- "주 [예수] 안에서" 바람(2:19)
- "주 안에서" 확신함(2:24)
- "주 안에서" 다른 사람을 영접함(2:29)
- "주 안에서" 기뻐함(3:1; 4:4, 10)
- "그리스도 예수 안에서" 하나님의 부르심을 향해 계속 나아감(3:14)
- "주 안에" 섬(4:1)
- "주 안에서" 같은 마음을 품음(4:2)
- "그리스도 예수 안에서" 마음과 생각을 지킴(4:7)
- "그리스도 예수 안에서" 그 풍성한 대로 쓸 것을 채우심(4:19)
- "주 예수 그리스도의" 은혜(4:23)

그리스도 안에 있는 기쁨

바울은 이 짧은 서신에서 '기뻐하다'와 '함께 기뻐하다'의 명사와 동사 형태를 16회나 쓴다. 이를 통해 빌립보서는 그리스도를 따르는 자의 삶 속에 기쁨이 깊이 뿌리박혀 있음을 증언한다. 그리스도 안에 있는 기쁨은 기독

빌립보서 서론 __ 27

교의 선택적 측면이 아니라, 복음 안에서 그분과 연합함으로써 나오는 필연적인 결과다. 기쁨은 주 그리스도 예수를 아는 지식이 '가장 고상함'(3:8)을 계속 인지할 때 반드시 넘쳐흐른다. 또 주 안에서 기뻐하는 것은, 그리스도보다 육체를 더 중시하려는 각종 거짓 교훈에 대비하는 안전장치이기도 하다(3:1).

그리스도를 위한 고난

고난은 빌립보서 연구에서 종종 경시되는 중요한 신학적 주제다. 바울의 힘겨운 상황은 복음이 진전되는 데 기여했다(1:12-13). 그는 옥에 갇혔을 때 죽음에 직면했고(1:20-21), 에바브로디도 역시 복음 때문에 거의 죽을 뻔했다(2:27). 빌립보 교인들도 복음의 신앙을 위해 싸울 때(1:27) 반대와 고통을 겪겠지만, 두려워하지 말아야 한다(1:28). 그들은 고난을, 그들의 믿음처럼 하나님께서 베푸시는 은혜의 선물로 여겨야 한다(1:29). 이러한 싸움의 경험은 바울의 고난과 흡사하다. 빌립보 교인들은 과거에 그것을 목격했고 지금 그것에 대해 듣고 있다(1:30).

바울은 그리스도께서 십자가에서 겪으신 고난을 언급하고(2:8), 자신의 고난을 그리스도의 고난에 참여하는 것이자 그분의 죽으심을 본받는 것으로 여긴다(3:10). 더 나아가 바울은 그리스도께서 주시는 능력으로(4:13) 고난을(배고픔과 궁핍처럼, 4:12) 견딜 수 있다. 바울이 매를 맞은 후 빌립보 감옥에 갇혀 한밤중에 기뻐한 점을 감안할 때(행 16:16-25), 기쁨과 고난은 특히 두드러지는 주제다.

성경 다른 본문 및 그리스도와의 관련성

빌립보서에는 구약 인용구가 명백하게 나오지 않지만, 놀랍게도 바울은 서신의 핵심 부분에서 구약을 다채롭고 깊이 있게 사용한다. 그는 욥기 13:16에 의지하여 자신이 가진 확고한 구원의 확신을 표현한다(빌 1:19). 한편 시편 34:3-5은 바울이 어떤 일에도 부끄러움을 당하지 않고 그리스도께서 존귀하게 되는 것을 기대하는 확실한 배경이 된다(빌 1:20). 1:27-29의 논지 부분은, 출애굽 당시 하나님의 백성은 구원받고 하나님의 원수들은 멸망한 사실을 말할 때 사용된 표현과 이미지를 가져온다(출 14:13).

빌립보서 2:6-11에 나오는 '그리스도 찬가'는, 이사야 45:14-25과 52:13-53:12 두 본문을 능수능란하게 엮어낸 시다. 가장 눈에 띄는 유사한 측면은, 높은 데서 비천해졌다가 다시 높아지는 독특한 사고의 진행이다. 이어지는 본문(빌 2:12-17)은 구약에서 몇 구절을 가져와서, 하나님의 옛 언약 백성인 이스라엘 자손의 불순종과 하나님의 새 언약 백성인 빌립보 교인들의 순종을 대조한다(참고. 출 16:7-12; 민 17:5, 10; 신 31:27; 32:5). 빌립보 교인들은 하나님의 말씀을 굳게 붙들 때 다니엘 12장의 말씀대로 별처럼 빛난다(빌 2:15-16, 참고. 단 12:3). 주석에서는 바울이 빌립보서 곳곳에서 끌어오는 다른 구약 본문들을 강조할 것이다.

빌립보서 설교하기

빌립보서는 설교자에게 순금과도 같다. 많은 사람이 빌립보서를 가장 좋아하는 책으로 꼽는다. "내게 사는 것이 그리스도니 죽는 것도 유익함이라"(빌 1:21), "하나님이 그를 지극히 높여 모든 이름 위에 뛰어난 이름을 주사"(2:9), "주 안에서 항상 기뻐하라 내가 다시 말하노니 기뻐하라"(4:4), "내게 능력 주시는 자 안에서 내가 모든 것을 할 수 있느니라"(4:13)와 같은 친숙하고 큰 사랑을 받는 구절들이 많기 때문이다. 빌립보서를 강해 설교할 때의 좋은 점은, 이 친숙한 구절들이 서로 잘 어울려 하나의 아주 도전적이고 영감을 주는 메시지를 이룬다는 사실을 설교자가 보여줄 수 있다는 것이다. 빌립보서를 수많은 동떨어진 조각들이 아닌 하나의 거대한 그림으로 볼 수 있을 때, 사람들은 이 책을 더 사랑할 것이다.

해석상 과제

저술 장소('출처'로 불리기도 하는)에 관한 의문은, 빌립보서와 관련하여 가장 이견이 많은 사안이다. 바울은 분명 자신이 갇혀 있다고 표현하지만(1:7, 13, 17), 투옥 장소를 분명하게 말하지 않는다. 빌립보 교인들이 투옥 장소를 알았기 때문에 말할 필요가 없던 것이다. 저술 장소로 주로 거론되는 두 후보지는 로마와 에베소다.

전통적인 견해는 로마를 투옥 장소로 본다. 로마 감옥 가설의 근거는 다음과 같다. (1) "시위대"(혹은 '치안관', 1:13 ESV 난외주)와 가이사의 집 사람들(4:22)이 언급된다. (2) 투옥된 시기의 활동이 규제가 느슨했음을 암시한다(예를 들어, 1:12-13, 참고. 행 28:16, 30-31). (3) 교회가 자리를 잡은 것처럼 언급된다(1:14). (4) 외부의 증거(빌립보서에 대한 마르키온주의의 서언)가 있다. (5) 이 투옥은 '생사'가 걸린 것인데, 바울은 옥에 갇힌 다른 경우에 가이사에게 호소할 수 있었다.

최근까지는 거의 보편적으로 로마감옥 가설이 확실시되었다. 그러나 학자들은 이 전통적인 견해에서 두 가지 주요한 약점을 지적하기 시작했다. 그것은 지리 및 바울의 여행 계획과 관련이 있다. 첫 번째로, 빌립보와 로마의 거리(약 1,900킬로미터)를 고려할 때 빌립보서에 암시된 여행 횟수(아마도 무려 7회)는 문제가 된다. 두 번째로, 로마서는 바울이 스페인으로 가고자 함을 언급하는 반면(롬 15:24, 28), 빌립보서는 바울이 빌립보를 방문할 계획이라고 말한다(빌 2:24).

1897년 이후로는, 아돌프 다이스만(Adolf Deissmann)이 처음 발표한 에베소 가설이 로마 가설을 앞질렀다. 이 견해는 현재 다음과 같은 이유로 폭넓은 지지를 받고 있다. (1) 바울이 여러 번의 투옥을 언급한다(고후 11:23, 사도행전에는 에베소 투옥이 언급되지 않지만 말이다). (2) 에베소와 빌립보의 거리가 매우 가깝다. (3) 빌립보서와 바울의 이전 편지들이 문학적으로 아주 유사하다. (4) 왕실 근위대 중 한 부대가 에베소에 주둔했음을 보여주는 비문들이 있다. (5) 바울이 누가를 언급하지 않는다. 누가는 로마에서는 바울과 함께 있었지만(딤후 4:11), 바울이 에베소에서 사역하는 동안에는 함께하지 않았던 것 같다(사도행전에서 에베소서 사역 기간은 일인칭 부분이 아니다).

그러나 에베소 가설 역시 몇몇 반대에 부딪친다. (1) 이 이론은 암시적 추론을 기반으로 한다. 에베소에서 옥에 갇혔다는 명확한 언급이 없기 때문이다. (2) 에베소 교회는 바울로 인해 분열된 것 같지 않다. 그러나 에베소 가설을 받아들이려면 빌립보서를 읽을 때에 에베소 교회에 분열이 있어야 했을 것이다. (3) 예루살렘의 빈곤한 성도들을 위한 헌금은 바울의 에베소 사역에서 아주 중요했지만, 빌립보서에는 그것에 대한 암시가 없다. (4) 바울이 디모데 외에 자기 주변 사람들에 대해 다소 차갑게 말한다(빌 2:19-21). 이는 에베소의 특징에 관한 묘사로는 이상한 것 같다. 바울의 친구였던 브리스길라와 아굴라가 그곳에서 바울과 동시에 있었기 때문이다.

로마와 에베소 중 어디를 선택하느냐는 아주 어렵다. 학자들은 여러 면에서 로마 투옥 가설에 대한 지리학적 반론에 무게를 둔다. 그런데 몇몇 학자는 그것을 핵심 사안으로 여기지만, 다른 학자들은 지엽적인 문제로 본다. 많은 학자가 중도적인 입장을 취하며, 두 진영 모두 지리적 논증을 다소 과장하고 있다고 인정한다. 빌립보서와 이전 서신들이 문학적으로 유사하다는 추정은 어느 쪽이든 설득력 있는 증거가 되지 못하는 것 같다.

빌립보서가 로마에서 쓰였다는 주장이 조금 더 강력한 이유는, 알려진 투옥을 전제하며 일부 외적인 증거 및 오래된 전통이 있기 때문이다. 이러한 사항들은 에베소 가설 증명에 부담을 줄 것이다.

개요

I. 서신의 서두: 인사 및 복음 사역에 동참한 데 감사함(1:1-11)

   A. 서두의 인사(1:1-2)

     1. 저자(1:1a)

     2. 수신자(1:1b)

     3. 인사(1:2)

   B. 감사기도(1:3-8)

     1. 빌립보 교인들에 대해 하나님께 감사함(1:3-5)

     2. 시작하신 일을 마무리하신 하나님께 감사함(1:6)

     3. 감사가 합당한 마음상태임(1:7-8)

   C. 중보기도(1:9-11)

     1. 간구(1:9)

     2. 목적(1:10a)

     3. 결과(1:10b-11)

II. 본문: 복음에 합당한 삶을 살라는 권면과 본보기(1:12-4:9)

   A. 본문의 서두: 복음의 진보와 바울의 본보기(1:12-26)

     1. 현재 복음의 진보(1:12-18b)

       a. 놀라운 진보(1:12)

       b. 믿지 않는 이들 가운데서 일어난 진보(1:13)

       c. 믿는 자들 가운데서 일어난 진보(1:14)

       d. 바울이 환난 당할 가능성(1:15-17)

       e. 기뻐하겠다는 바울의 확고한 선택(1:18ab)

     2. 미래 복음의 진보(1:18c-26)

a. 미래의 구원에 대한 기쁨의 확신(1:18c-19)

b. 그리스도를 찬양하겠다는 용기 있는 신념(1:20-21)

c. 다른 사람들의 유익을 구함(1:22-26)

B. 본론(1:27-4:3)

1. 권면: 복음에 합당한 시민(1:27-30)

a. 복음에 합당한 시민으로 살라는 요청(1:27a)

b. 요청하는 목적(1:27b-28)

c. 요청하는 이유(1:29-30)

2. 권면: 복음에 합당한 생각(2:1-4)

a. 함께 누리는 복음의 복(2:1)

b. 함께 복음에 합당한 생각을 하라는 요청(2:2ab)

c. 복음에 합당하기 위해 하지 말아야 행동과 해야 할
행동(2:2c-4)

3. 본보기: 그리스도(2:5-11)

a. 요청: 그리스도의 마음을 품으라(2:5)

b. 본: 그리스도께서 자기를 낮추심(2:6-8)

c. 응답: 하나님께서 그리스도를 높이심(2:9-11)

4. 권면: 복음에 합당한 삶(2:12-18)

a. 명령: 너희 구원을 이루라(2:12)

b. 근거: 하나님께서 너희 안에서 기쁘신 뜻을 이루고
계심(2:13)

c. 적용: 하나님의 자녀는 빛을 발함(2:14-18)

5. 본보기: 디모데(2:19-24)

a. 바울이 디모데를 속히 보내기를 바람(2:19)

b. 디모데의 유일무이함(2:20)

c. 다른 사람들은 자기의 유익을 구함(2:21)

    d. 입증된 디모데(2:22)

    e. 바울이 디모데를 속히 보내기를 바라며 자신도 속히 가게 될 것을 확신함(2:23-24)

 6. 본보기: 에바브로디도(2:25-30)

    a. 상황: 에바브로디도를 돌려보냄(2:25-28)

    b. 요청: 에바브로디도를 영접하고 그와 같은 이들을 존귀하게 여기라(2:29)

    c. 이유: 다른 사람들의 필요를 채우려고 목숨을 아끼지 않음(2:30)

 7. 권면: 복음으로 기뻐하라(3:1-3)

    a. 주 안에서 기뻐하라는 요청(3:1)

      (1) 주 안에서 기뻐하라(3:1a)

      (2) 기뻐해야 할 이유(3:1b)

    b. 거짓 선생들의 위조된 주장(3:2)

      (1) 개들(3:2a)

      (2) 행악하는 자들(3:2b)

      (3) 몸을 상해하는 자들(3:2c)

    c. 빌립보 교인들의 진정한 복음 중심적 정체성(3:3)

      (1) 참된 할례(3:3a)

      (2) 성령으로 예배함(3:3b)

      (3) 그리스도 예수로 자랑함/육체를 신뢰하지 않음(3:3c)

 8. 본보기: 바울(3:4-14)

    a. 바울의 과거 삶: 육체를 신뢰함(3:4-6)

      (1) 혈통을 신뢰함(3:4-5a)

      (2) 행위를 신뢰함(3:5b-6)

  b. 바울의 회심: 그리스도만을 신뢰함(3:7-11)

    (1) 그리스도를 위해 과거의 것들을 해로 여김(3:7)

    (2) 그리스도를 아는 지식과 비교하여 모든 것을 해와
  배설물로 여김(3:8-11)

  c. 바울의 현재 삶: 그리스도만을 좇음(3:12-14)

    (1) 바울은 아직 완벽이나 부활에 이르지 않았음(3:12-13)

    (2) 바울은 하늘에서 부른 부름의 상을 위해 달려감
  (3:14)

9. 권면: 복음에 합당한 본받음(3:15-4:1)

  a. 요청: 바울과 그의 본을 따른 이들을 본받으라(3:15-17)

  b. 이유: 두 개의 다른 목적지가 있음(3:18-21)

  c. 결론: 주 안에서 굳건히 서라(4:1)

10. 권면: 복음의 적용(4:2-3)

  a. 복음에 합당한 화해가 필요함(4:2)

  b. 복음의 중개자가 필요함(4:3)

C. 마무리: 마지막 권면(4:4-9)

  1. 항상 기뻐하라(4:4)

  2. 모든 사람에게 관대하라(4:5)

  3. 아무것도 염려하지 말라(4:6a)

  4. 모든 일에 대해 기도하라(4:6b-7)

  5. 올바른 것만 생각하라(4:8)

  6. 모든 것을 실천하라(4:9)

III. 서신의 마무리: 마지막 감사와 인사(4:10-23)

  A. 복음 사역에 동참한 데 감사함(4:10-20)

  1. 첫 번째 감사(4:10-13)

Philippians
빌립보서
1:1-11

¹ 그리스도 예수의 종 바울과 디모데는
그리스도 예수 안에서 빌립보에 사는 모든 성도와 또한 감독들과 집
사들에게 편지하노니

¹ Paul and Timothy, servants¹ of Christ Jesus,

To all the saints in Christ Jesus who are at Philippi, with the overseers²
and deacons:³

² 하나님 우리 아버지와 주 예수 그리스도로부터 은혜와 평강이 너희
에게 있을지어다

² Grace to you and peace from God our Father and the Lord Jesus
Christ.

³ 내가 너희를 생각할 때마다 나의 하나님께 감사하며 ⁴ 간구할 때마
다 너희 무리를 위하여 기쁨으로 항상 간구함은 ⁵ 너희가 첫날부터 이
제까지 복음을 위한 일에 참여하고 있기 때문이라 ⁶ 너희 안에서 착한
일을 시작하신 이가 그리스도 예수의 날까지 이루실 줄을 우리는 확

신하노라 7 내가 너희 무리를 위하여 이와 같이 생각하는 것이 마땅하니 이는 너희가 내 마음에 있음이며 나의 매임과 복음을 변명함과 확정함에 너희가 다 나와 함께 은혜에 참여한 자가 됨이라 8 내가 예수 그리스도의 심장으로 너희 무리를 얼마나 사모하는지 하나님이 내 증인이시니라 9 내가 기도하노라 너희 사랑을 지식과 모든 총명으로 점점 더 풍성하게 하사 10 너희로 1)지극히 선한 것을 분별하며 또 진실하여 허물없이 그리스도의 날까지 이르고 11 예수 그리스도로 말미암아 의의 열매가 가득하여 하나님의 영광과 찬송이 되기를 원하노라

3 I thank my God in all my remembrance of you, 4 always in every prayer of mine for you all making my prayer with joy, 5 because of your partnership in the gospel from the first day until now. 6 And I am sure of this, that he who began a good work in you will bring it to completion at the day of Jesus Christ. 7 It is right for me to feel this way about you all, because I hold you in my heart, for you are all partakers with me of grace,⁴ both in my imprisonment and in the defense and confirmation of the gospel. 8 For God is my witness, how I yearn for you all with the affection of Christ Jesus. 9 And it is my prayer that your love may abound more and more, with knowledge and all discernment, 10 so that you may approve what is excellent, and so be pure and blameless for the day of Christ, 11 filled with the fruit of righteousness that comes through Jesus Christ, to the glory and praise of God.

1) 또는 같지 아니한 것을

1 For the contextual rendering of the Greek word doulos, see ESV Preface 2 Or bishops; Greek episkopoi 3 Or servants, or ministers; Greek diakonoi 4 Or you all have fellowship with me in grace

〰〰〰 단락 개관 〰〰〰

고대의 저술가들은 문학적 틀을 만드는 장치(북엔드 혹은 수미상관이라고 부르는)로 동일한 표현이나 주제를 사용해 서신을 시작하고 마무리함으로써, 서신에 주제의 통일성을 부여하곤 했다. 바울은 시작과 끝 부분에 (1) 은혜의 인사와 (2) 복음 사역에 함께 참여한 것에 대한 감사 표현을 넣음으로써 빌립보서의 내용을 하나로 묶는다. 다시 말해, 그리스도 안에 있는 하나님의 복음의 은혜와, 빌립보 교인들이 복음 사역에 함께 참여한 것에 대한 바울의 감사가 빌립보서에 주제의 통일성을 부여한다. 병행 부분은 표2에서 한눈에 볼 수 있다.

1:1-11	4:10-23
"그리스도 예수 안에서…모든 성도"(1:1)	"그리스도 예수 안에 있는 모든 성도"(4:21), "모든 성도"(4:22)
"하나님 우리 아버지와 주 예수 그리스도로부터 은혜와…너희에게"(1:2)	"주 예수 그리스도의 은혜"(4:23)
"너희가 첫날부터 이제까지 복음을 위한 일에 참여하고 있기 때문"(1:5)	"복음의 시초에…주고받는 내 일에 참여한 교회가 너희 외에 아무도 없었느니라"(4:15)
"내가 너희 무리를 위하여 이와 같이 생각하는[프로네오(phroneō)] 것이 마땅하니 이는 너희가 내 마음에 있음이며"(1:7)	"내가 주 안에서 크게 기뻐함은 너희가 나를 생각하던[프로네오] 것이 이제 다시 싹이 남이니"(4:10)
"너희가 다 나와 함께 은혜에 참여한 자가 됨이라"(1:7)	"그러나 너희가 내 괴로움에 함께 참여하였으니 잘하였도다"(4:14)
"너희 사랑을…점점 더 풍성하게 하사"(1:9)	"나는…풍부에 처할 줄도 알아…풍부와 궁핍에도 처할 줄 아는 일체의 비결을 배웠노라"(4:12)
"가득하여"(1:11)	"내게는…풍부한지라"(4:18)
"의의 열매"(1:11)	"내가…오직 너희에게 유익하도록 풍성한 열매를 구함이라"(4:17)
"하나님의 영광과 찬송"(1:11)	"하나님 곧 우리 아버지께 세세무궁하도록 영광을 돌릴지어다"(4:20)

표2. 빌립보서 '북엔드'에 나타나는 주제의 통일성: 은혜와 감사

고대 세계의 서신에서 시작 부분에는 보통 (1) 저자, (2) 수신자, (3) 인사, (4) 감사/기도라는 네 가지 요소가 들어 있었다. 바울은 이 사중 양식을 따르지만, 정형화된 형식은 아니다. 그는 이 네 범주를 취하여 그리스도를 찬양하는 범주로 완벽하게 바꾼다. 첫 번째로, 그리스도는 바울과 디모데(즉, "그리스도…의 종") 같은 '그리스도인 사역자들의 정체성'을 이해하는 열쇠로 찬양받으신다. 두 번째로, 그리스도는 '그리스도인들의 정체성'(즉, "그리스도…안에서…모든 성도")을 드러내는 열쇠로 찬양받으신다. 세 번째로, 그리스도는 '은혜와 평강의 원천'("하나님 우리 아버지와 주 예수 그리스도로부터")으로 찬양받으신다. 네 번째로, 그리스도는 바울이 마지막 날에 비추어("그리스도의 날", 1:10) 빌립보 교인들의 순결함에 대해 감사하며 기도할 때("예수 그리스도로 말미암아 의의 열매가 가득하여", 1:11) '역사와 거룩함의 정점'으로 찬양받으신다.

≋≋≋≋ 단락 개요 ≋≋≋≋

Ⅰ. 서신의 서두: 인사 그리고 복음 사역에 동참한 데 감사함(1:1-11)
　A. 서두의 인사(1:1-2)
　　1. 저자(1:1a)
　　2. 수신자(1:1b)
　　3. 인사(1:2)
　B. 감사기도(1:3-8)
　　1. 빌립보 교인들에 대해 하나님께 감사함(1:3-5)
　　2. 시작하신 일을 마무리하신 하나님께 감사함(1:6)
　　3. 감사가 합당한 마음상태임(1:7-8)
　C. 중보기도(1:9-11)

1. 간구(1:9)
2. 목적(1:10a)
3. 결과(1:10b-11)

≋≋≋≋≋   **주석**   ≋≋≋≋≋

1:1 바울과 디모데 두 사람이 저자로 제시되지만, 서신 자체의 증거는 바울을 주요 저자로 가리킨다.[6] 바울과 디모데는 그리스도의 종이라는 자신들의 신분을 공표하며 기뻐한다. "종"으로 번역된 단어는 명확하게 '노예'[둘로스(*doulos*)]를 가리킨다. 종은 모름지기 섬기는 이들이다. "그리스도의 종"은 기독교의 반전된 능력을 입증한다. 고대 세계에는 누구도 종이 되는 것을 축하하지 않았지만, 그리스도는 제자들에게 진정한 위대함은 종이 되는 데 있음을 인식하라고 가르치셨다(막 10:42-44). 이는 특히 섬김을 받으러 온 것이 아니라 섬기러 오신 그분의 본에서 드러난다(막 10:45). 그리스도의 종이라는 바울의 신분은 분명 빌립보서 2:7에서, 그리스도께서 최고의 "종"(둘로스)으로 찬양받으시는 것과 궤를 같이한다.

서신의 수신자는 "그리스도 예수 안에서…[있는] 모든 성도"다. '모든'에 강조점을 둠으로써 연합의 중요성이 강조된다. 이 주제는 몇몇 중요한 시점에 다시 등장할 것이다(빌 1:27-2:18; 3:15-4:9). 빌립보 교인들이 그리스도와 연합함으로 성도가 되었다는 사실은, 세속적인 정체성보다 그리스도인이라는 정체성을 더 귀하게 여길 것을 가르친다. 빌립보는 로마 식민지였

---

6   감사와 중보기도(1:3-11) 둘 다 일인칭 단수다. 바울은 서신의 시작(1:12-26)과 끝 부분(4:10-20)에서 자신의 개인적인 상황을 이야기하는 데 많은 부분을 할애한다. 또한 여러 번 자신을 본보기로 제시하고(3:4-14), 일인칭 대명사를 아주 많이 사용한다. 게다가 그는 직접 디모데(2:19-24)와 에바브로디도(2:25-30)를 칭찬한다.

고, 빌립보 사람들은 로마 시민권을 자랑했다. 하지만 그리스도께서 땅의 모든 권세 위에 계시므로, 빌립보 교인들은 자신들이 "그리스도…안에서" 성도들이며 '그분의' 나라의 시민이라는 사실을 훨씬 크게 기뻐해야 한다. 그러나 그들이 "빌립보에" 산다는 사실은, 로마가 오만하게 충성을 요구하는 상황에서 그들 나라의 시민권을 행사해야 한다는 뜻이다.

이 서신의 구체적인 수신자로 "감독들과 집사들"이 포함된 것이 눈에 띈다. 다른 바울서신에서는 서두에 교회 지도자들이 언급된 적이 없다. 바울은 먼저 "감독들"[에피스코포스(*episkopos*)]을 언급한다. 신약성경은 이 단어로 교회 지도자들을 가리키는데, 이는 '장로들'(행 20:17, 28; 딤전 3:1-2; 5:17; 딛 1:5, 7; 벧전 5:1)과 동의어로 쓰인다. 성경은 그리스도께서 양 무리의 목자장이심을 강조한다. 이 목자장은 양 무리를 보살피는 하위 목자들을 주심으로써 교회를 감독하는 권위를 행사하신다(벧전 5:1-4).

"집사들"은 교회의 구체적인 필요를 채우는 일을 목적으로 하는 직책을 가리킨다. 집사들은 처음에 사도들로 "말씀 사역"과 기도에 집중하게 하려고 뽑혔으며(행 6:1-6), 바울은 교회의 직책으로 집사를 뽑는 지침을 알려준다(딤전 3:8-12). 바울이 감독과 집사를 모두 언급한 사실에서, 이들이 유오디아와 순두게의 갈등을(빌 4:2-3) 해결하는 데 맡을 역할을 예상할 수 있다.

1:2 바울은 복음이 주는 선물인 은혜와 평강을 찬양한다. 고대 서신들은 흔히 인사로 서신을 시작했다. 하지만 바울은 표준적인 '인사'[카레인(*charein*)]를 '은혜'[카리스(*charis*)]로 바꿈으로써 일반적인 인사를 신학이 가미된 인사로 대체한다. 은혜는 보통 죄인들을 향한 하나님의 과분한 은총으로 이해되지만, '과분한'이나 '응당하지 않은' 같은 단어들로는 은혜를 충분히 정의하지 못한다. 은혜는 응당 진노를 받아야 하는 이들에게 주어지므로, "받을 자격이 없다기보다는 벌을 받아 마땅한" 이들에게 주어진다. "우리는 은혜와 정반대되는 것을 받을 만한 모든 짓을 다 했다."[7] 우리가 당연히 받아야 할 무한한 진노와 우리가 받은 무한한 자비 사이의 잴 수 없는 간극으로 인해 은혜는 더 놀라운 것이 된다.

바울은 인사에 "평강"을 덧붙이며, 한때 하나님의 원수였던 이들이 이제 그리스도의 피로 말미암아 그분과 평화를 누린다는 어마어마한 진리를 찬양한다(롬 5:1; 골 1:19-23). 은혜와 평강은 오직 "하나님 우리 아버지와 주 예수 그리스도로부터" 죄인들에게 임하는 복음의 선물이다. 이 위대한 구원을 아버지께서 계획하셨고 아들이 이루셨다.

1:3 3-6절은 헬라어로 한 문장으로, 감사하는 마음이 두드러진다. 바울은 빌립보 교인들을 생각할 때마다 하나님께 감사한다. 3-4절에서 바울은 "때마다", "항상" 감사한다고 말한다.

1:4 바울은 3절에서 빌립보 교인들에 대해 하나님께 감사한다는 요지를 말하고, 4절에서는 어떻게 감사하는지 구체적으로 설명한다. 바울은 기도를 통해 감사한다. 기도는 분명 바울에게 따분한 의무가 아니다. 그의 기도는 감사(3절)와 기쁨(4절)이 넘친다. 우리는 세상의 기쁨과 그리스도인의 기쁨을 구분해야 한다. 세상의 기쁨은 기쁨을 주는 상황이 필요한 반면, 그리스도인의 기쁨은 상황이 아니라 그리스도 안에 있는 뿌리 깊은 기쁨에 의존한다. 엘리자베스 엘리엇(Elisabeth Elliot)이 그것을 잘 표현했다. "비결은 다른 상황 가운데 있는 내가 아니라, 내 안에 계신 그리스도다."[8]

1:5 3절이 '무엇'이고 4절이 '어떻게'라면, 5절은 '왜'다. 바울은 빌립보 교인들에 대해 그토록 감사하는 주요 이유를 밝힌다. 바로 그들이 그와 함께 복음을 위한 일에 참여하고 있기 때문이다. "참여"[코이노니아(*koinōnia*)]는 종종 '사귐'으로 번역되지만, 따뜻한 우정의 감정을 훨씬 넘어서는 것이다.

7 Matthew Harmon, *Philippians* (Fearn, UK: Christian Focus, 2015), 75.

8 Elisabeth Elliot, *Keep a Quiet Heart* (Ventura, CA: Vine, 1995), 20.

이 단어는 보통 사업 제휴라는 상업적인 뉘앙스를 가지며, 단순한 감정 이상의 견고한 헌신을 암시한다. 카슨(D. A. Carson)은 이렇게 쓴다. "따뜻함과 친밀함의 어조가 있긴 하지만, 핵심은 초월적인 중요성을 지닌 것에 대한 공유된 비전, 우리의 헌신을 불러일으키는 비전이다."[9]

1:6 하나님께서 시작하시고 이루실 "착한 일"이 무엇인가? 그것은 구원 사역 전체다.[10] 구원은 사람의 의지로 시작되지 않았으므로(참고. 빌 1:29), 따라서 그 완성 역시 절대로 사람의 능력에 기대어 이루어질 수 없다. 구원이 하나님 중심으로 이루어진다는 것은 좋은 소식이다. 사람은 변덕스럽지만, 하나님은 시작하신 일을 완성하는 데 신실하시기 때문이다. 하나님의 일은 "그리스도 예수의 날"에 완벽하게 이루어진다. 바울이 "그리스도 예수의 날"에 초점을 맞추고 있기에, 빌립보서는 구석구석 영광에 대한 소망으로 가득하다(참고. 1:10; 2:10-11, 2:10-11, 16; 3:20-21).

1:7 언뜻 보기에 이 절은 단순히 바울의 감정이 적절하다고("마땅하니") 말하는 듯 보인다. 그러나 실상 그는 훨씬 많은 말을 한다. '느끼다'("to feel", ESV 참고)는 "생각하는"(프로네오)으로 번역할 수도 있다. 이 단어는 '마음가짐'을 가리키는데, 서신의 일관된 주제 가운데 하나다.[11] 바울은 "내가 너희 무리를 위하여 이와 같이 생각하는 것이 마땅하[다]"고 말하고 있다. 그의 마음가짐("이와 같이")의 내용은 거슬러 3-6절을 가리킨다. 바울은 그들이 복음을 위한 일을 위해 헌금하고 그 일에 참여한 것을 감사한다(3-6절). 그들은 바울이 복음을 변명하고 확정할 때 바울과 함께 은혜에 참여한 자들

---

9   D. A. Carson, *Basics for Believers: An Exposition of Philippians* (Grand Rapids, MI: Baker, 1996), 16.

10   이 '착한 일'을, 바울이 빌립보 교인들과 맺은 재정적인 제휴라고 주장하는 이들도 있다. Gerald F. Hawthorne and Ralph P. Martin, *Philippians*, rev. ed., WBC (Dallas: Word, 2004), 24-25을 보라. WBC 성경 주석 43 《빌립보서》 (솔로몬 역간). P. T. O'Brien은 '착한 일'이 구원을 가리킨다는 입장에 대해 훨씬 더 나은 주장을 펼친다. O'Brien, *Philippians*, NIGTC (Grand Rapids, MI: Eerdmans, 1991), 64-65를 보라.

이다(7-8절).

1:8 바울은 빌립보 교인들을 향한 자신의 사랑(affection)이 진실함을 증언해 달라고 하나님께 청한다. 하나님만이 그것을 확실히 아실 수 있다. 이 사랑은 바울의 공적이 아니다. 그것은 "그리스도 예수의 지극한 사랑"(공동번역, ESV는 "affection of Christ", 개역개정은 "그리스도의 심장")이기 때문이다. 이 사랑은 그리스도 예수에게서 나오며, 바울에게서 나오지 않는다. 이 "지극한 사랑"과 "그리스도"라는 단어가 연결된 것은 아주 멋진 일이다. "지극한 사랑"은 신약에서 거듭 예수님이 다른 사람들에게 보여주신 긍휼을 가리키기 때문이다(마 9:36; 14:14; 15:32). 예수님이 복음으로 사람들을 묶으시기 위해 계속해서 지극한 사랑의 은혜를 베푸시는 것은 당연하다.

1:9-11 개요

이 세 절은 헬라어로는 길고 복잡한 한 문장이다. 이는 (1) 간구, (2) 목적, (3) 최종 결과라는 삼중 구조로 되어 있다.

1:9 바울은 빌립보 교인들의 사랑이 지식과 모든 총명으로 풍성해지기를 '기도한다'. 바울의 간구가 사랑을 강조하는 것은 놀랄 일이 아니다. 바울은 심지어 사랑을 믿음과 소망보다도 더 위대하다고 여긴다(고전 13:13). 그러나 여기서 바울은 어떤 종류의 사랑을 위해 기도한다. 그것은 지식과 총명이 있는 사랑이다. 바울은 빌립보 교인들을 위한 기도에 이분법적 사고를 허용하지 않는다. 그는 그들이 장차 사랑 '혹은' 지식에서 탁월한 모습

---

11 이 단어는 신약에 겨우 26회 사용되는데, 그 중 10회가 빌립보서에 나온다[1:7; 2:2(2회), 5; 3:15(2회), 19; 4:2, 10(2회)]. 빌립보서에서 이 단어는 복음에 어울리게 삶을 바라보는 구체적인 방식을 나타낸다. 복음은 바울이 빌립보 교인들을 생각하는 방식(1:7), 그리스도인들이 동료 그리스도인들을 생각하는 방식(2:2, 5, 4:2), 또 바울이 자신에 대해 생각하는 방식(4:10)을 규정하는 능력이 있다. 복음은 대적들을 "십자가의 원수"(3:18)로 규정할 수도 있다.

을 보일 것을 고려하지 않는다. 지식 없는 사랑은 감상적이고 줏대가 없는 감정주의다. 또 사랑 없는 지식은 아무 의미가 없다(고전 13:2). 바울은 빛(지식)과 열기(사랑) 둘 다를 요청한다.

1:10a 이 사랑의 '목적'은 "지극히 선한 것을 분별하[는]" 것이다. 이곳의 동사는 '검증하고 승인하는'[도키마조(*dokimazō*)] 것을 뜻한다. 가장 유사한 구절은 로마서 12:2이다. 그곳에서 바울은 마음을 새롭게 함으로써 "하나님의 선하시고 기뻐하시고 온전하신 뜻이 무엇인지 분별하도록[도키마조] 하라"고 요청한다. 빌립보 교인들은 분별하는 사랑을 통해, 최고의 덕목을 최고로 사랑할 수 있게 되고, 그보다 못한 것이나 지엽적인 것들에 마음을 빼앗겨 산만해지지 않을 수 있다.

1:10b-11 지극히 선한 것에 확고하게 고정된, 지식과 분별력이 풍성한 사랑의 '결과'는 도덕적인 순결과 완전함이다. "진실"[에일리크리네스(*eilikrinēs*), ESV는 "pure"]은 도덕적으로 순수하다는 의미를 가지는 반면, "허물 없[음]"[아프로스코포스(*aproskopos*)]은 외적인 행동과 관련하여 흠 없는 상태에 더 초점을 맞춘다. 이 두 단어의 조합은, 그리스도인의 거룩함이 가지는 내적("진실하여")이고 외적("허물 없이") 측면을 모두 아우르는 완전함의 의미를 전달한다.[12]

이 순결은 도덕적으로 성취하는 것이 아니라 하나님의 선물이다. 그리스도인은 "예수 그리스도로 말미암아 의의 열매가 가득"함으로써만(1:11, 구약에서 이 주제에 대해서는 시 1:3과 렘 17:8을 보라) 순결하고 허물이 없을 것이다. "의의 열매"는 아마 의에서 흘러나오는 열매, 갈라디아서 5:22-23에 나오는 성령의 열매를 가리킬 것이다. 이렇게 도덕적으로 풍성한 열매는 예수 그리스도 안에서 발견되는바 하나님께로부터 주어지는 의에서 나온

---

12 따라서 또한 Harmon, *Philippians*, 102를 보라.

다(빌 3:9).[13] 따라서 이 절은, 의롭다 함을 받은 믿음은 홀로 그대로 있지 않는다는 종교개혁의 진리를 묘사한다.

〰〰〰 **응답** 〰〰〰

그리스도께 속함으로 누리는 복

이 절들을 서둘러 읽어 그리스도와의 연합이라는 중요한 진리를 놓쳐서는 안 된다. 온전하고 영원히 그리스도께 속함으로 누리는 헤아릴 수 없는 복에 새로이 경외심을 갖자. 그리스도께서 베푸시는 잔치는 세상의 얼마 안 되는 부스러기보다 훨씬 더 우리를 만족시키는 영원한 잔치다.

하나님께서 중심에 계시는 우리 구원의 안전함

하나님께서 중심에 계심으로 인해 우리 구원이 안전하다는 사실을 기뻐하자. 그것은 첫날부터 마지막 날까지 그분이 하시는 일이다(빌 1:5-6). 마커스 보크뮤엘(Markus Bockmuehl)이 지적하듯이, 그리스도인의 확신은 기독교의 기독교다움이 아니라 "하나님의 하나님다우심"[14]에 근거한다. 구원하는 능력이 우리'에게서' 나오지 않는다면, 우리 자신을 구원해야 한다는 강력한 압박에 '압도당할' 필요가 없다. 구원의 확신은 우리가 하나님의 손을 얼마나 꽉 움켜쥐느냐가 아니라 그분이 우리 손을 얼마나 꽉 움켜쥐느냐에 달려 있다.

---

13 많은 주석가가 빌립보서에 나오는 "의"의 두 용례를 구분한다. 첫 번째 의는 도덕적인 것(신자들의 선행, 1:11)이고, 두 번째 의는 법적인 것(하나님의 법적 선언, 3:9)이다. 예를 들어, Moisés Silva, *Philippians*, 51-52을 보라. 전가된 의가 의의 열매를 낳는다고 이해한다면, 둘 다 신학적으로 동일한 지점에 이른다.

14 Markus Bockmuehl, *The Epistle to the Philippians*, BNTC (Peabody, MA: Hendrickson, 1998), 62.

그리스도인은 하나님의 영광을 드러내 보이는 자들로서 하나님을 찬양하기 위해 존재한다. 우리가 거룩하고 사랑이 풍성한 삶을 사는 목적은, 우리가 하는 일을 나타내기 위해서가 아니라, 하나님께서 그리스도를 통해 우리 안에서 자라게 하시는 열매를 나타내기 위함이다. 사람들이 우리의 선한 행실을 보고 "정말 좋은 사람이다!"가 아니라 "정말 위대한 하나님이시다!"라고 말해야 한다. 다른 사람들이 하나님께서 그분의 백성을 위해 또한 그들을 통해 하시는 일을 볼 수 있을 때, 그분의 이름은 다른 무엇보다 귀하게 여겨져 거룩히 여김을 받을 것이다.

Philippians
빌립보서
1:12-26

¹² 형제들아 내가 당한 일이 도리어 복음 전파에 진전이 된 줄을 너희가 알기를 원하노라 ¹³ 이러므로 나의 매임이 그리스도 안에서 모든 시위대 안과 그 밖의 모든 사람에게 나타났으니 ¹⁴ ¹⁾형제 중 다수가 나의 매임으로 말미암아 주 안에서 신뢰함으로 겁 없이 하나님의 말씀을 더욱 담대히 전하게 되었느니라

¹² I want you to know, brothers,¹ that what has happened to me has really served to advance the gospel, ¹³ so that it has become known throughout the whole imperial guard² and to all the rest that my imprisonment is for Christ. ¹⁴ And most of the brothers, having become confident in the Lord by my imprisonment, are much more bold to speak the word³ without fear.

¹⁵ 어떤 이들은 투기와 분쟁으로, 어떤 이들은 착한 뜻으로 그리스도를 전파하나니 ¹⁶ 이들은 내가 복음을 변증하기 위하여 세우심을 받은 줄 알고 사랑으로 하나 ¹⁷ 그들은 나의 매임에 괴로움을 더하게 할 줄로 생각하여 순수하지 못하게 다툼으로 그리스도를 전파하느니라

¹⁸ 그러면 무엇이냐 겉치레로 하나 참으로 하나 무슨 방도로 하든지 전파되는 것은 그리스도니 이로써 나는 기뻐하고

¹⁵ Some indeed preach Christ from envy and rivalry, but others from good will. ¹⁶ The latter do it out of love, knowing that I am put here for the defense of the gospel. ¹⁷ The former proclaim Christ out of selfish ambition, not sincerely but thinking to afflict me in my imprisonment. ¹⁸ What then? Only that in every way, whether in pretense or in truth, Christ is proclaimed, and in that I rejoice.

또한 기뻐하리라 ¹⁹ 이것이 너희의 간구와 예수 그리스도의 성령의 도우심으로 나를 구원에 이르게 할 줄 아는 고로 ²⁰ 나의 간절한 기대와 소망을 따라 아무 일에든지 부끄러워하지 아니하고 지금도 전과 같이 온전히 담대하여 살든지 죽든지 내 몸에서 그리스도가 존귀하게 되게 하려 하나니 ²¹ 이는 내게 사는 것이 그리스도니 죽는 것도 유익함이라 ²² 그러나 만일 육신으로 사는 이것이 내 일의 열매일진대 무엇을 택해야 할는지 나는 알지 못하노라 ²³ 내가 그 둘 사이에 끼었으니 차라리 세상을 떠나서 그리스도와 함께 있는 것이 훨씬 더 좋은 일이라 그렇게 하고 싶으나 ²⁴ 내가 육신으로 있는 것이 너희를 위하여 더 유익하리라 ²⁵ 내가 ²⁾살 것과 너희 믿음의 진보와 기쁨을 위하여 너희 무리와 함께 거할 이것을 확실히 아노니 ²⁶ 내가 다시 너희와 같이 있음으로 그리스도 예수 안에서 너희 자랑이 나로 말미암아 풍성하게 하려 함이라

Yes, and I will rejoice, ¹⁹ for I know that through your prayers and the help of the Spirit of Jesus Christ this will turn out for my deliverance, ²⁰ as it is my eager expectation and hope that I will not be at all ashamed, but that with full courage now as always Christ will be honored in my body, whether by life or by death. ²¹ For to me to live

is Christ, and to die is gain. ²² If I am to live in the flesh, that means
fruitful labor for me. Yet which I shall choose I cannot tell. ²³ I am hard
pressed between the two. My desire is to depart and be with Christ, for
that is far better. ²⁴ But to remain in the flesh is more necessary on your
account. ²⁵ Convinced of this, I know that I will remain and continue
with you all, for your progress and joy in the faith, ²⁶ so that in me you
may have ample cause to glory in Christ Jesus, because of my coming
to you again.

1) 또는 주 안의 형제들 2) 헬, 거할 것과

1 Or brothers and sisters. In New Testament usage, depending on the context, the
plural Greek word *adelphoi* (translated "brothers") may refer either to *brothers* or to
brothers and sisters; also verse 14 *2* Greek *in the whole praetorium 3* Some manuscripts
add *of God*

〰〰〰 단락 개관 〰〰〰

이 단락의 요지는 복음 전파를 향한 바울의 열정이다. 바울은 개인적인 선
호, 고난, 사소한 경쟁에 집중하려 하지 않고, 복음의 진전에 단호히 시선
을 고정한다. 공식적인 차원에서 이 단락은 복음이 진전되는 상황에 대한
최신 정보를 전하고 다가올 진전을 미리 알리는 역할을 한다. 또한 실용적
인 차원에서 바울의 시각은, 자신의 이익보다 다른 사람들의 유익을 살피
고 주 안에서 기뻐하는, 그리스도를 닮은 겸손의 본보기 역할을 한다. 바울
은 떠나서 그리스도와 함께 있는 것이 훨씬 더 좋음에도(1:21), 빌립보 교
인들의 진보를 위해 이 세상에 남기로 한다(1:22-26). 바울의 본은 그가 빌
립보 교인들에게 요청할 내용을 예시한다. 그것은 곧, "남을 자기보다 낫

게 여기[는]" 것과 "무슨 일에나 이기적인 야심이나 허영을 버리는"(2:3, 공동번역) 것이다. 이기적인 야심으로 그리스도를 전파하는 이들도 있겠지만(1:15), 바울은 그리스도가 선포되는 것'만으로' 기뻐하므로(1:18), 주 안에서 기뻐하는 것에 관한 본보기이다(3:1).

〰〰〰 **단락 개요** 〰〰〰

II 본문: 복음에 합당한 삶을 살라는 권면과 본보기(1:12-4:9)

　A. 본문의 서두: 복음의 진보와 바울의 본보기(1:12-26)

　　1. 현재 복음의 진보(1:12-18b)

　　　a. 놀라운 진보(1:12)

　　　b. 믿지 않는 이들 가운데서 일어난 진보(1:13)

　　　c. 믿는 자들 가운데서 일어난 진보(1:14)

　　　d. 바울이 환난 당할 가능성(1:15-17)

　　　e. 기뻐하겠다는 바울의 확고한 선택(1:18ab)

　　2. 미래 복음의 진보(1:18c-26)

　　　a. 미래의 구원에 대한 기쁨의 확신(1:18c-19)

　　　b. 그리스도를 찬양하겠다는 용기 있는 신념(1:20-21)

　　　c. 다른 사람들의 유익을 구함(1:22-26)

≋≋≋≋≋ 주석 ≋≋≋≋≋

1:12 서신 전체에서 가장 놀라운 순간 가운데 하나는, 바울이 자신의 투옥을 실제로 복음에 '방해'가 된 것이 아닌 복음을 '진전'시킨 것으로 선언하는 때다. 바울은 두 가지 방식으로 이 놀라운 소식에 주의를 집중시킨다. 곧, (1) '진전'과 '방해'[15] 사이의 언어유희와 (2) 자신의 상황이 통상적인 예상과 반대로 복음 전파를 진전시켰음에 대한 시인이다.[16]

1:13 바울은 자신의 투옥이 복음 전파를 진전시킨 두 가지 방식 중 첫 번째를 설명한다. 곧, 믿지 않는 이들 가운데서 복음이 전파된 것이다. 이렇게 복음 전파가 진전된 까닭은, 바울의 투옥이 말 그대로 "그리스도 안에" 있는 것임이 명명백백해졌기 때문이다. 바울은 투옥을 포함하여 자신의 삶 전체가 "그리스도 안에" 있다는 엄청난 주장을 한다. 그는 가이사의 감독 아래 있는 듯 보이지만, 줄곧 그리스도의 궁극적인 다스림 아래 있다. 예수님이 복음 전파가 진전되도록 그를 옥에 보내셨다. 그가 "가이사의 집 사람들"(4:22)에 대한 문안으로 서신을 마무리한다는 사실은, 세상에서 가장 힘 있는 가문보다 뛰어난 복음의 능력을 입증한다. 바울은 왕이신 예수님의 명령에 따라 옥에 갇혀 있다. 이는 복음이 꿰뚫을 수 없어 보이는 부류의 사람들, 곧 시위대 전체(가이사의 직속 부대인 최정예 로마 군인들)의 방어막을 뚫고 나가도록하기 위함이다.[17]

1:14 바울은 이제 그의 투옥이 복음 전파를 진전시킨 두 번째 방법을 설

---

15 '진전'에 해당하는 헬라어는 프로코페(*prokopē*)이며, '방해'에 해당하는 헬라어는 프로스코페(*proskopē*)다. Walter Hansen, *The Letter to the Philippians*, PNTC (Grand Rapids, MI: Eerdmans, 2009), 67을 보라.

16 헬라어 말론[*mallon*, 이곳에서 '도리어'(ESV는 "really")로 번역됨]은 강조로 볼 수도 있지만("내 상황이 '확실히' 복음 전파를 진전시켰다"), 내 생각에는 대조의 의미가 더 확실해 보인다("당연한 기대와는 '반대로' 내 상황이 복음 전파를 진전시켰다").

17 Harmon은 바울 당시 시위대의 수가 9천명에서 1만 명 사이였다고 언급한다(Harmon, *Philippians*, 115).

명한다. 곧, 믿는 자들 가운데서 복음이 전파된 것이다. 바울의 투옥은 겁내지 않고 복음을 이야기하는 담대한 전도의 폭발적인 증가로 이어졌다 ("형제 중 다수", "더욱 담대히"). 바울은 또한 이렇게 복음 전도가 증가한 이유를 명확히 한다. 그의 투옥으로 인해 주님을 더 신뢰한 것이다. 이러한 반응은 한 번 더 놀라움을 가져다준다. 박해에 대한 당연하고 자연스러운 반응은, 두려움 때문에 뒷걸음질 치며 선포를 덜 하는 것이다. 그러나 오히려 반대되는 일이 일어났다. 형제들이 옥에서 담대하게 복음을 증언한 바울의 본을 보고 주님을 더욱 크게 신뢰한 것이다.

1:15-17 바울은 그리스도를 전파한 사람들을 두 진영으로 나눈다. 거짓된 동기로 그리스도를 전파한 이들과, 그리스도 안에서 큰 기쁨[유도키아(*eudokia*)]으로[18] 전파한 이들이다. 선포한 내용은 동일하지만, 동기는 다르다. 바울의 마음은 복음의 진보에 맞춰져 있다. 로마에 있는 많은 선포자가 바울을 사랑하고(16절), 바울과 함께 그리스도 안에서 기쁨을 누리며, 바울처럼 복음의 진보를 향한 열정을 가지고 있다. 그러나 다른 이들은 자신들의 사역이나 명성이 확대되는 데 더 관심이 있는 듯하다. 이 무리는 "순수하[게]" 복음을 전한 것이 아니라 두 가지를 이루기 위해, 곧 자신의 유익과(개역개정은 "다툼으로", ESV는 "selfish ambition", 17절, 참고. 2:3) 바울을 괴롭히려는 목적으로 복음을 전한다. 그리스도를 위한 선포와 자신의 이익을 증진하기 위한 선포보다 더 강력한 대조는 없다.

1:18ab "그러면 무엇이냐?"라는 질문과 '결국'(ESV는 "only that")이라는 대답은, 복음을 선포하는 엇갈리는 동기의 문제에 대해 바울이 결론에 이르렀음을 알려준다. 그는 "전파되는 것은 그리스도"라는 사실을 "기뻐하[기]"로(18절) 단호하게 선택한다. 바울의 마음은 자신의 이익이 아니라 복

---

18 이 단어는 '좋은 뜻'("good will", 개역개정은 "착한 뜻")을 의미할 수도 있지만, 종종 기쁨이나 즐거움이라는 더 강력한 의미를 전달한다(참고. 빌 2:13). 그러므로 또한 Harmon, *Philippians*, 123을 보라.

음의 진보에 집중해 있다. 그는 자신의 이름이 아니라 그리스도의 이름에 사로잡혀 있다. 바울은 이 짧은 단락에서 세 번이나 그리스도를 전파하는 것에 관해 언급한다(1:15, 17, 18).

1:18c-19 바울은 현재 복음이 선포를 통해 진보할 때마다 기뻐하기로 마음먹었었다. 이제는 불확실한 미래에 직면해서도 기뻐하기로 마음먹는다("또한 기뻐하리라"). 바울이 기뻐하는 이유는 그의 "구원"(deliverance)의 확실성으로 요약된다. 이 단어[소테리아(*sōtēria*)]는 옥에서 물리적으로 구출 받는 것을 가리킬 수도 있고 영적 구원(salvation)을 가리킬 수도 있다. 둘 다 가능하지만, 필자는 영적인 의미의 '구원'(salvation)이라는 번역을 선호한다.[19]

불의한 통치자의 폭정 아래 바울이 죄수로서 겪은 고난은 하나님의 백성에게 새로운 사실이 아니다. 바울은 구원 역사 내내 진행되는 거대한 드라마에서 자기가 맡은 역할을 알고 있다. 그러므로 그는 하나님 앞에서 마지막 날에 자신의 정당성이 입증되리라는 확신을 표현하고자 욥의 표현을 가져오는 것 같다. 욥은 자신이 하나님 앞에 선다면 하나님께서 자신에게 유리한 판결을 내리시고 자신의 결백을 인정하실 것이라고 담대하게 말했다(욥 13:1-28). 욥이 "이것이 나의 구원이 되리라"(16절)라고 한 말은 헬라어 번역본(70인역)에서 투토 모이 아포베세타이 에이스 소테리안(*touto moi apobēsetai eis sōtērian*)인데, 바로 빌립보서 1:19에 나오는 "이것이…나를 구원에 이르게 할 줄"이라는 표현이다. 바울의 기쁨은 재판의 결과가 아닌 자기 영혼의 구원과 밀접한 관련이 있다. 그는 옥에서 나올 가능성에 기뻐하고

---

19 Harmon은 deliverance보다 salvation을 선호하는 네 가지 설득력 있는 이유를 제시한다. 첫째, 다른 바울서신에서 소테리아(*sōtēria*)라는 단어는 항상 영적 구원을 가리킨다. 둘째, 소조(*sōzō*)라는 동사도 바울서신에서 항상 영적 구원을 의미하므로 같은 패턴에 들어맞는다. 바울의 패턴은 물리적 구원을 가리키는 데는 뤼오마이(*rhuomai*)를 사용하는 것이다(고후 1:10). 디모데후서 4:18에는 뤼오마이와 소조 둘 다 나오는데, 그 패턴이 그대로 나온다. 즉, 주께서 그를 모든 악한 일에서 "건져내시고"(뤼오마이) 그를 천국에 들어가도록 구원하실(소조) 것이다. 셋째, 문맥의 나머지 부분이 종말론적 구원이라는 시각에 들어맞는다. 넷째, 바울이 욥기 13:16을 사용하고 있다는 것은, 하나님 앞에서 자신의 정당성 입증에 초점이 있음을 가리킨다(참고. Harmon, *Philippians*, 133-134).

있는 것이 아니라, 오히려 그리스도 안에서 자기 구원이 확실함으로 인해 기뻐한다. 바울은 하나님께서 빌립보 교인들 안에서 시작하신 구원이라는 착한 일을 완료하시리라고 확신하며(빌 1:6), 그 확신은 그의 구원에도 적용된다. 바울이 구원받으리라는 확신은, 빌립보 교인들의 기도의 도움으로 또한 예수 그리스도의 영의 도우심으로 견고해질 것이다. 바울의 구원은 삼위일체 하나님의 통합된 사역이다. "성부께서 성자 예수 그리스도의 영을 새로이 경험하도록 그분의 백성의 기도에 응답하신다."[20]

1:20 바울은 수세기에 걸친 하나님의 백성과 연대하며 다시 구약성경에 의지한다. 여기서 그는 시편 34:3-5에서 두 개의 핵심 단어를 끌어온다.[21]

> 나와 함께 여호와를 광대하시다[메갈뤼나테(*megalynate*), 70인역] 하며
>> 함께 그의 이름을 높이세

> 내가 여호와께 간구하매 내게 응답하시고
>> 내 모든 두려움에서 나를 건지셨도다
> 그들이 주를 앙망하고 광채를 내었으니
>> 그들의 얼굴은 부끄럽지[카타이스퀸테(*kataischynthē*), 70인역]
>> 아니하리로다

바울과 다윗은 동일한 마음의 갈망을 가지고 동일한 방식으로 살아간다. 현재 상황에서 바울의 간절한 기대와 소망은 두 가지다. (1) 부끄러워하지[아이스퀸테소마이(*aischynthēsomai*)] 않고, (2) 그리스도께서 존귀하게 되는 것[메갈뤼테세타이(*megalynthēsetai*)]이다. 그는 자신의 재판 결과가 어떻든지(살든

---

20 Harmon, *Philippians*, 136.

21 Gordon Fee 역시 시편 34편이 빌립보서에 반영되어 있다고 밝힌다. 참고. 그의 *Paul's Letter to the Philippians*, NICNT (Grand Rapids, MI: Eerdmans, 1995), 136.

죽든) 그리스도께서 그의 몸을 통해 존귀하게 되리라 확신한다. 그가 산다면, 그리스도께서 땅의 로마 통치자들의 마음을 주권적으로 주관하고 계시므로 높임을 받으실 것이다. 그가 죽는다면, 주님의 한결같은 사랑이 생명보다 낫다는(참고. 시 63:3) 바울의 증언을 통해 그리스도께서 높임을 받으실 것이다.

1:21 "내게 사는 것이 그리스도니 죽는 것도 유익함이라." 이 절의 간결하고 시적인 힘은 영어 번역본에서도 분명하지만, 바울의 헬라어 원문에서 훨씬 더 빛난다. 그가 유사한 모음(모음 운)과 자음(자음 운)을 노련하게 사용한 것이 돋보이기 때문이다. 아래의 밑줄 친 부분에서 여섯 개의 유사한 음[토/토(*to/to*), 엔/에인(*ēn/ein*), 오스/오스(*os/os*)]을 볼 수 있다.

> 토 젠 크리스토스(*to zēn Christos*, "사는 것이 그리스도니")
> 토 아포타네인 케르도스(*to apothanein kerdos*, "죽는 것도 유익함이라")

"죽는 것도 유익함"인 이유는 23절에서 더 자세히 묘사된다. 그렇다면 "사는 것이 그리스도니"라는 말은 무슨 뜻인가? 이는 그리스도께서 완벽하게 삶의 의미를 정의하신다는 뜻이다. 갈라디아서 2:20이 도움이 된다.

> 내가 '그리스도'와 함께 십자가에 못 박혔나니 그런즉 이제는 내가 '사는' 것이 아니요 오직 내 안에 '그리스도'께서 '사시는' 것이라 이제 내가 육체 가운데 '사는' 것은 나를 사랑하사 나를 위하여 자기 자신을 버리신 '하나님의 아들'을 믿는 믿음 안에서 '사는' 것이라

1:22-24 이 절들은 다음의 중요한 질문을 제기한다. 그리스도께서 삶과 죽음 둘 다를 통해 존귀하게 되신다면, 바울은 어느 쪽을 택해야 하는가? 만약 그리스도께서 바울을 살게 하신다면, 그것은 그리스도의 주되심 아래서 더 보람 있는 일을 해야 한다는 의미일 것이다. 그러나 그리스도께서

바울을 위해 죽음을 택하신다면, 그는 떠나서 그리스도와 함께 있을 수 있다. 죽음이 그리스도와 함께하게 할 것이기에 더 유익하다. 그러므로 모든 상황이 동등하다면, 바울은 죽음을 택하는 것이 "훨씬 더 좋은"(ESV는 "far better") 일이라고 분명하게 말한다. 사실 바울은 그리스도와 함께 있는 것이 얼마나 더 좋은지 강조하기 위해 비교급을 많이 사용한다. "훨씬 더 좋은"(23절)이라는 어구의 문자적 번역은 '아주 많이 좋은'[폴로 말론 크레이손(*pollō mallon kreissōn*), much more better]'이다. 그러나 모든 상황이 동등하지는 않다. 바울이 빌립보 교인들의 필요를 고려한다면, 저울은 육신을 가지고 남는 쪽으로 기운다. 그것이 그들의 유익에 더 필요하기 때문이다.

1:25 바울은 빌립보 교인들이 그를 필요로 함을 확신하기 때문에, 그리스도께서 그를 살려 주시고 "너희 믿음의 진보와 기쁨을 위하여 너희 무리와 함께 거[하게]" 하실 것을 안다. 바울은 이 부분에서 계속 그의 중요한 관심사를 아우른다. 그것은 바로 복음 전파의 진전이다. 바울은 로마에서 있었던 복음의 진전(프로코페)를 강조하며 이 단락을 시작했고(12절), 지금은 빌립보 교인들 가운데서 일어난 복음의 진전(프로코페)을 언급하며 마무리한다(25절). 믿음이 단지 지적인 동의로 축소될 수 없음도 분명하다. 바울이 그것을 "기쁨"(문자적으로 '믿음의 기쁨')과 연결하기 때문이다. 기쁨은 믿음에서 나온다. 구원하는 믿음은 그리스도를 음미한다.

1:26 바울은 또한 그가 빌립보로 돌아간다면 혹은 돌아갈 때, 빌립보 교인들이 그를 다시 보고 그리스도 안에서 자랑할 이유가 더 많도록 이 세상에서 계속 머무르고자 한다. 기쁜 재회는 빌립보 교인들에게 그리스도 안에서 자랑의 불을 지필 더 많은 연료를 제공할 것이다. 자랑의 구체적인 대상은 '내 안에 있는 그리스도 예수'다. 이런 생각과 가장 유사한 것이 갈라디아서에 나온다. 그곳에서 바울은 유대 그리스도인들이 불가능해 보였던 그의 회심을 보고 "나로 말미암아 하나님께 영광을 돌리니라"(갈 1:24)라고 말한다.

자신의 이름이 소멸되게 하라

첫 대부흥운동의 영향력 있던 복음 전도자 조지 횟필드(George Whitefield)는, 바울이 자기 이름보다 그리스도의 이름에 더 사로잡혀 있던 것의 사례이다. 횟필드는 감리교 운동의 지도자 권한을 존 웨슬리(John Wesley)에게 넘겨주기로 결정했다. 그 운동이 횟필드에게 충성하느냐 웨슬리에게 충성하느냐로 분열될 위험에 처했기 때문이다. 횟필드의 추종자들은 그에게 지도자의 자리를 다시 받아들이라고 강권했다. 그들은 그가 한 일 때문에 그의 이름이 잊혀질 것이라고 경고했다. 횟필드는 그들의 말에 다음과 같은 선언으로 대답했다. "내 이름이요? 그리스도의 이름만이 영광을 받으신다면 횟필드라는 이름은 소멸되게 하십시오."[22] 신실한 기독교 사역자의 유일한 열망은 '그리스도의 이름'을 중요하게 여기는 것이다. 세례 요한은 자신의 이름과 영향력이 줄어드는 것에 만족했다. 그의 기쁨은 전적으로 예수님의 명성이 높아지는 것과 밀접한 관련이 있었다.

22 Arnold Dallimore, "Whitefield, George", in *New Dictionary of Theology*, ed. Sinclair B. Ferguson, David F. Wright, and J. I. Packer (Downers Grove, IL: InterVarsity, 1988), 721을 보라.

27 오직 너희는 그리스도의 복음에 합당하게 1)생활하라 이는 내가 너희에게 가 보나 떠나 있으나 너희가 2)한마음으로 서서 한뜻으로 복음의 신앙을 위하여 협력하는 것과 28 무슨 일에든지 대적하는 자들 때문에 두려워하지 아니하는 이 일을 듣고자 함이라 이것이 그들에게는 멸망의 증거요 너희에게는 구원의 증거니 이는 하나님께로부터 난 것이라 29 그리스도를 위하여 너희에게 은혜를 주신 것은 다만 그를 믿을 뿐 아니라 또한 그를 위하여 고난도 받게 하려 하심이라 30 너희에게도 그와 같은 싸움이 있으니 너희가 내 안에서 본 바요 이제도 내 안에서 듣는 바니라

27 Only let your manner of life be worthy[1] of the gospel of Christ, so that whether I come and see you or am absent, I may hear of you that you are standing firm in one spirit, with one mind striving side by side for the faith of the gospel, 28 and not frightened in anything by your opponents. This is a clear sign to them of their destruction, but of your salvation, and that from God. 29 For it has been granted to you that for the sake of Christ you should not only believe in him but also suffer for

his sake, ³⁰ engaged in the same conflict that you saw I had and now hear that I still have.

1) 또는 시민 노릇 2) 헬, 영 또는 정신
1 Greek Only behave as citizens worthy

〰〰〰 단락 개관 〰〰〰

이 단락은 서신의 본문을 시작하는 동시에 서신의 주된 요지를 담고 있다. 그것은 곧, 신자들이 '복음에 합당한 시민으로 행동하는'(1:27, ESV 난외주) 것이다. 이 단락은 앞부분과 뒷부분 둘 다와 연결된다. 첫 번째로, 1:12-26(바울의 최신 소식)과 1:27-30(그가 '그들'로부터 듣고 싶은 최신 소식)의 깊은 연관성을 통해 앞부분과 연결된다. 빌립보 교인들이 지금 바울이 고난에도 불구하고 복음 전파를 위해 굳건히 서 있음을 들은 것처럼, 그 역시 이제 그들이 고난에도 불구하고 복음 안에 든든히 서 있음을 듣고 싶어 한다. 바울이 바라는 바는, 하나님께서 그의 고난에서 선을 이끌어내셨으므로 빌립보 교인들의 고난에서도 선을 이끌어내실 것임을 그들이 확신하는 것이다. 하나님은 은혜로우시게도 믿음의 선물과 고난의 선물을 모두 베푸셨다. 그들은 복음 신앙 안에서 굳게 서서 전진해야지, 믿음 없이 두려워하며 뒷걸음치면 안 된다. 대적들은 멸망할 것이고, 빌립보 교인들은 구원받을 것이다.

두 번째로, 이 단락은 앞을 내다본다. 서론에서 언급했듯이, 이곳에 있는 세 단어가 서신의 본문 끝에 다시 나오며, 이를 통해 북엔드(수미상관) 효과를 가져 온다(표3).

1:27	3:20-4:3
"오직 복음에 합당한 시민으로 행동하라[폴리튜오마이]"(1:27, ESV 난외주)	"우리의 시민권[폴리튜마]은 하늘에 있는지라"(3:20)
"내가…너희가 한마음으로 서서[스테코]…듣고자 함이라"(1:27-28a)	"이와 같이 주 안에 서라[스테코]"(4:1)
"한뜻으로 복음의 신앙을 위하여 협력하는[쉬나틀레오] 것"(1:27)	"복음에 나와 함께 힘쓰던[쉬나틀레오]"(4:3)

표3. 빌립보서 1:27과 3:20-4:3에 나오는 북엔드 효과

이 용어들은 매우 드문 단어들이기 때문에, 서신 후반부에 다시 나온다는 점이 훨씬 놀랍다.[23] 1:27-2:4과 3:15-4:3에서 발견되는 또 다른 반복되는 단어들을 검토해 보면, 병행이 훨씬 더 인상적이다. 서신 저자들은 종종 한 단락의 처음과 끝에 병행되는 단어들을 두어 그것이 한 단락임을 나타낸다. 표4에 드러나는 병행들은, 바울이 의도적으로 이 단락을 하나의 사고 단위로 묶으려함을 보여준다.

1:27-2:4	3:15-4:3
"오직 복음에 합당한 시민으로 행동하라"(1:27, ESV 난외주)	"우리의 시민권은 하늘에 있는지라"(3:20)
"내가…너희가 한마음으로 서서…듣고자 함이라"(1:27-28a)	"이와 같이 주 안에 서라"(4:1)
"한뜻으로 복음의 신앙을 위하여 협력하는"(1:27)	"복음에 나와 함께 힘쓰던"(4:3)
"이것이 그들에게는 멸망의 증거요"(1:28)	"그들의 마침은 멸망이요"(3:19)

---

23 폴리튜오마이(*politeuomai*)라는 동사는 신약의 다른 곳에서 한 번 나오고(행 23:1), 이곳에서 보는 것처럼 명사형 폴리튜마(*politeuma*)가 빌립보서 3:20에만 나온다. 스테코(*stēkō*)라는 동사는 아주 흔하지만, 세 번째 단어인 쉬나틀레오(*synathleō*)는 여기 두 곳에만 나온다.

"너희에게는 구원의 증거니 이는 하나님께로부터 난 것이라"(1:28)	"거기[하늘]로부터 구원하는 자 곧 주 예수 그리스도를 기다리노니 그는…우리의 낮은 몸을 자기 영광의 몸의 형체와 같이 변하게 하시리라"(3:20-21)
"나의 기쁨을 충만하게 하라"(2:4)	"그러므로 나의…형제들…나의 기쁨이요 면류관"(4:1)
"마음을 같이하여[토 아우토 프로네테(to auto phronēte)]"(2:2)	"내가 유오디아를 권하고 순두게를 권하노니 주 안에서 같은 마음을 품으라[토 아우토 프로네인(to auto phronein)]"(4:2)

표4. 빌립보서 1:27-2:4과 3:15-4:3에 나오는 병행

이 목록은 두 단락에서 "대적하는 자들"(1:28)과 "원수"같이 개념적으로 유사한 단어들을 포함하면 더 확대될 것이다. 바울은 분명 우리가 이렇게 연결하기를 의도했다. 대적하는 자들과 원수들의 종말을 묘사하는 데 "멸망"[아폴레이아(apōleia), 1:28; 3:19]이라는 단어를 동일하게 사용하기 때문이다.

≋≋≋≋ 단락 개요 ≋≋≋≋

Ⅱ. 본문: 복음에 합당한 삶을 살라는 권면과 본보기(1:12-4:9)

    B. 본론(1:27-4:3)

        1. 권면: 복음에 합당한 시민(1:27-30)

           a. 복음에 합당한 시민으로 살라는 요청(1:27a)

           b. 요청하는 목적(1:27b-28)

           c. 요청하는 이유(1:29-30)

주석

1:27a 이 단락의 주된 요지가 이 서두의 명령 형태로 나온다. 그것은 '복음에 합당한 시민으로 행동하라'(1:27, ESV 난외주)이다. 이 절은 서신 전체의 주제문이다. 또한 서신의 첫 번째 명령이다. 이후의 모든 명령은 복음에 합당한 시민으로 행동하는 것이 무슨 의미인지 구체화하는 역할을 한다. "오직"이라는 부사는, 중요한 단 하나라는 개념을 덧붙임으로써 그 명령이 중심임을 더 분명히 드러낸다.

"복음에 합당하게"라는 어구는 약간의 설명이 필요하다. "합당하게"는 그 기준점의 무게와 가치에 꼭 맞는 것을 나타낸다. 바울은 다른 곳에서 그리스도인의 "부르심"(엡 4:1)이나 "주께"(골 1:10) 또는 "하나님께"(살전 2:12) 합당하게 행하라고 말한다. 이 단락에서 그 기준점 혹은 잣대는 복음이다. 이러한 의미에서 가장 밀접하게 병행되는 구절은 갈라디아서 2:14이며, 그 기준은 "복음의 진리를 따라" "행하[는가]" 그렇지 않는가이다. 복음은 그리스도인의 삶에 '최고의 기준'이므로, 그 가치와 무게가 그리스도인의 삶을 좌우한다. 복음은 모든 그리스도인을 연합시키고 그들의 모든 생각과 삶에 기준을 제시하는 공유된 이야기가 된다. 카슨이 그것에 대해 잘 이야기한다. "복음에 합당한 삶은 무엇보다도 복음을 진전시키는 행동이다."[24]

1:27b-28 바울은 27절 명령에 이어서, "이는"[히나(*hina*), ESV는 "so that"]으로 시작하는 목적절을 덧붙인다. 앞의 명령은 빌립보 교인들이 어떤 상황에 처하든 그들의 존재 목적을 알려준다. 바울이 그들을 보러 오는지 여부와 상관없이, 합당한 시민으로 행동하라는 이 명령은 변하지 않을 것이다. 이는 빌립보 교인들이 "한 마음으로 [굳건히] 서[는]" 것을 보고자 하는 바

---

24 Carson, *Basics for Believers*, 55.

울의 바람을 표현한다. 고든 피(Gordon Fee)는 이곳의 "마음"("spirit")을 '성령'을 가리키는 것으로 보는 것이 합당하다는 주장을 설득력 있게 펼친다.[25] 빌립보 교인들은 같은 영역, 곧 성령 안에 서 있어야 한다. 에베소서 4:1-3은 밀접한 병행 구절이다. 여기서 바울은 에베소 교인들에게 성령이 하나 되게 하신 것을 힘써 지킴으로써 그리스도인으로서의 부르심에 합당하게 행하라고 요청한다(참고. "성령도 한 분이시니", 엡 4:4).

바울은 두 개의 분사를 사용해, 성령 안에 군건히 서기 위해 해야 할 것과 하지 말아야 할 것을 더 자세히 설명한다. 하나는 한마음으로 함께 싸우는 것(빌 1:27b)이고, 다른 하나는 대적하는 자들을 두려워하지 '않는' 것이다. 빌립보 교인들은 구원받을 것이고 대적하는 자들은 멸망할 것이기 때문이다(28절). 첫 번째 분사는 복음의 신앙을 위해 일편단심으로 분투하는 것을 강조한다. 여기서 "한뜻"은, 연합을 가능하게 하는 유일한 기준인 복음을 가리킨다. 나란히 서서 분투하는("striving side by side") 이미지는, 제국의 발전을 위해 발을 맞추어 전진하는 로마 군인들을 상기시킨다. 빌립보 교인들은 복음을 전파하는 일에 군건히 서 있는 하늘의 시민이다. 신약에서 보기 드문 동사인 "함께 싸우-[다]"(새번역)는 빌립보서 4:3에서만 딱 한 번 더 등장한다. 그곳에서 바울은 동역자들이 복음에 함께 힘쓴다고 말한다. 그들은 복음의 진보를 위해 분투하고 있다. 이는 복음에서 비롯되거나 복음으로 인해 생긴 믿음으로 드러난다. 그리스도의 말씀이 복음으로 선포되고 들릴 때, 그 들음에서 믿음이 나온다(롬 10:17).

두 번째 분사는 "두려워하지 아니하는"(빌 1:28)이다. 빌립보 교인들은 대적하는 자들의 박해를 두려워하지 말아야 한다. 빌립보 교인들의 두려움을 모르는 대응이 대적하는 자들에게 분명한 신호를 보내야 한다. 그것은 하나님께서 빌립보 교인들은 구원하시지만, 그들을 대적하는 자들은 멸하신다는 것이다. "이는 하나님께로부터 난 것이라"라는 어구는 아마도

---

25 Fee, *Philippians*, 163-166.

구원에 초점을 두면서, 대적하는 자들의 멸망과 빌립보 교인들의 구원 둘 다를 가리키는 것 같다.[26]

이곳에서 바울이 하는 말에는 성경적 배경이 아주 많이 깔려 있다. 하나님은 아브라함에게 그를 저주하는 이들은 누구든 저주하겠다고 약속하셨다(창 12:3). 더 나아가 그분은 옛 언약 백성에게 그들을 위해 싸우시며, 그들의 적은 그분의 적이 될 것이라고 약속하셨다. 특히 출애굽기 14:13과 빌립보서 1:27-28의 개념적 연관성에 주목하라(참고. 70인역).

> 모세가 백성에게 이르되 너희는 두려워하지 말고[타르세오(*tharseō*)] 가만히 서서[히스테미(*histēmi*)] 여호와께서[파라 투 테우(*para tou theou*)] 오늘 너희를 위하여 행하시는 구원[소테리아]을 보라(출 14:13).

> 한마음으로 서서[스테코]…무슨 일에든지 대적하는 자들 때문에 두려워하지[프튀로(*ptyrō*)] 아니하는…이것이 그들에게는 멸망의 증거요 너희에게는 구원[소테리아]의 증거니 이는 하나님께로부터[아포 테우 (*apo theou*)] 난 것이라(빌 1:27-28).

이 두 구절은 두 개의 정확한 단어적 연관성("구원"과 "하나님")과, 적어도 네 개의 개념적 연관성(굳게 서는 것, 두려워하지 않는 것, 하나님으로부터 오는 구원, 적들의 멸망)을 가진다. 빌립보 교인들의 적을 묘사하는 바울의 표현 역시, "대적"[안티케이마이(*antikeimai*)]이라는 동일한 단어를 볼 때 출애굽기 23:22(70인역)에서 비롯되었을 수 있다. "네가 그의 목소리를 잘 청종하고 내 모든 말대로 행하면 내가 네 원수에게 원수가 되고 네 대적[안티케이마이]에게 대적[안티케이마이]이 될지라"(출 23:22).

만약 바울이 출애굽기 14장과 빌립보서 1장의 연관성을 의도했다면, 메

---

26 같은 책, 170. 어떤 이들은 대명사 투토(*touto*)의 선행사가 멸망 '및' 구원이 아니라 구원뿐이라고 말한다. O'Brien, *Philippians*, 157을 보라.

시지는 분명하다. 하나님께서 그분의 새로운 언약 백성을 구원하시고 그들을 위해 싸우심으로, 그들의 대적이 그분의 대적이 되어 멸망당할 것이다. 비교는 실제로 반전을 보여준다. 하나님의 옛 언약 백성은 죽음에서 구원받았지만, 이후에 광야에서 믿지 않고 순종하지 않아서 멸망당했다. 새 언약 백성은 죽음 저편에서 구원을 누리고, 죽기까지 신실한 사람들로서 박해를 직면해서도 여전히 신실하다. 그들이 박해를 두려워하지 않는 까닭은, 그들은 죽을 때 떠나서 그리스도와 함께 있겠지만 대적들은 그리스도께 완전히 멸망당할 것이기 때문이다(참고. 빌 3:19).

1:29-30 바울은 이제 전체적인 논지에 하나님 중심의 근거를 제시한다 [호티(*hoti*, '이는'), ESV는 "for", 개역개정에는 없음]. 바울은 28절에 나오는 "하나님께로부터 난"이라는 어구를 분석하는데, 이는 다시 1:27-28에서 다룬 모든 것으로 돌아간다. 하나님은 은혜로우시게도 빌립보 교인들에게 믿음과 박해라는 두 가지 선물을 주신다. 믿음은 구원이라는 값없는 선물을 받을 수 있게 해주는, 하나님의 아주 귀한 선물이다. 다시 말해, 믿음은 구원이라는 값없는 선물을 받게 하는 값없는 선물이다! 가장 밀접하게 병행되는 구절은 에베소서 2:8-9이다. "너희는 그 은혜에 의하여 믿음으로 말미암아 구원을 받았으니 이것은[27] 너희에게서 난 것이 아니요 하나님의 선물이라 행위에서 난 것이 아니니 이는 누구든지 자랑하지 못하게 함이라."

박해 역시 하나님의 선물이다. 하나님께서 박해를 기뻐하신다는 것은 놀라운 개념이지만 성경적 개념이다. 30절은 하나님께서 그분의 백성이 박해받는 이야기를 쓰셨음을 보여준다. 빌립보 교회는 박해가 한창일 때 태어났다. 그러므로 이제 박해의 이야기는 바울의 이야기인 동시에 빌립보 사람들의 이야기이다.

---

27 지시대명사 "이것"은 중성으로, 앞의 절 전체를 가리킨다. 구원과 믿음이 모두 선물이다.

〰〰〰 응답 〰〰〰

믿음과 박해는 종종 한 묶음으로 주어지는 선물이다

믿음과 박해는 종종 한 묶음으로 주어지는 선물이다. 믿음의 불꽃이 어두운 곳에서 반짝일 때, 어둠은 그 믿음의 불을 끄고 소멸시키려 할 것이다. 하나님께서 그분의 교회를 위해 박해의 이야기를 쓰시는 것은, 인류가 가장 위대한 이야기인 그리스도의 죽음과 부활로 다시 돌아가게 하려는 것이다. 박해는 그리스도의 죽음과 부활을 거듭 전시하는 비유다. 박해자들은 예수님을 죽이려 했던 것처럼 신자들의 믿음을 없애려 하지만, 믿음은 예수님이 그러셨던 것처럼 살아난다. 박해자들이 그들의 능력으로 믿음을 없애기 위해 온갖 수단과 방법을 모두 사용하지만, 믿음은 죽지 않으려 하고 부활의 능력이 드러난다. 대적하는 자들은 두려워해야 한다. 실제로 그들은 하나님과 싸우고 있고 패배할 것이기 때문이다. 하나님의 능력이 우리의 믿음을 지킨다. 우리 안에서 착한 일을 시작하신 그분이 그리스도의 날까지 그것을 이루실 것이다(빌 1:16). 창조세계의 그 무엇도, 신자를 그분의 전능하신 은혜의 손아귀에서 떼어놓을 수 없을 것이다.

¹ 그러므로 그리스도 안에 무슨 권면이나 사랑의 무슨 위로나 성령의 무슨 교제나 긍휼이나 자비가 있거든 ² 마음을 같이하여 같은 사랑을 가지고 뜻을 합하며 한마음을 품어 ³ 아무 일에든지 다툼이나 허영으로 하지 말고 오직 겸손한 마음으로 각각 자기보다 남을 낫게 여기고 ⁴ 각각 자기 일을 돌볼뿐더러 또한 각각 다른 사람들의 일을 돌보아 나의 기쁨을 충만하게 하라

¹ So if there is any encouragement in Christ, any comfort from love, any participation in the Spirit, any affection and sympathy, ² complete my joy by being of the same mind, having the same love, being in full accord and of one mind. ³ Do nothing from selfish ambition or conceit, but in humility count others more significant than yourselves. ⁴ Let each of you look not only to his own interests, but also to the interests of others.

≋≋≋ 단락 개관 ≋≋≋

이 네 절은 헬라어로는 하나의 긴 문장이다. 문장은 '만일'("if", 1절, 개역개정은 "있거든")/'그렇다면'("then", 2ab절, 개역개정에는 없음) 구조이며, 중심 사상을 어떻게 살아내는지를 드러내는 일련의 태도와 행동이 그 뒤에 이어진다 (2c-4절). 빌립보의 그리스도인들이 하나가 되는(2:2ab) 것이 바울의 기쁨을 충만하게 하는 일이다.

이 단락은 빌립보서의 세 부분과 연결된다. (1) 앞의 절들(1:12-30), (2) 뒤의 절들(2:5-11), (3) 서신 본문의 마지막 절들(4:2-3)이다. 첫 번째로, 이 절들은 앞 절들과 잘 들어맞는다. 바울이 자신의 유익보다 다른 사람들의 유익을 구하면서 자신이 설교한 내용을 실천했음을 그 절들이 입증하기 때문이다. 두 번째로, 이 절들은 그리스도인의 마음을 묘사하는데, 이어지는 절들이 그리스도의 마음을 묘사한다(2:5-11). 그리스도는 이 원리들을 탁월하게 살아내셨다. 세 번째로, 서신의 본문 말미에서 절정이 되는 명령으로 이와 똑같은 명령이 다시 나온다. 그곳에서 바울은 유오디아와 순두게에게 주 안에서 같은 마음을 품으라고 요청한다(4:2). 이를 다음과 같이 번역함으로 유사성을 끌어낼 수 있다.

> 같은 생각을 하여〔토 아우토 프로네테(*to auto phronête*)〕 내 기쁨을 충만하게 하라(2:2, 4)

> 유오디아를 권하고 순두게를 권하노니 주 안에서 같은 생각을 하라 〔토 아우토 프로네인(*to auto phronein*)〕(4:2).

≋≋≋≋ 단락 개요 ≋≋≋≋

Ⅱ. 본문: 복음에 합당한 삶을 살라는 권면과 본보기(1:12-4:9)

  B. 본론(1:27-4:3)

    2. 권면: 복음에 합당한 생각(2:1-4)

      a. 함께 누리는 복음의 복(2:1)

      b. 함께 복음에 합당한 생각을 하라는 요청(2:2ab)

      c. 복음에 합당하기 위해 하지 말아야 행동과 해야 할 행동
      (2:2c-4)

≋≋≋≋ 주석 ≋≋≋≋

방금 언급했듯이, 이 네 절은 원문에서 한 문장이다. '만일'("if", 1절, 개역개정
은 "있거든")/'그렇다면'("then", 2ab절, 개역개정에는 없음)형식 다음에, 그 명령을
실행하는 방법에 관해 말하는 일련의 분사들이 이어지는(2c-4절) 구조다.

2:1 "있거든"으로 표현되는 절에는 이미 그리스도의 복음을 통해 공유한
다섯 가지 복이 담겨 있다. 핵심은 누적이다. 바울이 각 어구를 정형화하여
표현하므로, 빌립보 교인들은 유사한 질문에 다섯 번 답할 수밖에 없다. 아
마도 아래와 같이 대화로 표현하면 좋을 것 같다.

  바울: "그리스도 안에 권면이 있습니까?"
  빌립보 교인들: "네."
  바울: "사랑의 위로가 있습니까?"
  빌립보 교인들: "네."

바울: "성령의 교제가 있습니까?"

빌립보 교인들: "네."

바울: "긍휼이 있습니까?"

빌립보 교인들: "네."

바울: "자비가 있습니까?"

빌립보 교인들: "네."

바울이 이렇게 소통하는 이유는 무엇일까? 이런 방식은 필연적인 결론으로 이어지는 상황을 만든다. 아이에게 "내가 네 옷을 사주었지?"라고 물으면 아이는 "네"라고 대답한다. "내가 네 옷 빨래를 했지?"라고 물으면 아이는 "네"라고 대답한다. "내가 네 옷을 말렸지?"라고 물으면 아이는 "네"라고 대답한다. "그렇다면 네게 옷을 개라고 하는 것은 지나친 것이 아니지!"가 된다. 바울도 비슷한 방식으로 소통하여, 2절의 결론에 이르는 상황을 만든다.

2:2ab 복음을 통해 함께 누리는 다섯 가지 복에 대한 '긍정의 답'은, 같은 마음을 가지라는 하나의 명령에 대한 '긍정의 답'으로 이어져야 한다. 바울은 그 명령을 인상적인 방식으로 표현한다. 그 명령에 순종하라는 것은 바울의 기쁨을 충만하게 하라는 권유다. 그 모든 것이 사실이라면, "마음을 같이하여…나의 기쁨을 충만하게 하라[개역개정에는 4절 끝에 나온다-옮긴이 주]"는 것이다.

2:2c-4 2-4절의 나머지 부분은 그리스도인의 마음을 표현하는 여섯 가지 방식을 보여준다. 그 방식들은 (1) 같은 사랑을 가지기, (2) 뜻을 합하기, (3) 한마음을 품기, (4) 무슨 일이든 다툼이나 허영으로 하지 않기, (5) 자기보다 다른 사람을 더 중요하게 여기기, (6) 자기 일뿐 아니라 다른 사람들의 일도 돌보기이다.

〰〰〰 응답 〰〰〰

겸손해지는 법

바울은 그리스도인의 삶을 살아내도록 겸손을 요청한다. 그런데 어떻게 겸손해질 수 있을까? 어떤 사람이 위대한 설교자 마틴 로이드 존스(Martyn Lloyd-Jones)에게 바로 그 질문을 했다. 다음은 그가 한 대답이다.

> 며칠 전에 한 친구가 내게 "어떻게 하면 겸손해질 수 있겠는가?"라는 질문을 했습니다. 그 친구는 자기 속에 교만이 있다고 느끼고 그것을 제거하는 법을 알고 싶어 했습니다. 내게 특단의 치료법이 있어서 "이렇게 저렇게 하게, 그러면 겸손해질 것이네"라고 말해 줄 수 있다고 생각하는 듯했습니다. 나는 이렇게 말했습니다. "내게 어떤 방법이나 기술은 없다네. 자네에게 무릎 꿇고 기도하며 믿으라고 말할 수도 없지. 자네는 그것을 곧 자랑할 테니 말일세. 겸손해지는 유일한 한 가지 방법이 있는데, 바로 예수 그리스도의 얼굴을 바라보는 것이네. 그분을 바라볼 때는 다른 모습이 될 수 없다네." 이것이 유일한 방법입니다. 겸손은 당신이 자신 안에서 만들 수 있는 것이 아닙니다. 오히려 그분을 바라보고, 그분이 누구시고, 무엇을 하셨는지 깨달으십시오. 그러면 겸손해집니다.[28]

이것이 바로 바울이 그 다음에 말하는 바다. 그는 이렇게 말한다. "예수님을 바라보고, 그분이 누구시고, 무엇을 하셨는지 깨달으라. 그러면 겸손해질 것이다."

---

28 Martyn Lloyd-Jones, *Living Water* (Wheaton, IL: Crossway, 2009), 710. 《생수를 구하라》(규장).

5 너희 안에 이 마음을 품으라 곧 그리스도 예수의 마음이니 6 그는 근본 하나님의 1)본체시나 하나님과 동등 됨을 2)취할 것으로 여기지 아니하시고 7 오히려 자기를 비워 종의 3)형체를 가지사 사람들과 같이 되셨고 8 사람의 모양으로 나타나사 자기를 낮추시고 죽기까지 복종하셨으니 곧 십자가에 죽으심이라 9 이러므로 하나님이 그를 지극히 높여 모든 이름 위에 뛰어난 이름을 주사 10 하늘에 있는 자들과 땅에 있는 자들과 땅 아래에 있는 자들로 모든 무릎을 예수의 이름에 꿇게 하시고 11 모든 입으로 예수 그리스도를 주라 시인하여 하나님 아버지께 영광을 돌리게 하셨느니라

5 Have this mind among yourselves, which is yours in Christ Jesus,*1* 6 who, though he was in the form of God, did not count equality with God a thing to be grasped,*2* 7 but emptied himself, by taking the form of a servant,*3* being born in the likeness of men. 8 And being found in human form, he humbled himself by becoming obedient to the point of death, even death on a cross. 9 Therefore God has highly exalted him and bestowed on him the name that is above every name, 10 so that at

the name of Jesus every knee should bow, in heaven and on earth and under the earth, **11** and every tongue confess that Jesus Christ is Lord, to the glory of God the Father.

1) 또는 형체 2) 또는 보류 3) 또는 본체

1 Or *which was also in Christ Jesus 2* Or *a thing to be held on to for advantage 3* Or *slave* (for the contextual rendering of the Greek word *doulos*, see ESV Preface)

≋≋≋≋ 단락 개관 ≋≋≋≋

이 일곱 절은 헬라어로는 하나의 긴 문장이다. 우리는 세 가지에 초점을 맞출 것이다. 첫 번째로, 이 단락의 요지는 그리스도의 마음을 품으라는 요청이다. 이것이 앞 단락에 나오는 그리스도인의 마음의 표본이다. 표5에 나타나듯, 5절에는 2:1-4의 윤리적 권고와 2:6-11의 그리스도 찬가를 연결하는 언어적 다리를 놓는 단어가 담겨 있다.

2:1-4	2:5	2:6-11
"마음[프로네오]을 같이하여" "한마음[프로네오]을 품어"	"이 마음[프로네오]을 품으라"	그리스도 찬가

표5. 빌립보서 2:1-4과 2:6-11의 다리 역할을 하는 2:5

다음으로 바울은 (1) 그리스도께서 어떻게 자신을 낮추셨는지(2:6-8), (2) 하나님께서 어떻게 그리스도를 높이셨는지(9-11절)를 강조하며 두 도막의 그림을 그린다. 언어로 그려낸 이 그림은, 영광스러운 예수님의 성육신, 삶, 죽음, 승천, 다시 오심을 아름답게 담아낸다. 예수님은 이기적인 야망과 공허한 허영에서 완벽하게 자유로우셨고 겸손과 사랑이 더할 나위 없이 가득하셨다. 예수님은 자신의 높은 특권적 지위를 자신을 위해 사용하실 수 있었지만(6절), 오히려 스스로를 낮추셨다. 종의 형체로 육체를 입으심으로 시작하여(7절) 십자가 죽음에서 절정에 이른 과정을 거치셨다(8절). 이러한 자발적인 겸손은 지극히 높아지심으로 이어졌다. 하나님께서 그리스도를 지극히 높여 모든 이름 위에 뛰어난 이름을 주셔서(9절), 모든 사람이 그분 앞에서 절하고(10절) 그분을 주라 시인하게 될 것이다(11절).

두 번째로, 그리스도 찬가[29]는 이사야의 두 본문을 의지하고 있다(사 45:14-25; 52:13-53:12). 바울은 이사야의 네 번째 종의 노래(사 52:13-53:12)와 모든 무릎이 꿇을 것이라는 약속(사 45:23이 빌 2:10-11에 인용된다)이 결합된 다채로운 무늬를 만들어내고자, 이 본문들을 노련하게 연결한다. 그리스도 찬가와 네 번째 종의 노래는 공통된 부분이 많다. 첫째, 두 본문에 모두 시적이거나 서정적인 특성이 있다. 많은 사람이 그 둘을 노래 혹은 찬가(그리스도 찬가)라 부르는 것은 우연이 아니다. 둘째, 이 두 노래에는 동일한 이동과 메시지가 있다. 특히 가장 눈에 띄는 유사함은 높은 데서 낮아진 다음 다시 높아지는 독특한 사고의 진행이다. 셋째, 두 본문에 공통된 단어가 매우 적지만('죽음', '종', '높이다'),[30] 확실한 개념적 연관성은 아주 많다.[31] 넷째, 바울이 빌립보서 2:10에서 분명하게 이사야 45:23을 인용한다는 사실은, 바울이 더 넓은 이사야 본문을 염두에 둠을 보여준다.

이 네 가지 논거는 두 본문을 함께 읽을 때 훨씬 강력해진다. 표6은 이

---

29 본문을 '그리스도 찬가'라 부른다고 해서, 초대교회 예배에 사용했던 바울 이전의 찬송가로 여겨야 한다는 뜻은 아니다. Gorden Fee는 이것이 단지 바울의 멋진 산문의 한 예일 수 있다고 주장했다(Fee, *Philippians*, 40-43). 이는 흥미로운 논의지만, 현재 문맥에서 본문을 어떻게 해석할 것인가와 직접적인 관련은 없다.

30 명백한 어휘의 연관성은 개념적 연관성만큼 인상적이지는 않다. 그럼에도 두 본문은 '죽음'[타나토스(*thanatos*), 빌 2:8; 70인역 사 53:12]이라는 같은 단어를 쓴다. 또 둘 다 '높이다'와 같은 어족의 말을 쓴다. 이사야 52:13은 휩소오(*hypsoō*)를 쓰고, 빌립보서는 휘페륍소오(*hyperypsoō*)를 쓴다. 이사야 52:13-14은 종을 가리키며 파이스(*pais*)라는 단어를 쓰고, 빌립보서는 둘로스(*doulos*)를 쓴다. 이러한 차이는 이사야 49:3-7이 둘로스를 쓰고 이사야 53:11이 동사 형태 둘류오(*douleuō*)를 쓴다는 사실로 상쇄된다.

31 두 본문 다 중심인물의 (1) 인성, (2) 순종, (3) 겸손, (4) 죽음, (5) 높아지심/정당성이 입증됨을 축하한다.

연관성들을 확실히 보여준다.

그리스도 찬가	종의 노래
"자기를 비워"(빌 2:7)	"자기 영혼을 버려"(사 53:12)
"종"(빌 2:7)	"종"(사 49:3-7; 52:13-14; 53:11)
"종의 형체"(빌 2:7)	"그의 모습"(사 52:14), "고운 모양도 없고 풍채도 없은즉 우리가 보기에"(사 53:2)
"사람들과 같이 되셨고"(빌 2:7)	"그의 모양"(사 52:14)
"죽기까지"(빌 2:8)	"사망에 이르게 하며"(사 53:12)
"십자가에"(빌 2:8)	"그가 찔림은"(사 53:5)
"하나님이 그를 지극히 높여"(빌 2:9)	"내 종이…받들어 높이 들려서 지극히 존귀하게 되리라"(사 52:13)
"모든 무릎을…꿇게 하시고"(빌 2:10)	"내게 모든 무릎이 꿇겠고"(사 45:23)
"모든 입으로…시인하여"(빌 2:11)	"모든 혀가 [충성을] 맹세하리라"(사 45:23)
"하나님…께 영광을 돌리게"(빌 2:11)	"자랑하리라"(사 45:25)

표6. 빌립보서의 그리스도 찬가와 이사야의 종의 노래

세 번째로, 독자들은 그리스도의 신성을 가리키는 여러 신호를 놓치지 말아야 한다. 예수님이 바로 "하나님의 본체"[모르페 테우(*morphē theou*), 빌 2:6]셨고, "하나님과 동등 됨"[이사 테오(*isa theō*), 6절]을 누리신다. 그분은 하나님의 이름으로 불리고(11절) 하나님으로 경배 받으신다(10-11절).

빌립보서 2:5-11 _ 77

〰〰〰 단락 개요 〰〰〰

Ⅱ. 본문: 복음에 합당한 삶을 살라는 권면과 본보기(1:12-4:9)

　B. 본론(1:27-4:3)

　　3. 본보기: 그리스도(2:5-11)

　　　a. 요청: 그리스도의 마음을 품으라(2:5)

　　　b. 본: 그리스도께서 자기를 낮추심(2:6-8)

　　　c. 응답: 하나님께서 그리스도를 높이심(2:9-11)

〰〰〰 　주석　 〰〰〰

2:5 바울은 빌립보 교인들에게 그리스도의 마음을 품으라고 명령한다. 그는 그들 '가운데'("among", 개역개정은 '안에') 이 마음을 품어야 한다고 말하며,[32] 이 명령의 집합적 성격과 공동체적 성격을 강조한다. 그리스도의 마음을 '품으려면' 그리스도의 마음을 '알아야' 한다. 어떻게 그리스도의 마음을 들여다볼 수 있을까? 성육신의 기적을 통해서이다. 이어지는 세 개의 절이 그리스도의 마음의 내부로 안내한다. 우리는 하늘의 가장 높은 자리에서 땅의 비천함과 십자가라는 가장 낮은 자리로 오신 마음의 내부를 들여다본다.

2:6 이 절은 하나님의 아들이 하지 않으신 일에 초점을 맞추며, 7-8절은 그분이 하신 일에 초점을 맞출 것이다. 그분은 하나님과 동등 됨을 자신의

---

32 엔 휘민(*en hymin*)은 '너희 가운데' 대신 '너희 안에'로 번역할 수도 있다. 둘 다 신학적으로 옳지만, 2:1-4의 공동체적 초점을 고려할 때 두 번째가 문맥상 더 정확하다.

이익을 위해 이용할 것으로 여기지 않으셨다.[33] 바울은 이용해 먹으려(하나님과 동등 된 지위를 자신의 이익을 위해 이용하는 것) 하지 않았다는 생각(그리스도께서 "여기지" 아니하셨다)을 강조한다. 그는 분사를 사용하여("하나님의 본체시나") 독자에게 예수님의 정체성과[34] 생각에 관한 극적인 내용을 알려준다. ESV는 "그분은 비록 하나님의 본체셨지만, 하나님과 동등 됨을 이기적으로 이용할 것으로 여기지 않으셨다"고 보며, 그 분사를 양보절로 번역한다. 이 번역은 대조에 초점을 맞춘다. 그분은 하나님이셨음에도, 그 지위를 이용해 먹기에 합당한 것으로 생각하지 않으셨다는 것이다.[35] 한편 그 분사를 인과관계 접속사로 번역하는 것도 가능하다. "그분은 그분의 존재 때문에, 하나님과 동등된 자신의 지위를 이용해 먹는 것을 합당하다고 생각하지 않으셨다."

"하나님의 본체"라는 어구와 예수님이 가지신 생각의 관계는, 바울이 7-8절에서 예수님이 '하신' 일을 말하는 쪽으로 향할 때 훨씬 더 충격을 준다.

2:7-8 예수님이 하나님과 동등한 자신의 지위를 이용하지 않으셨다면, 그분은 무엇을 하셨는가? (1) 그분은 자신을 비워 종의 형체를 가지셨다(7절). (2) 그분은 자기를 낮추셔서 십자가에서 죽기까지 복종하셨다(8절).

여기서 "비워"[케노오(kenoō)]는 하나님의 아들이 어떤 신학적인 추출을 통

---

33 필사는 대부분의 주석가에게 동의하면서 헬라어 하르파그모스(harpagmos)를 "이기적으로 이용할 것"으로 본다. 하나님의 아들은 하나님과 동등된 지위를 "자신의 이익을 위해 이용할 것으로" 여기실 수 있었지만 그렇게 하지 않으셨다. O'Brien, *Philippians*, 214-216; Harmon, *Philippians*, 209을 보라.

34 "본체"[모르페(morphē), form]는 신약 전체에 단 두 번(빌 2:6, 7) 나온다. "본체"는 무언가가 가지는 본질의 가시적인 표현이다. 따라서 바울은 그리스도께서 하나님의[테오(theou)] 본질 자체의 가시적인 표현(모르페)이라고 말하고 있다. 신약은 자주 이 진리를 찬양한다(요 1:1-18; 골 1:15; 히 1:1-3).

35 "하나님과 동등 됨"[이사 테오(isa theō)]이라는 어구는, 성육신하시기 전 하나님의 아들이 모든 면에서 완벽하게 하나님이셨다는 엄청난 진리를 찬양한다. Harmon은 "바울이 게네스타이 이사 테오(genesthai isa theō, 하나님과 동등하게 되는 행동)가 아니라 에이나이 이사 테오(einai isa theō, 하나님과 동등된 상태)에 대해 말한다"는 중요한 관찰을 덧붙인다(Harmon, *Philippians*, 208n21).

해 신성을 비웠다는 뜻이 아니다. "비워"는 '지위 혹은 명성을 벗는 것'[36]을 뜻한다. 하나님의 아들이 어떻게 지위와 명성을 벗었는가? 성육신을 통해서다. 바울은 두 개의 절을 통해[37] 그 비움을 더 자세히 설명한다. 그분은 (1) 종의 형체[모르페(*morphē*)]를 가짐으로써, (2) 사람들과 같이 되심으로써 "자기를 비[우셨다]". 이 두 어구는 서로를 해석해 준다. 하나님의 아들이 종의 형체를 가지는 유일한 방법은 이 세상에 들어와 사람으로 태어나는 것이었다. 따라서 성육신 이전의 하나님의 아들은 신성을 추출함으로써가 아니라 인성을 더하여 신인(God-man) 즉, 온전한 하나님이자 온전한 사람이 되심으로써 지위와 명성을 벗으셨다.[38]

8절은 7절을 기반으로 삼기 위해 7절의 마지막 생각을 되풀이한다. 대부분의 언어가 긴장감을 주며 이야기를 계속하기 위해 이러한 화법을 쓴다. 필자도 어떤 이야기를 한다면, 다음과 같은 식으로 절정에 이르게 할 것이다.

"밖에서 어떤 소리가 나서 뭔지 보려고 나갔다. '그렇게 나간 다음에' … 을 보았다."

바울은 같은 방법으로 하나님의 아들이 내려오셨다는 충격적인 이야기를 한다. 그 이야기가 최저점까지 내려가게 하면서 말이다. "[하나님의 아들이] 자기를 비워 종의 형체를 가지사 사람들과 같이 되셨고, '사람의 모양으로 나타나사' 자기를 낮추시고 죽기까지 복종하셨으니 곧 십자가에 죽으심이라."

"낮추시고"[타페이노오(*tapeinoō*)]라는 동사가 눈에 띈다. 왜냐하면 이 단어

---

36 BDAG, s.v. κενόω.

37 두 개의 분사는 부사적 분사로, 성육신 전 하나님의 아들이 자기를 비운 방법을 명확히 해준다.

38 그리스도는 "자기 존재를 잃음으로써가 아니라 자신의 존재가 아닌 것을 취하심으로써 자신을 비우셨다" (St. Augustine, *In Joannis Ev Tractatus 17—Chapter 4,1-18*, quoted by Harmon, *Philippians*, 213).

가 종 및 그들이 '명성이나 지위'을 잃는 것과 관련해서 자주 쓰이기 때문이다.[39] 예수님은 바울이 빌립보서 2:3에서 요청한 낮아지는 겸손의 본보기다. 오만한 사람은 지위가 낮은 사람이 자기 '아래' 있다고 주장할 것이다. 예수님은 그 무엇도 자기 아래 있다고 여기지 않으심으로 겸손을 드러내 보이셨다.

그 다음 어구는 그리스도의 겸손의 과격한 척도를 보여준다. 그분은 심지어 자신을 죽음보다, 지금까지 고안된 죽음 중 가장 잔인하며 가장 수치스럽고 고통스러운 죽음인 십자가 죽음보다 낮게 여기셨다. 십자가는 죽일 뿐만 아니라 수치심을 주기 위해 설계된 것이었기 때문에 특히 반역자와 종에게 적합한 죽음으로 여겨졌다.[40] 그 희생자는 옷이 다(또는 거의 다) 벗겨지고 보통 발목과 손목에 못이 박혀(때로는 밧줄에 묶여) 십자가에 고정되었다. 그러면 숨을 쉬기 위해 더 이상 몸을 들지 못할 때 질식사를 하게 된다. 십자가에 못 박힌 사람들 모두가 이 참기 어려운 고통과 수치를 겪었지만, 예수님의 십자가 고통은 비교할 데가 없고 타의 추종을 불허한다. 예수님은 죄의 끔찍한 저주를 받으시고(갈 3:13), 대속 제물로서 하나님의 무서운 진노를 겪으셨기 때문이다(롬 3:21-26).

십자가가 예수님의 겸손의 척도요 그분이 아버지께 순종하여 기꺼이 내려가신 자리다. 가능한 가장 낮은 지위조차도 그리스도의 겸손한 마음에는 너무 낮지 않았다. 최고의 겸손(가장 낮은 마음)만이 기꺼이 가장 낮은 자리를 받아들일 수 있었다. 그분은 우리 몸을 입지 못하시거나 우리 죄를 지지 못하실 만큼 오만하지 않으셨다.[41]

2:9 "이러므로"[디오 카이(*dio kai*)]는 이 절들이 그리스도의 마음에 대한 하

---

39 BDAG, s.v. ταπεινόω.

40 Martin Hengel, *Crucifixion in the Ancient World and the Folly of the Message of the Cross* (Philadelphia: Fortress, 1977), 46-63.

41 이 표현은 Audrey Assad의 찬송 "겸손"(Humble)에서 가져온 것이다.

나님의 반응임을 알려준다(하나님께서 이 절에 나오는 두 동사의 주어다). 아들이 아버지께 순종하여 그렇게 자신을 낮추었으므로, 아버지가 그를 지극히 높이는 것이 더할 나위 없이 적절했다. 첫 번째 반응은 하나님께서 예수님을 "지극히 높[이신]"[휘페륍소오(hyperypsoō)] 것이다. 두 번째 반응은 하나님께서 예수님에게 모든 이름 위에 뛰어난 이름을 "주[신]"[카리조(charizō)] 것이다. "모든 이름 위에 뛰어난 이름"은 바로 여호와(Yahweh), 즉 "주님"의 이름이다.

2:10-11 이 절들은 하나님께서 예수님에게 신의 이름을 주신 두 가지 목적을 보여준다. 그것은 (1) 모든 무릎을 꿇게 하고, (2) 모든 입으로 예수 그리스도를 주라 시인하게 하는 것이다. 이 두 목적 모두 이사야 45:23에서 직접 인용한 것이다.

> 내가 나를 두고 맹세하기를
>> 내 입에서 공의로운 말이 나갔은즉 돌아오지 아니하나니
> 내게 모든 무릎이 꿇겠고
>> 모든 혀가 맹세하리라 하였노라

바울은 구약에서 여호와(Yahweh)에게만 적용될 수 있는 것을 가져와서 곧바로 예수님께 기가 막히게 적용한다. 이사야 45:23의 문맥은 이러한 전환을 훨씬 더 놀라운 것으로 만든다. 그 구절은 홀로 참되신 하나님 외에 다른 신은 없다고 단호하게 선언하기 때문이다. 빌립보서 구절은 이사야 45:22-23이 제기한 중요한 질문에 답한다. 그런데 이사야 45:22-23은 땅의 모든 끝이 하나님께 돌아와 구원받게 되지만, 나머지 부분에서는 어떻게 그 구원이 일어나는지 명시하지 않는다. 그 정보는 이사야 52:13-53:12에 가서야 나온다. 하나님의 고난 받는 종이 그 백성의 죄를 위해 고난당하시고(사 53:3-11) 높임 받으실 것이다(52:13; 53:12). 이 예언은 예수님이 고난 받고 높아지심으로 모든 무릎이 꿇고 모든 입이 그분을 주라고 시

인할 때 성취된다.

바울은 예수님의 우주적 통치를 시인할 모든 천체의 이름을 하늘, 땅, 땅 아래라고 광범위하게 열거한다. 모두가 무릎을 꿇는다. 제외되는 천체는 없다. 하나님과 천사들의 영역(하늘), 인간의 영역(땅), 귀신과 마귀가 있는 영역(땅 아래) 모두 무릎을 꿇을 것이다. 그분이 돌아오시는 날에 어떤 사람은 기쁘게 선택하여 기꺼이 무릎을 꿇고, 어떤 사람은 패하여 어쩔 수 없이 무릎을 꿇어서 높으신 그리스도의 합당한 통치를 공개적으로 시인할 것이다.

11절은 계속해서 이사야 45장에 의지한다. 바울은 예수님을 주님으로 시인하는 이 우주적 고백이 그분의 이름을 영화롭게 하고자 하시는 하나님의 궁극적인 목적과 꼭 맞음을 보여준다. 이사야 45:24의 헬라어 본문은 의와 영광이 여호와(Yahweh)에게 임할 것이라고 말한다. 하나님 아버지는 예수님을 지극히 높이셔서 그에게 주(Lord)라는 하나님의 이름을 주신 분이므로, 이제 예수님을 주로 시인하는 우주적 고백은 "하나님 아버지께 영광을" 돌리는 데 집중한다.

≋≋≋≋ **응답** ≋≋≋≋

가장 낮은 곳이 가장 위대한 사랑을 드러낸다

로마의 연설가 키케로(Cicero)는 이렇게 말한 적이 있다. "십자가라는 그 이름이 로마 시민의 몸뿐 아니라 그들의 생각, 눈, 귀에서도 멀리 떨어지게 하라."[42] 이는 하나님 나라의 뒤집힌 속성을 보여준다. 십자가는 로마 시민의 생각에서 멀리 떨어져 있었지만, 하늘 시민의 생각 가까이에 있었다. 십

---

42 Cicero, *Pro Rabiro Perduellionis Reo* 5.10.16. Hawthorne and Martin, *Philippians*, 123에 인용됨.

자가를 많이 묵상하라. 그리스도께서 내려오신 가장 낮은 지점이 어떻게 그리스도의 사랑의 최고점을 제시했는지 보라. 예수님은 하늘의 복이 있는 가장 높은 자리에서 땅의 저주가 있는 가장 낮은 자리로 가셨다. 그것이 십자가 죽음이었다. 그분은 왜 그렇게 내려가셔야 했는가? 우리를 구하시기 위해 우리가 있는 곳으로 오셔야 했다. 누군가 구덩이에 빠졌다면, 중간에서 그를 만나는 것은 소용이 없다. 예수님은 우리를 죄와 죽음에서 구해 내시기 위해, 완벽한 저주에 사로잡힌 우리가 있는 곳까지 내려오셔야 했다. 하나님의 아들이 십자가에서 끔찍한 저주를 받으려고 왕관을 내려놓고 하늘의 궁정을 떠나셨다. '이 얼마나 놀라운 사랑인가(What Wondrous Love Is This)라는 제목의 찬송이 우리 절망의 깊이를 정확히 포착하고 그리스도의 사랑이 얼마나 깊숙이 들어왔는지를 증언한다.

> 내가 내려가고 내려가고 내려갔을 때
> 내가 내려가고 내려갔을 때
> 내가 하나님의 공의로운 진노 아래로 내려갔을 때
> 그리스도께서 내 영혼을 위해, 내 영혼을 위해 왕관을 내려놓으셨네
> 그리스도께서 내 영혼을 위해 왕관을 내려놓으셨네.

그리스도의 십자가에서 드러난 하나님의 자기희생적 사랑을 경외하라. "나를 사랑하사 나를 위하여 자기 자신을 버리신"(갈 2:20) 예수님을 즐거워하라.

그리스도의 마음이 하나님의 성품을 완벽하게 반영한다

하나님은 움켜쥐시는 분이 아니라 주시는 분이다. 너그러움이야말로 하나님께서 하나님 되심의 결정적인 측면이다. 이 점에서 복 되신 하나님과 타락한 인간의 차이는 엄청나다. 타락한 인간 통치자들은 이기적으로 움켜쥐고 비축하는 이들이다. 이에 반해 하나님은 은혜로우시게도 아무것도

필요로 하지 않으신다. 그분은 완벽하며 부족한 것이 없으시기 때문이다. 하나님은 "무엇이 부족한 것처럼 사람의 손으로 섬김을 받[지]"(행 17:25a) 않으신다. 부족한 것이 없으신 하나님은 궁핍한 이들의 필요를 채우기를 기뻐하신다. "[그분은] 만민에게 생명과 호흡과 만물을 친히 주시는"(행 17:25b) 분이다. 그분은 손과 발로 그분의 시중을 드는 일꾼들을 필요로 하지 않으시고, 그분을 기다리는 이들을 위해 일하신다(사 64:4).

성육신은 주시는 분인 하나님의 속성을 탁월하게 드러내 보인다. 정확히 예수님이 하나님(탁월하게 주시는 분)이셨기 때문에, 주시는 분인 하나님의 속성에 딱 맞는 형체를 취하셨다. 그것이 바로 "종"(둘로스)이었다. 주는 것과 섬기는 것이 바로 종의 소명이다. 종은 가끔이 아니라 끊임없이 섬긴다.

하나님께서 낮아지셨다면, 우리가 어떻게 오만할 수 있겠는가?

그리스도의 마음을 품지 않고는 그리스도를 따르는 자가 될 수 없다. 이 마음을 가지라는 명령은 진정한 관계를 요구한다. 다른 사람들의 유익을 구하기 전에 그것을 알아야하기 때문이다. 그 사람에게 무엇이 유익한지 알면, 우리가 가진 힘이나 특권이 무엇이든 그것들을 사용하여 다른 사람을 섬길 수 있다. 비축은 기쁨의 길이 아니다. 우리는 받는 것보다 주는 것이 더 복임을 깨달을 것이다. 우리는 복음의 겸손을 함양해야 한다. 교만은 스스로 높다 여기고 어떤 것이 우리 아래 있다고 믿는다. 우리는 무엇보다 높으셨음에도 우리를 구원하실 때 그 무엇도 그분 아래 있다고 여기지 않으신 분을 바라보아야 한다. 그리스도께서 왕의 옷을 벗고 우리를 위해 죽고자 종의 수건을 걸치셨다면, 우리가 어떻게 그분을 위해 다른 사람들을 섬기라는 부르심을 우리에게 하찮은 것이라고 말할 수 있겠는가?

12 그러므로 나의 사랑하는 자들아 너희가 나 있을 때뿐 아니라 더욱 지금 나 없을 때에도 항상 복종하여 두렵고 떨림으로 너희 구원을 이루라 13 너희 안에서 행하시는 이는 하나님이시니 자기의 기쁘신 뜻을 위하여 너희에게 소원을 두고 행하게 하시나니

12 Therefore, my beloved, as you have always obeyed, so now, not only as in my presence but much more in my absence, work out your own salvation with fear and trembling, 13 for it is God who works in you, both to will and to work for his good pleasure.

14 모든 일을 원망과 시비가 없이 하라 15 이는 너희가 흠이 없고 순전하여 어그러지고 거스르는 세대 가운데서 하나님의 흠 없는 자녀로 세상에서 그들 가운데 빛들로 나타내며 16 1)생명의 말씀을 2)밝혀 나의 달음질이 헛되지 아니하고 수고도 헛되지 아니함으로 그리스도의 날에 내가 자랑할 것이 있게 하려 함이라 17 만일 너희 믿음의 제물과 섬김 위에 내가 나를 전제로 드릴지라도 나는 기뻐하고 너희 무리와 함께 기뻐하리니 18 이와 같이 너희도 기뻐하고 나와 함께 기뻐3)하라

¹⁴ Do all things without grumbling or disputing, ¹⁵ that you may be blameless and innocent, children of God without blemish in the midst of a crooked and twisted generation, among whom you shine as lights in the world, ¹⁶ holding fast to the word of life, so that in the day of Christ I may be proud that I did not run in vain or labor in vain. ¹⁷ Even if I am to be poured out as a drink offering upon the sacrificial offering of your faith, I am glad and rejoice with you all. ¹⁸ Likewise you also should be glad and rejoice with me.

1) 헬, 생 2) 또는 붙들어 3) 또는 하느니라

≈≈≈≈ 단락 개관 ≈≈≈≈

이 절들은 앞 단락에 나오는 그리스도의 마음이라는 본보기를 통해 닦인 토대("그러므로")를 기반으로 한다. 빌립보 교인들은 믿음으로 그리스도 예수를 주로 받아들였다. 그들은 무릎을 꿇었고 입으로 시인했다. 이제 그들은 어떻게 해야 하는가? 바울은 새 언약 교회를 옛 언약 이스라엘의 역전 혹은 반전으로 제시한다. 그의 권면은 이스라엘 자손의 불순종과 빌립보 교인들의 순종을 대조한다.⁴³ 표7은 이러한 대조 혹은 역전을 강조한다.

---

43 "나 있을 때뿐 아니라 더욱 지금 나 없을 때에도"라는 어구는 빌립보서의 이 부분과 서신의 주제문 부분을 연결하기도 한다. 그곳에서도 바울은 "내가 너희에게 가 보나 떠나 있으나"(1:27)라고 말한다. 앞의 단락(1:27-28)에 두드러졌던 출애굽 예표론이 지금 다시 나온다.

옛 언약 백성	새 언약 백성
출애굽의 '구원'(출 14:13; 15:2)은 이스라엘 주변 백성들의 "놀람과 두려움"을 낳는다 (출 15:16).	복음의 '구원'(빌 2:12)은 "두렵고 떨림으로"(빌 2:12) 이루어야 한다.
"내가 너희의 반역함과 목이 곧은 것을 아나니 오늘 '내가 살아서 너희와 함께 있어도' 너희가 여호와를 거역하였거든 하물며 '내가 죽은 후의 일이랴'"(신 31:27).	"너희가 '나 있을 때뿐 아니라 더욱 지금 나 없을 때에도' 항상 복종하여"(빌 2:12).
'원망함'(출 16:7, 8, 9, 12; 민 17:5, 10)	"모든 일에 '원망[이]'…없이 하라"(빌 2:14).
"그들이 여호와를 향하여 악을 행하니 '하나님의 자녀가 아니요' '흠이 있고' '삐뚤어진 세대'로다"(신 32:5).	"이는 너희가 흠이 없고 순전하여 '어그러지고 거스르는 세대' 가운데서 '하나님의 흠 없는 자녀'로(빌 2:15).

표7. 옛 언약 이스라엘의 역전인 새 언약 교회

이스라엘 자손은 출애굽 때 '구원' 즉 구출을 경험했음에도, 원망하고 반역한 타락한 백성이었다. 모세는 그들이 하나님의 자녀가 아니라고 선언했고, 그들의 불순종 행적은 그가 죽은 후 더 심해졌다.

이에 반해, 빌립보 교인들은 순종의 걸음을 걸었고 바울이 없을 때 그 순종이 더 깊어졌다. 바울은 이제 그들이 하나님께서 그들의 삶 가운데서 그분의 기쁘신 뜻을 위해 주권적으로 일하고 계심을 알기에, 그들의 구원을 이루라고 명령한다. 이 기쁘신 뜻에 대해 원망이나 시비가 들려서는 안 된다. 빌립보 교인들은 그들이 살아가는 어둡고 비뚤어진 세대 가운데서 별처럼 빛나는 하나님의 자녀다. 바울은 하나님께서 그 기쁘신 뜻을 위해 주권적으로 일하시는 것에 대해 원망하거나 반박하지 않는 본보기다. 바울은 빌립보 교인들의 믿음 위에 전제로 드려지는 것을 기뻐하고(2:17), 그들에게도 기뻐하라고 청한다.

구약성경은 계속해서 바울과 빌립보서를 위한 대본 역할을 한다. 표8이 보여주듯이 이 단락에는 몇 가지 다른 구약성경이 암시되거나 반영되어 있다.

다른 구약성경 관련 구절	빌립보서
"별과 같이…빛나리라"(단 12:3)	"빛들로 나타나며"(빌 2:15)
"내 말을 붙든 자"(단 12:3, 70인역)	"생명의 말씀을 붙들어"(빌 2:16, 개역개정 난외주)
"헛되이 수고하였으며"(사 49:4)	"수고도 헛되지"(빌 2:16)
"전제"(출 25:29; 30:9; 민 4:7; 28:7)	"전제"(빌 2:17)
"버려"("poured out", 사 53:12)	"드릴지라도"("poured out", 빌 2:17)

표8. 빌립보서 2:12-18에 나타난 구약성경의 암시와 반영

빌립보 교인들은 다니엘 12장의 빛나는 별들이며, 바울은 이사야에 나오는 주의 종의 발자취를 따르는 희생적인 일꾼이다. 그들의 구원을 이루고 원망을 피하라는 이 단락의 명령들은 "복음에 합당한 시민처럼 행동하는"(1:27, ESV 난외주) 것이 어떤 모습인지를 보여주는 구체적인 실례로 해석해야 한다.

〰〰〰 단락 개요 〰〰〰

Ⅱ. 본문: 복음에 합당한 삶을 살라는 권면과 본보기(1:12-4:9)
   B. 본론(1:27-4:3)
      4. 권면: 복음에 합당한 삶(2:12-18)
         a. 명령: 너희 구원을 이루라(2:12)
         b. 근거: 하나님이 너희 안에서 기쁘신 뜻을 이루고 계심(2:13)
         c. 적용: 하나님의 자녀는 빛을 발함(2:14-18)

주석

2:12 바울은 처음부터 옛 언약과 새 언약을 대조한다. 모세가 같이 있을 때보다 그가 없을 때 훨씬 더 불순종했던 하나님의 옛 언약 백성들과는 달리(신 31:27), 빌립보 교인들은 바울이 같이 있을 때보다 그가 없을 때 더 잘 순종할 하나님의 새 언약 백성이다(빌 2:12). 바울은 순종의 특징을 "너희 구원을 이루라"라는 명령으로 묘사한다. 이 구절에서 복수형인 "너희"[헤아우톤(*heautōn*)]는 다시금 바울이 몸의 공동체적 측면을 강조함을 보여준다(참고. 1-4절).

헬라어 원문에서 "두렵고 떨림으로"는 강조하기 위해 목적절 앞에 위치한다. 신자들은 순종에 대해 무신경한 태도를 취할 수 없다. 그들의 최종적인 구원은 믿음의 공동체 가운데서 현재 이루어지고 있다. 출애굽 때의 "놀람과 두려움"[트로모스 카이 포보스(*tromos kai phobos*), 70인역 출 15:16]도 "구원"(소테리아, 출 14:13; 15:2)과 함께 나오지만, 한 가지 중요한 차이가 있다. 출애굽 때의 "놀람과 두려움"은 이스라엘 밖에 있었다. 그것은 이스라엘 주변 백성들을 사로잡았다(출 15:16). 하나님의 새 언약의 구원이 훨씬 더 위대한 까닭은, 그리스도 안에서 그 백성이 구원(소테리아)받았으므로 하나님께서 그들 안의 두렵고 떨림을 다루시기 때문이다("너희 안에서", 빌 2:13). 그 다음 절은 하나님께서 새 언약 안에 있는 우리 안에서 일하시는 것에 비추어 이 '두려움'에 대한 논의를 더 발전시킬 것이다.

2:13 우리의 구원을 "이루라"(12절)는 명령은, 하나님께서 우리 "안에서 행하[신다]"(13절)는 사실과 함께 주어져야 한다. 그리스도인은 하나님께서 이미 우리 안에서 하고 계신 일을 한다. 접속사 '왜냐하면'("for", 개역개정에는 없음)은 이 두 절 사이의 논리를 아주 분명히 밝혀 준다. 우리가 일하고 하나님도 일하시는 것이 사실이지만, 우리는 하나님께서 일하시기(13절) '때문에'[가르(*gar*)] 일한다(12절).

하나님께서 하시는 결정적인 역할에 대한 이러한 이해는, 앞 절의 "두렵고 떨림"이라는 어구를 더 잘 이해하게 해준다. 바울은 고린도 교인들 가운데서 설교할 때 "두려워하고 심히 떨었[는데]", 이는 그가 무대 공포증이 있어서가 아니라 자신의 설교 사역이 전적으로 하나님의 능력에 달려 있음을 알았기 때문이다(참고. 고전 2:3). 이와 마찬가지로 그리스도인의 순종은 두려움과 떨림으로 수행되는 의존적인 일이다. 하나님의 행하심이 우리 순종에 결정적인 요소다. 우리의 일은 그분의 일에서 파생되고 그분의 일에 의존한다.

특히 하나님의 일은 우리의 소원을 이루시고 행함을 완료하신다("소원을 두고 행하게"). 하나님께서 순종하고자 하는 마음(소원)을 주시고 그 순종을 위한 힘(행하게 하심)을 주신다. 바울은 또한 하나님께서 자녀들의 삶 가운데 하시는 일을 아주 기뻐하심을 독자들이 알기를 바란다. 하나님은 "자기의 기쁘신 뜻을 위하여"[휘페르 테스 유도키아스(hyper tēs eudokias)] 일하신다.

이 전체적인 논의에 암시된 배경으로 새 언약의 약속들이 있다. 가장 밀접하게 병행되는 구절은 예레미야 32:40-41(70인역은 39:40-41)이다.

> 내가 그들에게 복을 주기 위하여 그들을 떠나지 아니하리라 하는 영원한 언약을 그들에게 세우고 나를 '경외함'[fear]을 그들의 마음에 두어 나를 떠나지 않게 하고 내가 '기쁨으로'[rejoice] 그들에게 복을 주되 분명히 나의 마음과 정성을 다하여 그들을 이 땅에 심으리라

유사점들이 중요하다. (1) 빌립보서 2:12에 나오는 "두려움"(포보스)이 예레미야 본문(70인역)에도 동일하게 나온다. (2) 예레미야는 하나님께서 그분의 새 언약 백성의 삶 가운데 이 내적인 사역을 하실 때 가지시는 즐거움이나 기쁨("내가 기쁨으로")을 동일하게 강조한다.

2:14-16 원문에서 이 절들은 한 문장으로, 명령(14절)과 목적(15-16a절)에 뒤이어 최종 결과가 나온다(16b절). 14절의 명령에는 앞의 명령과 정확히 어떤 관계인지를 알려주는 접속사가 없다[이는 '접속사 생략'(asyndeton)으로 알려

진 기법이다]. 대부분의 사람은 원망과 시비가 없게 하라는 이 명령을, 우리 구원을 이루라는 명령(12절)의 직접적인 적용으로 여긴다. 이 명령은 놀랍게도 원망과 시비를 완벽하게 금한다("모든 일을" 원망과 시비가 없이 하라).

어떤 사람들은 이 절에 나타난 위태로움을 축소하는데, 이는 구약성경의 배경을 이해하지 못하기 때문이다. 이곳에서 "원망"[공귀스모스(gongysmos)]에 해당하는 단어는 구약의 헬라어 번역본(70인역)에 여덟 번 나오는데, 이중 일곱 번이 광야에서 이스라엘의 원망을 가리킨다.[44] 훨씬 더 중요한 것은 이스라엘의 원망과 하나님의 심판이 가지는 관련성이다(민 11:1; 14:27, 29). 이것이 바울이 고린도전서 10:10에서 신자들에게 이스라엘이 했던 것처럼 원망하지 말라고 경고할 때 한 이야기다. 그들은 "멸망시키는 자에게 멸망하였[기]" 때문이다.

빌립보서 2:15-16은 14절의 명령과 연결된 목적절이다. 바울은 빌립보서 2:12에서 신명기 31:27을 참고했는데, 지금은 빌립보서 2:15-16에서 독자들을 신명기 32:5로 데리고 간다. 바울은 빌립보 교인들을 하나님의 자녀로 명시함으로써 의도적으로 신명기 구절을 뒤집는다. 반면, 모세는 옛 언약 백성이 하나님의 자녀가 '아니라고' 말했다. 빌립보 교인들은 어그러지고 거스르는 세대 '가운데서' 살고 있으며, 이스라엘 자손은 어그러지고 거스르는 세대'였다'. 표9에서 드러나듯이, 그 구절들을 나란히 놓고 볼 때 정체성의 역전이 분명히 드러난다.

옛 언약 백성	새 언약 백성
"그들이 여호와를 향하여 악을 행하니 '하나님의 자녀가 아니요' '흠이 있고 삐뚤어진 세대'로다"(신 32:5).	"이는 너희가 흠이 없고 순전하여 '어그러지고 거스르는 세대' 가운데서 '하나님의 흠 없는 자녀'로"(빌 2:15).

표9. 신명기 32:5을 의도적으로 역전시킨 빌립보서 2:15

---

44 출 16:7, 8(2회), 9, 12; 민 17:5, 10(칠십인역은 17:20, 25), 유일한 예외는 사 58:9이다.

45 O'Brien, *Philippians*, 296.

그런 다음 바울은 다니엘 12장에 의지하여 빌립보 교인들의 정체성을 "세상에서…빛들"(빌 2:15)이라고 말한다. 이 암시는 매우 확실한 것으로, 다니엘 12:3과 빌립보서 2:15은 성경에서 하나님의 백성들이 '별'처럼 '빛난다' 또는 '빛을 발한다'는 개념을 담고 있는 유일한 구절이다. 다니엘 12장은 마지막 때에 어떤 일이 일어날지 선언한다(단 12:1). 그때에 자는 자들이 깨어날 것이다. 어떤 사람들은 영생을 누리고, 다른 사람들은 영원한 부끄러움을 당할 것이다(2절). 그러므로 다니엘 12:3의 별과 같이 빛나는 이들은 그 이름이 생명책에 있으며(1절) 깨어나 영생을 누리는(2절) 이들이다.

바울의 이미/아직 신학은 다니엘 12장을 의지하며, 신자들에게 '아직' 최종적인 몸의 부활이 일어나지 않았지만 그들은 그리스도 예수 안에서 하늘의 처소로 '이미' 일으킴을 받았다는 사실을 강조한다. 그들은 실제로 하늘의 별과 같이 빛난다. 영적으로 이미 하늘에서 그리스도와 함께 일으킴을 받기 때문이다. 빌립보 교인들은 어두운 시대, 어그러지고 거스르는 세대에 살고 있지만, 어두운 밤하늘 가운데서 별처럼 빛난다.

바울은 "생명의 말씀을 붙들어"(빌 2:16, 개역개정 난외주) 어두운 세상 가운데서 별처럼 빛나라고 지시한다. "생명의 말씀"은 아마 복음을 가리킬 것이다.[45] 이 전체 어구는 수단을 나타내는 분사로, 복종하고 그들의 구원을 이루라는 바울의 요청이 중요함을 강조한다.[46] 이 어구는 아마 다니엘 12:3에서 나왔을 것이다. 다니엘 12:3의 헬라어 본문은, 빛나는 이들을 가리켜 '내 말을 맹렬히 붙든 자'(70인역, 개역개정은 "많은 사람을 옳은 데로 돌아오게 한 자")라고 말한다. '내 말을 맹렬히 붙든'(단 12:3)과 "생명의 말씀을 [굳게] 붙들어"(빌 2:16)의 병행은 충분히 공명을 암시하는 듯하다.[47]

16절의 마지막 부분은, 빌립보 교인들이 생명의 말씀을 붙든다면 일어날 아주 중요한 결과다. "나의 달음질이 헛되지 아니하고 수고도 헛되지

---

46 이 어구는 전도를 강조하여 "생명의 말씀을 제시하며"로 번역할 수도 있다.

47 공명이 확실하지는 않은 이유는 동사가 같지 않기 때문이다. 다니엘 12:3의 70인역은 카티스퀴오[*katischyō*, '맹렬히 붙들다'(hold strong)]로 읽는 반면, 바울은 에페코[*epechō*, '굳게 붙들다'(hold fast)]를 쓴다.

아니함으로 그리스도의 날에 내가 자랑할 것이 있게 하려 함이라." 여기서 바울의 자랑스러움은 죄악된 자랑이 아니라 하나님께서 그를 통해 완수하신 일에 대한 적절한 기쁨이다. 그는 계속해서 시선을 "그리스도의 날"에 고정한다(1:6, 10; 2:16). 그날에 바울은 그의 수고가 헛되지 않았음을 알고 편히 쉴 것이다. 여기서 그는 이사야에 나오는 하나님의 종에 관한 표현에 의지한다. 바울처럼 그 하나님의 종도 이방에 빛이 되고 땅 끝까지 구원을 베풀라는 부르심을 받았다(사 49:5-6). 그러나 그는 "내가 헛되이 수고하였으며 무익하게 공연히 내 힘을 다하였다"(사 49:4)라고 염려한다.

2:17-18 바울이 사역에 대해 가진 관점은 원망하지 않는 것의 본보기다. 그는 빌립보 교인들의 믿음의 "제물"(ESV는 "sacrificial offering") 위에 "전제로" 죽음으로써 '부어질지라도'("poured out", 개역개정은 "드릴지라도") 원망하지 않고 기뻐할 것이다. 바울은 이 두 절에서 기쁨을 네 번[카이로(*chairō*, "기뻐하고", "기뻐하리니")와 쉰카이로(*synchairō*, "함께 기뻐하라")를 사용하여] 언급하며 기쁨에 푹 젖게 할 정도로 기쁨을 강조한다. 두 절의 유일한 차이로, 17절에서는 바울이 기쁨을 이미 일어난 일로(그가 기뻐하고 그들과 함께 기뻐한다) 제시하는 반면, 18절에서는 기쁨을 사실이어야 하는 것으로(너희도 "기뻐하고 나와 함께 기뻐하라") 제시한다는 것이다.

≋≋≋ **응답** ≋≋≋

하나님께서 일하시기에 우리도 일한다

우리 구원을 이루라는 명령의 의미에 대해 존 머리(John Murray)는 정말 멋진 말을 한다.

> 우리 안에서 하나님의 일하심은 우리가 일하기 때문에 중단되는 것이 아니다. 또 우리의 일이 하나님께서 일하시기 때문에 중단되는 것도 아니다. 그 관계는 마치 하나님께서 그분의 역할을 하고 우리가 우리의 역할을 하여 둘의 결합과 조화가 필요한 결과를 내는 듯이 엄격하게 협력하는 관계가 아니다. 하나님께서 우리 안에서 일하시고 우리도 일한다. 그러나 그 관계는 하나님께서 일하시기 때문에 우리가 일하는 것이다.[48]

그러므로 하나님과 인간의 이중적인 일함은 취소하거나 협력할 문제가 아니라 미리 정해진 일이다. 하나님께서 우리를 먼저 사랑하셨기 때문에 우리가 사랑하는 것과 마찬가지로, 그분이 먼저 우리 안에서 일하셨기 때문에 우리가 일한다. 에베소서 2:10은 우리가 하나님의 작품이라고 말한다. 그래서 우리는 그분이 예정하신 대로 선한 일을 하며 살아간다. 바울이 사도인 그의 삶에서 은혜가 역사한 것에 관해 말한 것 역시 동일한 것이라 할 수 있다. 그는 어떤 사도보다 더 열심히 일했다고 증언하지만, 그 일의 결정적인 공로를 하나님의 은혜에 돌린다(고전 15:10).

---

48   John Murray, *Redemption Accomplished and Applied* (Grand Rapids, MI: Eerdmans, 1955), 148-149.

¹⁹ 내가 디모데를 속히 너희에게 보내기를 주 안에서 바람은 너희의 사정을 앎으로 안위를 받으려 함이니 ²⁰ 이는 뜻을 같이하여 너희 사정을 진실히 생각할 자가 이밖에 내게 없음이라 ²¹ 그들이 다 자기 일을 구하고 그리스도 예수의 일을 구하지 아니하되 ²² 디모데의 연단을 너희가 아나니 자식이 아버지에게 함같이 나와 함께 복음을 위하여 수고하였느니라 ²³ 그러므로 내가 내 일이 어떻게 될지를 보아서 곧 이 사람을 보내기를 바라고 ²⁴ 나도 속히 가게 될 것을 주 안에서 확신하노라

¹⁹ I hope in the Lord Jesus to send Timothy to you soon, so that I too may be cheered by news of you. ²⁰ For I have no one like him, who will be genuinely concerned for your welfare. ²¹ For they all seek their own interests, not those of Jesus Christ. ²² But you know Timothy's¹ proven worth, how as a son² with a father he has served with me in the gospel. ²³ I hope therefore to send him just as soon as I see how it will go with me, ²⁴ and I trust in the Lord that shortly I myself will come also.

1 Greek his 2 Greek child

〰〰〰 단락 개관 〰〰〰

바울은 디모데를 자신과 같이 그리스도의 마음을 가진 아들이자 동역자로 제시한다. 디모데는 다른 사람들의 유익을 구하라는 권면의 구체적인 모습을 보여준 실례다. 하나님의 종들은 자신의 일을 구하지 않고 그리스도의 일을 구하며 다른 이들에 대한 진정한 관심을 보여줌으로써 그리스도의 마음을 드러내 보인다.

바울이 디모데에 관해 하는 말은 세심하게 한 쌍으로 구조화되어 있다.

A. 디모데를 속히 보내는 것(19절)

  B. 디모데의 유일무이함(20절)

    C. 다른 사람들은 자기의 유익만 구함(21절)

  B′. 입증된 디모데(22절)

A′. 디모데를 속히 보내고 자신도 속히 가기를 바람(23-24절)

이 교차 구조의 중심인 C는 참된 복음 사역자와 거짓된 복음 사역자의 진짜 대조점을 보여준다. 그것은 그리스도의 마음이다. 거짓된 사역자들은 자기의 유익을 구하고, 진짜 사역자들은 그리스도 예수의 유익을 구한다(표10).

그리스도의 마음	디모데의 본보기
"각각 '자기 일'을 돌볼뿐더러 또한 각각 다른 사람들의 일을 돌보아"(2:4)	"그들이 다 '자기 일'을 구하고 그리스도 예수의 일을 구하지 아니하되"(2:21)
예수님은 "종[둘로스]의 형체를 가지사"(2:7) 자신을 비우셨다	디모데는 "자식이 아버지에게 함같이 나와 함께 복음을 위하여 수고하였느니라[둘류오(douleuō)]"(2:22)

표10. 그리스도를 닮은 디모데의 본보기

§§§§§ **단락 개요** §§§§§

Ⅱ. 본문: 복음에 합당한 삶을 살라는 권면과 본보기(1:12-4:9)

　B. 본론(1:27-4:3)

　　5. 본보기: 디모데(2:19-24)

　　　a. 바울이 디모데를 속히 보내기를 바람(2:19)

　　　b. 디모데의 유일무이함(2:20)

　　　c. 다른 사람들은 자기의 유익을 구함(2:21)

　　　d. 입증된 디모데(2:22)

　　　e. 바울이 디모데를 속히 보내기를 바라며 자신도 속히
　　　　가게 될 것을 확신함(2:23-24)

§§§§§ **주석** §§§§§

2:19 이 절에서는 두 가지가 두드러진다. (1) 그리스도께서 바울의 계획을 주관하는 주님이시다. (2) 바울의 마음은 빌립보 교인들이 복음 안에서 진보하는 것으로 가득 차 있다. 자기 계획에 대한 바울의 말은 그리스도의 주되심을 드러내 보인다. "내가 디모데를…보내기를 주 안에서 바람은." 예수님은 바울의 삶 모든 영역의 주님이시다. 디모데를 보내는 것 같은 '사소해' 보이는 문제에서도 바울은 그리스도와 상관없이 진행하지 않는다.

　또한 목적절은 바울의 기쁨이 자신이 잘되는 것이 아니라, 빌립보 교인들이 잘되고 그들 가운데서 복음이 진보하는 것과 결부되어 있음을 보여 준다. 이 서신에서 바울은 빌립보 교인들 가운데서 복음이 전파된다는 그의 주요 관심사를 놓치지 않는다.

2:20 19절과 20절은 이 논의를 거슬러 서신의 핵심 요지(1:27)와 바울의 최신 소식에 나오는 병행되는 요지(1:12)를 묶어주는 특정 어구를 공유한다. 아마도 필자의 번역에서 병행이 강조될 것이다.

> 형제들아 나에 의한 일들[타 카테메(*ta kat' eme*)]이 도리어 복음 전파에 진전이 될 줄을 너희가 알기를 원하노라(1:12)

> 너희가 한마음으로 서서 한뜻으로 복음의 신앙을 위하여 협력하는 너희에 관한 일들[타 페리 휘몬(*ta peri hymōn*)]을 듣고자 함이라(1:27-28)

> 내가 디모데를 속히 너희에게 보내기를 주 안에서 바람은 너희에 관한 일들[타 페리 휘몬]을 앎으로 안위를 받으려 함이니(2:19)

> 이는 뜻을 같이하여 너희에 관한 일들[타 페리 휘몬]을 진실히 생각할 자가 이밖에 내게 없음이라(2:20)

그들은 바울이 고난에도 불구하고 복음 전파를 위해 굳게 섰다는 최신 소식을 바울로부터 들었다(1:12). 그러한 것처럼 바울 역시 그들이 고난에도 불구하고 복음 안에서 굳게 서 있다는 소식을 듣기 원한다(1:27-28). 그리고 이제 그는 그들이 보인 복음의 진보로 인해 기뻐하기 원하며, 그런 소식을 듣고자 디모데를 보낸다고 말한다(2:19). 바울이 자신 있게 디모데를 보낼 수 있는 까닭은, 디모데가 그와 동일하게 그리스도의 심정과 생각을 가진 자임을 알기 때문이다. 그는 바울처럼 진정으로 빌립보 교인들을 염려한다.

2:21 바울은 디모데의 유일무이함과 다른 이들이 자기의 유익을 구하는 경향을 대조한다. 여기서 다시 필자의 번역을 제시한다.

디모데는 너희에 관한 일들[타 페리 휘몬]을 진실히 생각할 자다(2:20)

다른 이들은 다 자신의 일[타 헤아우톤]을 구한다(2:21)

이기심은 모든 인간에게 역병처럼 퍼져 있다. "다" 자기의 이익을 구하고 있다는 바울의 말은, 독자들을 바울이 로마에서 맞닥뜨린 상황으로 데려간다. 그곳에서 어떤 이들은 투기와 분쟁과 이기적인 야망으로 그리스도를 전했다(빌 1:15, 17).

2:22 바울은 디모데의 "연단"(ESV는 "proven worth")을 증언한다. 바울은 디모데의 성품을 볼 기회가 많았다. 디모데는 몇 번이고 시험을 통과했고, 입증된 복음의 성품을 보여주었고, 그리스도의 마음을 내보였다. 빌립보 교인들은 이미 디모데의 입증된 성품을 '알' 것이다. 그가 빌립보에서 처음 교회 개척 팀의 구성원으로 바울과 함께했기 때문이다(행 16:1-40).

바울은 또 디모데가 어째서 빌립보 교인들을 향한 자신의 마음과 같은 마음인지 부드럽게 설명한다. '아버지같이, 아들같이'라는 표현은 빌립보 교인들을 향한 그들의 하나 된 마음을 담아낸다. 디모데는 바울과 특별한 친족 관계다. 이렇게 가족임을 표현하는 단어는 친밀감과 애정을 전하지만, 그 이상을 말하기도 한다. '아버지/아들' 이미지는 견습생이나 제자의 이미지를 더한다. 고대 세계에서 아들은 아버지 옆에서 가문의 기술을 배웠다. 디모데가 영적 아버지 옆에서 그리스도의 대의라는 가문의 기술을 잘 훈련받고 검증받았으므로, 빌립보 교인들은 그를 받아들여야 한다.

이 절은 또한 복음 사역의 연합에 관한 중요한 원리를 담고 있다. 즉 바울이 동역자들보다 자신을 높이지 않는다는 것이다. 한 사람의 복음 사역자가 맨 위에서 지휘하고, 다른 모든 사람이 순종하고 협조하는 것이 아니다. 디모데는 바울을 섬기지 않고, 바울과 "함께" 수고한다.

2:23-24 23절은 결론을 알리는 헬라어 단어[운(oun), "그러므로"]를 사용한

다. 디모데의 유일무이함과 검증된 가치와 빌립보 교인들을 향한 같은 마음 '때문에', '그러므로' 바울은 빌립보에 그를 보내고 싶은 마음이 간절하다. 그 보냄을 지연시킬 유일한 이유가 있다면, 그것은 바울이 '나에 관한 일'[타 페리 에메(*ta peri eme*)]을 더 정확하게 아는 것이다. 바울은 옥에서 풀려날 수도 있고 혹은 죽음 가운데 전제로 드려질 수도 있었다(2:17-18).

바울은 그리스도의 주권에 대한 그의 확고한 믿음을 표함으로써 이 단락을 마무리한다. 그는 디모데 보내기를 "주 안에서 바[라고]"(19절), 그 자신이 속히 가게 될 것을 "주 안에서 확신[한다]"(24절). 바울의 모든 계획은 예수님의 주권적인 다스림과 돌보심 아래 있다.

≋≋≋≋ 응답 ≋≋≋≋

그리스도께서 우리의 계획들을 주관하신다

바울은 모든 무릎이 꿇고 모든 입이 예수 그리스도를 주라 시인한다고 빌립보 교인들에게 감동적으로 상기시켰다. 높으신 그리스도에 대한 이 고귀한 비전은 어떻게 일상생활에 적용될 수 있는가? 한 가지는, 예수님이 우리의 모든 계획의 주님이심을 드러내는 것이다.

인간의 계획에 대한 하나님의 주권적인 다스림은 성경에 많이 등장하는 주제다. 잠언은 자주 그것을 생각나게 한다. "사람이 마음으로 자기의 길을 계획할지라도 그의 걸음을 인도하시는 이는 여호와시니라"(잠 16:9). 그러므로 우리는 거만하게 우리의 계획을 자랑해서는 안 된다. "너는 내일 일을 자랑하지 말라 하루 동안에 무슨 일이 일어날는지 네가 알 수 없음이니라"(잠 27:1). 야고보서 역시 이 주제를 다루며, 왜 그러한 자랑이 악한지 보여준다.

들으라 너희 중에 말하기를 오늘이나 내일이나 우리가 어떤 도시에 가서 거기서 일 년을 머물며 장사하여 이익을 보리라 하는 자들아 내일 일을 너희가 알지 못하는도다 너희 생명이 무엇이냐 너희는 잠깐 보이다가 없어지는 안개니라 너희가 도리어 말하기를 주의 뜻이면 우리가 살기도 하고 이것이나 저것을 하리라 할 것이거늘 이제도 너희가 허탄한 자랑을 하니 그러한 자랑은 다 악한 것이라 (약 4:13-16).

예수님이 바울의 계획들을 주관하심은 모든 바울서신에서 나타난다(롬 1:10; 15:32; 고전 4:19 등). 이는 신약이 신약 저술 자체에 대해서도 말하는 방식이다. 히브리서 저자는 "'하나님께서 허락하시면' 우리가 이것을 하리라"(히 6:3)라고 인정한다. 우리는 우리의 계획에 대해 이렇게 말하고 생각하는가?

제자도와 그리스도의 마음

예수님은 제자를 세우는 본을 보이시고(막 3:14) 또 명령하셨다(마 28:19). 바울은 동역자들을 제자로 삼는 것을 그의 사역의 일부로 보았다. 그리스도의 대의는 너무나 크기에 독립적인 생각이 강한 일꾼들로는 완수되지 못한다. 필요한 것은 일꾼 부대다. 사역을 할 때는 우리가 시간과 힘을 '투자하는'(invest 'in') 개인들도 있겠지만, 우리가 다른 사람들을 제자로 삼음으로써 시간과 힘을 '쏟는'(invest 'with') 팀도 있을 것이다. 사역 팀은 고용의 용어가 아닌 제자도의 용어로 생각해야 한다. 그리스도의 주권 아래 그리스도의 마음을 공유한 사역 팀은 그분의 대의를 위한 강력한 세력이다.

²⁵ 그러나 에바브로디도를 너희에게 보내는 것이 필요한 줄로 생각하 노니 그는 나의 형제요 함께 수고하고 함께 군사 된 자요 너희 사자로 내가 쓸 것을 돕는 자라 ²⁶ 그가 너희 무리를 간절히 사모하고 자기가 병든 것을 너희가 들은 줄을 알고 심히 근심한지라 ²⁷ 그가 병들어 죽 게 되었으나 하나님이 그를 긍휼히 여기셨고 그뿐 아니라 또 나를 긍 휼히 여기사 내 근심 위에 근심을 면하게 하셨느니라 ²⁸ 그러므로 내 가 더욱 급히 그를 보낸 것은 너희로 그를 다시 보고 기뻐하게 하며 내 근심도 덜려 함이니라 ²⁹ 이러므로 너희가 주 안에서 모든 기쁨으 로 그를 영접하고 또 이와 같은 자들을 존귀히 여기라 ³⁰ 그가 그리스 도의 일을 위하여 죽기에 이르러도 자기 목숨을 돌보지 아니한 것은 나를 섬기는 너희의 일에 부족함을 채우려 함이니라

²⁵ I have thought it necessary to send to you Epaphroditus my brother and fellow worker and fellow soldier, and your messenger and minister to my need, ²⁶ for he has been longing for you all and has been distressed because you heard that he was ill. ²⁷ Indeed he was ill, near to death. But God had mercy on him, and not only on him but on me also,

lest I should have sorrow upon sorrow. ²⁸ I am the more eager to send
him, therefore, that you may rejoice at seeing him again, and that I may
be less anxious. ²⁹ So receive him in the Lord with all joy, and honor
such men, ³⁰ for he nearly died*1* for the work of Christ, risking his life
to complete what was lacking in your service to me.

1 Or he drew near to the point of death; compare verse 8

〰〰〰 단락 개관 〰〰〰

이 절들의 요지는 에바브로디도를 영접하고 그와 같은 자들을 존귀하게
여기라는 요청이다(2:29). 그를 영접하고 존귀하게 여겨야 하는 까닭은, 그
가 그리스도의 마음을 본보기로 보이기 때문이다. 표11은 에바브로디도와
예수님의 유사성을 요약해 준다.

에바브로디도	예수님
에바브로디도는 빌립보에서 로마로 옴으로써 다른 사람들의 유익을 구했다.	예수님은 하늘에서 땅으로 오심으로써 다른 사람들의 유익을 구하셨다.
에바브로디도는 목숨을 걸었다(2:30).	예수님은 목숨을 내주셨다(2:8)
에브로디도는 바울의 필요에 응하고자 목숨을 걸었다(2:25).	예수님은 우리의 가장 큰 필요를 충족시키기 위해 자신을 희생하셨다.

표11. 그리스도를 닮은 에바브로디도의 본

에바브로디도는 빌립보 교인들을 자신보다 더 중요하게 여김으로써 그
리스도의 마음을 본으로 보인다. 그는 가장 좋지 않은 상황에서도(거의 죽어

가는) 자신의 죽음을 생각해서가 아니라, 자신 때문에 빌립보 교인들이 겪을 고통을 생각하며 더 괴로워했다. 바울 역시 에바브로디도를 보내는 것에 대해 생각하는 모습에서 그리스도의 마음의 본보기임을 입증한다.

〰〰〰 단락 개요 〰〰〰

> Ⅱ. 본문: 복음에 합당한 삶을 살라는 권면과 본보기(1:12-4:9)
>   B. 본론(1:27-4:3)
>   6. 본보기: 에바브로디도(2:25-30)
>   a. 상황: 에바브로디도를 돌려보냄(2:25-28)
>   b. 요청: 에바브로디도를 영접하고 그와 같은 이들을 존귀하게 여기라(2:29)
>   c. 이유: 다른 사람들의 필요를 채우려고 목숨을 아끼지 않음(2:30)

〰〰〰 주석 〰〰〰

2:25 바울이 선택한 단어들이 이 단락을 앞에서 논의된 주제들과 연결시킨다.

"오직 겸손한 마음으로 각각 자기보다 남을 낮게 여기고[헤게오마이 (*hēgeomai*)]"(2:3).

"〔예수님은〕 하나님과 동등됨을 취할 것으로 여기지〔헤게오마이〕 아니하시고"(2:6).

"에바브로디도를 너희에게 보내는 것이 필요한 줄로 생각하노니〔헤게오마이〕"(2:25).

"내가 육신으로 남아 있는 것이 여러분에게는 더 필요할〔아낭카이오스 (anankaios)〕 것입니다"(1:24, 새번역).

"에바브로디도를 너희에게 보내는 것이 필요한〔아낭카이오스〕 줄로 생각하노니"(2:25).

바울은 이러한 단어들을 반복함으로써, 빌립보 교인들로 하여금 에바브로디도를 보내겠다는 자신의 결정을, 자신보다 그들을 더 중요하게 여기는 예로 보도록 한다. 그는 자신의 필요보다는 그들의 필요를 중요하게 여기는 데서 그리스도의 마음의 본보기가 된다.

2:25의 나머지 부분은 에바브로디도를 다섯 가지로 묘사한다. 세 가지 묘사는 그와 바울을 연결시키고("'나의' 형제요 함께 수고하고 함께 군사 된 자요"), 두 가지 묘사는 그와 빌립보 교인들을 연결시킨다("'너희' 사자로 내가 쓸 것을 돕는 자라").

2:26-28 26-27절은 에바브로디도를 보내는 두 가지 이유를 제시하고(그는 빌립보 교인들을 "간절히 사모하고"[49] 그들에 대해 "근심〔했다〕"), 28절은 바울이 그를 보냄으로 이루고자 하는 두 가지 목적을 알려준다(그들의 기쁨이 커지는 것, 그의 근심을 더는 것). 27-28절에는 하나님의 자비를 찬양하는 언어유희〔뤼페

---

49 바울과 에바브로디도는 빌립보 교인들을 보고자 하는 같은 간절함을 가지고 있다(1:8; 2:26).

(*lypē*)/알뤼포스(*alypos*)]가 담겨 있다. 하나님께서 에바브로디도의 목숨을 살려주셨고, 그렇게 하심으로 바울의 "근심 위에 근심"[뤼펜 에피 뤼펜(*lypēn epi lypēn*)]을 면하게 하셨다. 그리고 이제 바울이 빌립보 교인들에게 에바브로디도를 돌려보낼 때 그의 "근심"[알뤼포테로스(*alypoteros*)]을 덜 것이다.

에바브로디도는 빌립보 교인들을 자신보다 더 중요하게 여기는 면에서 그리스도의 마음의 본보기다. 아마 에바브로디도가 빌립보 교인들을 가장 염려했던 순간은 그가 가장 아팠던 때였을 것이다. 그는 병들어 거의 죽게 되었을 때도 자신의 죽음을 괴로워하지 않았고, 오히려 '빌립보 교인들의 고통 때문에' 괴로워했다! 그는 자신이 아프다는 것을 알면 그들이 괴로워할 것을 알았다. 그리스도의 마음에 대한 너무나 감동적인 증거가 아닌가!

2:29 바울은 에바브로디도를 "영접하고" 그와 같은 자들을 "존귀히 여기라"는 두 가지를 명령한다. 첫 번째 명령에서는 그렇게 행하는 방법으로 "주 안에서"와 "모든 기쁨으로"라는 두 어구를 제시한다. 이 두 어구는 빌립보서의 중요한 두 주제를 보여준다. (1) 그리스도인의 모든 삶은 "주 안에서"(1:14; 2:19, 24, 29) 일어난다는 것이며, (2) 복음의 동역에는 기쁨[카라(*chara*), 1:4, 25; 2:2, 29; 4:1]이 충만하다는 것이다. 두 번째 명령("존귀히 여기라")은, 에바브로디도와 그와 같은 이들 안에서 은혜의 증거를 확인함으로써 빌립보 교인들에게 자기중심성을 피할 기회를 준다.

2:30 에바브로디도는 그리스도를 닮은 사역을 본으로 보여주었고, 고난받는 종(2:5-11)의 모습을 구현했다. 바울은 교차대구법을 사용하여, 에바브로디도가 어느 정도까지 기꺼이 바울의 필요를 도왔는지에 더 주의를 집중시킨다. 교차대구법을 살린 메튜 하몬(Matthew Harmon)의 번역은 그리스도/섬김 그리고 죽음/목숨을 검 사이의 상호 작용을 멋지게 담아낸다.[50]

---

50 Harmon, *Philippians*, 300. 많은 주석가가 이 교차대구식 정렬에 동의한다. 예를 들어, O'Brien, *Philippians*, 342을 보라.

A. 그리스도의 일을 위하여

　B. 죽기에 이르러도

　B'. 자기 목숨을 돌보지 아니한 것은

A'. 나를 섬기는 너희의 일에 부족함을 채우려 함이니라

또한 교차대구법 구조의 마지막 부분은, 독자들로 하여금 빌립보 교인들의 제물과 섬김을 다시 생각하도록 거슬러 올라간다(2:17). 두 본문에 '섬김'[레이투르기아(*leitourgia*), ESV는 "offering"]이라는 동일한 단어가 있기 때문이다.

응답

병에 걸리는 것이 그리스도를 위한 고난인가?

에바브로디도는 병이 들어 거의 죽을 지경이었는데, 바울은 그가 "그리스도의 일을 위하여…자기 목숨을 돌보지 아니[했기]" 때문에 이 고난이 '그리스도를 위한' 것이라고 선언한다. 다른 사람들도 같은 병에 걸릴 수 있다. 그렇지만 그들이 자신을 위해 살고 그리스도를 위해 아무런 위험도 감수하지 않는다면, 그것은 그리스도를 위한 고난이 아닐 것이다. '그리스도께' 순종하는 과정에서 오는 고난이 '그리스도를 위한' 고난이다. 에바브로디도는 빌립보에서 누린 평범한 일상의 안락함을 떠나 바울을 돕기 위해 로마로 가는 데까지 고난의 위험에 자신을 노출시켰다. 그는 또한 고난 가운데서도 하나님을 신뢰했다. 그는 자기중심적인 불평꾼이 아니었다. 목숨을 위협하는 질병에 걸렸음에도 자신보다 다른 사람들을 더 염려했다.

1 끝으로 나의 형제들아 주 안에서 기뻐하라 너희에게 같은 말을 쓰는 것이 내게는 수고로움이 없고 너희에게는 안전하니라 2 개들을 삼가고 행악하는 자들을 삼가고 몸을 상해하는 일을 삼가라 3 하나님의 성령으로 봉사하며 그리스도 1)예수로 자랑하고 육체를 신뢰하지 아니하는 우리가 곧 할례파라

1 Finally, my brothers,*1* rejoice in the Lord. To write the same things to you is no trouble to me and is safe for you. 2 Look out for the dogs, look out for the evildoers, look out for those who mutilate the flesh. 3 For we are the circumcision, who worship by the Spirit of God*2* and glory in Christ Jesus and put no confidence in the flesh—

1) 또는 예수 안에서

1 Or *brothers and sisters*; also verses 13, 17 *2* Some manuscripts *God in spirit*

바울은 거짓 선생들이 내놓은 거짓 복음에 대한 보호 장치로서, 빌립보 교인들에게 주 안에서 기뻐하라고 요청한다. 바울은 노련하게 거짓 선생들을 상대로 전세를 역전시키는 아이러니를 사용하여 빌립보 교인들의 복음적 기쁨을 보호하려 한다. 2-3절은 모조품이자 거짓된 거짓 선생들(2절)과 진짜이고 참된 빌립보 교인들(3절)을 세심하게 대조한다. 거짓 선생들에 대한 바울의 묘사는 유치하게 아무렇게나 이름을 붙인 것이 아니다. 거짓 선생들을 참되다고 하는 것이 실제로 거짓이며, 그들을 거짓되다고 하는 것이 실제로 참이다. 그런 다음 바울은 빌립보 교인들에게 진짜를, 곧 그리스도 안에 진정한 정체성이 있음을 보여준다. 그리스도인들이 참 할례파다. 그들은 성령 안에서 하나님을 예배하고, 예수님을 자랑하고, 육체를 신뢰하지 않는다.

c. 빌립보 교인들의 진정한 복음 중심적 정체성(3:3)

  (1) 참된 할례(3:3a)

  (2) 성령으로 예배함(3:3b)

  (3) 그리스도 예수로 자랑함/육체를 신뢰하지 않음(3:3c)

〰〰〰 **주석** 〰〰〰

3:1 "끝으로"로 번역된 헬라어는 바울이 '새로운' 단락으로 이행한다는 공식적인 신호 역할을 하는 것이지, 서신의 '최종' 혹은 마지막 단락을 나타내는 표시가 아니다. 이는 논의의 마지막을 알리는 종결 어구가 아니라, 전환을 나타내는 어구다.[51]

기뻐하라는 명령 자체는 처음이 아니다. 바울은 다양한 방식으로 빌립보 교인들에게 그리스도를 중요하게 여기고 그분 안에서 기뻐하라고 여러 번 요청했다.[52] 실제로 바울은 그가 "같은 말"을 다시 하고 있다고 인정한다. 일부 주석가들은 "같은 말"을 2-11절에서 이어지는 내용을 가리킨다고 여기지만,[53] 필자의 생각에는 앞에 나온 기뻐하라는 명령을 가리키는 어구로 보는 것이 훨씬 합당한 것 같다.[54]

---

51 Margaret Thrall, *Greek Particles* (London: Brill, 1962), 28을 보라.

52 인접 문맥에서 바울은 빌립보 교인들에게 네 번 기뻐하라고 명하고(2:17-18), 기쁨으로 에바브로디도를 영접하라고 청했다(2:29).

53 Fee, *Philippians*, 293n11; Silva, *Philippians*, 167-172.

54 특히 Bockmuehl, *Philippians*, 180; Hansen, *Philippians*, 213을 보라. Jeffrey Reed는 '카타포라' (*kataphora*, 앞으로 할 말을 가리키는 것)보다는 '아나포라'(*anaphora*, 앞에서 한 말을 가리키는 것)가 더 자주 쓰인다는 탁월한 주장을 한다. 그는 수많은 언어 체계를 비교한 후 앞에서 한 말을 가리키는 것이 "독자의 해석 능력에 더 적합하다"고 결론지었다. Jeffrey Reed, *A Discourse Analysis of Philippians*, LNTS 136 (Bloomsbury: T & T Clark, 1997), 255을 보라.

바울은 기뻐하라고 명령할 뿐만 아니라 그 이유도 제시한다. 그는 독자들을 지루하게 하는 것 또는 반복으로 요지를 장황하게 말하는 것에 대해 사과 비슷한 말을 하고 있지만, 그것이 개인적으로 그 자신에게 문제가 되지 않으며("수고로움"이 없다) 공동체적으로 그들에게 훨씬 유익하다고("너희에게는 안전하니라") 그들을 안심시킨다. 기뻐하라는 요청은 어떤 의미에서 빌립보 교인들에게 '안전'한가? 다른 곳에서 이 단어가 사용된 것을 볼 때, 기뻐하라는 요청의 반복은 그 요지가 그들 마음에 더 확고하게 닻을 내리게 해줌을(히 6:19, 견고한 닻), 혹은 더 안전하게 가둬짐을(행 16:23-24, 옥에 안전하게 가둬진 채 발이 차꼬에 든든히 채워짐) 암시할 수 있다. 이는 확실한 사실이다. 반복은 어떤 요지를 더 깊은 곳으로 이끌고 가서 우리와 더 오래 머물게 해줄 수 있다. 그러나 바울은 반복이라는 보호 장치보다 더 큰 것을 염두에 두고 있다. 그는 기뻐하라는 보호 장치를 2절에 나오는 거짓 교훈의 위험과 연결시킨다.[55] 예수님 안에서 기뻐하는 것이 거짓 교훈을 막는 방패 역할을 한다.

3:2 이곳의 대적들은 바울이 서신 앞부분에서 언급한 대적들과는 다른 자들로 보인다.[56] 이 절에는 아주 효과적이고 잘 만들어진 역설이 담겨 있다. 바울은 유대인들이 이방인 신자들을 반대할 때 사용했던 표현을 취하여(예를 들어, "개들"), 그 표현을 유대인 거짓 선생들에게 적용함으로 형세를 역전시킨다.

먼저, 바울은 거짓 선생들을 "개들"이라 부른다. 유대인들은 비유대인들

---

55 Demetrius K. Williams는 1절의 보호 장치가 이어지는 내용으로부터 보호 받는 데 필수적임을 제대로 보여준다. *Enemies of the Cross of Christ*, LNTS 223 (Bloomsbury, T & T Clark, 2002), 149-153을 보라.

56 바울의 대적의 정확한 정체는 알기가 아주 어렵다. 그가 이 대적들을 다루는 어조가, 서신의 앞부분에서 그와 경쟁했던 이들을 묘사할 때(1:16-17) 취한 어조와 전혀 다른 것은 확실하다. 앞에서 언급된 대적들은 거짓된 동기로 설교했지만 바울은 그리스도가 전파되었기에 기뻐할 수 있었다(1:18). 반면 이곳에는 기쁨이 없다. 그는 그들이 육체를 신뢰하는 것을 엄하게 책망하고, 그리스도인들은 육체를 신뢰하지 않고(3:3), 오히려 그리스도를 신뢰하는 이들이라고(3:7-11) 강조한다.

에게 더러운 개라는 딱지를 붙였다. 이방인들이 유대교 율법에 따른 식사를 하지 않고 개처럼 아무거나 먹었기 때문이다. 예수님은 마태복음 15:26에서 한 이방인 여인에게 이 딱지를 붙이시지만, 그곳의 내러티브는 그 여인이 예수님의 가르침의 실례임을 강조한다. 그곳에서 예수님은 사람들이 입으로 들어가는 것 때문이 아니라 마음에서 나오는 것 때문에 더러워진다고 가르치셨다(마 15:1-20). 더러운 마음이 사람을 더럽히는데, 바리새인은 그중 최악이다. 그들은 겉은 멋지지만 안쪽은 죽은 사람의 뼈로 가득한 무덤 같다. 그 내러티브는 바리새인들의 불신앙 및 더러움과 이방 여인(더럽다고 여겨졌던)의 믿음을 대조한다. 예수님은 자녀의 떡을 취하여 개들에게 던짐이 마땅하지 않다고 그 여인에게 말씀하신다(마 15:26). 그러나 그 여인이 개들도 주인의 상에서 떨어지는 부스러기를 먹는다고 말할 때 믿음이 튀어나온다(27절). 그러자 예수님은 그 믿음이 크다고 칭찬하신다(28절). 다시 말해, 예수님은 부정한 식습관을 가진 이 이방 여인은 믿음으로 인해 '깨끗한' 반면, 정결한 식습관을 가진 바리새인은 불신앙과 악한 마음 때문에 더럽다고 말씀하고 계신다. 이와 마찬가지로 바울은 이 유대인 거짓 선생들이 육체를 의지함으로 더러워졌기 때문에 개들인 반면, 바울의 이방인 신자들은 믿음으로 깨끗해졌다고 말한다.

바울이 대적자들을 나타낼 때 쓰는 두 번째 단어는 "행악하는 자들"(혹은 '악을 일삼는 자들')이다. 이들은 바울과 "함께 수고하[는]"(빌 2:25)인 에바브로디도 같은 사람들과 대조된다. 유대인 거짓 선생들은, 바울 같은 사도들이 아무 행위도 하지 않아도 된다는 구원 메시지를 전파하고 있었기 때문에 악을 행하고 있다고 생각했다. 거짓 선생들은 구원받으려면 그리스도에 대한 믿음에 율법의 의무를 더해야 한다고 가르쳤다. 바울은 육체에 대한 신뢰를 만들어내려는 대적자들의 시도가 악한 행위임을 보여준다. 그것은 복음을 타협하는 것이기 때문이다.

예수님도 마찬가지로 바리새인들의 거짓 메시지가 그들의 일을 악하게 만든다고 가혹하게 말씀하셨다. "화 있을진저 외식하는 서기관들과 바리새인들이여 너희는 교인 한 사람을 얻기 위하여 바다와 육지를 두루 다니다가 생기면 너희보다 배나 더 지옥 자식이 되게 하는도다"(마 23:15).

바울이 거짓 선생들을 나타낼 때 쓰는 세 번째 단어인 "몸을 상해하는" 자들은 언어유희다. "할례"에 해당하는 단어는 페리토메(*peritomē*)인데, 이 거짓 선생들은 실제로 카타토메(*katatomē*), 즉 살을 잘라내는 할례를 주장하는 자들이다. 거짓 선생들은 구원받기 위해 육체적으로 할례를 받아야 한다고 말하고 있었다(참고. 행 15:1). 그러나 바울은 육체적 할례는 육체를 신뢰하는 것이라고 말한다. 그 선생들이 "몸을 상해하는" 자들인 까닭은, 그들의 할례 요구가 구약에서 금한 이교의 자해 행위와 흡사하기 때문이다(레 19:28; 21:5; 신 14:1; 사 15:2; 호 7:14). 거짓 선생들은 하나님의 참 백성에 속한 자들이 아니다. 오히려 자기 몸을 상하게 함으로써 하나님의 관심을 끌거나 그분이 행동하게 만들 수 있다고 생각한 바알의 거짓 선지자들에 더 가깝다(왕상 18:28). 육체의 일은 하나님께서 구원하시도록 만들지 못한다.

슬프게도 이 거짓 선생들은 실제로 사탄의 종인데도, 속아서 하나님의 종으로 선행을 하고 있다고 생각한다(고후 11:14-15, 23). 메튜 하몬이 말하듯이 "그들은 자신들이 그 나라의 진짜 아들이라 생각하지만, 사실 유대인의 우월성을 주장하는 것 때문에 그 나라 밖에 내버려진 개들이다."[57] 그다음 절은 그리스도인의 정체성에 유대인의 우월성은 있을 자리가 없음을 보여준다.

3:3 거짓 선생들(즉, 살을 잘라내는 할례를 주장하는 자들)과 대조적으로 그리스도 안에 있는 참된 신자가 진정한 할례파다. 이곳에서 고려하는 할례는 내적 할례로, 거짓 선생들이 요구했던 외적 할례와 뚜렷하게 대조된다. 참된 신자는 모두 마음의 변화, 즉 육체의 할례가 아닌 마음의 할례를 받는다. 바울은 로마서 2:28-29에서 같은 내용을 가르친다. "무릇 표면적 유대인이 유대인이 아니요 표면적 육신의 할례가 할례가 아니니라. 오직 이면적 유대

---

57 Harmon, *Philippians*, 311.

인이 유대인이며 할례는 마음에 할지니 영에 있고 율법 조문에 있지 아니한 것이라 그 칭찬이 사람에게서가 아니요 다만 하나님에게서니라."

이 할례 받은 마음 즉 마음의 변화는 새 언약에서 약속된 것 중 하나다 (겔 36:26). 새 언약의 또 다른 측면은 여호와께서 약속하시듯이 성령을 선물로 받는 것이다. "내 영을 너희 속에 두어"(겔 36:27). 이 성령이라는 선물이 "하나님의 성령으로"(빌 3:3) 말미암는 깨끗한 예배를 낳는다. 바울은 그리스도인들이 '하나님의 영을 예배한다'고 말하지 않음에 주의하라. 오히려 그리스도인들이 "하나님의 영'으로' 예배[한다]"(새번역)고 말한다. 이는 다음과 같은 당연한 질문을 제기한다. 누가 그리스도인의 예배의 중심인가? 3절 두 번째 어구가 답을 준다. 그리스도인은 "그리스도 예수로 자랑[한다]". 예수님 자신이 요한복음 16:14에서 성령의 사역과 자신의 영광을 직접 연결시키셨다. "그가 내 영광을 나타내리니 내 것을 가지고 너희에게 알리시겠음이라." 신자들은 성령의 능력으로 그리스도를 자랑한다. 믿는다는 것은 예수님을 자랑하는 것, 즉 기뻐하는 것이다. 그리스도인들은 그리스도 예수를 자랑하므로, 바울이 서신의 앞부분에서 말한 열망, 즉 예수님을 "존귀하게" 여기고 중요하게 여기려는 마음을(빌 1:20) 공유한다. 이는 그 영이 예배 받을 자격이 없다는 말이 아니다. 오히려 그 영은 우리의 예배를 취하여, 그 영이 기꺼이 영광을 돌리려 하는 그리스도께로 예배의 방향을 바꾼다.

더 나아가 3절의 마지막 어구에서 바울은 그리스도인들이 "육체를 신뢰하지 아니[한다]"고 덧붙임으로써 그리스도를 자랑하는 일의 성격을 해석해 준다. 그리스도를 자랑하는 것은 구원을 위해 그리스도'만을' 신뢰하고 육체의 수고로 얻는 구원을 신뢰하지 '않는다는' 것을 의미한다(참고. 3:4-6).

≈≈≈ 응답 ≈≈≈

그리스도 안에서 기뻐하는 것이 거짓 복음을 막는 보호 장치다

바울은 주 안에서 기뻐하는 것이(3:1) 거짓 선생들이 가하는 위험을(2절) 막는 보호 장치라고 말한다. 주 안에서 기뻐하는 것은, 사탄의 종들이 빌립보 교인들에게 쏘고 있는 거짓 교훈의 불화살로부터 그리스도인들을 보호해 주는 방패 같다. 그리스도 안에서 기뻐하는 것은, 빌립보 교인들 주변에 쏟아지는 거짓 교훈의 폭우에 젖지 않도록 빌립보 교인들을 보호해 주는 우산과 같다. 그리스도로 인해 가장 만족을 누릴 때 그리스도 안에서 가장 안전함을 아는가? 그분께 초점을 맞추라! 그분을 마음껏 누리라! 필자는 이 점에 관한 마이클 리브스(Michael Reeves)의 말에 동의한다. "우리 그리스도인의 문제와 생각의 오류 대부분은 정확히 그리스도를 잊어버리거나 주변으로 몰아내는 데서 비롯된다."[58]

성령의 도움을 힘입어 그리스도를 존귀하게 여기라

예수님 안에서 참된 신자라는 우리 정체성에 맞게 사는 삶이란, 성령의 능력으로 예수님을 예배하고 자랑하는 것을 뜻한다. 그리스도를 믿고 자랑하는 것은 육체의 일이 아니다. 그것은 "하나님의 성령"(3:3)이 일으키시는 반응이다. 그렇다면 우리는 어떻게 이 예배의 삶을 살 수 있을까? 당신은 성령을 바라보는가, 그리스도를 바라보는가? 그리스도를 똑바로 바라보면, 성령의 능력을 갖게 될 것이다. 성령은 스스로를 드러내시지 않기 때문에 삼위일체에서 수줍어하는 위격으로 불린다. 그분은 그리스도를 드러내신다. 패커(J. I. Packer)가 이 요점을 잘 정리해 준다.

---

58 Michael Reeves, *Rejoicing in Christ* (Downers Grove, IL: InterVarsity, 2015), 10.

어느 겨울 저녁 "그가 나를 영화롭게 하리라"라는 말씀으로 설교하고자 교회로 걸어가는 길이었다. 길 모퉁이를 돌았을 때 조명등이 빌딩을 밝히는 것을 보고, 이것이 바로 내 메시지에 필요한 실례임을 깨달았던 기억이 난다. 조명등이 제 역할을 할 때면, 조명등은 그 위치에 있기 때문에 보이지 않는다. 사실 그 빛이 어디에서 나오는지 보지 못하게 되어 있다. 당신이 보는 것은 조명등이 밝히는 건물뿐이다. 의도된 효과는, 그렇게 하지 않으면 어두워서 보이지 않을 것을 보이게 하는 것이고, 제대로 볼 수 있도록 모든 세세한 부분까지 돋보이게 함으로써 그 위엄을 극대화하는 것이다. 이는 새 언약에서 성령이 하시는 역할을 완벽하게 보여준다. 말하자면 그분은 구세주에게 빛을 비추는 숨겨진 조명등이시다.[59]

---

59 J. I. Packer, *Keep in Step with the Spirit* (Old Tappan, NJ: Revell, 1984), 66.《성령을 아는 지식》(홍성사).

⁴ 그러나 나도 육체를 신뢰할 만하며 만일 누구든지 다른 이가 육체를 신뢰할 것이 있는 줄로 생각하면 나는 더욱 그러하리니 ⁵ 나는 팔일 만에 할례를 받고 이스라엘 족속이요 베냐민 지파요 히브리인 중의 히브리인이요 율법으로는 바리새인이요 ⁶ 열심으로는 교회를 박해하고 율법의 의로는 흠이 없는 자라 ⁷ 그러나 무엇이든지 내게 유익하던 것을 내가 그리스도를 위하여 다 해로 여길뿐더러 ⁸ 또한 모든 것을 해로 여김은 내 주 그리스도 예수를 아는 지식이 가장 고상하기 때문이라 내가 그를 위하여 모든 것을 잃어버리고 배설물로 여김은 그리스도를 얻고 ⁹ 그 안에서 발견되려 함이니 내가 가진 의는 율법에서 난 것이 아니요 오직 그리스도를 믿음으로 말미암은 것이니 곧 믿음으로 하나님께로부터 난 의라 ¹⁰ 내가 그리스도와 그 부활의 권능과 그 고난에 ¹⁾참여함을 알고자 하여 그의 죽으심을 본받아 ¹¹ 어떻게 해서든지 죽은 자 가운데서 부활에 이르려 하노니

⁴ though I myself have reason for confidence in the flesh also. If anyone else thinks he has reason for confidence in the flesh, I have more: ⁵ circumcised on the eighth day, of the people of Israel, of the tribe

of Benjamin, a Hebrew of Hebrews; as to the law, a Pharisee; 6 as to zeal, a persecutor of the church; as to righteousness under the law,[1] blameless. 7 But whatever gain I had, I counted as loss for the sake of Christ. 8 Indeed, I count everything as loss because of the surpassing worth of knowing Christ Jesus my Lord. For his sake I have suffered the loss of all things and count them as rubbish, in order that I may gain Christ 9 and be found in him, not having a righteousness of my own that comes from the law, but that which comes through faith in Christ, the righteousness from God that depends on faith— 10 that I may know him and the power of his resurrection, and may share his sufferings, becoming like him in his death, 11 that by any means possible I may attain the resurrection from the dead.

12 내가 이미 얻었다 함도 아니요 온전히 이루었다 함도 아니라 오직 내가 그리스도 예수께 잡힌바 된 그것을 잡으려고 달려가노라 13 형제 들아 나는 아직 내가 잡은 줄로 여기지 아니하고 오직 한 일 즉 뒤에 있는 것은 잊어버리고 앞에 있는 것을 잡으려고 14 푯대를 향하여 그 리스도 예수 안에서 하나님이 2)위에서 부르신 부름의 상을 위하여 달 려가노라

12 Not that I have already obtained this or am already perfect, but I press on to make it my own, because Christ Jesus has made me his own. 13 Brothers, I do not consider that I have made it my own. But one thing I do: forgetting what lies behind and straining forward to what lies ahead, 14 I press on toward the goal for the prize of the upward call of God in Christ Jesus.

1) 또는 교제 2) 또는 위로
1 Greek in the law

〰〰〰 단락 개관 〰〰〰

바울은 이제 자신의 회심 이야기를 나눈다. 대부분의 사람이 전기 형식의 회심 이야기를 생각하지만(참고. 행 22장), 빌립보서 3장에서 바울은 신학적인 언어로 자신의 이야기를 한다.

바울은 누군가 육체를 신뢰할 만한 이유가 있었다면 자신이 바로 그런 사람이라고(3:4-6) 빌립보 교인들에게 상기시킨다. 하지만 그는 그리스도께로 회심한 뒤에 과거의 것들(7절)을, 실제로 모든 것을(8절) 거래장부의 손실 면으로 치워버렸다. 이는 그것들을 그리스도를 얻고 아는 것(8절) 및 믿음으로 그분 안에서 의로운 자로 발견되는 일(9절)의 고귀함과 비교해 보고 한 일이었다. 바울이 열망하는 바는, 그분의 부활의 능력과 그분의 고난에 참여함으로 그리스도를 아는 것이다(10절). 바울은 그리스도를 따라 부활을 경험하고자(11절) 그분의 죽으심을 따르고 싶어 한다("그의 죽으심을 본받아", 10절). 바울은 자신이 부활의 목표에 다다르지도 않았고 완벽해지지도 않았다고(12a절) 빌립보 교인들에게 상기시킨다. 그래서 그는 이전 것은 잊어버리고 계속 하늘의 상을 향해 달려간다(12b-14절).

〰〰〰 단락 개요 〰〰〰

Ⅱ. 본문: 복음에 합당한 삶을 살라는 권면과 본보기(1:12-4:9)

  B. 본론(1:27-4:3)

    8. 본보기: 바울(3:4-14)

      a. 바울의 과거 삶: 육체를 신뢰함(3:4-6)

        (1) 혈통을 신뢰함(3:4-5a)

        (2) 행위를 신뢰함(3:5b-6)

b.바울의 회심: 그리스도만을 신뢰함(3:7-11)

　(1) 그리스도를 위해 과거의 것들을 해로 여김(3:7)

　(2) 그리스도를 아는 지식과 비교하여 모든 것을 해와 배설물로 여김(3:8-11)

c. 바울의 현재 삶: 그리스도만을 좇음(3:12-14)

　(1) 바울은 아직 완벽이나 부활에 이르지 않았음(3:12-13)

　(2) 바울은 하늘에서 부른 부름의 상을 위해 달려감(3:14)

주석

누군가의 개인적인 간증을 생각할 때 무엇이 떠오르는가? 대부분 그가 어떻게 구원받게 되었는지 그 이야기를 나눌 것이라고 생각한다. 그 이야기는 전기 형식으로 하는 것이 자연스럽다. "나는 기독교 가정에서 자랐지만, 대학생이 되어 집을 떠난 후 나쁜 패거리들과 어울리며 하나님을 멀리하며 살았다. 그러나 교회에서 복음을 듣고 죄를 회개하고 나를 구원해 주신 그리스도를 믿었다." 이런 경우, 인생의 사건들을 전기 형식을 따라 역사적인 방식으로 이야기하게 된다. 바울은 사도행전에서 이런 식으로 이야기한다. 그는 다소에서 유대인으로 양육된 것으로 시작해서 예루살렘에서 보낸 시간과 가말리엘 문하에서 받은 교육을 이어서 언급하며 자신의 인생 이야기를 한다(행 22:3). 그는 예루살렘 교회를 맹렬하게 박해하는 자로 성장했다. 다메섹 같은 곳에서 박해의 불길을 일으키라는 허락을 받았다(3-5절). 그런데 다메섹으로 가는 길에 하늘에서 큰 빛이 그를 비추고 부활하신 주 예수님이 바울에게 나타나셨다(6-10절). 바울의 인생은 영원히 바뀌었고, 그리스도를 반대하던 위대한 박해자가 그리스도를 전하는 위대한 설교자가 되었다.

그러나 구원 이야기를 하는 다른 방식이 있다. 빌립보서 3장은 바울의 신학적 간증이다. 그는 그리스도인 바울과 대비되는 불신자 사울의 사고 방식을 들여다보게 한다.

3:4 그리스도인이 아닌 사울은 육체를 신뢰했다. 바울은 상상으로 거짓 선생들과 육체를 신뢰하는 이유를 겨루며 경쟁한다. 바울은 자신이 이길 것이라고 말한다.

3:5-6 바울은 인생을 두 개의 칸이 있는 거래장부로 묘사하며, 먼저 이득에 초점을 맞춘다. 이는 그에게 마지막 심판 때 자신감을 심어 줄 요소들이다. 바울의 자랑은 (1) 가문(5절)과 (2) 실적(5-6절) 두 가지를 기반으로 한다. 바울은 나면서부터 물려받은 네 가지를 언급한다. 첫째, 그는 레위기 12:3에서 지시하는 시기인 "여덟째 날에" 육체적으로 할례를 받았다. 둘째, "이스라엘" 족속으로 하나님 백성의 계보에 속해 있었다. 셋째, 그의 혈통은 구체적으로 베냐민 지파로 거슬러 올라간다(아마도 그의 이름은 사울 왕의 이름을 따서 지었을 것이다). 넷째, "히브리인 중의 히브리인"으로서 다른 유대인과 거리를 두었을 수 있다. 이는 아마도 언어와 문화의 측면에서 본국과 관련 있는 유대인과, 여러 면에서 히브리 언어 및 문화와의 접촉이 끊어진 디아스포라 유대인 사이의 차이를 가리킬 것이다.[60]

회심 이전에 육체를 신뢰한 일을 묘사하며 바울이 언급하는 두 번째 범주는, 물려받은 것이 아니라 직접 이룬 세 가지 목록이다. 첫째, 바울은 가장 엄격한 종교 학파인 바리새인들의 학파에 자발적으로 합류했다. 그들은 의식(ritual)의 정결법을 성전이라는 영역뿐만 아니라 모든 삶에 적용했다. 둘째, 바울은 교회를 박해하는 자로 열성적이었다. 이 열심은 그가 하나님의 인정을 받으리라 확신했던 것들 중 하나였다. 비느하스가 신실하지 못했던 이스라엘 자손을 죽인 열심 때문에 칭찬을 받았으므로(민 25:7-

---

60 바울이 히브리어나 아람어를 하는 유대인과 헬라어를 하는 유대인을 구분하는 것일 수도 있다(참고. 행 6:1).

8, 11, 13), '신실하지 못했던 이스라엘 자손'에 대한 박해자 바울도 같은 칭찬을 받으리라 기대했다. 바울은 예수님이 요한복음 16:2-3에서 하신 말씀을 성취했다.

> 사람들이 너희를 출교할 뿐 아니라 때가 이르면 무릇 너희를 죽이는 자가 생각하기를 이것이 하나님을 섬기는 일이라 하리라 그들이 이런 일을 할 것은 아버지와 나를 알지 못함이라.

셋째, 회심 이전에 바울은 자신이 의에 대한 율법의 요구라는 측면에서 본이 되는 삶을 살고 있었다고 믿었다.

3:7 회심은 바울의 인생 장부가 철저하게 바뀌었다는 뜻이다. 바울이 제일 먼저 한 일은 4-6절에 나온 모든 것, 즉 그가 한때 이득이라 여겼던 것들을 거래장부의 손실 면으로 옮긴 것이다.

3:8-11 이어지는 네 절은 헬라어로는 하나의 긴 문장이다. 바울은 이제 4-6절에서 언급했던 것들을 손실로 여기는 수준을 훨씬 넘어간다. 그는 한 가지, 곧 그리스도가 이득으로 남을 때까지 모든 것을 손실 면으로 옮긴다. 바울의 거래 장부에서 이득 면은 이제 깨끗하다. 바울은 자신이 육체를 신뢰하지 않고 대신 그리스도 예수를 자랑한다고 이미 말했다(3절). 그리고 이제 다시금 자신의 주장을 명확히 한다. 그는 의롭게 되거나 하나님 앞에 바로 서기 위해 그리스도 외에 그 무엇도 신뢰하지 않을 것이다.

그 다음 바울은 훨씬 더 과격한 걸음을 내딛는다. 그는 그리스도와 비교할 때 모든 것이 "잃[은]" 것일 뿐 아니라 "배설물"[스퀴발론(skybalon)]이라고 말하는 데까지 나아간다. 스퀴발론은 "폐기해야 하는 쓸모없거나 달갑지 않은 물질"[61]을 가리킨다. 이는 쓰레기에서부터 배설물에 이르기까지 다양

---

61 BDAG, s.v. σκύβαλον.

한 의미를 가진다.

우리는 여기서 바울이, 하나님께서 선하게 창조하신 창조 세계의 모든 것을 폄하거나 모욕하는 것이 아님에 주의해야 한다. 그는 모든 것이 가치 없다고 비방하지 않는다. 오히려 그는 그리스도를 자랑하고(참고. 빌 3:3), 그분을 "가장 고상[한]"(8절) 분이요 가장 소중한 분으로 만물보다 높이고 있다. 그리스도는 다른 무엇에도 비길 수 없다. 예수님도 비슷하게, 자아나 가족보다 그분에게 더 충성하라고 말씀하셨다. "무릇 내게 오는 자가 자기 부모와 처자와 형제와 자매와 더욱이 자기 목숨까지 미워하지 아니하면 능히 내 제자가 되지 못하고"(눅 14:26).

그리스도와 창조 세계의 관계는 두 가지 다른 각도에서 볼 수 있다. '상호보완적인' 시각은 이 세상의 선한 것들이 그리스도와 우위를 다투지 않는다고 말한다. 그분이 모든 아름다움과 선의 근원이시므로, 그것들은 그분을 더 흠모하게 해줄 뿐이다. '비교하는' 시각은, 그리스도와 비교할 때 뭇 나라가 통의 한 방울 물이나 저울 위의 작은 티끌 같다고 말한다(사 40:15). 세상의 어떤 선한 것들도 그분과 비교하면 아무것도 아니다.

바울은 빌립보서 3:8에서 이 두 번째 시각으로 말한다. "그리스도 예수를 아는 지식이 가장 고상하기 때문[에]" 그는 모든 것을 손실로 여긴다. 여기서 그리스도를 아는 지식은 인격적인 지식이다. 바울은 우리가 고대의 사람들을 아는 것처럼 그리스도를 아는 것이 아니다. 신자들은 그리스도를 친밀하게, 인격적으로 안다. 바울은 그리스도께서 다른 모든 것을 뛰어넘는 가치를 가지신 분임을 찬양한다. 그는 그리스도와의 인격적 관계를 그 누구와 그 무엇과도 거래하지 않을 것이다. 바울의 손실 칸에는 '모든 것'이라 기록되어있고, 그의 이득 칸에는 이제 '그리스도'가 기록되어있다.

3:9 이 절은 두 번째 목적절을 소개한다. 바울이 모든 것을 손실로 여긴 것은 그리스도를 얻기 위함일 뿐만 아니라 "그 안에서 발견되려" 함이다. 그리스도 안에서 '발견 된다'는 말은, 구원해 줄 무언가를 신뢰하고 그 안으로 피한다는 의미를 전달한다. 심판 날에 몇몇 사람은 하나님과 어린양

의 진노를 마주할 테고, 그분에게서 숨기 위해 산들과 바위들에게 자신들 위로 떨어져 숨겨 달라고 요구할 것이다(눅 23:30). 바울은 그분 '안에' 숨을 것이므로 그리스도'로부터' 숨으려 하지 않을 것이다.

바울은 자신이 마지막 날 발견되고자 하는 상태를 묘사하기 위해 "가진"[에콘(echōn)]이라는 분사를 사용한다. 그는 두 가지 의를 대비하는데, 하나는 그가 거부한 의고 다른 하나는 그가 받아들인 의다. 9절의 나머지 부분은 이 두 가지 의를 대조하는 교차대구법 형식으로 되어 있다.[62]

> 아니요
>> 내가 가진
>>> 의는
>>>> 율법에서 난 것이
>>>>> 오직 그리스도를 믿음으로 말미암은 것이니
>>>> 하나님께로부터 난
>>> 의라
>> 곧 믿음으로

이 교차대구법은 육체를 신뢰하는 것(행위로써 내가 가진 의)과[63] 그리스도를 신뢰하는 것(그리스도를 믿음)을 더 강력하게 대조한다. 따라서 교차대구법의 중심은 그리스도를 믿음으로 말미암은 의다. 이 믿음을 받아들이고 다른 모든 의는 거부해야 한다. 회심 이전에 사울은 율법에 순종하여 자신의 행실로 말미암은 개인적인 의를 신뢰했다. 그러나 이후에 바울은 예수님의 의를 받아들임으로써 회심했다. 이 의는 행위로 얻은 것이 아니라 믿

---

62 이 교차대구법은 O'Brien, *Philippians*, 394에서 처음 읽은 것이다.

63 회심 이전에 바울이 가진 사고방식은, 로마서 10:1-3에 나오는 구원받지 못한 그의 동포들의 사고방식과 어울린다. 바울은 그들이 구원받기를 기도하는데, 이는 그들이 하나님께로부터 난 의를 무시하여 그것을 따르지 못하기 때문이다. 그들은 그리스도 안에 있는 하나님의 의 대신 그들의 의를 확립하려 한다.

음의 선물로 받은 것이다. 거룩하신 하나님은 우리에게 요구하시는 의를 그리스도 안에서 우리에게 주신다.

3:10 이곳에서 바울은 모든 것을 손실로 여기는 세 번째 목적을 소개한다. 그것은 곧 "내가…[그분을] 알고자" 함이다. 이 목적이 무엇보다 최고의 목적이다. 그리스도를 아는 것에는 "그 부활의 권능"을 아는 것과 "그 고난에 참여함"이 무슨 뜻인지 아는 것이 포함된다.

이생에서 누릴 수 있는 가장 큰 기쁨은 그리스도를 아는 것이다. 예수님은 "영생은 곧 유일하신 참 하나님과 그가 보내신 자 예수 그리스도를 아는 것이니"(요 17:3)라고 선언하신다. 예레미야 9:23-24은 자랑하는 자는 하나님을 깨닫고 아는 것을 자랑해야 한다고 말한다. 예수님에 대해 아는 것과 실제로 예수님을 아는 것의 차이가, 이 세상과 다음 세상에서 모든 것을 바꾼다.

그리스도를 아는 것은 그분의 죽음과 부활을 모두 아는 것을 아우른다. 바울은 부활에 대해 이야기하며 시작한다. 그는 그리스도의 부활의 '권능'을 언급하며 단지 부활이라는 역사적 사실 이상을 언급한다. 바울은 그의 글 몇 곳에서 부활과 연관된 권능을 이야기하는데, 아마도 가장 분명한 곳은 에베소서 1:19-20인 듯하다. 놀랍게도 그곳에서 바울은 예수님을 죽은 자들 가운데서 살리신 헤아릴 수 없는 능력이 신자들 안에 동일하게 거한다고 말한다.

그러나 이 부활 능력은 그리스도의 고난에 동참하고 "그의 죽으심을 본받[는]" 가운데 경험하는 것이다. 바울은 이미 하나님께서 자비로우시게도 그들에게 고난의 선물을 주셨다고 말했다(빌 1:29). 하나님은 우리가 그리스도의 고난에 동참하도록 정해 놓으셨다. 이는 그분의 죽으심을 본받는 것을 뜻한다. 우리는 마치 고난 자체가 우리를 예수님처럼 만들어주는 듯이 고난을 위해 고난 받지 않는다. 바울은 '예수님이 받으신 것처럼' 받는 고난, 아버지께 순종하여 다른 사람들을 섬기기 위해 받는 고난을 말하고 있다. "본받아"[쉼모르피조(*symmorphizō*), ESV는 "becoming like"]는 "다른 무언가와 형식이나 스타일을 유사하게 하는 것"[64]을 뜻한다. 이곳의 수동태는 아마 신적 수동태일 것이다. 즉, 하나님께서 우리로 하여금 그리스도의 죽으심을 본받게 하신다는 말이다. 싱클레어 퍼거슨(Sinclair Ferguson)은 언젠가 한 설교에서, 하나님은 예수님이 예수님처럼 된 것과 똑같은 방식으로 우리를 예수님처럼 되게 만드신다고 말했다. 바로 고난을 통하는 것이다(히 2:10; 5:8). 바울은 고난 받을 방법을 찾아다니라고 말하지 않는다. 빌립보서의 메시지는 우리에게 그리스도의 마음을 가지라고 조언한다. 고난에 구애받지 말고 그리스도 때문에 섬길 누군가를 찾아다녀라. 고통이 아니라 그리스도를 닮은 모습을 추구하라.

3:11 바울이 로마서 8:17에서 말했듯이, 영광에 동참하기 전에 고난에 동참하는 일이 있어야 한다. 바울의 사고의 흐름은 이곳에서도 똑같다. 고난에 동참하고 예수님의 죽으심을 본받을 때 부활이 일어날 것이다(빌 3:10-11). 바울의 간절한 바람은 "죽은 자 가운데서 부활에 이르[는]"(11절) 것이다. "어떻게 해서든지"라는 어구는 거짓된 확신이 아니라 겸손의 분량을 본받는 것을 나타낸다. 바울은 다른 사람들에게 전파하지만, 자신은 실격될 수 있는 가능성을 열어 두었다(고전 9:24-27). 다가올 부활의 광채는, 무관심을 키우는 것이 아니라 부지런히 인내하며 그리스도를 추구하게 만든다.

3:12 이 절은 제기될 수 있는 거짓된 결론을 반박하고, 대신 올바른 결론을 단언한다. 바울은 자신이 부활에 이르렀거나 부활과 함께 임하는 온전한 상태에 아직 도달하지는 않았음을 분명히 한다. 오히려 그는 부활을 잡기 위해 달려간다. "달려가노라"[디오코(*diōkō*)]로 번역된 단어는, 바울이 이전에 자신이 교회를 박해한(디오코) 사실을 묘사할 때에(3:6) 사용되었다. 바울이 이전에 가졌던 마음가짐은 일편단심으로 교회를 박해하는 것이었

---

64 BDAG, s.v. συμμορφίζω.

다. 그런데 그는 새롭게 태어남으로써 새로운 마음가짐을 갖게 되었다. 일편단심으로 그리스도를 알려 하고 부활에 이르고자 하는 마음이었다. 바울은 이렇게 달려가는 것 역시 예수님의 공로라고 겸손하게 설명한다. 그가 부활을 붙잡으려고 달려갈 수 있는 근본적인 까닭은, 그리스도 예수께서 이미 바울을 붙잡으셨기 때문이다. 끝에서 두 번째 어구는 문자적으로 "내가 그리스도 예수께 붙잡혔으므로"라고 읽힌다. 성경은 우리가 독립심을 키우도록 허용하지 않을 것이다. 우리가 사랑하는 이유는 그분이 먼저 우리를 사랑하셨기 때문이다. 우리가 일하는 이유는 그분이 우리 안에서 일하시기 때문이다. 우리가 부활과 그리스도를 아는 일을 붙잡을 수 있는 이유는 그분이 우리를 붙잡으셨기 때문이다.

3:13-14 바울은 자신이 아직 부활을 붙잡지 못했다고 되풀이해서 말한다. 그는 '잡다'[카탈람바노(*katalambanō*)]라는 동일한 동사를 사용한다. 이 동사는 12절에서 두 번 사용되었다. 그는 계속 그의 마음가짐을 강조한다. 그는 부활을 붙잡았다고 "여기지"[로기조마이(*logizomai*)] 않는다. 사실 그러한 생각에 대해서는 문을 쾅 닫아버린다. 이 시점에서 독자들은 "당신이 아직 그걸 잡지 못했다는 걸 알겠습니다. 그래서 이제 어쩌겠다는 것입니까?"라는 질문을 반복한다. 바울은 아주 날카롭게 하나에만 초점을 맞추며 "오직 한 일"이라고 답한다. 이 한 가지 일은 무엇인가? 하늘의 결승선과 상을 향해 "달려가[는]"(디오코) 일이다(14절). 13절은 먼저 이 한 가지 일이 일어나는 수단을 설명한다. 바울은 뒤에 있는 것은 잊어버리고 앞에 있는 것을 위해 애씀으로써, 최종 목표를 향해 달려간다. 두 번째 분사 "…을 향하여 몸을 내밀면서"[에페크테이노마이(*epekteinomai*), 새번역]는, 달리기 경주에서 경주자가 결승선을 향해 안간힘을 쓰며 나아가는 이미지에서 가져온 것이다. 일편단심으로 달려가려면 돌아보지 않고 몸을 앞으로 내밀어야 한다.

14절은 결승선과 그것 너머에서 우리를 기다리는 상을 설명해 준다. 경주의 "목표점"[스코포스(*skopos*), 새번역]은 결승선으로, 모든 경주자는 그곳을 초점으로 시선을 고정하고 달려 나간다. 경주가 끝날 때 주어지는 상은 부활과 함께 임하는 완전한 상태다. "상"[브라베이온(*brabeion*)]은 고린도전서 9:24에도 나온다. "운동장에서 달음질하는 자들이 다 달릴지라도 오직 상을 받는 사람은 한 사람인 줄을 너희가 알지 못하느냐 너희도 상을 받도록 이와 같이 달음질하라." 이 상은 주시는 분이 있는, 즉 "하나님이 위에서 부르신 부름의 상"(빌 3:14)이다. 이는 하나님이 세상 것들이 아닌 위에 있는 것들에 초점을 맞추게 하시는, 위에서 부르신 부름이다. 다음 단락이 이 초점을 강화해 준다.

≋≋≋≋ 응답 ≋≋≋≋

확신 칸을 하나로 유지하라

거짓 교훈은 육체에 관한 것을 구원의 확신 칸에 더 은밀히 채움으로써 그리스도를 가벼이 여기게 만들려 한다. 진짜 기독교는 확신 칸의 내용을 하나로 유지한다. 바로 그리스도만이 구원하신다는 것이다. 육체(우리가 행하는 일)에 초점을 맞추는 거짓 교훈은 그리스도께서 이미 하신 일에 대한 우리의 확신을 축소시킬 수밖에 없다. 어떤 찬양은 "나는 쇠하여야 하겠고 그는 흥하여야 하리라"(참고. 요 3:30)라고 말한다. 거짓 복음은 암시적으로 "나는 흥하여야 하겠고 그리스도는 쇠하여야 하리라"라고 말한다. 자기 의는 그리스도인의 믿음과 기쁨을 죽이는 행위다. 예수님 안에서 기뻐하는 것이 그러한 자기 의를 막는 방패다.

복음의 가장 큰 선물

존 파이퍼(John Piper)는 어느 설교에서 복음이 주는 최고의 선물은 용서가 아니라고 주장했다. 하나님이 최고의 선물이다. 아내에게 죄를 지었을 때 용서를 바라는 것은 좋고 당연하지만, 나는 왜 용서받고 싶은 것인가? 답은 저녁 밥상이나 빨래 같은 아내가 주는 어떤 혜택 때문이 아니다. 만약 내가 "나를 용서해 줘야 해요. 그래야 당신이 내 저녁을 차려 줄테니"라고 말한다면 아내가 어떻게 반응하겠는가? 나는 왜 용서받고 싶은가? 아내가 돌아오기를 바라기 때문이다! 나는 아내를 원한다.

당신은 왜 용서받고 싶은가? 바울은 우리가 그리스도를 알기 위해 용서받고 싶어 해야 한다고 말한다. 왜 바울은 부활하고 싶어 하는가? 그래야 그리스도를 얼굴과 얼굴을 맞대고 볼 수 있기 때문이다. 그의 가장 큰 소원은 떠나서 그리스도와 함께 있는 것이다. 그것이 다른 무엇보다 더 좋기 때문이다(빌 1:21). 어떤 사람들은 예수님을 천국행 티켓처럼 여긴다. 그러나 일단 목적지에 도착하면 티켓은 버려진다. 당신이 원한 것은 그 장소로 가는 입장권이지 종이 조각이 아니다. 모든 사람이 천국에 가고 싶어 하지만, 이유가 같지는 않다. 나쁜 신학은 보통 하늘에 관한 거짓된 시각들로 입증된다. 하늘이 우상들에게 더 잘 다가갈 수 있게 해주는 곳인가? 부활한 우리 몸이 누릴 새 하늘과 새 땅의 화려함과 경이로움이 있을 테지만, 우리는 그리스도를 만끽하는 측면 중 하나로 그것들을 즐길 것이다. 영생은 그분을 아는 것이다(요 17:3).

Philippians
빌립보서
3:15-4:1

3:15 그러므로 누구든지 우리 온전히 이룬 자들은 이렇게 생각할지니 만일 어떤 일에 너희가 달리 생각하면 하나님이 이것도 너희에게 나타내시리라 16 오직 우리가 어디까지 이르렀든지 그대로 행할 것이라

3:15 Let those of us who are mature think this way, and if in anything you think otherwise, God will reveal that also to you. 16 Only let us hold true to what we have attained.

17 형제들아 너희는 함께 나를 본받으라 그리고 너희가 우리를 본받은 것처럼 그와 같이 행하는 자들을 눈여겨보라 18 내가 여러 번 너희에게 말하였거니와 이제도 눈물을 흘리며 말하노니 여러 사람들이 그리스도의 십자가의 원수로 행하느니라 19 그들의 마침은 멸망이요 그들의 신은 배요 그 영광은 그들의 부끄러움에 있고 땅의 일을 생각하는 자라 20 그러나 우리의 시민권은 하늘에 있는지라 거기로부터 구원하는 자 곧 주 예수 그리스도를 기다리노니 21 그는 만물을 자기에게 복종하게 하실 수 있는 자의 역사로 우리의 낮은 몸을 자기 영광의 몸의 형체와 같이 변하게 하시리라

¹⁷ Brothers, join in imitating me, and keep your eyes on those who walk according to the example you have in us. ¹⁸ For many, of whom I have often told you and now tell you even with tears, walk as enemies of the cross of Christ. ¹⁹ Their end is destruction, their god is their belly, and they glory in their shame, with minds set on earthly things. ²⁰ But our citizenship is in heaven, and from it we await a Savior, the Lord Jesus Christ, ²¹ who will transform our lowly body to be like his glorious body, by the power that enables him even to subject all things to himself.

^{4:1} 그러므로 나의 사랑하고 사모하는 형제들, 나의 기쁨이요 면류관인 사랑하는 자들아 이와 같이 주 안에 서라

^{4:1} Therefore, my brothers,*¹* whom I love and long for, my joy and crown, stand firm thus in the Lord, my beloved.

1 Or *brothers and sisters*; also verses 8, 21

〰〰〰 단락 개관 〰〰〰

바울은 빌립보 교인들에게 앞 단락에 나오는(3:12-14) 그의 사고방식을 받아들이라고 요청한다(3:15-17). 그는 자신의 본을 따르고 같은 방식으로 살아가는 다른 이들에게 계속 시선을 고정하라고 명한다(3:17). 결국 전혀 다른 목적지에 이르게 되는, 두 가지 삶의 방식이 있다. 어떤 사람들은 땅의 일들에 마음을 두고 십자가의 원수로 행한다(3:18). 그들의 끝은 멸망이다(3:19). 참된 신자는 땅의 일들에 마음을 두지 않는다. 그들의 시민권은 하늘에 있기 때문이다(3:20). '그들의' 끝은 예수님이 돌아오실 때 몸이 변화되고 부활하는 것이다(3:21). 이 단락을 마무리하면서("그러므로"), 바울은 빌립보 교인들을 향한 사랑과 그들로 인한 기쁨을 표현하고 그들에게 주 안에서 굳게 서라고 촉구한다(4:1).

네 가지 유사점이 3:1-14과 3:15-21을 묶어준다. 첫째, 이 단락(3:15-17)은 빌립보 교인들에게 앞 단락(3:4-14)에서 보여준 바울의 사고방식을 동일하게 가지라고 요청한다("이렇게 생각할지니", 3:15). 둘째, 바울은 3:12에서 언젠가 온전히 소유하게 되리라고["온전히 이루었다", 텔레이오오(*teleioō*)] 말한 것을, 3:15에서는 이미 부분적으로 소유하고 있다고["온전히 이룬 자", 텔레이오스(*teleios*)] 말한다. 셋째, 바울은 그리스도인과 그들의 대적이 정반대임을 보여준다. 3:2-3에서는 그리스도인은 참 할례파(페리토메)인 반면, 그들의 대적은 거짓 할례파로 몸을 상해하는 자들(카타토메)임을 입증했다. 3:19-20에서는, 신자와 그들의 대적이 반대 영역인 하늘과 땅에서 움직이고 있다고 제시한다. 넷째, '따르다'("본받으라")라는 단어가 두 단락을 연결해 주는 한편 부활이 주제의 통일성을 제공한다. 바울은 부활에 이르기 위해 그리스도의 죽음을 '따르기를'(쉼모르피조) 열망하지만(3:10), 뒤에서는 신자들의 변화된 몸이 그리스도의 영광스러운 "몸의 형체와 같[고]"[쉼모르포스(*symmorphos*)]고, 그 몸을 '따른다'고 강조한다(3:21). 첫 번째 단락은 부활에 대한 바울의 개인적인 열망을 다루는 반면(3:11-14), 두 번째 단락은 부활에 대한 신자들의 공동체적 열망을 다룬다(3:20-21).

또 표12에서 드러나듯이, 다섯 단어가 이 단락과 1:27-30의 논지를 연결시킨다.

1:27-30	3:15-4:1
"오직 복음에 합당한 시민으로 행동하라[폴리튜오마이]"(1:27, ESV 난외주)	"우리의 시민권[폴리튜마]은 하늘에 있는지라"(3:20)
"내가…너희가 한마음으로 서서[스테코]…듣고자 함이라"(1:27-28a)	"이와 같이 주 안에 서라[스테코]"(4:1)
"이것이 그들에게는 멸망[아폴레이아]의 증거요"(1:28)	"그들의 마침은 멸망[아폴레이아]이요"(3:19)

"너희에게는 구원[소테리아]의 증거니 이는 하나님께로부터 난 것이라"(1:28)	"거기로부터 구원하는 자[소테르(sōtēr)] 곧 주 예수 그리스도를 기다리노니 그는… 우리의 낮은 몸을 자기 영광의 몸의 형체와 같이 변하게 하시리라"(3:20-21)

표12. 빌립보서 1:27-30과 3:15-4:1을 연결시키는 다섯 단어

〰〰〰〰 단락 개요 〰〰〰〰

II. 본문: 복음에 합당한 삶을 살라는 권면과 본보기(1:12-4:9)

B. 본론(1:27-4:3)

9. 권면: 복음에 합당한 본받음(3:15-4:1)

a. 요청: 바울과 그의 본을 따른 이들을 본받으라(3:15-17)

b. 이유: 두 개의 다른 목적지가 있음(3:18-21)

c. 결론: 주 안에서 굳건히 서라(4:1)

〰〰〰〰 주석 〰〰〰〰

3:15 "이렇게 생각할지니"는 앞 단락(3:4-14)에 나온, 바울이 그리스도께 가진 일편단심의 사고방식을 가리킨다. 바울은 하나님께서 시작하신 일(1:6)을 이루시리라는 확신이 있었기에, 빌립보에 있는 몇몇이 이렇게 생각하지 않으면 "하나님이 [그들에게] 나타내시리라"라고 담대하게 주장한다. 바울은 하나님께서 어떻게 그것을 빌립보 교인들에게 나타내실지 설명하지 않지만, 아마도 바로 이 서신을 통해 그렇게 하시리라고 믿는 듯하다.

3:16-17 "오직"[플렌(*plēn*)]은 이 논의의 요점이라는 신호다. 빌립보 교인들은 의견이 다른 이들에게 집착하지 말고 "우리가 어디까지 이르렀든지"(3:16), 즉 15절의 영적 "성숙"(새번역)에 맞게 행하도록 단 하나의 초점("오직")을 가져야 한다. 영적 성숙은 바울이 본을 보인 대로(3:4-11) 그리스도께만 일편단심의 초점을 맞추는 것이다. 17절은 15-17절의 요청을 요약하는 두 개의 명령문을 덧붙인다. 빌립보 교인들은 (1) "함께 [바울을] 본받[아야]" 하고, (2) "너희가 우리를 본받은 것처럼 그와 같이 행하는 자들을 눈여겨" 봐야 한다. 이 절은 빌립보서의 아주 간결한 요약이다. 이 서신 도처에서 바울은 빌립보 교인들이 시선을 고정할 수 있는 본을 제시하기 때문이다. 바울은 동역자들(2:19-30)과 자기 자신(1:12-26; 3:4-11)을 본으로 그리고 그리스도를 탁월한 본(2:5-11)으로 제시한다.

3:18-19 모든 사람이 바울이 생각하는 대로 생각하지 않는 것처럼(3:15), 모든 사람이 그와 그의 동역자들이 "행하는"[페리파테오(*peripateō*)] 대로 행하지는 않는다(17절). 옳은 본을 따르는 것이 꼭 필요한 이유는, "여러 사람들이"(소수가 아니라) 그렇게 행하지 않기 때문이다. 그들은 십자가의 원수로 행한다(18절).

이 사람들이 정확히 누군지는 아무도 모르지만, 바울은 19절에서 그들의 삶의 방식에 관해 네 가지로 짧게 묘사한다. (1) "그들의 마침은 멸망이[다]." (2) "그들의 신은 배[다]." (3) "그 영광은 그들의 부끄러움에 있[다]." (4) 그들은 "땅의 일을 생각[한다]." 바울은 이 십자가의 원수들을 생각할 때 눈물을 참지 못한다. 그들의 최종 목적지가 멸망이기 때문이다(참고. 1:28). 그들의 신이 배[코일리아(*koilia*)]라는 말은, 로마서 16:18에 표현된 진리와 유사한 것을 의미하는 듯하다. "이 같은 자들은 우리 주 그리스도를 섬기지 아니하고 다만 자기들의 배[코일리아]만 섬기나니 교활한 말과 아첨하는 말로 순진한 자들의 마음을 미혹하느니라." 세 번째 묘사("그 영광은 그들의 부끄러움에 있고")는 아주 아이러니하다. 그들이 그들을 부끄럽게 할 것들을 자랑한다는 것이다. 바울의 표현은 아마도 호세아 4:7의 헬라어 번역을 상기시키는 것 같다. 그곳에서 하나님은 "내가 그들의 영화를 변하여 욕이 되게 하리라"[65]라고 경고하신다. 만약 바울이 이렇게 상기시키려는 의도였다면, 요점은 바울 당시에 있던 십자가의 원수들이 호세아 시대에 언약에 신실하지 못했던 이들과 같은 운명을 맞이하리라는 것이다.[66] 십자가의 원수의 네 번째 특징은 가장 광범위하다. 그들은 "땅의 일을 생각하는" 자들이다. 이 묘사는 바울이 서신 곳곳에서 빌립보 교인들에게 취하라고 요청한 사고방식의 필요성과 관련된 분명한 경고다.

3:20-21 바울은 재빨리 십자가의 원수들이 가진 세속적인 사고방식과 빌립보 교인들이 가진 하늘의 시민권을 대조한다. 이 표현이 빌립보서 1:27의 주제문에 다시 귀를 기울이게 한다는 점을 표13이 보여준다.

"오직 복음에 합당한 시민으로 행동하라[폴리튜오마이]"(1:27, ESV 난외주)	"우리의 시민권[폴리튜마]은 하늘에 있는지라"(3:20)

표13. 빌립보서 1:27과 3:20 비교

하늘의 시민들은 하늘에 있는 그들의 구세주(소테르)가 돌아오시기를 기다린다. 로마 황제들은 자신을 로마 시민들의 "구세주"[67]로 여겼지만, 하늘의 시민들은 가이사가 가짜 구세주임을 안다. 예수님만이 구세주시고 (3:20) 주님(8절)이시다. 예수님이 한편으로 비할 데 없는 구세주이심은, 가짜 구세주들이 행할 수 없는 일을 행할 능력을 가지고 계시기 때문이다. 그것은 곧, 신자들의 낮은 몸을 그리스도의 영광스러운 몸의 형체와 같이

---

65 이러한 상기는 다소 불분명하다. 70인역은 바울이 사용한 단어인 아이스퀴네(*aischynē*, "부끄러움") 대신 아티미아(*atimia*, "욕")로 되어 있다.

66 그래서 또한 Harmon, *Philippians*, 376을 보라. 두 그룹의 생활 방식이 그들의 외침과 어울리지 않는다는 점에서 유사할 수도 있다.

67 유대 역사가 요세푸스조차 아우구스투스(*Jewish Wars* 1.625)와 베스파시아누스(*Jewish Wars* 3.459)를 "구세주"로 언급한다.

(쉼모르포스) 변화시키시는 능력이다. 이러한 능력의 행위는 그리스도께서 "만물을 자기에게 복종하게 하실 수 있는"(21절) 비할 데 없는 능력을 가지셨다는 사실과 조화를 이룬다.

4:1 바울은 이 절 거의 대부분에서 빌립보 교인들에 대한 자신의 애정을 네 가지 방식으로 표현한다. 빌립보 교인들은 (1) "형제들"이고, (2) 바울이 사랑하고 그리워하는 이들이며, (3) 바울의 "기쁨이요 면류관"이고, (4) "사랑하는 자들"이다. 이러한 애정이 담긴 말들은 "주 안에 서라"라는 권면을 더 받아들이기 좋게 만든다. 이 권면이 이 단락에서 1:27의 논지를 상기시키는 두 번째 단어임을 기억하라(표14를 보라).

"내가…너희가 한마음으로 서서[스테코] …듣고자 함이라"(1:27-28a)	"이와 같이 주 안에 서라[스테코]"(4:1)

표14. 빌립보서 1:27과 4:1 비교

우리는 1:27의 "한마음"(one spirit)이 성령을 가리킨다고 주장했다. 이곳에서 바울은 서야 할 장소가 "주 안에"라고 강조한다. 이렇듯 바울은 3:4-14에서 그가 그리스도께만 일편단심으로 초점을 맞추었다고 한 말을, 그리고 몇몇 사람의 세속적인 사고방식(3:19) 혹은 거짓 선생들의 육체를 신뢰하는 사고방식(3:2-6)을 따라 표류하지 말라고 한 경고를 떠올리게 한다.

≋≋≋≋ 응답 ≋≋≋≋

소망의 신학은 긴 안목으로 본다

바울은 빌립보 교인들이 두려워하지 말고 굳게 서기를 바란다. 땅의 시민들과 하늘의 시민들의 전쟁의 결과가 확실하기 때문이다. 하나님이 주관하신다는 사실은 잊기 쉽다. 때로는 교회가 지고 이기지 못하는 것처럼 보이기 때문이다. 그러나 우리는 낙심해서는 안 된다. 교회의 대적들은 멸망하지만 신자들을 구원받는다. 지옥문들은 복음의 진보를 저지할 수 없다(마 16:18). "물이 바다를 덮음같이 여호와의 영광…이 세상에 가득함이니라"(합 2:14). 인생은 짧다. 영원은 길다. 지옥은 뜨겁다. 하늘은 실재한다. 전쟁에서 이긴다. 예수님이 주님이시다. 그리고 그분이 곧 오신다. 그러므로 굳게 서라(빌 4:1).

스펄전(C. H. Spurgeon)은 우리 앞에 있는 전투를 썰물과 밀물에 비유한다.

> 노련한 뱃사람은 바닷가에서 몇 시간 동안 썰물이 되어 곤경에 처하는 법이 없다. 절대로 그렇지 않다! 그는 자신 있게 조수의 변화를 기다리고, 머지않아 그때가 온다. 30분 정도 지나면 저쪽의 바위가 노출된다. 바다가 몇 주 동안 계속 썰물이 되면, 영국 해협에는 물이 없을 테고, 프랑스 사람들은 셰르부르(Cherbourg)에서부터 걸어갈 수 있을 것이다. 그러나 누구도 그렇게 철없이 말하지 않는다. 그러한 썰물은 절대 오지 않을 것이기 때문이다. 우리 역시 복음이 대패한 듯이, 또 영원한 진리가 땅에서 내몰린 듯이 말하지 않을 것이다. 우리는 전능하신 주님을 섬긴다…우리 주님이 발을 구르시면, 그분 혼자서 이교, 회교, 불가지론, 현대 사상, 그 밖의 온갖 더러운 오류들에 맞서 땅의 모든 나라를 이기실 수 있다. 우리가 예수님을 따른다면 누가 우리를 해할 수 있겠는가? 어떻게 그분의 대의가 패할 수 있겠는가? 그분의 뜻에 따라 회심자들은 바다의 모래만큼 많이 그분의 진리로 모여들 것이다.[68]

---

68 Spurgeon, *An All Round Ministry* (Edinburgh: Banner of Truth, 1960), 395. 《목회자들을 위하여》(생명의 말씀사).

2 내가 유오디아를 권하고 순두게를 권하노니 주 안에서 같은 마음을 품으라 3 또 참으로 나와 멍에를 같이한 네게 구하노니 복음에 나와 함께 힘쓰던 저 여인들을 돕고 또한 글레멘드와 그 외에 나의 동역자들을 도우라 그 이름들이 생명책에 있느니라

2 I entreat Euodia and I entreat Syntyche to agree in the Lord. 3 Yes, I ask you also, true companion,*1* help these women, who have labored*2* side by side with me in the gospel together with Clement and the rest of my fellow workers, whose names are in the book of life.

1 Or *loyal Syzygus*; Greek *true yokefellow* *2* Or *strived* (see 1:27)

〰〰〰 단락 개관 〰〰〰

이 구절은 서신의 본문에서 절정에 해당한다. 바울은 교회에서 중요한 두 여인에게 "주 안에서 같은 마음을 품으라"(4:2)라고 촉구한다. 이 권면은 '나중에 생각해내서' 복음에 덧붙인 것이 아니라 '적용'이다. 화해는 복음의 적용이다. 복음은 개인적인 갈등을 비롯하여 삶의 모든 영역과 관련이 있다. 복음적 화해는 복음적 사고를 요구한다. 바울의 기쁨과 빌립보 교인들의 기쁨 둘 다 위태롭다. 다시 이 구절과 2:2(필자의 번역)의 유사점들을 살펴보라.

> 같은 생각을 하여[토 아우토 프로네테]…나의 기쁨을 충만하게 하라 (2:2, 4)

> 내가 유오디아를 권하고 순두게를 권하노니 주 안에서 같은 생각을 하라[토 아우토 프로네인](4:2)

분열은 복음에 함께 참여하는 일을 빠르게 무너뜨릴 것이다. 그래서 바울은 누군가에게 이 여인들의 화해를 도우라고 부탁한다. 그 여인들은 이제 '복음 안에서 화해할' 수 있다. 그들은 글레멘드와 바울의 다른 동역자들처럼 바울 편에서 '복음을 위해 싸웠기' 때문이다(4:3).

이 구절은 서신의 주제절과도 확실하게 연결된다(표15).

"한뜻으로 복음의 신앙을 위하여 협력하는[쉬나틀레오]"(1:27)	"복음에 나와 함께 힘쓰던[쉬나틀레오]" (4:3)

표15. 빌립보서 1:27과 4:3의 확실한 연결

≋≋≋≋ 단락 개요 ≋≋≋≋

II. 본문: 복음에 합당한 삶을 살라는 권면과 본보기(1:12-4:9)
  B. 본론(1:27-4:3)
    10. 권면: 복음의 적용(4:2-3)
      a. 복음에 합당한 화해가 필요함(4:2)
      b. 복음의 중개자가 필요함(4:3)

≋≋≋≋ 주석 ≋≋≋≋

4:2 이 두 여인의 정체나 그들이 보인 갈등의 정확한 내용을 아는 사람은 없다. 바울은 그들의 이름만 제시하며, 그들이 그와 함께 복음에 힘쓰던 자들이라고 인정한다(4:3). 바울이 빌립보 교인들에게 더 이야기하지 않는다는 사실은, 교회가 이 여인들을 잘 알았음을 시사한다. 아마도 그들의 갈등 역시 잘 알려져 있었을 것이다.

4:3 바울은 이름을 밝히지 않은 신실한 동료에게 화해를 통해 복음의 적용을 도와달라고 부탁한다. 왜 바울은 이 여인들이 복음에 함께 힘쓰던 자들이며, 그들의 이름이 생명책에 있다고(그의 다른 동역자들과 함께) 말하는가? 첫째, 이 여인들이 복음을 위해 '싸우기' 위해 바울과 함께 일했다면, 그들은 복음 안에서 '화해할' 수 있어야 한다. 둘째, 그들은 하늘에서 화해할 것이므로(그들의 이름이 함께 생명책에 있다) 지금 화해할 수 있다.
  "생명책"이라는 정확한 표현은 성경에서 다른 두 군데에 나오지만(계 3:5; 20:15), 그 개념은 성경 곳곳에서 자주 사용된 주제다(출 32:32-33; 시 69:28; 단 12:1, 바울은 빌 2:15에서 단 12장을 암시했다). 그 이름이 함께 생명책에 있는 이들로서 유오디아와 순두게는 서로 논쟁하지 말고(2:14) 함께 주님을 위해 빛을 발해야 한다.

〰〰〰 응답 〰〰〰

그리스도의 마음과 개인적인 갈등

그리스도 안에 있는 사람들이 그리스도의 마음을 잃을 때만 개인적인 갈등이 생겨날 수 있다. 중재하는 제삼자의 목표는 아주 분명하다. 갈등하는 당사자들이 그리스도의 마음을 회복하도록 돕는 것이다. 그리스도의 몸 안에서 우리는 절대 해소할 수 없는(irreconcilable) 차이를 주장할 수 없다. 타락한 세상에서 살아가는 타락한 사람들에게 갈등이 생기는 것은 전혀 놀랍지 않지만, 복음이 갈등 가운데 소망을 준다. 그리스도 안에는 해소할 수 없는 차이란 없기 때문이다. "원통함을 풀지 아니하며"(irreconcilable, ESV는 "unappeasable")라는 단어는 신약에 단 한 번 디모데후서 3:3에 나오는데, 그곳에서 비그리스도인들을 묘사한다. 그 단어는 문자적으로 '제물이 없음' 혹은 '제단이 없음'이라는 뜻이다. 십자가는 "원통함을 풀지 아니하며"라는 단어를 없앴다. 그리스도께서 죄 사함을 위해 충분한 희생 제물로 제단에서 죽임을 당하셨기 때문이다.

하늘에서 그리스도 안에 있는 형제자매들 사이에서는 모든 차이가 해결될 것이다. 그것들이 그곳에서 '해결될 것'이므로, 우리는 이곳에서도 '해결될 수 있다'는 소망을 가진다. 그것이 우리에게 달린 만큼 우리는 모든 사람과 화평하기 위해 애써야 한다. 복음을 믿기 때문이다. 당신은 복음을 적용하여 누군가와 화해해야 하는가? 아니면, 다른 사람들이 화해하도록 도움으로써 복음을 적용해야 하는가?

Philippians
빌립보서
4:4-9

4 주 안에서 항상 기뻐하라 내가 다시 말하노니 기뻐하라 5 너희 관용을 모든 사람에게 알게 하라 주께서 가까우시니라 6 아무것도 염려하지 말고 다만 모든 일에 기도와 간구로, 너희 구할 것을 감사함으로 하나님께 아뢰라 7 그리하면 모든 지각에 뛰어난 하나님의 평강이 그리스도 예수 안에서 너희 마음과 생각을 지키시리라

4 Rejoice in the Lord always; again I will say, rejoice. 5 Let your reasonableness[1] be known to everyone. The Lord is at hand; 6 do not be anxious about anything, but in everything by prayer and supplication with thanksgiving let your requests be made known to God. 7 And the peace of God, which surpasses all understanding, will guard your hearts and your minds in Christ Jesus.

8 끝으로 형제들아 무엇에든지 참되며 무엇에든지 경건하며 무엇에든지 옳으며 무엇에든지 정결하며 무엇에든지 사랑 받을 만하며 무엇에든지 칭찬 받을 만하며 무슨 덕이 있든지 무슨 기림이 있든지 이것들을 생각하라 9 1)너희는 내게 배우고 받고 듣고 본 바를 행하라 그리

하면 평강의 하나님이 너희와 함께 계시리라

8 Finally, brothers, whatever is true, whatever is honorable, whatever is just, whatever is pure, whatever is lovely, whatever is commendable, if there is any excellence, if there is anything worthy of praise, think about these things. 9 What you have learned[2] and received and heard and seen in me—practice these things, and the God of peace will be with you.

1) 또는 너희는 배우고…내 안에서 본 바를
1 Or *gentleness* 2 Or *these things—9 which things you have also learned*

～～～ 단락 개관 ～～～

바울은 속사포 같은 일곱 가지 권면으로 서신의 본문을 마무리한다. 그는 빌립보 교인들에게 다음과 같이 요청한다. 주 안에서 기뻐하라(두 번, 4:4). 그들의 "관용"(ESV는 "reasonableness")을 모든 사람이 알게 하라(4:5). 아무것도 염려하지 말라(4:6). 모든 일에 기도하라고(4:6-7). 옳은 것을 생각하라(4:8). 바울의 가르침과 삶의 방식을 본받으라(4:9). 이 모든 권면은 각 그리스도인에게 "너희 구원을 이루[는]"(2:12) 법을 알려주며, "복음에 합당한 시민으로 행동하는"(1:27, ESV 난외주) 것이 어떤 모습인지를 보여주는 구체적인 실례로 해석해야 한다.

≋≋≋≋ 주석 ≋≋≋≋

4:4 바울의 일곱 명령 가운데 두 가지가 이 한 절에 나온다. 바울은 기뻐하라는 요청을 되풀이함으로 강조하는 것 같다. 더 놀라운 점은 "항상"이 추가된 것이다. 그 명령은 때를 가리지 않는다. 기뻐하는 일은 모든 때에 항상 알맞다. 이 '항상'에 초점을 둔다는 것은, 빌립보 교인들이 항상 진리인 무언가를 기뻐할 수 있고, 즐거운 상황에 의존하지 않는다는 뜻이다(바울이 분명한 본이다. 그는 '옥중에서 죽을 가능성에 직면해서도' 기쁨에 대해 쓰고 있다). 빌립보 교인들은 "주 안에서" 항상 기뻐할 수 있다. 그들이 그리스도 안에 있다는 사실은 희미해질 수도, 빼앗길 수도, 끝날 수도 없기 때문이다. 누구도 그들의 기쁨을 가로챌 수 없다. 누구도 그리스도 안에 있는 승리를 앗아갈 수 없기 때문이다.

4:5 세 번째 명령은 두 가지로 다르게 번역할 수 있다. ESV는 그 명령을

'너희의 온당함을 모든 사람에게 알게 하라'로 번역한다. 다른 번역본들은 "너희 관용을 모든 사람에게 알게 하라"(개역개정)로 번역한다. 신약성경의 더 광범위한 용례를 고려할 때(딤전 3:3; 딛 3:2; 약 3:17; 벧전 2:18), "관용"의 경우가 더 확실한 것 같다. 어떤 경우든 이 명령은 자기중심적인 이익만 생각하는 대신 그리스도를 본받으라는 바울의 명령과 어울린다. 바울은 다른 데서 "그리스도의 온유와 관용"(고후 10:1)을 강조할 때 "관용"이라는 명사형을 사용한다. 빌립보 교인들은 대적을 포함하여 "모든 사람"과 상호 작용할 때 이런 성품을 드러내야 한다.

그 다음 어구인 "주께서 가까우시니라"라는 말은 해석하기가 아주 어렵다. 이는 두 가지 의미로 해석할 수 있다. 하나는 시간적인 의미에서 가깝다는 의미이다(예수님이 곧 돌아오신다). 또 하나는 지리적인 의미에서 가깝다는 의미이다(예수님이 바로 지금 거리상 가까이 계신다.) 둘 다 신학적으로 사실이지만, 빌립보서가 지속적으로 그리스도의 날을 강조하는 것으로 보아 첫 번째 의미가 적절한 듯하다. 빌립보 교인들은 심지어 대적들에게도 친절하고 비폭력적일 수 있다. 예수님이 곧 돌아오셔서 모든 것을 바로잡으실 것을 알기 때문이다.

4:6 그 다음 네 번째와 다섯 번째 명령이 나온다. 빌립보 교인들은 염려하지 말고 기도해야 한다. 이 명령들의 포괄적인 범위가 다시 한 번 두드러진다. 그들은 '아무것도' 염려하지 말고 '모든 일에' 기도해야 한다. 염려와 기도의 대조는 교훈적이다. 우리는 우리 걱정(즉, 염려)을 기도로 하나님께 내려놓음으로써 그것들을 옮기거나 제거할 수 있다. 우리가 하나님께 우리의 요청을 알리는 까닭은 그분이 그것을 모르시기 때문이 아니다. 우리는 염려에서 벗어나기 위해 하나님께 우리의 요청을 알린다. 우리는 "기도와 간구"를 통해 이러한 요청을 한다. 첫 번째 단어인 "기도"는 하나님과의 소통을 나타내는 일반 명사다. 반면에 두 번째 단어는 조금 더 구체적으로, "오로지 하나님께만 말씀드리는, 충족되어야 할 긴급한 요청"[69]을 나타낸다. 바울은 기도의 '행위'뿐만 아니라 기도의 적절한 '태도'에도 관심을 가

진다. 바로 "감사"다. 감사가 기도의 올바른 태도인 까닭은, 신자가 심판이 아닌 은혜의 보좌로 나아가기 때문이다. 하나님은 은혜에 인색하지 않으시므로 신자들은 담대하게 나갈 수 있다. 신자들은 하나님께서 그들에게 맞서시지 않고 그리스도 안에서 그들 편이심을 알기 때문이다.

4:7 이 절에서 명령의 흐름이 중단되는데, 이는 "그리하면"(ESV는 "and")이라는 접속사를, 하나님께 우리의 요청사항을 알릴 때 일어나는 결과 혹은 그로 인해 넘쳐흐르는 것을 나타내는 것으로 읽어야 함을 암시한다. 그 결과는 하나님의 평강이 우리 마음과 생각을 지키시는 것이다. 하나님의 평강은 염려(6절)의 반대다. 세상이 제공하는 평강은 평화로운 상황에 의존한다. 그 평화는 수많은 어려움에 맞서 계속 지키고 유지해야 한다. 그러나 하나님의 평화는 다르다. 세상의 평화는 지켜져야 하지만, '하나님의' 평화는 '우리를' 지킨다.

바울의 평강 언급은 그가 그리스도 안에 있는 이들에게 선언한 복을 상기시킨다. "하나님 우리 아버지와 주 예수 그리스도로부터 은혜와 평강이 너희에게 있을지어다"(1:2). 하나님의 평강은 복음의 선물이다. 그러하기에 "그리스도 예수 안에서"(4:7)만 경험할 수 있다. 바울은 그리스도 안에 있을 때 누리는 혜택을 가리키는 데 힘을 쏟는다(1:13, 14; 2:1, 19, 24, 29; 3:1; 4:1, 2, 4, 10). 이 하나님의 평강은 세상의 상황을 초월한다. 그래서 "사람의 헤아림을 뛰어넘는[다]"(새번역). 옥중에서도 기뻐하고 편히 쉬는 것에 대해 자연인에게 흔한 범주들로는 제대로 설명할 수 없다. 언젠가 미국의 설교자 애이드리언 로저스(Adrian Rogers)가 한 설교에서 그 원리를 이렇게 요약하는 것을 들은 적이 있다. "우리가 설명할 수 있다면 우리는 믿을 자격이 없다." 하나님의 평강은 평화로운 상황에 달려 있지 않으므로, 하나님을 제외한 자연적인 설명을 초월한다.

---

69 BDAG, s.v. δέησις.

4:8 바울은 빌립보 교인들이 생각해야 하는 여덟 가지 매력적인 은혜를 나열한 후에 "이것들을 생각하라"라고 말한다. 그들은 무엇에든지 (1) 참 되며, (2) 경건하며, (3) 옳으며, (4) 정결하며, (5) 사랑받을 만하며, (6) 칭찬받을 만하며, (7) 탁월하고, (8) 기림 받을 만한 것을 깊이 생각해야 한다. 그리스도께 시선을 고정하면 이 모든 것이 성취될 것이다. 그분이 완벽하게 이 모든 것을 살아내셨기 때문이다. 그분은 선과 진리와 아름다움이 충만하시다. 소극적으로 말해서 그리스도인들은 거짓되고, 불명예스럽고, 부당하고, 부정하고, 부적절하고, 질 낮고, 무가치한 모든 것과 거리를 두어야 한다.

4:9 이 단락의 일곱 번째이자 마지막 명령은 "…바를 행하라"이다. 이는 초점이 되는 네 영역을 가리킨다. 곧 그들이 바울을 통해 (1) '배운' 것, (2) '받은' 것, (3) '들은' 것, (4) '본' 것이다. 바울은 그의 가르침과 삶으로 그들에게 소통한 모든 것에 빌립보 교인들의 주의를 돌린다. 그런 다음 이런 것들을 행하는 동기를 언급한다. "평강의 하나님이 너희와 함께 계시리라." 우리를 지키는 평강이 항상 우리와 함께하는 까닭은 그것이 하나님의 임재, 항상 우리와 함께하시는 평강의 하나님과 묶여 있기 때문이다.

〰〰〰 **응답** 〰〰〰

주 안에서 항상 기뻐하라

예수님 안에서 기뻐하는 것이 필수가 아니라 선택이라는 유해한 생각보다 진정한 기독교에 치명적인 것은 거의 없다. 예수님과의 생생한 인격적 관계(기쁨을 주는 예배)가 예수님을 향한 종교적 충성(의무적인 예배)으로 식으면 우리는 그러한 사고방식에 빠질 수 있다.

빌립보서를 제대로 읽은 사람이라면 예수님에 대한 의무를 필수로 여기고 예수님 안에서 기뻐하는 것을 그저 선택으로 여길 수 없다. 빌립보서 4:4은 그것을 강조하며 두 번이나 말한다. "주 안에서 항상 기뻐하라 내가 다시 말하노니 기뻐하라." 여기서 정말 놀라운 점은 단순한 반복이 아니다. 바울은 훨씬 더 급진적으로, "항상" 기뻐하라고 말한다. 어느 때든지 기뻐하라. 이는 빌립보서에만 나오는 말이 아니다. 바울은 데살로니가전서 5:16에서 같은 말을 한다. "항상 기뻐하라." 항상 기뻐한다는 말은 절대 슬픔이 없다는 뜻이 아니다. 사실 바울은 자신과 디모데를 "근심하는 자 같으나 항상 기뻐하고"(고후 6:10)라고 묘사하며, 슬픔과 기쁨이 공존할 수 있다고 말한다. 슬픈 상황이 올 테고 그것이 깊은 상처를 남길 수 있지만, 기쁨은 결코 마르지 않는 강처럼 더 깊은 곳에서 여전히 흐른다.

하나님의 평강과 평강의 하나님

루이스(C. S. Lewis)는 올바른 곳에 계속 시선을 고정하면 올바른 행동이 뒤따른다는 말을 한 적이 있다. 행동만 보면, 그 행동을 수행하는 사람의 능력에 부담이 주어진다. 신자는 '평강의 필요'가 아닌 '평강의 하나님'을 바라보아야 한다. 사람의 의지력(우리의 능력)은 하나님의 능력(전능하신 능력)의 초라한 대용품이다. 루이스는 행동을 고려하는 데로 시선이 옮겨가면 행동과 대상 둘 다 사라짐을 알아차렸다.[70]

다른 데서 바울은 아브라함을, 믿음의 시선이 올바른 대상을 향하는 것이 얼마나 중요한지에 대한 실례로 사용한다. 아브라함은 자신의 죽은 몸과 사라의 죽은 태가 수없이 많은 자손을 낳는 불합리함에 계속 시선을 고정하지 않았다. 그는 생명을 주시는 하나님의 능력을 배웠다. 약속하신 대로 행하실 수 있는 하나님을 믿음으로써, 자신의 무능력을 보지 않고 하나님의 전능하신 능력에 초점을 견고하게 고정시켰다(롬 4:19-21).

---

70 C. S. Lewis, *Surprised by Joy: The Shape of My Early Life* (New York: Houghton Mifflin Harcourt, 1995), 322을 보라. 《예기치 못한 기쁨》(홍성사)

우리 시선이 향하는 대상은, 그것이 보물인지 쓰레기인지 따라 우리를 변화시키기도 하고 볼품없게 만들기도 한다. 영혼의 법칙은 당신이 보는 대상처럼 된다고 말한다. 당신의 시선을 예수님께, 그분을 가리키는 모든 것에 고정하라. 그 결과는 더 그리스도를 닮은 모습일 것이다.

¹⁰ 내가 주 안에서 크게 기뻐함은 너희가 나를 생각하던 것이 이제 다시 싹이 남이니 너희가 또한 이를 위하여 생각은 하였으나 기회가 없었느니라 ¹¹ 내가 궁핍하므로 말하는 것이 아니니라 어떠한 형편에든지 나는 자족하기를 배웠노니 ¹² 나는 비천에 처할 줄도 알고 풍부에 처할 줄도 알아 모든 일 곧 배부름과 배고픔과 풍부와 궁핍에도 처할 줄 아는 일체의 비결을 배웠노라 ¹³ 내게 능력 주시는 자 안에서 내가 모든 것을 할 수 있느니라

¹⁰ I rejoiced in the Lord greatly that now at length you have revived your concern for me. You were indeed concerned for me, but you had no opportunity. ¹¹ Not that I am speaking of being in need, for I have learned in whatever situation I am to be content. ¹² I know how to be brought low, and I know how to abound. In any and every circumstance, I have learned the secret of facing plenty and hunger, abundance and need. ¹³ I can do all things through him who strengthens me.

¹⁴ 그러나 너희가 내 괴로움에 함께 ¹⁾참여하였으니 잘하였도다 ¹⁵ 빌립보 사람들아 너희도 알거니와 복음의 시초에 내가 마게도냐를 떠날 때에 주고받는 내 일에 ¹⁾참여한 교회가 너희 외에 아무도 없었느니라 ¹⁶ 데살로니가에 있을 때에도 너희가 한 번뿐 아니라 두 번이나 나의 쓸 것을 보내었도다 ¹⁷ 내가 선물을 구함이 아니요 오직 너희에게 유익하도록 풍성한 열매를 구함이라 ¹⁸ 내게는 모든 것이 있고 또 풍부한지라 에바브로디도 편에 너희가 준 것을 받으므로 내가 풍족하니 이는 받으실 만한 향기로운 제물이요 하나님을 기쁘시게 한 것이라 ¹⁹ 나의 하나님이 그리스도 예수 안에서 영광 가운데 그 풍성한 대로 너희 모든 쓸 것을 채우시리라 ²⁰ 하나님 곧 우리 아버지께 세세 무궁하도록 영광을 돌릴지어다 아멘

¹⁴ Yet it was kind of you to share¹ my trouble. ¹⁵ And you Philippians yourselves know that in the beginning of the gospel, when I left Macedonia, no church entered into partnership with me in giving and receiving, except you only. ¹⁶ Even in Thessalonica you sent me help for my needs once and again. ¹⁷ Not that I seek the gift, but I seek the fruit that increases to your credit.² ¹⁸ I have received full payment, and more. I am well supplied, having received from Epaphroditus the gifts you sent, a fragrant offering, a sacrifice acceptable and pleasing to God. ¹⁹ And my God will supply every need of yours according to his riches in glory in Christ Jesus. ²⁰ To our God and Father be glory forever and ever. Amen.

²¹ 그리스도 예수 안에 있는 성도에게 각각 문안하라 나와 함께 있는 형제들이 너희에게 문안하고 ²² 모든 성도들이 너희에게 문안하되 특히 가이사의 집 사람들 중 몇이니라

²¹ Greet every saint in Christ Jesus. The brothers who are with me greet

you. ²² All the saints greet you, especially those of Caesar's household.

²³ 주 예수 그리스도의 은혜가 너희 심령에 있을지어다
²³ The grace of the Lord Jesus Christ be with your spirit.

1) 또는 교제
1 Or have fellowship in 2 Or I seek the profit that accrues to your account

≋≋≋≋ 단락 개관 ≋≋≋≋

1:1-11에 대한 논의에서 언급했듯이, 서신의 저자들은 때로 문학적인 북엔드 효과를 주기 위해 병행되는 단어들로 서신을 시작하고 마무리한다. 바울은 은혜를 전하는 인사와 복음을 위한 일에 참여한 것에 대한 감사 표시로 빌립보서를 시작하고 마무리한다. 1:1-11 단락 개관의 표를 빠르게 훑어보면 시작 부분과 이 마무리 부분의 두드러진 병행을 볼 수 있다.

≋≋≋≋ 단락 개요 ≋≋≋≋

III. 서신의 마무리: 마지막 감사와 인사(4:10-23)
　A. 복음 사역에 동참한 데 감사함(4:10-20)
　　1. 첫 번째 감사(4:10-13)
　　　a. 시인(4:10a)

〰〰〰〰 주석 〰〰〰〰

4:10a 여기서 바울은 세 번째로 주 안에서 기뻐하는 것을 언급한다(3:1: 4:4, 10). 그는 그의 기쁨이 빌립보 교인들의 "생각", 즉 공유된 마음가짐(프로네오)이 다시 싹트는 것과 얼마나 철저히 묶여 있는지 지적한다. 이 공유된 마음가짐은 빌립보서에서 아주 중요한 역할을 했다(1:7; 2:2, 5; 3:15, 19; 4:2). 바울은 이 서신을 시작하면서, 그가 '그들과 관련하여' 이러한 마음가짐을 갖는 것이 옳다고 말했다(1:7). 그리고 이제는 그들이 '그와 관련한' 같은 마음가짐을 가진 것을 기뻐한다(4:10).

  "싹이 남"(reviving)이라는 단어는 잠시 휴면기를 거친 후 활짝 피는[아나

탈로(*anathallō*)] 데까지 자라는 것을 가리킨다. 바울은 빌립보 교회의 꽃밭에 다시 한 번 이러한 그리스도의 마음이 피는 것을 보며 매우 기뻐한다.

4:10b 바울은 잠재적인 오해를 바로잡는다. 10a절의 말은, 그가 마치 빌립보 교인들이 그를 잊어버렸다가 마음의 변화를 겪고 다시 그를 돕기로 결심했다고 느꼈다는 식으로 들릴 수도 있다. 바울은 그들에게 공감이 부족했던 것이 아니라 기회가 없었음을 이해한다고 분명히 밝힌다. 이제는 그들이 빌립보에서 그리스도의 마음을 드러낼 또 다른 기회가 제공되었다.

4:11-13 이어서 바울은 자신과 관련된 잠재적인 오해를 바로잡는다. 앞의 말은, 바울이 자신의 필요에 너무 집착한 나머지 그리스도 안에서 누리는 만족을 잊어버린 것처럼 들릴 수 있었다. 바울은 잘못된 인상을 주고 싶지 않기에, 빌립보 교인들을 위해 그가 만족에 관해 얻은 핵심적인 교훈을 제시한다.

12-13절은 그 교훈을 자세히 풀어놓는다. 만족은 상황과 관련이 있지 않다. 변수(상황들의 범위)와 상수(만족)가 둘 다 있다. 바울은 물질적 공급(음식, 옷, 자원)과 관련하여, 인간의 모든 경험을 설명하는 스펙트럼을 두 가지 양극단(많아서 차고 넘치거나 극도로 부족하거나)으로 구성한다. 공급되는 정도는 다양할 수 있지만(바울은 항상 그 스펙트럼 어딘가에 있다), 그가 그리스도 안에서 누리는 만족은 그대로 유지된다.

이 만족이 "모든 일"에도 그대로 유지되는 까닭은, 바울이 배운 "비결" 때문이다. 12절은 이 비결이 생겨난 상황을 제시해 주었고, 이제 13절은 마지막으로 그 내용을 밝힌다. "내게 능력 주시는 자 안에서 내가 모든 것을 할 수 있느니라." "모든 것"의 범위는 12절의 어려움과 번영을 모두 포함한다. 이 절을 신자들이 하고 싶은 것은 무엇이든 할 수 있다는 약속으로 해석해서는 안 된다. 그것은 하나님께서 모든 신자에게 그들이 간절히 원하면 올림픽에 참가할 능력을 주신다는 약속이 아니다. 비결은 지극히 기독론적이다. 그리스도와 그분의 능력의 임재와 따로 떨어진 만족은 없다. 바울은 그리스도의 능력과 임재로 대위임령을 수행하고 있다. 바울은 그리스도로 말미암아 모든 것을 할 수 있다. 그리스도께서 "하늘과 땅의 모든 권세"를 가지고 계시고, 바울과 항상 "세상 끝날"까지도 함께 하시기 때문이다(마 28:18, 20). 다시 말해, 그리스도의 능력과 임재는 인간 존재의 전 범위를 아우른다. 바울이 어디를 가든 어떤 경험을 하든, 그리스도께서 온화하면서도 강력하게 능력을 주시며 안아주실 것이다.

4:14 바울은 접속사 "그러나"를 사용해 중요한 무언가를 강조하고자 논의를 멈춘다.[71] 빌립보 교인들은 고통 중에 있는 바울과 협력함으로 자비를 베풀었다. 바울은 그들이 어떻게 "내 괴로움에 함께 참여하였[는지]" 설명하려고, 복음을 위한 일에 참여한 것[쉰코이노네오(*synkoinōneō*)]을 나타내는 그의 핵심 표현으로 돌아간다. 이는 빌립보서에 배어 있는 주제다(1:5, 7; 2:1; 3:10; 4:14, 15). 바울과 빌립보 교인들은 함께 그리스도와 연합함을 통해 그리스도의 고난에 동참하게 된다(3:10). 표16에서 드러나듯이, 복음에 함께 참여했다는 의식이 서신의 처음과 끝을 잇는 주제다.

절	개역개정	헬라어
1:5	복음을 위한 일에 참여하고	코이노니아(*koinōnia*)
1:7	나와 함께 은혜에 참여한 자	쉰코이노노스(*synkoinōnos*)
4:14	내 괴로움에 함께 참여하였으니	쉰코이노네오(*synkoinōneō*)
4:15	참여한	코이노네오(*koinōneō*)

표16. 빌립보서의 처음과 끝을 잇는 주제인 함께 참여함

4:15-16 바울은 이제 빌립보 교인들의 함께 참여함에서 가장 두드러진

---

71 BDAG, s.v. πλήν.

부분을 이야기하며, 이를 통해 신실한 복음의 동역자로서 그들의 입증된 행적에 주의를 환기시킨다.[72] 빌립보 교인들은 바울이 그들 가운데서 사역한 초창기부터 바울과 함께 복음에 참여했다(코이노네오, 15절). 바울은 빌립보 교인들을 "너희 외에 아무도"라는 부류에 둔다. 그는 16절에서 그들이 한 번 이상 그의 필요를 채우기 위해 누군가를 보낸 것에 대해 아낌없이 칭찬한다. "한 번뿐 아니라 두 번이나"라는 어구는 강조를 위해 헬라어 문장의 앞쪽에 위치한다. 빌립보 교인들이 데살로니가에서 여러 번 바울의 필요를 채운 사실은, 바울이 그곳에 짧게 머물렀음을 고려할 때 더욱 놀라운 것이다(행 17:2는 그가 세 안식일에 회당에서 강론했다고 말한다).

4:17 바울은 다시 좋지 않은 인상을 주는 일을 피하고 싶어 한다. 그는 자신의 이익을 도모하지 않고, 여전히 빌립보 교인들의 이익을 추구한다(2:3-4). 바울은 그들이 자신의 물질적인 이익을 도모한 것에 감사하지만, 투자 상담가처럼 빌립보 교인들의 하늘 계좌를 염두에 둔다. 그는 그들의 하늘 계좌에 이자가 불어나는 것을 보며 크게 기뻐한다. 빌립보 교인들은 하늘에 보물을 쌓고 있다(마 6:19-21), 그들이 하늘에서 받을 보상은 열매가 풍성한 과수원처럼 커지고 있다.

4:18 바울은 이제 빌립보 교인들에게 그들의 관대함이 그에게("풍족하니") 그리고 하나님께("기쁘시게 한") 어떤 의미인지 보여준다. 그들의 관대한 헌금은 바울이 풍성해지는 상황을 낳았다. 그가 풍족한 까닭은, 필요한 최대량뿐 아니라 실제 필요한 것 이상으로 과하게 받았기 때문이다. 이러한 막대한 헌금은 하나님을 기쁘시게 하는 향기로운 제물이기도 하다. 바울은 여기서 구약의 희생제사 이미지를 끌어온다. 하나님께서 받으시는 제사는 그분의 지시에 부합하게 드려지는 제사였고, 그 향기가 그분을 기쁘시

---

72 대명사("너희")와 직접적인 호칭("빌립보 사람들아")의 사용은 그들의 관심을 끌었을 것이다. 바울은 그들이 잘 아는 어떤 것을 떠올리려고 그렇게 한다. 그것은 그들이 복음에 함께 참여한 역사다.

게 한다고 여겨졌다(출 29:18, 25, 41; 레 1:9, 13, 17; 2:2, 9, 12; 3:5; 4:31; 6:15, 21; 8:21, 28 등).[73]

4:19 바울은 18절에서 자신이 풍족하다[페플레로마이(*peplērōmai*)]고 말했다. 이제는 빌립보 교인들 역시 풍족하다고 설명한다. 하나님께서 "그리스도 예수 안에서 영광 가운데 그 풍성한 대로⋯모든 쓸 것을" 빌립보 교인들에게 채워 주실[플레로오(*plēroō*)] 것이기 때문이다. 이 약속은 분명 빌립보 교인들의 재정적인 필요에 적용되지만, 재정적인 필요를 넘어 "너희 모든 쓸 것"을 아우른다. 하나님은 그러한 필요를 수월하게 채우실 수 있다. 그분은 재물(부)이 많으시기만 한 것이 아니다. 그분의 성품이 한없이 관대하시기도 하다. 그분은 자녀에게 좋은 선물을 주고 싶어 하는 하나님이시다(마 7:11).

전치사구 "그리스도 예수 안에서"는 그 풍성함이 어디에 있는지 밝혀준다. 바로 그리스도 예수의 인격 안에 있다. 하나님의 영광스러운 풍성함은 그분 안에서만 최대로 계시된다. 이는 너무도 놀라운 진술이다. 하나님은 "이 비밀의 영광이⋯풍성[함]⋯이 비밀은 너희 안에 계신 그리스도니 곧 영광의 소망"(골 1:27)임을 밝히셨다. 예수님이 바로 그 하나님이신 하나님이시고, 신성의 모든 충만이 그분 안에 육체로 거하신다(골 2:8-9).

하나님의 엄청난 관대함에 대한 이 약속은 그리스도의 복음에 근거한다. 바울은 희생적인 헌금을 하라고 요청할 때 고린도 교인들에게 이와 동일한 요지를 설명했다. "우리 주 예수 그리스도의 은혜를 너희가 알거니와 부요하신 이로서 너희를 위하여 가난하게 되심은 그의 가난함으로 말미암아 너희를 부요하게 하려 하심이라"(고후 8:9). 실제로 "자기 아들을 아끼지 아니하시고 우리 모든 사람을 위해 내주신 이[하나님]가 어찌 그 아들과 함께 모든 것을 우리에게 주시지 아니하겠[는가]?"(롬 8:32)

---

73 Harmon은 바울이 민수기 28:2의 표현을 끌어왔을 수도 있다고 언급한다. 두 본문에 다 "향기로운 것"[오스멘 유오디아스(*osmēn euōdias*)]이라는 표현과 "헌물"[도마(*doma*)]에 대한 보기 드문 단어가 있기 때문이다. 그는 또한 종말의 제사장으로서 이 빌립보 이방인들의 행동을, 이사야 56:6-7에 개념적으로 병행되는 것으로 상정한다. 물론 그는 그러한 병행을 "기껏해야 잠정적"이라고 말하기는 한다(Harmon, *Philippians*, 459n58).

4:20 바울은 덧붙이는 말이 아니라 송영으로 마무리한다. "하나님 곧 우리 아버지께 세세 무궁하도록 영광을 돌릴지어다." 하나님께서 하시는 모든 일의 목표는 그분의 영광이다. 그리고 하나님의 목표가 바울의 열망이 되었다. 그것은 곧 하나님께서 하신 모든 일에 대해 영원히 그분께 찬양과 영광과 존귀와 영예를 드리는 것이다. 이와 동일한 목표가 그리스도 찬가의 절정이었다. 모든 무릎을 꿇고 모든 입으로 예수 그리스도를 주라 시인하는 일은 "하나님 아버지께 영광"(2:11)을 돌리는 최종 목표에서 절정에 달할 것이다.

4:21 바울은 그리스도 예수 안에서 하나님을 위해 구별된 이들("성도")인 빌립보 교인들에게 다시 한 번 문안한다. 그는 빌립보서 1:1에서 집단 전체의 총체성에 주의를 집중시키기 위해 "모든 성도"(ESV는 "all the saints")라는 복수형을 사용한 반면, 이 절에서는 빌립보 신자들 각각에 대한 자신의 애정을 강조하고자 단수 "성도"(ESV는 "every saint")를 사용한다. 바울은 또한 그와 "함께 있는 형제들"이 건네는 문안으로 인사를 확장한다. 그들은 아마 로마에 있는 바울의 동역자들일 것이다.

4:22 이제 인사는 로마에 있는 모든 성도가 문안하는 데로 이어진다. 바울은 더 넓은 전체 가운데 특정 그룹인 "가이사의 집 사람들"에게 주의를 환기시킨다. 고대 세계의 부유한 "집"에는 그 가정을 섬기는 상당히 많은 직원이 있었을 것이다. 매튜 하몬의 유용한 언급에 따르면, 가이사의 집은 "현대의 공무원 조직에 상응하는 것으로, 다양한 영역의 전문가들이 로마 제국의 관리를 도왔다."[74] 바울이 이 그룹을 강조하는 까닭은, 그리스도의 복음이 가이사의 집까지 정복했음을 빌립보 교인들에게 상기시키기 위함이다. 하나님의 지혜롭고 아주 효과적인 뜻에 따라 복음은 계속 퍼져나가

---

[74] 가이사의 집 사람들 숫자가 20만 명에 근접했다는 추정도 있다(Harmon, *Philippians*, 470).

고 있다. 그 뜻에는 바울의 로마 투옥도 포함된다.

4:23 바울은 자신의 각 서신을 마무리할 때 은혜를 절정에 언급한다.[75] 이 은혜는 다시 한 번 명백하고 배타적으로 "주 예수 그리스도"와 묶인다. 은혜는 하나님께서 죄인들에게 베푸시는 과분하고 응당하지 않은 자비하심으로, 십자가에서 죽으신 예수님으로 말미암아 주어진다.[76] 바울 신학에서 은혜는 아주 배타적으로 예수님과 연결되므로, "그리스도에게서 끊어지[는]" 것은 "은혜에서 떨어[지는]" 것과 동등하다(갈 5:4).

≈≈≈≈ **응답** ≈≈≈≈

그리스도의 은혜, 관대함, 복음 사역에 동참함

이 단락은 복음의 은혜와 복음 사역에 동참하기 위한 재정적 관대함을 연결한다. 주목해야 할 중요한 점은 은혜와 헌금이 복음 안에서 신학적으로 연결되어 있다는 것이다. 우리 주 예수님의 은혜는 그분이 자신을 주신 것이다. 고린도후서 8:9이 놀라운 실례다. "우리 주 예수 그리스도의 은혜를 너희가 알거니와 부요하신 이로서 너희를 위하여 가난하게 되심은 그의 가난함으로 말미암아 너희를 부요하게 하려 하심이라." 분사 "부요하신 이로서"는 인과 관계로 번역할 수도 있다. 이는 은혜와 자신을 주심의 밀접한 관계를 더욱 강조한다. "그분이 부요하셨기 '때문에' 너희를 위해 가난

---

75 빌립보서의 결론은 "너희 심령"이라는 표현을 쓴다. 이는 바울이 갈라디아서(6:18)와 빌레몬서(1:25)를 마무리하는 방식과 거의 동일하다. 바울은 몇몇 다른 서신을 마무리하는 데서 대명사 "너희"를 쓴다(롬 16:20; 고전 16:23; 고후 13:13; 골 4:18; 살전 5:28; 살후 3:18; 딤전 6:21; 딤후 4:22; 딛 3:15). "너희 심령"이라는 어구는 의미의 차이 없이 "너희"와 동등하다. 에베소서 6:24은 "너희"를 "우리 주 예수 그리스도를 변함없이 사랑하는 모든 자"로 설명한다.

76 빌 1:2 주석, 특히 '과분한'과 '응당하지 않은'과 관련하여 Harmon에게 빌려온 표현을 보라.

하게 되심은 그의 가난함으로 말미암아 너희를 부요하게 하려 하심이라."[77]

샘 휴스턴(Sam Houston, 1793-1863)은 이 은혜를 접하고서 절대 이전과 같아지지 않았던 훌륭한 예다. 휴스턴은 화려한 경력의 군인이자 정치가로 텍사스를 미국에 합병시킨 일로 잘 알려져 있다. 그가 그리스도인이 되었을 때 모두가 놀랐다. 세례를 받은 후에는 주지사 월급의 절반만 받기를 원한다고 선언하여 사람들을 훨씬 더 놀라게 했다. 누군가가 이유가 뭐냐고 묻자 그는 이렇게 대답했다. "내 지갑도 세례를 받았습니다." 그리스도께로 회심할 때 우리 지갑도 회심해야 한다. 복음 사역에 동참하려면 필연적으로 재정적으로도 동참해야 한다. 우리가 가장 중요하게 생각하는 것은 그리스도를 중요하게 여기고 그분의 명성을 알리는 것이기 때문이다.

---

77 또한 Mark Seifrid, *The Second Letter to the Corinthians*, PNTC (Grand Rapids, MI: Eerdmans, 2014), 329n45.

참고문헌

Carson, D. A. *Basics for Believers: An Exposition of Philippians*. Grand Rapids, MI: Baker, 1996.

카슨의 빌립보서 해설은 성실한 주해와 분명한 전달의 모범이다.

Chandler, Matt. *To Live Is Christ*. Colorado Springs: David C. Cook, 2005.

빌립보서에 관한 더 최근의 해설로, 참신한 방식으로 빌립보서에 활기를 불어넣는다.

Fee, Gordon. *Paul's Letter to the Philippians*. NICNT. Grand Rapids, MI: Eerdmans, 1995.

탁월한 책이다. 목회적으로 따뜻하고, 바울의 구약 사용을 잘 따라간다.

Harmon, Matthew. *Philippians*. Fearn, UK: Christian Focus, 2015.

필자가 가장 좋아하는 빌립보서 주석이다. 성경신학과 조직신학을 또렷하고 분명한 주해와 조화시켰다.

Lloyd-Jones, Martyn. *The Life of Joy and Peace*. Grand Rapids, MI: Baker, 1999.

여전히 필자가 가장 좋아하는 빌립보서 해설이다. 로이드 존스의 작품은 가장 교리적으로 풍성한 빌립보서 해설로 오늘날에도 유용하다.

O'Brien, Peter T. *Philippians*. NIGTC. Grand Rapids, MI: Eerdmans, 1991.

빌립보서에 대한 가장 철저하고, 광범위하고, 해석학적으로 성실한 주석이다.

골로새서

ESV 성경 해설 주석

앨리스터 I. 윌슨 지음

ESV Expository Commentary
Colossians

골로새서 서론

개관

골로새서는 사도 바울의 서신으로 제시된다(참고. '저자'). 이는 바울이 세우지 않은 어느 그리스도인 공동체에게 보낸 편지다. 그 공동체는 복음 안에 제시된 대로 예수 그리스도를 믿는 데서 그들을 빼내려는 거짓 교훈의 위협을 받고 있었다. 바울은 골로새 교인들에게 그들이 배운 바에 충실하라고 권면하며, 복음을 새롭게 제시한다. 이 복음은 하나님께서 그분의 백성을 위해 이루신 구원을 선포하는데, 그것은 그리스도께서 죄와 죽음을 이기시고 만물에 대한 주권을 가지심으로 성취되었다.

제목

헬라어 제목은 '프로스 콜로사에이스'(*Pros Kolossaeis*, 골로새인들에게)다.

저자

바울은 서신의 본문에서 골로새서의 저자로 확인된다. 이 서신이 바울의 이름 없이 유포되었음을 암시하는 사본상의 증거는 없다. 1990년대 중반에 레이몬드 브라운(Raymond E. Brown)이 "비판적인 학자들의 약 60퍼센트가 바울이 이 서신을 쓰지 않았다고 본다"고 추정했지만, 이 입장은 골로새서 해석 역사에서 꽤 참신한 것이다. 이러한 학자들이 바울이 이 서신을 쓰지 않았다고 믿게 된 요인들로는 서신에 나타난 (1) 독특한 어휘, (2) 복잡한 문체, (3) 발달된 신학, (4) 이후 시대에 발전한 것과 유사한 거짓 교훈에 대한 언급, (5) 바울에 대한 이상화된 묘사가 있다.[1] 브라운은 이러한 각각의 이유를 논의하면서, 공정하게도 중요한 반론들이 있음을 보여준다. 브라운 자신은 조심스럽게 이 서신이 바울의 저작이 아니라고 보는 쪽으로 기울지만,[2] 사본상의 증거와 역사적 증거의 무게를 인정하면서도 지적인 겸손을 보여주는 니제이 굽타(Nijay Gupta)의 입장이 더 지혜로워 보인다.

> 골로새서를 사도 바울이 썼다고(혹은 어떤 식으로든 그가 그 서신 배후에 있는 출처라고) 교부들이 압도적으로 지지한다는 점을 고려하여, 또한 표현이나 역사, 신학과 관련된 문제가 추정되는 저자의 입지를 약화시킬 만큼 심각하지 않다는 점을 고려하여, 우리는 이 주석에서 바울을 저자로 추정하고 계속 나아가고자 한다.[3]

1 Raymond E. Brown, *An Introduction to the New Testament*, ABRL (New York: Doubleday, 1997), 610-615에 요약된 대로. 《신약개론》(기독교문서선교회).

2 같은 책, 616.

3 Nijay K. Gupta, *Colossians*, SHBC (Macon, GA: Smyth & Helwys, 2013), 9.

4 또한 이 주석 시리즈의 에베소서와 빌립보서 서론을 보라.

마찬가지로 필자도 바울을 골로새서의 저자로 전제하고 조건 없이 저자를 바울로 언급할 것이다.

바울은 빌레몬서와 빌립보서에서 디모데를 자신의 친구이자 동료로 밝힌다. 바울을 이 서신의 주요 저자로 보아야 하지만, 이어지는 절들에 나오는 일인칭 복수 동사(예를 들어, 1:3, 4, 9)는 그가 이 서신에서 자신과 디모데의 견해를 모두 표현하려고 의도했음을 암시하는 것일 수 있다.

저작 연대와 배경

바울이 골로새서를 쓰지 않았다면, 이 서신의 연대와 배경을 정확하게 확정하는 일이 불가능해진다. 사람과 장소에 관한 역사적 언급들이 잠재적으로 허구로 여겨지기 때문이다. 더 나아가 해석자가 어떤 언급들이 진짜고 어떤 언급들이 거짓인지 결정할 수 있는 객관적인 기준이 없어진다. 그러나 바울을 이 서신의 저자로 보면, 본문의 언급들이 서신의 연대와 장소에 관해 적절한 판단을 하도록 인도할 수 있다고 상정할 수 있다.

바울이(혹은 다른 신약 저자가) 대적들에 반대하는 시각이 담긴 일차 자료는 없지만, 성경 저자들의 경고에 대적들의 시각이 반영되었다고 보고 그 대적들의 관점이 재구성되기도 한다. 그러나 어떤 그리스도인 공동체가 실제로 어떤 가르침에 맞서고 있는지 혹은 그 성경 저자가 그저 잠재적인 위협을 다루고 있는지는 종종 분명하지 않다. 또한 그 성경 저자가 한 가지 가능한 위협을 다루는지 아니면 한 번에 여러 위험을 다루는지 판단하는 것 역시 어렵다. 따라서 골로새인들에게 맞서라고 말하는 거짓 교훈을 밝히려 할 때 주의가 필요하다.

골로새서의 저작 연대와 장소에 관한 다양한 선택지는《ESV 스터디 바이블》(ESV Study Bible)에서 간단하게 다뤄지고 구체적인 주석에서 충분히 논의된다.[4] 여기서 가장 가능성 있는 저작 장소에 대한 필자의 견해를 간단히 언급하자면, 사도행전 28장에 묘사된 시기의 로마이다. 그렇다면 서신의 연대는 대략 주후 62년으로 추정된다.

골로새는 소아시아(대략 오늘날 터키와 거의 일치하는)에 위치한 도시로, 에베소에서 동쪽으로 대략 160킬로미터 떨어져 있다. 이곳은 한때 번창한 도시였으나 바울 시대에는 중요성이 다소 덜했다.[5] 플린더스 대학교 연구 프로젝트의 웹사이트에 따르면, "그 지역은 직물 산업으로 유명했는데, 골로새는 특히 양모 제조와 염색으로, 무엇보다 시클라멘(cyclamen)에서 얻은 콜로시누스(Colossinus)로 알려진 자주색으로 유명했다."[6]

장르와 문학적 특징

골로새서는 고대 헬레니즘 서신들의 일반적인 특징을 따른다. 한 가지 예외는 아마도 빌레몬서 외에 모든 바울서신처럼, 고대 시대부터 보존된 비정경 서신들보다 상당히 길고 더 발전되어 있다는 점이다.[7] 바울의 신학적, 목회적 관심 또한 골로새서를(모든 바울서신처럼) 고대 서신들 가운데서 독특한 것으로 부각시킨다. 더 나아가 골로새서에는 골로새서 자체의 독특한 문학적 성격을 가진 두 가지 중요한 단락이 있다. 바로 기독론적 '찬가'(1:15-20)와 '가정 규례'(3:18-4:1)다.

5   Gupta, Colossians에 나오는 논의와 ESV Study Bible의 골로새서 1:2 해설을 보라. 골로새에 관한 더 자세한 내용은 플린더스 대학교 연구원들이 주도한 주요한 연구 프로젝트가 담긴 웹사이트에서 볼 수 있다. (http://www.flinders.edu.au/ehl/theology/ctsc/projects/colossae/). Accessed July 27, 2015.

6   http://www.flinders.edu.au/ehl/theology/ctsc/projects/colossae/ancient-history.cfm. Accessed July 27, 2015.

7   Gustav Adolf Deissmann, Light from the Ancient East (1927; repr., Peabody, MA: Hendrickson, 1995).

신학

주 예수 그리스도

골로새서의 기독론이 특히 두드러지는 까닭은, 무엇보다 골로새서 1:15-
20에 나오는 인상적인 기독론적 '찬가' 때문이다. 그러나 골로새서에서 그
리스도가 표현되는 방식은, 바울이 다른 정경 서신들에서 예수 그리스도
에 관해 쓴 내용과 크게 다르지 않다. 본 주석의 본문에서 그 부분에 이를
때 여러 주제를 다룰 테지만, 여기서는 바울이 예수님을 묘사하기 위해 다
양한 용어를 사용한다는 점을 간단히 언급하려 한다. 이를테면, "그리스도
예수"(1:1), "우리 주 예수 그리스도"(1:3), "그의 사랑의 아들"(1:13, ESV는 "his
beloved Son") 등이다. 더 나아가 그리스도는 "보이지 아니하는 하나님의 형
상"(1:15), "모든 피조물보다 먼저 나신 이"(1:15), "몸인 교회의 머리"(1:18)
로도 묘사된다. 골로새서는 우리가 '우주적 그리스도'로 묘사하는 분을 강
조한다. 그분은 우주를 창조하시고 유지하시며, 하나님의 한 교회의 머리
시다. 그러나 이는 십자가에서 죽으시고 다시 사신 분이라는 예수님에 대
한 전적으로 역사적인 시각과 반대되지 않는다(참고. 1:20; 2:6-15).

하나님의 대적들을 이김

골로새서는 기독론과 밀접하게 관련된 주제, 곧 하나님께서 악을 이기신
것을 강조한다. 특히 영적 어둠의 권세를 물리치신 수단인 그리스도의 사
역을 강조한다. 이 주제를 처음으로 분명하게 선언하는 구절은 1:13이다.
이 절에서 주연 배우는 아버지시다. 그분이 그분의 백성을 구해내신다. 이
강력한 행동이 그리스도인들을 "흑암의 권세"에서 데리고 나와 "그의 사
랑의 아들의 나라"로 이주시킨다. 2:15에도 유사한 초점이 등장한다. 이
절에서 그리스도의 십자가 죽음은 패배의 순간이 아니라 오히려 승리의

행위로 제시된다. 다시 한 번 아버지께서 주연 배우시다. "[하나님께서] 통치자들과 권세들을 무력화하여 드러내어 구경거리로 삼으시고 십자가로 그들을 이기셨느니라." 그리스도 안에서 이루신 하나님의 승리가 중요한 주제다. 이 주제는 예수님의 십자가 죽음이 대속을 이루셨다는 시각과 맞설까 봐 두려워하는 이들에게 종종 무시되어 왔다. 그러나 그리스도의 사역의 이 두 측면을 서로 반대되는 것으로 볼 이유가 없다. 이 둘은 완전히 상호 보완된다.

화해

바울은 골로새 교인들이 한때 경험했던 소외가 하나님께서 그리스도 안에서 이루신 화해로 극복되었음을 강조한다. 이 화해는 인간뿐만 아니라 창조 세계에도, 실제로 "만물"(1:20)에도 유효하다.

경쟁하는 주장들에도 불구하고 진리이신 그리스도

현대 세계의 가장 도전적인 측면 한 가지는, 사상과 철학이 어마어마하게 많다는 것이다. 골로새서는 수많은 진리 주장이 있음을 인정하는 한편(2:8), 그리스도를 지식과 지혜에 대한 모든 인간의 갈망을 실현시킬 수 있는 분으로 가리킴으로써(1:19-20, 27; 2:9), 이러한 현실에 대한 시각을 제시한다.

성경 다른 본문 및 그리스도와의 관련성

바울은 구약 본문과 전체 내러티브에서 많은 요소를 끌어온다. 이는 특히 창조 내러티브가 반영된 데서(1:15-17), 또한 지혜가 창조 행위를 하는 장인으로 의인화되어 언급되는 곳에서(잠 8장) 분명히 나타난다. "지혜"라는 어휘가 서신에서 반복해서 등장하는데, 이는 그것이 핵심 주제임을 암시한다. 아마도 바울은 이것을 구약의 지혜서 여러 본문에서 끌어온 듯하다.

골로새서와 에베소서는 아주 중요한 유사점들이 있다. 굽타는 그러한 유사성을 가진 구절들을 다음과 같이 제시한다.

골로새서 1:1-2과 에베소서 1:1-2
골로새서 1:3-11과 에베소서 1:3-18
골로새서 1:24-2:5과 에베소서 3:1-13
골로새서 3:5-4:1과 에베소서 4:17-6:9
골로새서 4:2-4과 에베소서 6:18-20
골로새서 4:7-9과 에베소서 6:21-22

이러한 유사점들은 두 서신 사이에 어떤 문학적 연관성이 있지 않은가라는 의문을 불러일으키지만, 굽타가 지적하듯이 "우리에게는 한 본문이 다른 본문에 기반을 두었다고 주장할 충분한 증거가 없다."[8] 그 유사점들에 대해서는 본문을 주석하며 논의할 것이다.

골로새서 설교하기

설교자들은 회중에게 하나님의 말씀을 선포할 때 여러 가지 책임을 갖는다. 가장 긴급한 책임은, 죄악된 인간의 중대한 필요와 그 필요에 대해 하나님께서 그리스도 안에서 은혜롭게 공급하신 것을 제시하며, "내가 어떻게 하여야 구원을 받으리이까"(행 16:30)라는 절박한 질문에 대답하는 것이

---

8 Gupta, *Colossians*, 19.

다. 그러나 설교자들은 또한 회중이, 타락과 구속을 지나 새 창조에 이르기까지 창조 세계에서 하나님의 목적이 광범위하게 펼쳐짐을 이해하도록 도와주어야 한다. 이것이 보통 '성경신학'이라 불리는 것이다. 특정 본문으로 설교할 때, 본문이 제기하는 이슈들이 성경 전체의 더 큰 내러티브와 신학적 틀에 어떻게 들어맞는지 보여주는 것이 중요하다. 설교자는 하나님의 권위 있는 말씀을 선포하고 응답을 요구하며, 청중이 하나님을 믿고 의지함으로 그러한 응답을 할 수 있게 하시는 성령의 사역을 신뢰한다. 그러나 설교의 또 다른 중요한 측면은, 회중에게 어떻게 성경을 읽어야 하는지 본을 제시하는 것이다. 그러므로 설교에는 선포는 물론 교육이라는 요소도 있어야 한다.

골로새서는 다양한 방법으로 설교할 수 있다. 어떤 부분들은 1:15-20의 '찬가'와 3:18-4:1의 '가정 규례'처럼 하나의 단위로 두드러지므로, 한번에 설교하는 것이 적합하다. 이 구절들은 설교자들의 특별한 관심이 집중된 부분이다. 회중은 이 부분들이 독립된 진술로 파헤쳐지지 않기 위해, 본문의 한 단위로서 어떤 기능을 하는지 볼 수 있게 도움을 받아야 한다. 1:13-14, 19-20, 2:13-15, 3:1-4처럼 본문의 몇몇 짧은 단락은 의미가 너무나 풍부하기에, 각각의 의미에 집중하는 설교가 필요할 수도 있다. 그러나 일반적으로 설교자들과 그리스도인 회중은 신약 문서 전체를 읽고 설교하는 것이 좋다.

해석상 과제

어떤 식으로든 골로새 교인들에게 위협이 되었던 거짓 교훈의 정확한 성격은 특히 수수께끼로 남아 있다. 굽타는 어려움과 불확실성을 시인하는 유용한 논의를 제시하면서도, "초월적-금욕적-철학"(transcendent-ascetic-philosophy)'이라는 표현을 제안한다. 이 표현은, 그 교훈을 어떤 알려진 신앙 체계와 연결하지 않고 골로새서 본문이 제기한 이슈들을 묘사한다는 이점이 있다. 굽타는 이렇게 설명한다. "그 교훈은 소위 몸의 한계를 초월하여 하늘의 지혜와 영적인 완벽함을 추구한다는 점에서 '초월적'이다. 또 고질적인 영들과 권세들의 지배에서 벗어나기 위해 약한 몸의 정복을 추구하기 때문에 '금욕적'이다."[10] 이따금 바울은 거짓 교사들의 시각과 어휘가 반영되었을지도 모르는 용어를 사용하지만, 우리는 바울을 통해서만 그들에게 다가가므로 확신할 수 없다.

개요

I. 서두의 인사(1:1-2)

  A. 서신을 보내는 자들의 신원(1:1)

  B. 수신자들의 신원(1:2a)

  C. 인사/기도(1:2b)

II. 감사와 기도(1:3-12)

  A. 골로새 교인들에 대해 하나님께 드리는 감사(1:3-8)

    1. 거듭되는 감사(1:3)

    2. 소망에 근거한 믿음과 사랑의 증거(1:4-5a)

    3. 열매를 맺고 자라는 복음(1:5b-6)

    4. 신실한 사자 에바브로디도(1:7-8)

---

9 같은 책, 15-19.

10 같은 책, 19.

¹ 하나님의 뜻으로 말미암아 그리스도 예수의 사도 된 바울과 형제 디모데는 ² 골로새에 있는 ¹⁾성도들 곧 그리스도 안에서 신실한 형제들에게 편지하노니 우리 아버지 하나님으로부터 은혜와 평강이 너희에게 있을지어다

¹ Paul, an apostle of Christ Jesus by the will of God, and Timothy our brother, ² To the saints and faithful brothers¹ in Christ at Colossae: Grace to you and peace from God our Father.

1) 또는 성도들과

1 Or *brothers and sisters*. In New Testament usage, depending on the context, the plural Greek word *adelphoi* (translated "brothers") may refer either to *brothers* or to *brothers and sisters*

〰〰〰 단락 개관 〰〰〰

바울은 이 서두의 인사에서, 그리스도 안에서 맺어진 가족 관계를 강조하는 식으로 골로새에 있는 그리스도인 공동체를 수신자로 표현한다.

≋≋≋≋ 단락 개요 ≋≋≋≋

I. 서두의 인사(1:1-2)
  A. 서신을 보내는 자들의 신원(1:1)
  B. 수신자들의 신원(1:2a)
  C. 인사/기도(1:2b)

≋≋≋≋ 주석 ≋≋≋≋

1:1 바울은 도입부를 쓰는 규칙에 따라 골로새의 신자들에게 보내는 편지를 시작한다. 그는 이 평범한 서신 형식에 풍성한 신학적 진술을 가득 채운다. 우리는 그가 도입부에서 하는 말을 틀에 박힌 것이나 가볍게 내뱉는 말로 여겨서는 안 된다. 기본 형식은 바울서신을 읽는 누구에게나 익숙하다. 서신은 바울의 이름으로 시작한다. 바울이 썼다고 여겨지는 정경 서신들(골로새서를 포함해서)이 진짜 바울의 작품인지 위서(저자를 허위로 추정한)인지에 관련한 현대의 논의에서, 사본상의 일관된 증거는 인상적이고 완강하다. 사본상의 모든 증거에 바울이라는 이름이 저자로 기록되어 있다. 바울은 거의 동시에 기록된 것으로 보이는 네 개의 이른바 '옥중서신'(에베소서, 빌립보서, 골로새서, 빌레몬서)에서 자신을 여러 가지 방식으로 묘사한다. 에베소서와 골로새서에서는 자신을 "그리스도 예수의 사도"로 소개한다. "사도"('보냄 받은/위임받은 자'라는 뜻)는 높은 위엄과 큰 권위를 모두 암시한다. 이에 반해 빌립보서와 빌레몬서에서는 권위보다는 겸손이 담긴 묘사를 택한다("종", "갇힌 자"). 바울이 서신의 목적과 어조에 따라 자신에 대한 묘사를 택한 것으로 보인다. 그러나 골로새에서 바울의 사도 직분이 도전을 받고 있었다고 전제할 필요는 없다. 바울은 자신이 "하나님의 뜻으로 말미

암아"(참고. 엡 1:1) 사도로 임명받았음을 알았고, 갈라디아서에서 한 것과는
달리 자신의 사도 직분을 계속 변호하지는 않는다. 따라서 그가 이곳에서
그 표현을 쓴 것을 방어적으로 볼 필요는 없다.

디모데가 바울과 나란히 언급된다. 서신 작성에서 디모데의 역할에 대
해서는 서론을 보라.

바울은 디모데를 '우리 형제'("our brother", 개역개정은 "형제")로 언급한다. [헬
라어 본문은 '형제'(the brother)지만, 문맥은 바울과 골로새 교인들 모두와 디모데의 관계를
강조하며, 관사를 소유격의 의미로 이해하는 것을 허용한다.] 바울은 골로새서와 빌레
몬서에서 '형제' 혹은 '형제자매들'이라는 용어를 영적 실재를 묘사하는 데
사용하면서, 그 관계에 특별한 강조점을 둔다. 바울은 하나님께서 그리스
도인들을 그분의 가정에 입양하셨다고 확신하므로(롬 8:14, 23; 9:8; 갈 4:5; 엡
1:5), 그리스도인들은 암묵적으로 하나님 가정의 형제자매가 된다. 그러나
어떤 상황에서는 바울이 이 용어를 수사적, 목회적 의미로 사용하는 것처
럼 보이기도 한다. 그리스도인들을 형제자매로 묘사하는 방식은, 하나님의
은혜로운 구원 행위로 말미암아 존재하는 가족 관계를 강조한다. 어떤 어
렵거나 미묘한 사안들도 이 관계에 어울리는 방식으로 논의되고 해결되어
야 한다.

1:2a 바울은 골로새에 있는 그리스도인들을 하기오이스(*hagiois*)와 피스토
이스(*pistois*)라는 두 개의 형용사로 묘사한다. 이 두 단어를 번역할 수 있는
몇 가지 방법이 있다. 둘 다 명사 아델포이(*adelphoi*, '형제자매')를 수식한다고
본다면, 하기오이스는 '거룩한'으로 그리고 피스토이스는 '신실한' 또는 '믿
음을 가진'으로 번역할 수 있다. 그러면 바울의 편지를 받는 이들은 '그리
스도 안에서 골로새에 있는 거룩하고 신실한 형제자매들'로 해석될 것이
다. 그러나 몇몇 번역(ESV를 비롯한)은, 처음 나오는 헬라어 관사를 첫 번째
형용사와 연결시켜 명사형(명사와 동등한 것)으로 보는 쪽을 선호한다. 그래
서 그 어구를 '골로새에 있는 성도들'로 번역한다. 이러한 해석은, 몇몇 다
른 서신들에서 바울이 하기오이(*hagioi*)를 사용한 방법을 따른다는 이점이

있다(롬 1:7; 고전 1:2; 고후 1:1; 엡 1:1; 빌 1:1).[11] 그러나 이는 하나의 헬라어 관사가 두 개의 형용사와 다른 식으로 연결되는(첫 번째는 명사적으로, 두 번째는 명사와 한정 형용사를 결합하는), 다소 일관성 없는 문법을 전제한다. 어떤 해석을 따르든 바울이 의도한 의미는 근본적으로 동일하다.

바울은 동료 그리스도인들이 있는 '위치'를 헬라어 전치사 엔(*en*, in)이 이끄는 두 개의 병행되는 전치사구로 묘사한다. 즉, "골로새에"와 "그리스도 안에"이다(ESV는 문체상의 이유로 두 어구에 다른 영어 전치사를 사용한다). 골로새 그리스도인들의 지리적 위치는 분명 그들에게 중요하고, 그들을 다른 지역의 그리스도인들과 구별시켜 준다. 그러나 바울은 그들의 영적 위치를 더 중요하게 여긴다. 그들은 "그리스도 안에", 즉 믿음으로 그분과 연합되어 있기 때문에 하나님과, 또한 바울 및 다른 지역의 신자들과 관계를 맺고 있다. 바울이 사용하는 이 간단한 전치사구("그리스도 안에")는, '그리스도와의 연합'으로 알려진 놀라운 신학적 실재를 암시한다. 어떤 사람이 그리스도인이 될 때, 그는 어떤 종교적이나 철학적인 시각이 바뀌거나 어떤 행동양식에 적응하는 것으로 그치지 않는다. 오히려 근본적인 영적 변화가 일어나는데, 바울은 이 서신의 2-3장에서 그것을 더 자세하게 설명한다.

1:2b 바울의 인사("은혜와 평강이 너희에게")는 인간을 향한 하나님의 과분한 은총("은혜") 및 하나님과 다른 사람들과 온 창조 세계와 온전한 관계를 맺게 해주는 그분의 '샬롬'(shalom)을 강조한다. 이 주제는 서신의 나머지 부분에서 더 자세히 전개된다. 대체로 이 어구는 바울의 다른 서신들에 나오는 인사와 유사한데, 예외적으로 은혜와 평강이 "우리 하나님 아버지"로부터 온다고 말하며 예수 그리스도를 언급하지 않을 뿐이다. 물론 바울이 이 생략으로 에베소서나 빌립보서, 빌레몬서의 서두에 표현된 것과 다른 신학적 이해를 나타낸다는 것은 상상도 할 수 없다. 또 바울과 같은 사려 깊

---

11 Douglas J. Moo, *The Letters to the Colossians and to Philemon*, PNTC (Grand Rapids, MI: Eerdmans, 2008), 78n20의 논의를 보라. PNTC《골로새서·빌레몬서》(부흥과개혁사).

은 사상가가 그의 전형적인 인사의 중요한 부분을 우연히 빼먹었을 것 같지도 않다. 더글라스 무(Douglas Moo)의 설명이 합리적이다. "아마도⋯바울은 3절의 흔치 않은 표현을 위해 우리를 준비시키는 듯하다. 3절에서 그는 하나님을 '우리 주 예수 그리스도의 아버지'라 부른다."[12] 우리는 바울의 인사에서 명확하게 언급된 동사가 없음에 주목한다. 이는 바울이 직설법 동사가 보충되기를 의도했는지("은혜와 평강이 너희 것이다") 아니면 소원이나 기도를 시사하며("은혜가 평강이 너희에게 있을지어다") 기원을 암시하려 한 것인지 상당한 모호함을 남긴다.

≋≋≋≋ 응답 ≋≋≋≋

가족이라는 표현은 바울의 사상에서 아주 중요하다. 아마도 개인주의적 서구 사회에서는 다소 생경하게 들릴 테지만, 공동체가 더 중요한 아프리카 같은 세상의 일부 지역에서는 가족이라는 표현이 여전히 아주 중요하다. 예를 들어, 남아프리카 호사족의 언어에서는 낯선 사람을 가리키는데 '타타'(아버지), '마마'(어머니), '부티'(형제), '시시'(자매) 같은 가족을 나타내는 용어를 사용하는 것이 기본적인 방식이다. 그러나 바울은 '우분투'(Ubuntu, '사람은 다른 사람을 통해 사람이 된다'라는 호사족의 개념)라는 사회적 개념이나 '하나님의 아버지 되심과 사람의 형제됨'이라는 자유주의적 개념 이상의 것을 염두에 두고 있다. 디모데가 바울과 골로새 교인들에게 형제인 까닭은, 하나님께서 그들을 구원하시고 그분의 상속자들 속에 포함시키셨다는(골 1:12-14) 공통의 경험 때문이다. 그리스도인은 입양된 이들이다(참고. 롬 8:15-17; 갈 4:5-7). 아프리카의 맥락에서 나온 글이지만, 솔로몬 안드리아(Solomon Andria)는 바울이 사용하는 언어의 독특성을 인지하고 이렇게 쓴다.

---

12 같은 책, 79, 강조는 저자의 것이다.

바울과 골로새 교인들의 형제 관계는 혈연보다 강력하다. 그 관계는 민족성과 인종과 사회적 지위를 초월한다. 바울과 디모데는 여러 면에서 이 형제들과 달랐을 수 있지만, 그들은 그리스도 안에서 한 가족이 된다. 그리고 그것은 골로새 신자들끼리의 관계에도 똑같이 적용된다. '형제'인 그들의 가장 중요한 정체성은 그리스도 안에 있다는 것이다. 그들의 출신이 다양하고 사회적 계급이 다르다는 것은 부차적인 것일 뿐이다.[13]

이와 유사하게, 마크 존스턴(Mark Johnston)은 하나님의 가족이라는 신학적 실재가 교회가 신자들 사이의 어려운 문제들을 다루는 방식에서 얼마나 중요한지 주목한다.

교회 지도자들과 그리스도인들은 일반적으로 사도의 목회적 돌봄을 본받는 것이 온당할 것이다. 색다른(혹은 심지어 일탈적인) 가르침과 관행을 받아들이는 동료 신자들을 대할 때 너무나도 자주 적대적인 접근법을 채택하곤 한다. 오히려 형제의 심령과 태도로 대해야 할 때인데 말이다.[14]

---

13 Solomon Andria, "Colossians", in *Africa Bible Commentary: A One-Volume Commentary Written by 70 African Scholars*, ed. Tokunboh Adeyemo (Grand Rapids, MI: Zondervan, 2006), 1449.

14 Mark G. Johnston, *Let's Study Colossians and Philemon* (Edinburgh: Banner of Truth, 2013), 11-12.

3 우리가 너희를 위하여 기도할 때마다 하나님 곧 우리 주 예수 그리스도의 아버지께 감사하노라 4 이는 그리스도 예수 안에 너희의 믿음과 모든 성도에 대한 사랑을 들었음이요 5 너희를 위하여 하늘에 쌓아 둔 소망으로 말미암음이니 곧 너희가 전에 복음 1)진리의 말씀을 들은 것이라 6 이 복음이 이미 너희에게 이르매 너희가 듣고 참으로 하나님의 은혜를 깨달은 날부터 너희 중에서와 같이 또한 온 천하에서도 열매를 맺어 자라는도다 7 이와 같이 우리와 함께 종 된 사랑하는 에바브라에게 너희가 배웠나니 그는 너희를 위한 그리스도의 신실한 일꾼이요 8 성령 안에서 너희 사랑을 우리에게 알린 자니라

3 We always thank God, the Father of our Lord Jesus Christ, when we pray for you, 4 since we heard of your faith in Christ Jesus and of the love that you have for all the saints, 5 because of the hope laid up for you in heaven. Of this you have heard before in the word of the truth, the gospel, 6 which has come to you, as indeed in the whole world it is bearing fruit and increasing—as it also does among you, since the day you heard it and understood the grace of God in truth, 7 just as you

learned it from Epaphras our beloved fellow servant.[1] He is a faithful minister of Christ on your[2] behalf 8 and has made known to us your love in the Spirit.

9 이로써 우리도 듣던 날부터 너희를 위하여 기도하기를 그치지 아니하고 구하노니 너희로 하여금 모든 신령한 지혜와 총명에 하나님의 뜻을 아는 것으로 채우게 하시고 10 주께 합당하게 행하여 범사에 기쁘시게 하고 모든 선한 일에 열매를 맺게 하시며 하나님을 아는 것에 자라게 하시고 11 그의 영광의 힘을 따라 모든 능력으로 능하게 하시며 기쁨으로 모든 견딤과 오래 참음에 이르게 하시고 12 우리로 하여금 빛 가운데서 성도의 기업의 부분을 얻기에 합당하게 하신 아버지께 감사하게 하시기를 원하노라

9 And so, from the day we heard, we have not ceased to pray for you, asking that you may be filled with the knowledge of his will in all spiritual wisdom and understanding, 10 so as to walk in a manner worthy of the Lord, fully pleasing to him: bearing fruit in every good work and increasing in the knowledge of God; 11 being strengthened with all power, according to his glorious might, for all endurance and patience with joy; 12 giving thanks[3] to the Father, who has qualified you[4] to share in the inheritance of the saints in light.

1) 헬, 참
1 For the contextual rendering of the Greek word *sundoulos*, see ESV Preface
2 Some manuscripts *our* *3* Or *patience, with joy giving thanks* *4* Some manuscripts *us*

〰〰〰 단락 개관 〰〰〰

바울은 감사와 기도로 서신의 본문을 시작한다. 실제로 골로새서 1:3-12
은 1:3-8(감사)과 1:9-12(기도)로, 대략 동등한 두 부분으로 깔끔하게 나눌
수 있다. 바울은 감사의 말에 뒤이어 골로새 교인들을 위해 기도하며, 그들
이 계속 그리스도인으로 살아갈 때 모든 면에서 하나님의 공급하심을 풍
성하고 온전히 경험하기 원한다는 바람을 표현한다.

〰〰〰 단락 개요 〰〰〰

Ⅱ. 감사와 기도(1:3-12)

    A. 골로새 교인들에 대해 하나님께 드리는 감사(1:3-8)

        1. 거듭되는 감사(1:3)

        2. 소망에 근거한 믿음과 사랑의 증거(1:4-5a)

        3. 열매를 맺고 자라는 복음(1:5b-6)

        4. 신실한 사자 에바브로디도(1:7-8)

    B. 골로새 교인들에 대해 하나님께 드리는 기도(1:9-12)

        1. 끊임없는 기도(1:9a)

        2. 생각과 행동이 지속적으로 자라기를 바람(1:9b-10)

        3. 오래 참음과 감사를 위한 기도(1:11-12)

1:3 바울은 보통 끊임없는 감사의 태도를 보이며 한결같이 서신에 감사를 포함시킨다.[15] 거의 모든 상황에서(갈라디아의 상황은 주목할 만한 예외다) 바울은 감사의 이유를 발견한다. 이는 그가 제대로 돌아가지 않던 고린도 교회에 편지를 쓸 때도 적용되었다(고전 1:4-9). 바울이 이러한 감사의 시각을 유지할 수 있는 까닭은, 신자들 자체의 태도나 행동에 의해서라기보다, 먼저 하나님께서 여러 그리스도인 공동체 가운데 이루고 계신 일로 인해 감사하기 때문이다.

감사와 기도 부분에서 바울의 말은 직접적으로 하나님께 드리는 것이라기보다, 골로새 교인들을 대신하여 하나님께 드리는 감사와 기도 '보고서'다.[16] 바울은 "하나님 곧 우리 주 예수 그리스도의 아버지께" 감사한다고 보고한다. 바울은 하나님을 언급할 때, 자주 그분이 어떤 분이신지 설명하며 신학적인 수식 어구를 붙인다. 예를 들어, 갈라디아서 1:1에서 하나님은 "[예수 그리스도를] 죽은 자 가운데서 살리신" 분이다. 바울에 따르면 하나님은 예수 그리스도 안에서 행하신 그분의 자기 계시와 분리되어 이해되실 수 없다.

1:4 무엇이 바울로 하여금 골로새 교인들을 위해 계속 기도하게 하는가? 바울은 그와 그의 동료들이 '들은' 것을 묘사한다. 이는 그가 개인적으로 골로새의 상황을 잘 안다기보다는, 오히려 들은 보고에 기초하여 골로새 교인들의 안녕에 깊은 관심이 있음을 시사한다. 그 보고는 에바브로디도를 통해 바울에게 전달된 듯하다(참고. 7-8절).

바울은 골로새 교인들에 관해 들은 내용의 핵심을, 믿음과 사랑과 소망

---

15 David W. Pao, *Colossians and Philemon*, ZECNT (Grand Rapids, MI: Zondervan, 2012)를 보라.

16 참고. I. Howard Marshall, *New Testament Theology* (Nottingham, UK: Apollos, 2004).

이라는 하나로 묶인 익숙한 세 단어로 요약한다(참고. 고전 13:13과 살전 1:3).[17] 신자들의 믿음은 "그리스도 예수 안에" 있다. 이 어구에 대한 가장 자연스러운 해석은, 예수님이 그들 믿음의 대상이라는 것이다. 이는 "모든 성도에 대한" 골로새 교인들의 사랑에 감사한다는, 병행되는 바울의 말과 조화를 이룬다. 이 경우 성도는 분명 골로새 교인들의 사랑의 대상이다. 이와 똑같이 그리스도가 골로새 교인들의 믿음의 대상이다.

1:5 이 한 묶음의 세 번째 요소는 소망이다. 여기서 소망을 골로새 그리스도인들의 주관적인 경험으로 이해해서는 안 된다. 오히려 이는 "너희를 위하여 하늘에 쌓아둔" 객관적 실재다. 바울은 이 소망이 골로새 교인들이 보인 믿음과 사랑의 이유라고 말한다. 바로 이 소망'으로 말미암아'[디아 (*dia*) + 목적격 조사] 그들은 다른 덕목들을 보여준다.[18]

바울에게 이토록 격려가 된 이 영적 생활의 증거들은 "복음 진리의 말씀"이 선포된 결과다. 이 어구의 여러 요소가 어떻게 연결되는지는 분명하지 않다. 아주 문자적으로는 연속된 소유격으로, 즉 '복음의 진리의 말씀'으로 읽을 수 있는데, 이 문법과 그 분명한 의미를 제대로 다루려는 다양한 시도가 있었다. 문법을 보면 그다지 동격으로 예상될 법하지 않지만,[19] ESV는 "복음"을 "진리의 말씀"과 동격으로 보는 옳은 해석을 채택한다. 그래서 진리의 말씀이, 하나님께서 예수 그리스도 안에서 행하신 구원 사역에 대한 진실한 선포라고 추가로 설명된다. 에베소서 1:13이 아주 유사한 구조로 이 견해를 뒷받침하는데, 그곳의 문법적 구조는 예상되는 형식을 따른다.

바울은 골로새 신자들이 복음 안에서 그들 믿음과 사랑의 근거인 소망

---

17 Jerry L. Sumney, *Colossians: A Commentary*, NTL (Louisville: Westminster John Knox, 2008), 34.

18 필자는 골로새서에서 소망에 대한 바울의 이해를 "'Hope Kept in Heaven' in Colossians and 1 Peter", *In die Skriflig/In Luce Verbi* 50/2 (2016), http://dx.doi.org/10.4102/ids.v50i2.2002에서 훨씬 더 자세히 논의했다.

19 소유격 수식어구와 동격의 명사 사이라기보다는 핵심 명사와 동격의 명사의 관계라고 예상할 수 있을 것이다.

에 관해 들었다고 설명한다. 바울은 이 장에서 두 번 "소망"과 "복음"을 연결한다(1:5과 1:23). 이는 최소한으로 보아도 의도적인 연결로 보이는데, 어쩌면 소망과 복음의 결합을 서신의 이 단락의 주요 주제(motif)로 나타내는 수미상관(괄호로 묶는 문학적 장치)일 수도 있다. BDAG에 따르면, 엘피스(*elpis*, "소망")라는 단어는 "성취, '소망', '기대'에 관한 확신을 가질 어떤 이유로 무언가를 고대함" 즉, 소망의 행위 또는 "소망의 근거가 되는 것, '소망(의 토대)'", 또는 "소망하는 것, '소망', '기대되는 것'"을 가리킬 수 있다.[20] 이 경우, 마지막에 제안된 정의가 옳은 듯하다[참고. 라이트풋(J. B. Lightfoot), "이곳의 소망은 소망의 대상과 동일시된다"].[21]

이곳에서 바울은 "너희를 위하여 하늘에 쌓아 둔" 객관적인 실재를 염두에 두는 듯하다. 정확히 그 실재가 무엇인지는 말하기가 더 어렵다. 아마도 베드로전서 1:3-4과 비교하면 약간의 도움을 얻을 수 있을 것 같다. 그곳에서 소망은 "하늘에 간직하신" "유업"과 유사한 것으로 언급된다.[22] 무는 BDAG가[23] 제시한 어구가 정확한 정의라고 제안한다. 그것은 곧, "오는 세상에 그리스도인을 기다리는 복 전체"다.[24] 이는 유산이 되는 객관적인 소망이라는 개념과 밀접한 관련이 있다(벧전 1:3-4에서처럼). 필자도 이 제안에 공감하지만, 하늘에 계신 예수님에게 더 초점이 있을 수 있다고도 생각한다. 이 서신에서 골로새 교인들이 하늘에서 무엇을 가지는지는 골로새서 1:5("소망")과 4:1("상전" 또는 '주인')에서만 언급된다. 또 바울은 3:1-4에서 "위의…하나님 우편에 앉아 계[신]" 그리스도와 "그리스도와 함께 하나님 안에 감추어[진]" 신자들의 삶을 이야기한다. 사실 바울은 골로새 교인

---

20 BDAG, s.v. ἐλπίς, 강조는 원문의 것이다.

21 J. B. Lightfoot, *The Epistle of St. Paul to the Colossians and Philemon* (1875; repr., Peabody, MA: Hendrickson, 1999), 134.

22 참고. Gupta, Colossians, 41; Moo, *Letters to the Colossians and to Philemon*, 85.

23 BDAG, s.v. ἀπόκειμαι

24 Moo, *Letters to the Colossians and to Philemon*, 85.

들에게 그리스도께서 "너희 생명"(3:3)이라고 말한다. 따라서 신자들의 관심의 초점은 그리스도께서 가져다주실 혜택보다는 그리스도이다. 물론 그리스도께서 성취하신 일의 혜택도 분명 포함되지만 말이다.

"복음"은 바울에게 중심 되는 단어이자 개념이다. 그는 자주 독자들이 이미 복음의 내용에 익숙하다고 전제한다(그 자신이나 그의 동료들이 이미 직접 그것을 분명히 했기 때문에 틀림없는, 참고. 골 1:6-7). 그러나 바울은 그의 서신의 많은 곳에서 복음에 대한 간결한 요약을 제시한다. 아마도 그 중 가장 중요한 부분은 고린도전서 15:1-5일 것이다. 고린도전서 이 부분에서 바울이 전하는 서론적인 말은 복음의 토대적인 성격을 강조한다. 특히 바울은 이 복음이 그가 고린도 교인들에게 선포한 것이고, 그들이 받은 것이며(전통의 전수라는 표현을 사용하여, 참고. 고전 15:3), 그들이 그 위에 서 있음을 강조한다(고전 15:1). 그는 또한 복음이 그들이 구원받은 수단이며 그들이 계속 붙들도록 제공된 것임을 보여준다. 고린도전서 15:3-5에서 바울은 예수님의 죽음, 장사, 부활, 부활 후 제자들에게 나타나심에 초점을 맞추는 아주 세심하게 구성한 진술을 제시한다. 그 구성은 두 개가 한 쌍을 이루는 형태로 각각 "성경대로"라는 어구를 담고 있다. 마지막으로, 그리스도의 죽음이 "우리 죄를 위하여"라는 어구를 통해(고전 15:3) 신학적 해석으로 주어진다. 그래서 우리는 이렇게 말할 수 있다. 바울에게 복음은 예수님의 생애의 역사적 사건들에 대한 선포다. 그는 특히 그리스도의 죽음, 장사, 부활, 승천 이전에 나타나심을 언급한다. 이 모든 사건은 구약성경 전체 내러티브의 맥락에서, 특히 우리 죄에 대한 그리스도의 죽음의 효력에 초점을 두고 이해되어야 한다.

우리는 골로새서 문맥에서, 바울이 하나님께서 그리스도 안에서 이루신 일을 몇 차례 언급하는 것을 본다. 그중에서 특히 골로새서 1:13-14, 22과 2:11-15이 눈길을 끈다. 바울은 그 진술들을 구체적으로 '복음'이라 언급하지는 않는다(물론 1:23에서는 "복음"을 언급하지만). 그러나 그 진술들은 하나님께서 그리스도 안에서 이루신 구원 행위를 압축한 요약문으로(고전 15:3-5과 유사하게) 보인다. 따라서 그것들 역시 바울이 "복음"(골 1:5)에 대해 말할 때 염두에 둔 것을 담고 있다고 할 수 있다.

1:6 바울은 지역적 관심과 전 세계적 시각을 모두 보여준다. 그는 복음이 "너희에게" 특히 골로새 공동체에 "이르매"라고 언급한다. 그가 사용하는 분사 형태[투 파론토스(*tou parontos*)]는 임재를 가리키는 것으로 해석할 수 있긴 하지만, 분사와 전치사 에이스(*eis*, '에게' 혹은 '안으로')의 조합은 들어옴을 암시한다. 복음이 골로새 교인들의 삶에 들어왔다. 그러나 바울은 그러한 지역적 언급을 온 세상 도처에서 일어나는 복음의 성장이라는 맥락 안에 둔다. 아마도 바울이 말하는 "온 천하"는, 대략 지중해 주위에 자리 잡은 로마 제국이라는 알려진 세상을 가리키는 것으로 이해해야 할 것이다. 바울은 한 특정 공동체에서 일어나는 일에만 관심이 있지 않다. 그는 복음이 국제적으로 충만한 영향을 미치는 것에도 똑같이 관심을 가진다.

바울은 이 복음이 "열매를 맺어 자라는도다"라고 말한다. 이 어구는 그리스도인의 삶의 '유기적' 성격에 주의를 집중시킨다. 이곳에서 바울이 사용하는 독특한 전문용어는, 조금 다른 방식이긴 하지만 10절에 다시 나온다. 두 절 모두 카르포포레오(*karpophoreō*, 열매를 맺다)와 아욱사노(*auxanō*, 자라다)라는 동사의 분사형을 결합한다. 몇몇 주석가는 이는 창세기 1:28의 반영일 수 있다고 제안했다. 아욱사노가 창 1:28의 헬라어 번역(70인역)에서 사용되기 때문이다. 어떤 학자들은 이러한 연결에 의문을 제기하며, 카르포포레오가 창세기 1:28의 헬라어 번역에 사용되지 않음에 주목한다. 다른 학자들은 바울의 독자들이 그의 암시를 이해했는지 질문한다. 그러나 이 질문은 적어도 이 경우에는 특별히 중요해 보이지는 않는다. 우리는 이 두 동사의 반복은 우연이 아니라고 약간의 확신을 가지고 말할 수 있다. 바울은 두 번 그렇게 함으로써 두 동사의 연결이 의도된 것임을 보여준다. 또한 우리는 바울의 독자들이 그 반영을 이해할 만큼 성경을 잘 알았는지 상관없이, 바울은 분명 알고 있었다고 말할 수 있다. 따라서 이 어구는 유기체의 생명, 성장, 생산성에 대한 성경의 이미지다. 바울은 복음이 가져오는 영적 생명과 성장을 제시하는 생생한 방법으로 이 이미지를 사용한다.

바로 복음, 그리스도 안에서 행하신 하나님의 구원에 관한 메시지가 이런 식으로 열매를 맺고 자란다. 바울은 복음을 효과적으로 의인화하여, 복음에 활성제의 특성을 부여한다. 여기에는 하나님께서 효과적인 결과를 가져오시기 위해 복음을 통해 일하고 계신다는 점이 암시되어 있다. 이것이 바울이 "진리 가운데 나타난 하나님의 은혜"(골 1:6b, 현대인의성경)라고 묘사하는 것이다. 아마도 열매를 맺는 메시지에 관한 바울의 말에는 예수님의 씨 뿌리는 자 비유(막 4장)가 반영된 것 같다.[25] 마가복음 4:20에도 동사 카르포포레오가 말씀을 받아들여 "결실을 하는" 자들을 묘사하기 위해 나오기 때문이다.

하나님의 은혜에 관한 이 참된 메시지는 골로새에 들어와 이해된 바로 첫날부터 효과를 발하기 시작했다. 다음으로 바울은 복음과 그 결실에 대한 소식이 어떻게 전해졌는지 언급할 것이다. 바로 에바브라를 통해서다.

1:7 에바브라는 바울의 소중한 동료 중 하나로 소개된다. 바울은 주저하지 않고 그를 극찬한다(참고. 또한 골 4:12과 몬 1:23). 그는 "함께 종 된 사랑하는" 자이자 "그리스도의 신실한 일꾼"이다. 이 묘사는 바울이 가진 깊은 애정을 드러낼 뿐만 아니라 기독교 사역의 중요성을 인정하는 것이다. 에바브라는 골로새 교인들에게 복음을 가르친 사람이었다. 그가 그들을 신실하게 섬겼다는 것은, 일차적으로 그들이 복음을 알 수 있도록 복음을 신실하게 가르치는 일에 헌신한 데서 나타난다. 또한 복음이 골로새 교인들 가운데서 열매를 맺고 자라고 있다는 소식을 바울과 나누며 기뻐하는 데서도 나타난다.

---

25 대부분의 학자들이 마가복음의 최종 형태 연대를 골로새서의 추정 연대 이후로 본다는 점에 주목하라. 만약 이 의견을 받아들인다면, 그 비유의 반영이 예수님의 가르침에 대한 바울의 지식에 근거한다는 뜻이다.

26 BDAG, s.v. σοφία.

27 BDAG, s.v. σύνεσις.

1:8 에바브라는 특별히 골로새 교인들의 "성령 안에서…사랑"에 대해 말했다. 에바브라는 골로새 교인들에 관해 말할 수 있는 것들 가운데서 그들의 사랑에 집중하기로 한다. 이는 그들을 향한 그의 충성과 골로새의 형제자매들을 향한 그의 사랑을 드러낸다. 그러나 이 언급은 바울의 태도에 대해서도 무언가를 알려준다. 바울은 적절한 때에 골로새 교인들의 안녕에 관한 관심을 전할 것이다. 그러나 지금은 골로새에서 입증된 사랑에 관해 들은 바를 강조한다.

1:9 복음이 "열매를 맺어 자라[도록]"(6절) 골로새 교인들 가운데서 하나님께서 하신 일을 기뻐한 바울은, 이제 그들이 그분의 은혜를 풍성하게 누리게 해 달라고 기도한다. 바울은 "우리도 듣던 날부터" 기도하지 않을 수 없었다. 이 다소 어색한 헬라어 구조는 거의 틀림없이 바울이 에바브라로부터 골로새 교인들에 관한 보고를 들은 날을 가리킨다. 우리가 이미 들은 것과 같이 대체로 긍정적인 이 보고에 대한 반응으로, 바울은 즉시 지식과 지혜와 총명을 가득 채워 주시도록 기도한다. (사실 그는 기도와 간구를 그치지 않았다고 말한다.) 이 단어들 및 이와 유사한 단어들이 서신 곳곳에서 다시 나올 것이다(참고. 예를 들어 지식은 1:9, 10; 2:2, 3; 3:10, 지혜는 1:9, 28; 2:3, 23; 3:16; 4:5, 이해는 2:2). 바울은 신자들의 '사고' 방식에 특별한 관심이 있는 듯하다. "하나님의 뜻을 아는 것"은 하나님만이 주실 수 있는 것이고, 그분은 성경을 통해 그렇게 하신다. 그러므로 바울이 확신을 가지고 기도할 수 있는 까닭은, 골로새 교인들이 성경을 읽음으로써 하나님의 뜻에 다가갈 것이기 때문이다. 하지만 바울은 또한 지식 이상이 필요함을 인식한다. 그는 그들이 "신령한 지혜와 총명"을 가지기를 바란다. "신령한"이라는 형용사는 모호하게 '종교적'의 동의어로 해석해서는 안 되며, 오히려 하나님의 영의 일하심을 가리키는 것으로 보아야 한다. 골로새 교인들에게 무엇보다 필요한 것은, 그들이 성경에서 찾을 수 있는 지식을 참된 "지혜"(적용된 지식, "하나님께서 그분께 나아오는 이들에게 주시는 지혜")[26]와 "총명"(하나님의 뜻을 이해하는 능력, "하나님께서 그분의 소유에게 허락하시는 것 같은 이해력")[27]으로 바꾸시기 위

해 일하시는 하나님의 영이다.

1:10 바울이 골로새 교인들을 위해 구하는 지식은 그들을 우쭐대게 만들기 위한 것이 아니다(참고. 고전 8:1). 오히려 그의 바람은(목적/결과를 가리키는 부정사로 표현된), 그들이 주님께 합당하게 "행하[는]"(walk) 것이다. 바울은 삶의 방식을 뜻하는 행함이라는 구약의 은유를 사용한다(참고. 시 1편).[28] 바울은 골로새 교인들이 주님의 성품을 드러내고 주님을 기쁘시게 하는 방식으로 살기를 바란다. 무가 언급하듯이, 이렇게 그리스도에게 주안점을 두는 모습은 "이 서신의 특징인 '고기독론'(high Christology)의 또 다른 실례다."[29]

더 나아가 바울은 그가 감사 단락에서 사용했던 유기체적 성장을 가리키는 표현으로 돌아가서(골 1:6), 그러한 삶의 특성이 무엇인지 설명한다. 그러나 여기서는 같은 단어가 다른 주어와 함께 사용된다. 6절에서 열매를 맺고 자라는 것은 복음이었다. 그런데 10절에서 바울은 골로새 신자들이 열매를 맺고 자라는 모습을 간절히 보기 원한다. 이 경우 두 핵심 용어가 별개인 두 어구와 여격(the dative case)으로 연결된다. 그래서 "선한 일에 열매를 맺게 하시며"와 "하나님을 아는 것에 자라게 하시고"라는 두 개의 병행 어구가 나온다. 바울은 이런 식으로 그리스도인의 삶에서 행동과 믿음이 모두 중요하다는 사실에 다시금 주의를 집중시킨다.

1:11 바울은 이제 힘과 능력을 위해 기도한다고 말한다. 이러한 구절들은 때로 그리스도인이 압도적인 승리의 삶을 살 것을 암시한다고 오해된다. 그러나 하나님께서 힘과 능력을 공급하시는 것은 사실이지만, 이러한 자원의 공급은 그리스도인이 "기쁨으로 모든 견딤과 오래 참음에 이르게" 하

---

28 BDAG, s.v. περιπατέω. 이 표현은 다른 유대 문헌에도 나온다. 올바른 행동에 관한 가르침을 나타내는 랍비 용어는 할라카(halakhah)인데, 이는 '행하다'라는 뜻의 동사 할라크(halak)에서 파생되었다.

29 Moo, *Letters to the Colossians and to Philemon*, 96.

시려는 목적이다. 바울은 장기간에 걸친 역경과 도전에 맞서는 데 필요한 힘을 상상하고 있다. 그러나 또한 신자들의 삶이 기쁨의 삶이 되도록 기도한다. 전치사구 메타 카라스(*meta charas*, '기쁨으로', '기쁘게')는 바로 다음에 나오는 어구들("견딤과 오래 참음")과 함께 읽을 수도 있고, 이어지는 12절("감사하게")과 함께 읽을 수도 있다. 그러나 10-11절의 다른 분사들과 비슷하게, 12절 서두의 분사를 수식할(참고. ESV 난외주) 가능성이 더 높아 보인다(개역개정은 12절에서 "감사하게"가 끝부분에 나오지만, ESV에서는 "giving thanks"가 맨 앞에 나온다-옮긴이 주).[30]

1:12 마지막으로 바울은 골로새 교인들이 감사하는 태도를 가지기를 기도한다고 말한다. 이 현재분사는 '감사하라'는 가르침을 암시하는, 명령의 의미를 가진 듯하다. 바울의 기도에 이러한 말이 있다는 점은, 감사가 타락한 인간에게 자연스러운 일이 아님을 분명히 해준다. 신자들은 감사를 보여줄 수 있게 해 달라고 하나님께 기도해야 한다. 그러나 바울은 또한 아버지께서 자기 백성을 위해 행하신 놀라운 은혜의 행위를 이야기하며, 감사의 태도가 어떻게 함양되는지 지적한다.

≋≋≋ **응답** ≋≋≋

바울이 감사를 강조하는 모습은 교회가 배우고 받아들여야 할 태도다. 감사라는 단어는 이 서신 곳곳에 나온다[동사 유카리스테오(*eucharisteō*)는 골 1:3, 12; 3:17, 명사 유카리스티아(*eucharistia*)는 2:7; 4:2, 신약에서 유일하게 형용사가 사용된 예로 유카리스토스(*eucharistos*)는 3:15]. 이러한 언급들은 비교적 짧은 서신에서 감사가 중요한 주제임을 가리킨다. 그러나 중요한 것은 바울의 '태도'만이 아

---

30 같은 책, 99-100.

니다. 그가 '무엇을' 기뻐하는지 역시 중요하다. 오늘날의 그리스도인들에게는 두 가지 특징이 유익해 보인다. 첫째, 바울은 복음의 성장을 기뻐한다. 바울은 한결같이 복음 지향적이다. 그의 우선순위는 복음 진리의 말씀이 선포되고 그럼으로써 생명과 성장을 가져오는 것이다. 이 때문에 그는 골로새 교인들에게 신실하게 복음을 선포한 에바브라를 언급한다. 복음은 믿는 자들에게 구원을 주시는 하나님의 능력이지만(롬 1:16), 복음을 신실하고 담대하게 선포하는 누군가가 있어야 한다(롬 10:14-15, 참고. 사 52:7).

둘째, 바울은 골로새 교인들이 가지고 있다고 들은 좋은 것을 기뻐한다. 이는 서신의 그 다음 부분들에서 드러나듯이, 바울이 순진하여 염려를 일으킬 만한 소식에는 귀를 닫았다는 말이 아니다. 그렇긴 하지만 바울은 그러한 일들을 기뻐하지는 않는다. 그는 감사나 심지어 기도에도 부정적인 문제들을 언급하지 않는다. 대신 복음이 그리스도인 형제자매들에게 미친 영향을 듣고 기뻐한다. 다시 한 번 에바브라는 이 점에서 중요하다. 바울이 그를 "성령 안에서 너희 사랑을 우리에게 알린 자"(골 1:8)로 명시하기 때문이다. 파괴적인 험담이 교회 내에 악영향을 끼칠 수 있을 때, "진리와 함께 기뻐하고…모든 것을 바라[는]"(고전 13:6-7) 사람을 발견하는 것은 얼마나 좋은 일인가. 우리 교회들에 에바브라 같은 사람이 더 많아지기를 기도한다. 그들은 복음이 그들 삶에서 열매를 맺고 자라고 있기 때문에 다른 사람들에게 신실하게 복음을 선포하고, 다른 그리스도인들에 관해 다른 사람들에게 말할 때 그들에 대해 말할 수 있는 가장 좋은 소식을 강조하는 이들이다.

또한 오늘날 그리스도인들은 바울이 각지에서 일어나는 교회 성장에 관심을 보이는 모습을 통해 배울 수 있다. 지금 시대의 기독교회는 정말 세계적인 교회다. 현대의 기술은 어디에 있는 그리스도인이든 세계의 다른 지역에서 어떻게 복음이 "열매를 맺어 자라는[지]" 알 수 있게 해주었다. 그러나 세계의 다른 지역들에서 일어나고 있는 일에 대해 잘 알려면 결단과 겸손이 필요하다. 우리는 다른 지역의 그리스도인 형제자매들로부터 배우기로 마음먹어야 한다. 특히 서구 교회에 속한 이들은 세상의 다른 지역에서 일어나는 놀라운 교회 성장을 알 필요가 있다. 티모시 테넌트 (Timothy Tennent)는 이렇게 말한다.

> 다수 세계(제3세계) 교회가 서구 기독교에 활력을 불어넣는 면에서 는 물론, 실제로 우리의 신학적 성찰에 긍정적이고 성숙한 기여를 하는 면에서도 중요한 역할을 할 수 있다는 인식이 커 가고 있는 것 같다. 다수 세계의 신학적 성찰들을 이국적이거나 부수적으로 여기 거나, 선교나 지역 전문가만을 위한 연구 자료로 여기는 날은 이제 끝났다.[31]

그러나 세계의 다른 지역 그리스도인들이 서구 그리스도인들과의 관계 로부터 배울 수 있고 배워야 한다는 것 역시 사실이다. 어디에 살든 상관 없이 그리스도인 형제자매들 사이에서는 어떤 우월 의식도 용인되지 않는 다. 전 세계 그리스도인들이 서로를 더 알고 서로에게서 배우고자 할 때, 바울이 빌립보 교인들에게 강조한 원리가 모두에게 적용된다. "아무 일에 든지 다툼이나 허영으로 하지 말고 오직 겸손한 마음으로 각각 자기보다 남을 낫게 여기고 각각 자기 일을 돌볼뿐더러 또한 각각 다른 사람들의 일 을 돌보아"(빌 2:3-4). 교회의 사명은 이제 '모든 곳에서 모두에게로'이다. 그리스도인들은 복음을 나누는 과업에 협력할 방법을 찾는 데 창의적이고 자비로워야 한다.

바울은 한편으로는 "아는 것"과 "신령한 지혜와 총명"의 영역에서, 그리 고 다른 한편으로 "선한 일"의 영역에서 성장과 열매가 있기를 바란다(참 고. 특히 골 1:9-10). 그는 신자들의 생각과 행동 둘 다에 관심이 있다. 마땅히 그래야 한다. 사람이 생각하는 방식이 그의 행동 방식에 큰 영향을 미치기 때문이다. 바울은 그리스도인들이 생각하는 방식을 아주 중요하게 여긴다.

---

31 Timothy C. Tennent, *Theology in the Context of World Christianity: How the Global Church Is Influencing the Way We Think about and Discuss Theology* (Grand Rapids, MI: Zondervan, 2007), 13.

그는 빌립보 교회 내에서 신실하고 겸손한 섬김을 요청할 때, 그곳의 신자들에게 그리스도와 같은 "마음을 품으라"(빌 2:5)라고 명령한다. 하나님에 대한 잘못된 이해로 오염된 표면적인 도덕성은 아무런 유익이 없고, 하나님의 성품과 그분이 하신 일을 깊이 이해하지 못하면 도적적으로 진정한 변화가 일어날 것을 거의 소망할 수 없다.

감사는 골로새서에서 자주 나오는 주제이고, 바울은 그것이 모든 그리스도인의 독특한 표지여야 한다고 분명히 말한다. 하나님께서 "선하시며 그 인자하심이 영원[하시기에]"(시 107:1; 118:1; 136:1) 하나님의 백성이 "여호와께 감사[해야]" 한다는 것은, 성경 특히 시편에 나오는 근본 원리다. 실제로 그리스도인들이 성경에 입각한 태도를 기르고 성경에 입각한 기도를 드릴수록, 감사가 점점 더 삶의 자연스러운 부분이 되리라고 기대할 수 있다. 감사는 사람이 그리스도와 연합되었다는 증거이기도 하다. 신자가 그리스도와 함께 일으키심을 받고 그 생명이 그리스도와 함께 하나님 안에 감추어졌음을 깨닫게 되면(골 3:1-4), 하나님의 사랑의 크기를 완전히 이해하고(참고. 엡 3:18-19) 감사로 나아가게 될 것이다. 또한 그리스도와의 연합은 한결같이 아버지께 감사하신 그리스도의 마음이 그리스도인의 삶에 점점 더 분명해지는 것으로도 드러날 것이다(빌 2:5).

골로새 교인들이 오래 참을 수 있게 해 달라는 바울의 기도는, 제자로의 부르심이 인내로의 부르심임을 시기적절하게 상기시킨다. 세계의 수많은 교회가 소위 번영복음의 영향을 받아 괴로워하고 있다. 이 가르침은 예수님을 믿는(충분히!) 이들에게 건강과 부를 약속한다. 그러므로 그리스도인 교사와 설교자는 역경과 고난과 배제를 당한 신실한 신자들의 본, 주 예수 그리스도 그분에게서 가장 가슴 아프게 드러난 본에 주의를 집중시켜야 한다.

Colossians
골로새서
1:13-14

13 그가 우리를 흑암의 권세에서 건져내사 그의 사랑의 아들의 나라로 옮기셨으니 14 그 아들 안에서 우리가 속량 곧 죄 사함을 얻었도다
13 He has delivered us from the domain of darkness and transferred us to the kingdom of his beloved Son, 14 in whom we have redemption, the forgiveness of sins.

≋≋≋≋ 단락 개관 ≋≋≋≋

바울은 골로새 교인들에게 아버지께 감사하라고 요청한다. 그분은 그들을 위해 일하셨고 그들에게 "빛 가운데서 성도의 기업의" 부분을 주셨다 (1:12). 바울은 계속해서 특별히 그리스도의 역할을 언급하며 아버지께서 행하신 자비로운 구원 사역의 성격을 더 자세히 설명한다. 이렇듯 그는 서신의 앞부분에서 언급한 복음의 압축된 요약을 제공한다. 이 단락은 하나님의 구원 행위를 독특하게 요약하면서, 바로 앞의 감사와 기도 단락 및 뒤이은 1:15-20의 기독론적 '찬가'를 자연스럽게 연결해주는 역할을 한다.

Ⅲ. 아버지께서 하신 일(1:13-14)
   A. 흑암의 권세에서 건져내심(1:13a)
   B. 아들의 나라로 옮기심(1:13b)
   C. 아들 안에서 속량하심(1:14)

≈≈≈≈≈   주석   ≈≈≈≈≈

1:13 복음은 하나님께서 자기 백성을 위해 이루신 일의 선언이다. 바울은 앞에서 "복음"(1:5)에 대해 말했다. 지금 서신의 이 부분에서는 그 단어를 분명하게 사용하지 않지만, 그럼에도 하나님의 구원 행위를 간단하게 묘사한다. 그의 말은, 무엇보다 하나님께서 아들 예수 그리스도의 인격 안에서 은혜와 자비로 행하신 주권적인 사역에 초점을 둔다. 물론 하나님의 행위를 강조한다고 해서 그 행위에 대한 인간 반응의 중요성을 축소할 수는 없다. 사람들은 "회개하고 복음을 믿으라"(막 1:15)라는 초대를, 실제로는 명령을 받는다. 그러할지라도 복음은 무엇보다 하나님께서 자기 백성을 구원하시고 그분의 적을 이기심으로써 그분의 왕권과 은혜를 보여주셨다는 선언이다. 이사야의 말에 따르면, "네 하나님이 통치하신다"(사 52:7)라는 선언이다. 이 주권적인 행위는, 하나님의 백성을 위한 평강과 행복과 구원을 수반하는 자애로운 통치 아래 있는 새 나라로 옮겨지는 일을 낳는다.

   바울은 아버지께서 무력한 인간의 구원을 주도하신 분임을 분명히 한다. 13절은 12절의 아버지를 다시 언급하는 남성 관계대명사로 시작한다. 아버지는 이미 12절에서 자기 백성에게 그분의 기업을 나눌(따라서 새로운 가족에 속함을 암시하며) 권리가 있는 분으로 묘사되었다. 이제 더 나아가 바울은 아버지께서 자기 백성을 향해 행하신 일을 명확하게 설명한다. 먼저, 아버지께서 "우리를 건져내[셨다]." BDAG에 따르면 뤼오마이(*rhuomai*)라는 동사는 "위험에서 건져내다, '구원하다', '건져내다', '구조하다', '지키다'라는 뜻이다.[32] 무는 이 구절과 출애굽기 6:6-8이 언어적 연관성을 가진다고 언급한다. 출애굽기 6:6-8은 하나님께서 자기 백성을 포로 생활에서 건지시고 속량하셔서 그들의 소유요 기업인 약속의 땅으로 데려가심을 이야기하는 구절이다. 그러나 무는 포로 생활에서의 귀환, 즉 "새 출애굽"을 이야기하는 시편과 이사야 본문과도 유사한 연관성이 있을 수 있다고 지적한다.[33]

그 주제들은 밀접한 연관성이 있고 둘 다 중요하다. 그러므로 이곳에 나오는 바울의 사고 이면에 어떤 특정 본문이 있는지 명시할 수는 없다. 구약의 수많은 본문이 하나님께서 자기 백성을 건져내신 하나님임을 입증한다. 이 내러티브에서 포로는 "우리"다. 이 일인칭 대명사는 앞의 절들에서 사용된 이인칭 "너희"가 변화된 것임을 나타낸다. 이는 골로새 그리스도인들, 바울과 디모데, 더 광범위한 그리스도인 공동체를 포함할 것이다. 너나없이 모두 하나님의 은혜로우신 건져내심이 필요했고 그것을 경험했다. 바울의 표현이 이스라엘 백성의 경험을 상기시킨다면, 지금 유대인과 이방인을 모두 포함하는 공동체가 그러한 건져내심을 경험했다는 말은 주목할 만하다.

바울이 묘사하는 두 상황, 하나님께서 건져내시기 전과 후는 서로 뚜렷하게 대조된다. 골로새 교인들은 한때 "흑암의 권세" 가운데 있었지만, 지금은 "그의 사랑의 아들의 나라"에 있다. "나라"[바실레이아(*basileia*)]라는 단어는 예수님의 가르침에서 핵심되는 단어임에도, 바울의 글에는 상대적으로 드물다. 그렇지만 골로새서에서 두 차례 나오는 것을 포함하여(이곳과 4:11) 바울서신에 이따금 등장한다. 이 언급은 예수님과 바울의 가르침 사

---

32 BDAG, s.v. ῥύομαι, 강조는 원문의 것이다.

33 Moo, *Letters to the Colossians and to Philemon*, 106.

이의 연속성은 물론,[34] 초기 교회가 예수님의 말씀을 그저 복제하지 않았다는 면에서 복음을 표현하는 데 자유로웠음을 입증한다. 바실레이아라는 단어는 오랫동안 논의되었다. 특히 그 단어가 '영역'을 가리키는지 '통치'를 가리키는지에 관한 논의가 있다. 최근 학계의 일치된 견해는, 그 단어에 두 측면이 다 있지만, 복음서에서는 적극적인 통치의 의미가 지배적이라는 것이다.[35]

유사한 의미 범위는 엑수시아(*exousia*, "권세")라는 단어와 관련이 있다. 이 경우, 골로새 교인들이 물리적인 재배치 없이 한 정황에서 다른 정황으로 이동한 것이 분명해 보인다. 따라서 우리는 두 단어 모두 "권력이 행사되는 영역"[36]을 가리키는 것으로 이해해야 한다. 하나님의 능력의 행위의 결과로 신자들이 있게 된 새로운 영역이 그의 "사랑의 아들"의 나라다. 관계와 사랑(참고. 마 3:17; 막 1:11; 눅 3:22에 나오는 예수님의 세례 기사)에 관한 이 아름다운 묘사는 "어둠의 권세" 가운데 있던 이전의 상황과 전혀 다르다. 우리는 그 묘사의 병행적 성격에 주목하면서, "흑암"을 빛과 전투를 벌이는 존재에 대한 의인화로 읽어야 할 것 같다. 그 존재는 사람들을 감금하듯 자신의 영역 안에 있는 모든 사람을 지배하는 사탄이다. 그러나 그리스도 안에서 이루어진 하나님의 구원 사역의 결과로 이전에 갇혀 있던 이들이 이제 건짐을 받았다.

1:14 바울은 아들을 언급하며 그리스도인들을 위한 이 건져냄의 결과를 되돌아본다. 이 절과 에베소서 1:7은 아주 유사하다. 단어 선택이 거의 동일한데, 예외는 죄에 사용된 단어가 다르고, 에베소서 본문에 바울의 사고를 확장하는 두 개의 전치사구가 있다는 것뿐이다(표1).

---

34 참고. 특히 David Wenham, *Paul: Follower of Jesus or Founder of Christianity?* (Grand Rapids, MI: Eerdmans, 1995).

35 참고. BDAG, s.v. βασιλεία.

36 참고. BDAG, s.v. ἐξουσία.

골로새서 1:14	에베소서 1:7
그 아들 안에서 우리가 속량 곧 죄 사함을 얻었도다 엔 호 에코멘 텐 아폴뤼트로신, 텐 아페신 톤 하마르티온 (En hō echomen tēn apolytrōsin, tēn aphesin tōn hamartiōn)	우리는 그리스도 안에서 그의 은혜의 풍성함을 따라 그의 피로 말미암아 속량 곧 죄 사함을 받았느니라 '엔 호 에코멘 텐 아폴뤼트로신' 디아 투 하이마토스 아우투, '텐 아페신 톤 파라프토마톤' 카타 토 플루토스 테스 카리토스 아우투(En hō echomen tēn apolytrōsin dia tou haimatos autou, tēn aphesin tōn paraptōmatōn kata to ploutos tēs charitos autou)

표1. 골로새서 1:14과 에베소서 7장의 유사점

첫 번째로, 바울은 여기서 전치사구 "그 아들 안에서"[엔 호(en hō), "in whom"]로, 그의 사고와 아들에 대한 이전의 언급을 연결한다. 바울은 그리스도인을 자주 "그리스도 안에" 있는 자로 묘사한다.[37] 그리스도인은 그저 그리스도에 관한 사실적 명제를 받아들이는 자가 아니라, 믿음으로써 그분과 가장 친밀한 관계로 그분과 연합하는 정도까지 들어간다. 이 내용이 골로새서의 몇 구절에 표현된다(예를 들어, 2:13; 3:1-4).

두 번째로, 바울은 그리스도인들이(바울은 다시 포괄적인 일인칭 복수형 "우리"를 사용한다) 그 아들 안에서 "속량 곧 죄 사함"을 얻었다고 선언한다. 바울은 부정과거 시제에서 현재 직설법 "우리가…얻었도다"[에코멘(echomen)]로 옮겨간다. 이렇듯 그는 같은 실재를 두 가지 시각으로 제시한다. 13절에서는 구원을 전반적으로 묘사하고, 14절에서는 그리스도인의 계속되는 개인적인 경험을 묘사한다. 이 경험의 성격은 "속량"이라는 단어로 묘사되고, 조금 더 명확하게 하기 위해 "죄 사함"이라는 어구가 그 뒤를 잇는다. 이 둘은 두 가지 경험이 아니라 하나의 경험이다.

"속량"[아폴뤼트로신(apolytrōsin)]이라는 단어는 13절에 나오는 하나님의 건져내심이라는 표현을 상기시키고 "출애굽 전통은 물론 이사야의 새 출애

---

37 Constantine R. Campbell, *Colossians and Philemon: A Handbook on the Greek Text*, BHGNT (Waco, TX: Baylor University Press, 2013).

굽을 암시한다."[38] 이 단어는 종이 된 이들을 자유롭게 해주는 것을 말한다. 그러나 어떻게 "죄 사함"이 속량이라는 주제와 관련되고, 실제로 그것을 설명하는가? 바울은 죄 사함이라는 표현을 골로새서와 에베소서에서 주로 그리스도의 사역과 연관 지어 사용한다(골 1:14; 2:13; 3:13; 엡 1:7; 4:32).[39] 데이비드 파오(David Pao)는 "이 어구는 다시 이사야의 새로운 출애굽 전통을 가리킨다. 그곳에서 '죄 사함'이라는 단어는 '풀어줌'으로도 번역되어, 자기 백성을 위한 하나님의 종말론적 구원의 특징을 나타낸다(사 58:6; 61:1-2)"고 논평한다.[40] 죄 사함이라는 표현이 이따금 칭의와 연관되어 사용되지만(참고. 롬 4:7-8), 이곳에서의 강조점은 과거에 신자들을 종으로 삼은 그들의 죄악된 선택에서 그들을 풀어주시는 하나님의 행위에 있는 것 같다. 결과는 계속 자유를 누리는 것이다. 지금 우리가 안에 거하고 있는 그 아들이 십자가를 통해 그들을 자유롭게 해주셨기 때문이다(참고. 골 2:13-15).

≋≋≋≋ 응답 ≋≋≋≋

복음은 하나님께서 그리스도 안에서 무슨 일을 하셨고, 그분이 하신 일이 인간의 경험을 어떻게 바꾸셨는지 선언한다. 신자의 삶에 임한 하나님의 은혜로운 보살핌과 공급하심에 대한 증언은, 세상에 예수님을 제시하는 과업에 크게 기여한다. 그리스도인은 바울이 한 것처럼, 하나님의 구원 행위를 선포하는 것과 그 행위들이 제공한 자유의 경험을 기뻐하는 것 사이에서 세심하게 적절한 균형을 유지해야 한다.

그리스도인은 자신이 한 영역에서 다른 영역으로 옮겨졌음을 이해해야

---

38 Pao, *Colossians and Philemon*, 77.

39 Moo, *Letters to the Colossians and to Philemon*, 106.

40 Pao, *Colossians and Philemon*, 78.

한다. 그 일이 어느 시점에 일어났는지 의식하든 못 하든, 그리스도인의 삶에서 근본적인 영적 변화와 재배치가 일어났다. 그리스도인은 어떤 날은 한 영역으로 또 어떤 날은 다른 영역으로 두 영역 사이에서 오락가락하지 않는다. 그리스도인은 건짐을 받아 새로운 권위 아래 있다.

바울은 하나님의 결정적인 사역을, 그리스도인을 적군에게서 구해내는 구출 임무로 제시한다. 흑암의 권세에서 구출되는 것이 필요하다는 개념은 서구 독자들에게 이상해 보일지 모른다. 그러나 세상 곳곳의 사람들은 마약이나 외설물 같은 파괴적인 행동의 종이 되어 자력으로는 벗어나지 못한다. 그들이 악의 활동이나 파괴적인 영적 존재를 의식하지 못할 수도 있지만, 그럼에도 감금은 사실이다. 그러나 아프리카 대부분 같은 세상의 일부 지역에서는 여전히 악한 영적 세력의 실재를 뚜렷하게 의식하고 있다. 사실 그러한 존재의 실재에 열려 있는 것이 문제가 될 수 있다. 사람들은 여러 중요한 의식과 정기적인 희생 제사를 통해 마땅한 존경을 표함으로써 조상들을 달래지 않으면, '그 조상들이' 그들의 삶에 무슨 일을 할지 모른다고 두려워하며 성장한다. 이는 그리스도인이 되어 예수님을 주님으로 고백하는 이들에게도 주요한 문제일 수 있다. 영적 존재와 실재들에 대한 의식이 고조된 지역의 그리스도인들은 골로새서에 나오는 바울의 확정적인 구조의 선언을 매우 잘 의식해야 한다.

성경에 제시된 기독교 복음과 그리스도인의 영적 위치의 객관성은, 신자의 감정과 환경이 불안과 의심을 야기할 때 닻을 내려야 할 지점이다. 그러나 신자들은 또한 그리스도께서 이루신 객관적인 승리에 대한 개인적인 경험도 되돌아보아야 한다. 그들이 회심의 순간에만 "속량 곧 죄 사함"을 의식하고, 그 다음에는 마치 그들이 할 수 있는 최선을 다해 살아야 하는 것이 아니다. 오히려 신자와 그리스도의 연합은 회심의 순간부터 그들이 삶의 매순간 그리스도의 완료된 사역의 온전한 의미를 경험하는 것을 뜻한다. 구속의 객관적인 측면과 주관적인 측면은 본질적으로 분리되지 않고 나눌 수 없는 전체의 일부로 보인다.

15 그는 보이지 아니하는 하나님의 형상이시요 모든 피조물보다 먼저 나신 이시니 16 만물이 그에게서 창조되되 하늘과 땅에서 보이는 것들과 보이지 않는 것들과 혹은 왕권들이나 주권들이나 통치자들이나 권세들이나 만물이 다 그로 말미암고 그를 위하여 창조되었고 17 또한 그가 만물보다 먼저 계시고 만물이 그 안에 함께 섰느니라 18 그는 몸인 교회의 머리시라 그가 근본이시요 죽은 자들 가운데서 먼저 나신 이시니 이는 친히 만물의 으뜸이 되려 하심이요 19 아버지께서는 모든 충만으로 예수 안에 거하게 하시고 20 그의 십자가의 피로 화평을 이루사 만물 곧 땅에 있는 것들이나 하늘에 있는 것들이 그로 말미암아 자기와 화목하게 되기를 기뻐하심이라

15 He is the image of the invisible God, the firstborn of all creation. 16 For by¹ him all things were created, in heaven and on earth, visible and invisible, whether thrones or dominions or rulers or authorities—all things were created through him and for him. 17 And he is before all things, and in him all things hold together. 18 And he is the head of the body, the church. He is the beginning, the firstborn from the dead, that

in everything he might be preeminent. ¹⁹ For in him all the fullness of God was pleased to dwell, ²⁰ and through him to reconcile to himself all things, whether on earth or in heaven, making peace by the blood of his cross.

1 That is, by means of; or *in*

≈≈≈≈≈ 단락 개관 ≈≈≈≈≈

바울은 아름다우면서도 균형 잡혀 있고, 독창적이면서도 절제된 아주 멋진 구절에서, "사랑의 아들"(골 1:13)에 대한 아버지의 언급을 숙고하며 예수님이 누구시며 무슨 일을 하셨는지 돌아본다. 바울은 창조 세계와 교회를 다스리는 그 아들의 주권과 머리되심을 강조한다.

≈≈≈≈≈ 단락 개요 ≈≈≈≈≈

Ⅳ. 아들의 인격과 사역에 대한 독창적인 선언(1:15-20)
   A. 모든 창조 세계 위에 계신 아들(1:15-17)
   B. 교회 위에 계신 아들(1:18-20)

〰〰〰 주석 〰〰〰

1:15-20 개요

이 단락은 보통 '찬가'(hymn)로 묘사된다. 교회의 고백과 예배를 반영한 듯 보이기 때문이고, 또 분명 세심하게 공들여 작성되었기 때문이다. 일부 주석가는 그 모든 의견이 사실이긴 하지만 너무 급하게 '찬가'라는 단어를 사용하지 않도록 조심해야 한다고 주장한다. 그들이 주장하기로, 그 단어를 쓰는 것은 노래하도록 의도된 시 작품임을 암시하는 듯하며, 그것이 이 단락의 속성인지가 전혀 분명하지 않다는 것이다.[41] 그러나 파오는, 문맥에 따르면 '찬가'라는 단어가 적절하다고 주장한다. 많은 학자는 또한 이 본문을 '전승'이라고 주장한다. 이 말의 뜻은, 바울이 이미 유통되던 자료를 채택하여 자신의 서신에 포함시켰다는 것이다. 다시 한 번 우리는 이러한 견해에 대해 신중해야 한다. 이 본문에 대한 이전 역사라고 불리는 것은 전적으로 추정일 뿐이다. 우리는 그저 이 본문이나 본문의 일부와 관련하여 어떤 존재할 수 있는 역사와 상관없이, 지금 이 본문이 문맥 속에 온전히 통합되어 바울이 말하려 하는 바를 표현한다고 말할 수 있다. 다른 사람들이 초기 단계에 그 본문 형성에 관여했는지 여부는 상관없다. 그것은 지금 바울의 사상이며, 우리는 우리가 아는 바울의 탁월한 신학 사상에 근거하여 그가 그러한 영광스러운 찬양의 구절을 온전히 쓸 수 있다고 결론내릴 수 있다.[42]

이 단락은 세심하게 공들여 작성되었고, 전체적으로 두 부분의 균형 그리고 핵심 단어와 어구의 반복을 특징으로 한다. 우리는 여기서 그 여러 특징을 요약할 것이다. 먼저, 이 단락은 15절에서 주격 남성 단수 관계대명사[호스(hos)]로 시작한다. 이 특별한 형태는 18절에 한 번 더 나온다. 이

---

41 참고. 논의를 위해 같은 책, 90을 보라.

42 참고. 같은 책, 90-91.

두 절은 길이가 거의 유사하고 주제의 일관성이 있는 두 부분의 시작을 표시한다. 17절과 18절에는 주격 남성 단수 인칭대명사[아우토스(*autos*)]가 세 번 나온다. 이 인칭대명사 형태들은 16절과 17절에서 다른 세 개의 전치사구에 나오고, 19절과 20절에서 다시 나온다. 15절과 18절에서 중요한 용어인 <u>프로토토코스</u>(*prōtotokos*, "먼저 나신 이")의 반복 역시 두 부분의 중요한 표지다. 단락의 첫 부분에서는 크티스(*ktis*, 창조/피조물)를 어근으로 하는 단어가 15절과 16절에서 세 번 되풀이된다. 또한 16절과 17절 및 다시 20절에서는 형용사 파스(*pas*, "다")가, 특히 명사 형태로 타 판타(*ta panta*, "만물")가 반복되는 것도 볼 수 있다. 이 특징들은 이 단락의 두 부분을 나란히 놓고 일부 헬라어 본문의 특징을 강조할 때 뚜렷이 드러난다(표2).

15 그는(호스) 보이지 아니하는 하나님의 형상이시요 모든 피조물보다 먼저 나신 이(프로토토코스)시니 16 만물(타 판타)이 그에게서[엔 아우토(*en autō*)] 창조되되 하늘과 땅에서[엔 토이스 우라노이스 카이 에피 테스 게스(*en tois ouranois kai epi tēs gēs*)] 보이는 것들과 보이지 않는 것들과 혹은 왕권들이나 주권들이나 통치자들[아르카이(*archai*)]이나 권세들이나 만물(타 판타)이 다 그로 말미암고[디 아우투(*di' autou*)] 그를 위하여[에이스 아우톤(*eis auton*)] 창조되었고 17 또한 그가(아우토스) 만물[판톤(*pantōn*)]보다 먼저 계시고 만물(타 판타)이 그 안에(엔 아우토) 함께 섰느니라	18 그는(아우토스) 몸인 교회의 머리시라 그가(호스) 근본[아르케(*archē*)]이시요 죽은 자들 가운데서 먼저 나신 이(프로토토코스)시니 이는 [그가(아우토스)] 친히 만물의 으뜸이 되려 하심이요 19 아버지께서는 모든 충만으로 예수 안에(엔 아우토, ESV는 "in him") 거하게 하시고 20 그의 십자가의 피로 화평을 이루사 만물(타 판타) 곧 땅에 있는 것들이나 하늘에 있는 것들[에이테 타 에피 테스 게스 에이테 타 엔 토이스 우라노이스(*eite ta epi tēs gēs eite ta en tois ouranois*)]이 그로 말미암아(디 아우토) 자기와(에이스 아우톤) 화목하게 되기를 기뻐하심이라

표2. 골로새서 1:15-17과 1:18-20의 유사점

이 모든 특징이 이 본문을 '찬양문'(exalted prose, 또는 조심스럽게 사용되는 '찬 가')으로 묘사하는 것이 옳음을 보여준다. 바울이 예수님의 인격과 사역의 경이로움에 사로잡힘으로써, 글로 된 그의 사상 표현이 새로운 정점으로 높아졌다.

1:15 첫 부분의 관계대명사는 13절에 언급된 "아들"을 나타낸다. 따라서 이는 13절을 시작하는 동일한 관계대명사와는 다른 대상을 가리키는데, 13절의 "그"는 앞에 나오는 성부 하나님을 가리킨다. 아들은 하나님의 "형 상"[에이콘(*eikōn*)]으로 묘사되고, 바로 뒤에는 "모든 피조물보다 먼저 나신 이"라는 더 자세한 설명이 이어진다. 에이콘 투 테우(*eikōn tou theou*, "하나님의 형상")라는 어구는 창세기 1:26-27(참고. 또한 창 5:1; 9:6)의 표현을 상기시킨 다. 프로토토코스 파세스 크티세오스(*prōtotokos pasēs ktiseōs*, "모든 피조물보다 먼저 나신 이")라는 어구는 불명예스럽게도 여호와의 증인과 아리우스파에 동조 하는 다른 이들이 강조하는 것이다. 이들은 이 어구가 그리스도께서 하나 님의 모든 피조물 가운데 으뜸이며 최고임을 가르친다고 주장한다. 이 어 구가 약간 불가사의한 것이 사실이지만, 성경 해석의 가장 근본적인 원리 는 성경 전체의 맥락에서 이해할 것을 요구한다. 이 원리를 따르면 아리우 스파의 해석은 옹호할 수 없다. 이 어려운 어구를 이해하는 데 특히 중요 한 본문이 시편 89:27이다. "내가 또 그를 장자로 삼고 세상 왕들에게 지 존자가 되게 하며." 이 절은 여호와(Yahweh)와 다윗의 언약을 이야기하는 시편의 한 부분에 나오는데, 다윗에 관한 성경의 기사를 볼 때 그가 육체 적으로 그의 가정의 장자가 아니었음은 아주 분명하다. 사실 그는 막내였 다. 이는 "장자"라는 용어가 비유적으로 사용될 수 있음을 입증한다. 더 나 아가 "장자"라는 용어를 "세상 왕들에게 지존자"라는 어구가 수식한다. 이 는 시편 89편의 문맥에서 하나님께서 "장자"로 삼으셨다는 것이 가장 높 은 곳으로 높여진다는 의미임을 가리킨다. "먼저 나신 이"에 대한 이러한 해석은 골로새서 1장의 문맥에서 완벽하게 의미가 통한다.

1:16 바울은 이제 모든 피조물 위에 계시는 아들의 높은 지위를 설명한다 [이 절을 시작하는 호티(*hoti*, '왜냐하면')가 개역개정에는 없음]. 첫 번째 설명은 만물이 "그에게서"(엔 아우토) 창조되었다는 것이다. 14절에서처럼 이 전치사구는 적절하게 '그 안에서' 혹은 '그에 의해서'로 번역할 수 있다. 이 문맥에서 이 어구는 도구의 의미로('그에 의해서') 보아야 할 것 같다. 이는 창조주 하나님께서 만물을 지으실 때 그 아들이 대행자이셨음을 보여준다(참고, 요 1:3).

이 단락에서 타 판타("만물")는 어떻게 이해해야 하는가? 이 단락에서 몇 차례 사용되는 이 어구는, 대부분의 경우에 모든 것을 포괄하는 용어로 읽어야 함이 분명하다. "만물"이 아들에 의해 창조되었다(16절). 이어서 쌍을 이루어 그 의미를 가능한 포괄적으로 만드는 어구들이 그것을 해설한다 (16b절). 아들은 하늘은 물론 땅에 있는 모든 것, 보이는 것은 물론 보이지 않는 모든 것을 창조하셨다. 그분은 모든 통치자와 권세('우주적'이거나 '천사 같은' 존재와 권세로 이해되는)를 창조하셨다.[43] 또한 17절에 따르면 그분은 "만물보다 먼저 계시고" 그분 안에 "만물이…함께 섰[다]". 바울이 창조 세계의 어떤 측면이 아들 '이전에' 존재했다거나, 그 어떤 측면이 그분과 별개로 자립했음을 암시한다는 것은 상상도 할 수 없다. 이 모든 것은 정말 논란의 여지가 없다. 어려움은 같은 어구가 이 단락의 두 번째 부분에서 사용될 때 생긴다(20절). 그곳에서 하나님은 아들을 통해 "만물[이]…자기와 화목하게" 하시고 그의 십자가의 피로 화평을 이루신다고 언급된다. 이 본문이 보편적인 화해, 보편적인 하나님과의 평화를 가르치는가? 다시 말해, 이 본문이 보편구원론을 가르치는가? 우리는 '응답' 부분에서 곧 이 주제로 돌아올 것이다.

만물은 아들에 의해서만이 아니라 "그로 말미암[아]"(디 아우투) 그리고 "그를 위하여"(에이스 아우톤)도 창조되었다. 이 두 전치사구는 지극히 축약된 형태로 중요한 개념들을 전한다. 소유격이 뒤따르는 '디아'(*dia*)는 대행

---

43 참고. Peter T. O'Brien, *Colossians-Philemon*, WBC (Waco, TX: Word, 1982), 46-47.

혹은 수단을 나타낸다.[44] 가장 자연스러운 독법은 아들이 창조의 적극적인 대행자라는 것이다. 월리스(Wallace)는 목적격이 뒤따르는 에이스(*eis*)의 여덟 가지 가능한 용례를 제안한다.[45] 이 경우 그 구조는 이익("그를 위하여")을 가리키는 것으로 읽혀야 한다.

1:17 더 나아가 그분은 "만물보다 먼저" 계시고 "만물이 그 안에 함께 섰[다]". "만물보다 먼저"는 시간적인 의미(만물보다 앞선다는 뜻) 또는 계급적인 의미(만물보다 우월하다는 뜻)로 해석할 수 있다. 시간적인 의미는, 아들이 만물을 창조하신 이라는 선언에서 암시되는 듯 보인다. 그러나 "먼저 나신이"라는 단어의 반복된 사용은, 구약 용례에 비추어 볼 때 아들의 중요성이 강조되고 있음을 시사한다. 아들 안에서 "만물이…함께 섰[다]"는 말은 히브리서 1:3의 사상과 병행을 이룬다.

골로새서 1장 17절과 18a절은 다른 주제로 이행하는 부분이다. 두 절 모두 15절에 사용된 관계대명사보다는 삼인칭 대명사를 사용하며 '또한 그는…시라'[카이 아우토스 에스틴(*kai autos estin*)]라는 어구로 시작한다. 이 두 절은 아들과 피조물의 관계에서 아들과 교회의 관계로 이동함을 표시한다. 이 밀접한 관계는 바울이 교회를 새로운 피조물로 여기고 있음을 암시할 것이다. (고후 5:17 및 갈 6:15과 비교하라. 여기서 바울은 그리스도 안에 있는 것을 "새로운 피조물"로 말한다.)

1:18 아들이 몸의 머리라는 바울의 묘사는 다른 곳에 나오는 그의 그리스도 묘사와 아주 유사하다(참고. 특히 고전 12장). 몸의 비유가 가지는 중요성은 "몸"과 동격인 명사에서 분명해진다. 그 명사는 몸이 '교회'라고 설명한다. 골로새서에서 네 번 언급되는 에클레시아(*ekklēsia*) 중에서(1:18, 24; 4:15, 16)

---

44 참고. Daniel B. Wallace, *Greek Grammar beyond the Basics* (Grand Rapids, MI: Zondervan, 1996), 368-369.

45 참고. 같은 책, 369.

처음 두 번은 이른바 '보편 교회', 즉 모든 세대 모든 신자로 구성된 단일한 교회를 가리킨다. 반면 뒤의 두 번은 지역 교회, 곧 눔바의 집에서 모이는 교회와 라오디게아 사람들의 교회를 가리킨다. 이는 에베소서와는 조금 다르다. 에베소서에서 모두 아홉 번 나오는 에클레시아는 보편 교회를 가리킨다. 바울은 아주 기꺼이 그 단어의 의미가 폭 넓음을 인정하는 것 같다.[46]

18b절은 15절과 병행하는 방식으로 관계대명사 호스("그")를 사용하고 또한 프로토토코스("먼저 나신 이")를 다시 사용함으로써 이행을 마무리한다. 그래서 "그는 보이지 아니하는 하나님의 형상이시요 모든 피조물보다 먼저 나신 이"[호스 에스틴 에이콘 투 테우 투 아오라투, 프로토토코스 파세스 크티세오스(hos estin eikōn tou theou tou aoratou, prōtotokos pasēs ktiseōs), 15절]가 "그가 근본이시요…죽은 자들 가운데서 먼저 나신 이시니"[호스 에스틴 아르케 프로토토코스 에크 톤 네크론(hos estin archē, prōtotokos ek tōn nekrōn), 18b절]로 보완된다. 더 나아가 프로토토코스를 통해 전달하는 최고라는 의미는[47] "친히 만물의 으뜸이 되려 하심이요"라는 어구로 강조된다. 또 두 단어가 발음이 상당히 유사하므로, 둘은 한 번 더 연결된다[프로토토코스(먼저 나신 이)와 프로튜온(prōteuōn, 으뜸이 되다)]. 따라서 우리는 분사 프로튜온의 의미[동사 프로튜오(prōteuō)에서 파생됨, 한 집단에서 가장 높은 지위를 가지다, '첫째가다', '첫째자리에 있다']에 입각하여 프로토토코스의 의미를 이해해야 하며, 그리스도가 피조된 존재라는 어떤 제안도 배제한다.

1:19 바울은 이제 호티('왜냐하면', 개역개정에는 없음)로 시작하는 절을 통해, 아들이 으뜸이라는 말이 무슨 뜻인지 더 설명한다. 이 절의 번역과 해석이 어려운 까닭은 판 토 플레로마(pan to plērōma, "모든 충만")라는 어구의 기능이 모호하기 때문이다. 이 명사는 중성이므로, 두 가지 해석이 가능하다. 첫

---

46 좋은 논의를 위해 O'Brien, *Colossians-Philemon*, 57-61을 참고하라.

47 참고. BDAG, s.v. πρωτότοκος.

째, 주격으로(헬라어에서 문장의 주어를 가리키는) 읽어서 '모든 충만이 그 안에 거하기를 기뻐하셨다'라는 의미로 볼 수 있다. 그렇지 않으면 둘째, 목적격으로(문장의 직접 목적어를 가리키는) 읽어서 '그(하나님, 문맥에서 제시된 대로)가 모든 충만을 그 안에 거하게 하시기를 기뻐하셨다'라는 의미로 볼 수 있다. 두 입장의 논거는 아주 대등하여, 무는 만약 "모든 충만"이라는 어구가 '모든 충만 안에 계시는 하나님'의 약칭으로 이해된다면 두 의미 사이에 상당한 중첩이 있다고 제안한다.[48] 이를 근거로 필자는 ESV처럼 첫째 입장을 택하고 싶다. 구문상의 난점을 해결해야 하지만, 그 절의 일반적인 의미는 상당히 명백하다. 하나님은 반드시 예수님 안에서 하나님을 하나님 되게 하는 모든 것이 발견되도록 보장하신다는 것이다. 무가 지적하듯이, 이 절의 어휘 선택과 시편 68:16의 "하나님이 계시려 하는 산"의 헬라어 번역 사이에는 흥미로운 유사점이 있다. 그래서 무는 이렇게 말한다. "신약이 일반적으로 강조하듯 그리스도는 하나님께서 거하시는 '곳'인 성전을 대체하신다…이곳이 지금 하나님을 알고 경험할 수 있는 모든 것을 찾을 수 있는 곳이다."[49]

1:20 하나님께서 무엇을 기뻐하시는지가, 사고의 흐름을 마무리하는 보완 부정사가 사용된 "만물…이 그로 말미암아 자기와 화목하게 되기를"에서 나타난다. 복합 동사 아포카탈라소(*apokatallassō*)는 골로새서 1장의 이곳 및 아주 가까운 곳에서 두 번 사용된다. 신약에서 이 동사가 사용된 다른 곳은 에베소서 2:16뿐이다. 이 놀라운 단락의 정점은 화목의 성취다.

---

48 Moo, *Letters to the Colossians and to Philemon*, 133.

49 같은 책.

〰〰〰 **응답** 〰〰〰

바울은 하나님의 존재와 그분이 그리스도 안에서 이루신 일의 경이로움을 묵상하다가 종종 송영으로 빠지곤 한다. 이 단락에서 바울은 하나님께서 하신 일을 피조물과 교회(새로운 피조물)라는 두 가지 연관된 주제 아래에서 다룬다. 첫 부분에서는 창의적으로 창세기 1장 본문의 암시들을 끌어온다.[50] 두 번째 부분에서는 그리스도께서 십자가 죽음을 통해 자기 백성을 위해 새 생명을 가져오셨음을 보여주는 유사한 표현을 사용한다. 우리는 이 단락에서 참된 신학과 창의적인 표현의 밀접한 관계를 본다. 바울은 말하고 싶은 것뿐만 아니라 어떻게 말하고 싶은지도 많이 생각했다. 바울은 성경의 심오한 진리들과 그리스도의 삶과 죽음에 관한 사건들을 숙고했기에, '찬양'이라는 방식으로 이 진리들을 표현하게 되었다. 이 표현 방식은 그 구절의 세심한 균형 및 핵심 용어와 어구의 반복을 통해 이루어진다.

하나님의 섭리로 이 표현 방식은 또 다른 결과를 낳는다. 진리에 관한 바울의 기억할 만한 표현은, 그것을 듣거나 읽는 이들의 머리와 가슴에 박히는 풍성한 신학을 낳는다. 많은 그리스도인이 골로새서 1:15-20을 아주 좋아하거나 기억에 남는 구절이라고 말한다. 이 본문을 그렇게 자주 암송하는 한 가지 이유는 잘 잊히지 않기 때문이다! 이 구절이 자연스럽게 기억에 남는 이유는, '사람을 끌어당기는' 여러 요소가 기억을 돕기 위해 사용되기 때문이다. 이 구절의 형식이 그 진리를 더 효과적이고도 오래 지속되는 영향을 미치며 소통될 수 있게 한다.

이는 우리가 가정과 교회에서 찬양을 고를 때 고려해야 하는 중요한 요소다. 서정적으로 기쁘고 신학적으로 정확한 찬양은 마음을 끌어올리고 생각과 마음가짐의 틀을 만들어준다. "예수 안에 소망 있네"(In Christ Alone)와 같은 현대의 찬양이나 "그 큰일을 행하신"(To God Be the Glory) 같은 더

---

50 그리고 아마도 잠 8:22-31도. 특별히 David Garland, *Colossians*, *Philemon*, NIVAC (Grand Rapids, MI: Zondervan, 1998), 85를 참고하라.

오래된 찬양을 생각해 보라. 둘 중 어느 찬양이든 몇 차례 불러 본 사람은 제목을 듣자마자 거의 확실히 머릿속에 그 선율이 맴돌 것이다. 또 선율과 함께 분명 가사의 일부나 전체가 떠오를 것이다. 노래 가사가 생각나면, 그 가사에 담긴 성경의 신학이 우리의 신학적 견해에 영향을 미친다. 그 견해를 강화하든 거기에 이의를 제기하든 말이다. 이는 회중이 부를 찬양에서 성경의 시편을 사용하는 중요한 이유이기도 하다. 바울은 3:16에서 서로에게 노래를 불러주는 일(서로에게 말하는 것만이 아니라)의 소중함을 강조하는 데로 나아갈 것이다. 기억할 만한 노래와 문서들은 현대 세계에서, 특히 문자 소통보다는 구두 소통을 우선으로 하는 공동체에서 좋은 신학을 전달할 잠재력을 더 많이 가진다.

이 놀라운 '찬가'는 우리를 더 깊은 기독론과 삼위일체 신학으로 끌고 가는 신학적 성찰의 토대를 제공한다. 한편으로 창조 신학과 교회론에도 중요한 영향을 미친다. 이 '찬가'의 초점이 그 아들에 있다는 것은 의심의 여지가 없다. 그러나 우리는 또한 하나님의 목적 가운데 창조 세계가 어떤 자리를 차지하는지와 관련된 중요한 진리를 듣는다. '영혼 구원'과 '하늘나라에 간다'는 표현에 익숙한 그리스도인 독자들은, 성경 내러티브가 창조 세계와 새로운 창조 세계의 두드러진 위치를 어떻게 말하는지를 깊이 생각해야 한다. 아들은 물리적 창조 세계를 포함하여 "만물"을 창조만 하신 분이 아니다. 자신 안에서 만물을 화해시키신 분이기도 하다. 창조 세계에 대한 하나님의 뜻은 그것을 거부하시는 것이 아니라 새롭게 하시는 것이다[그래서 존스턴(Johnston)은 이렇게 말한다. "그리스도는 현재 타락한 상태에도 불구하고 우주 전체의 주님이실 뿐만 아니라, 그분의 백성인 교회에 주신 새 생명을 통해 이미 새롭게 하는 일을 시작하신 새로워진 우주의 주님이시기도 하다."[51]]. 그리스도인은 물리적인 창조 세계를 부적절하게 무시하지 않도록 주의해야 한다. 사려 깊은 기독교적 사고는 그리스도인들이 창조 세계를 돌보고 청지기가 되는 데 중요

---

51 Johnston, *Let's Study Colossians and Philemon*, 32.

한 영향을 미칠 것이다.

바울은 하나님께서(본문에는 명시되지 않음) "만물…이 그[그리스도]로 말미암아 자기와 화목하게 되기를 기뻐하심이라"(1:19-20)라고 말할 때, 보편구원론을 가르치는가? 어려운 본문을 두고, 그 본문이 아니라면 명백하게 거부당할 교리적 입장을 지지하는 기초로 사용하는 일은 항상 위험하다. 골로새서의 몇몇 본문은, 하나님께서 완벽하게 모든 피조물을 구원하신다는 의미에서 만물을 자기와 화목하게 하시는 것이 아님을 암시한다. 섬니(Sumney)는 이렇게 말한다. "골로새서가 심판에 관해 말하는 바를 보건대, 그 저자는 보편구원론을 주장하고 있지 않다. 거짓 선생들과의 씨름 및 그 독자들의 이전 삶에 대한 묘사는(1:21-22; 2:13) 일부가 구원받지 못하리라고 간주한다."[52] 이와 마찬가지로 무는, "그리스도께서 [영적 권세들을] 구원하지 않으시고 물리치심"을 보여주는 2:15을 지적한다.[53] 다른 신약의 가르침(예를 들어, 고전 15:24-28; 계 20:7-10)도 그리스도와 성령의 능력을 믿음으로 하나님나라에 들어가는 이들만이 구원받음을 분명히 한다. "만물"이 하나님과 화목하게 된다는 바울의 언급은, 하나님을 거부하는 이들 가운데서도 하나님께서 궁극적인 평화를 가져오심을 가리키는 듯하다. 이는 모든 사람이 구원받는다는 뜻이 아니다. 오히려 "화목"이 다음 두 가지 측면을 포함하는 것으로 이해해야 한다. 곧 예수 그리스도를 믿는 이들에게 주어지는 하나님과의 관계 회복 그리고 믿지 않는 이들의 반역이 진압되는 것이다.[54]

52 Sumney, *Colossians: A Commentary*, 79.

53 Moo, *Letters to the Colossians and to Philemon*, 135.

54 참고. 같은 책, 136; Pao, *Colossians and Philemon*, 103.

²¹ 전에 악한 행실로 멀리 떠나 마음으로 원수가 되었던 너희를 ²² 이제는 그의 육체의 죽음으로 말미암아 화목하게 하사 너희를 거룩하고 흠 없고 책망할 것이 없는 자로 그 앞에 세우고자 하셨으니 ²³ 만일 너희가 믿음에 거하고 터 위에 굳게 서서 너희 들은 바 복음의 소망에서 흔들리지 아니하면 그리하리라 이 복음은 천하 ¹⁾만민에게 전파된 바요 나 바울은 이 복음의 일꾼이 되었노라

²¹ And you, who once were alienated and hostile in mind, doing evil deeds, ²² he has now reconciled in his body of flesh by his death, in order to present you holy and blameless and above reproach before him, ²³ if indeed you continue in the faith, stable and steadfast, not shifting from the hope of the gospel that you heard, which has been proclaimed in all creation¹ under heaven, and of which I, Paul, became a minister.

1) 헬, 모든 창조물에게
1 Or to every creature

〰〰〰 단락 개관 〰〰〰

바울은 소외에서 화목으로 옮겨간 골로새 교인들의 개인적인 경험을 상기시키며, 화목이라는 주제를 더 발전시킨다. 이는 다음 단락에서(24-29절) 바울이 복음 사역자로서 자신의 소명을 되돌아보는 데로 이어질 것이다.

〰〰〰 단락 개요 〰〰〰

> V. 골로새 교인들의 삶에 적용되는 아들의 사역(1:21-23)
>   A. 죽음에서 생명으로(1:21-22)
>   B. 복음을 굳게 붙듦(1:23)

〰〰〰 주석 〰〰〰

1:21 바울은 세상 가운데서 일어나는 하나님의 화목하게 하심에 대한 포괄적인 묘사로부터 골로새 신자들의 경험에 대한 구체적인 묘사로 옮겨간다. 다시 한 번, 이 본문과 에베소서 본문은 상당히 유사하다. 우리는 대략적으로 공통된 형식을 찾아볼 수 있다. 곧, (a) 전에는 너희가, (b) 이제는 하나님이 행하사, (c) 그러므로 이제 너희는 등이다. 이 기본 형식은 골로새서의 이 부분과 에베소서 2:1-10과 2:11-12에 나온다. 좀 더 구체적으로는 골로새서 1:21-22과 에베소서 2:12, 16을 비교해 볼 수 있다(표3).

골로새서 1장	에베소서 2장
21 전에 악한 행실로 멀리 떠나[아펠로트리오메누스(apēllotriōmenous)] 마음으로 원수가 되었던 너희를	12 그때에 너희는 그리스도 밖에 있었고 이스라엘 나라 밖의 사람이라[아펠로트리오메노이(apēllotriōmenoi)] 약속의 언약들에 대하여는 외인이요 세상에서 소망이 없고 하나님도 없는 자이더니
22 이제는 그의 육체의 죽음으로 말미암아 화목하게 하사[아포카텔락센(apokatēllaxen)] 너희를 거룩하고 흠 없고 책망할 것이 없는 자로 그 앞에 세우고자 하셨으니	16 또 십자가로 이 둘을 한 몸으로 하나님과 화목하게 하려[아포카탈락세(apokatallaxē)] 하심이라 원수 된 것을 십자가로 소멸하시고

표3. 골로새서 1:21-22과 에베소서 2:12, 16의 유사점

하나님께서 "그의 십자가의 피로"(골 1:20) 화목과 화평을 이루시긴 했지만, 회심 이전 골로새 교인들의 개인적인 상태는 멀리 떠나 있는 것이었다(바울은 21절에서 이인칭 복수 "너희"를 사용하는 데로 돌아간다). 바울은 골로새 교인들이 정확히 누구로부터 멀리 떠나 있었는지 명시하지 않지만, 에베소서의 유사한 구절이 암시하는 바에 따르면 그들은 하나님으로부터 멀리 떠나 있었다. 바울은 이러한 떠나 있음을, 골로새서 1:10에 나오는 그의 기도와 병행되는 단어들로 표현한다. 두 구절 모두에서 그는 행동과 생각을 합친다. 1:21에서 그는 하나님으로부터 떠나 있는 '전적 타락'을 강조하는데 이는 의지와 마음에 모두 영향을 미친다. 그리고 1:10에서는 선한 일에 열매를 맺게 하시며 하나님을 아는 것에 자라게 해 달라고 기도한다. 멀리 떠나 있음은 단지 수동적으로 하나님과 거리를 두는 것이 아니라, 그분을 향한 적극적인 적대감이었다(참고. 롬 8:7).

1:22 유일한 해결책은 하나님의 개입이며, 정확히 그것이 바울이 설명하는 바다. 바울은 에베소서 2장의 첫 번째와 두 번째 부분에도 나오는 "전에…[그러나] 이제는" 도식으로 골로새 교인들의 역사를 제시한다. 물론 골

로새서 구절이 에베소서 본문보다 훨씬 축약되어 있지만, 기본 형식은 두 서신 모두에서 분명하다. 즉, 인간은 고의적으로 반역하여 완벽하게 무력한 상태였지만, 멀리 떠나 있는 데서 화목으로 들어가도록 '그'가 단호하게 행동하셨다. 이 '그'는 누구인가? 바울이 항상 선행사를 명확하게 제시하지 않으면서 자유롭게 대명사 '그'를 사용하기 때문에 다소 모호한 면이 있다. 문맥상 확실하게 그리스도를 말하는 경우가 있지만("그의 육체의 죽음으로 말미암아", 골 1:22), 1:19을 보건데 암시된 선행사는 아버지일 수도 있다. 이는 1:13 내러티브에 나오는 아버지의 역할과 잘 어울린다. 그러나 에베소서 2:14-16의 병행 구절에서는 그리스도가 주역으로 여겨지기 때문에, 확실한 판단을 내리기는 어렵다.

어느 쪽이든 의지와 행동의 완벽한 조화가 있다. 이 적대감에 대한 하나님의 반응은 그분만이 성취하실 수 있는 화목을 이루시는 것이다. 동사 아포카탈라소("화목하게 하사", 골 1:22)의 사용은 이전 단락의 말(20절에서 같은 동사가 사용됨을 주목하라)과 이 단락을 분명하게 연결한다. 이 화목이라는 주제는 골로새 교인들이 경험한 상황의 변화를 이해하는 데 아주 중요하다. 동사 카탈라소(katallassō)는 로마서와 고린도전서와 고린도후서에서 여러 번 사용되는 반면, 복합 동사 아포카탈라소는 에베소서 2:16과 골로새서 1:20, 22에만 나온다.

신자들의 화목은 "그[그리스도]의 육체의 죽음으로 말미암아" 이루어졌다. 이곳의 헬라어 어구는 누군가의 몸을 묘사하는 데 사용할 수 있는 두 단어를 쓴다. 소마(sōma)라는 단어는 골로새서의 여러 부분에서 여러 다른 어감으로 여덟 번 사용된다(1:18, 22, 24; 2:11, 17, 19, 23; 3:15). 예를 들어, 1:18에서는 고린도전서 12:13, 27과 유사하게 비유적으로 사용되었다. 그러나 이곳 골로새서 1:22에서는 예수님의 육체적 몸을 가리킨다. 단독으로 쓸 수 있는 이 단어가 연약함과 취약함(그러나 이 경우 육체의 죄는 아니다)을 강조하는 사르크스(sarx, "육체")라는 단어와 결합된다(ESV는 "in his body of flesh"로 소마와 사르크스가 구분되지만 개역개정은 "육체"로만 되어 있다-옮긴이 주). 이곳에서 그리스도의 몸과 관련된 중요한 사안은 그분의 죽음이다. 이는 그분의 "땅의 몸이…죽음에 종속된다"는 의미다.[55] 디아에 속격이 뒤따라오는 용법은 수단을 가리킨다. 즉, 화목은 그리스도의 죽음'으로 말미암아' 이루어진다.[56]

그리스도의 죽음으로 이렇게 화목이 성취된 데는 목적이 있었다. 그 목적은 형용사들이 더해진 부정사로 표현된다. "너희를 거룩하고 흠…없는 자로 그 앞에 세우고자." 형용사 하기오이스가 반복되는 것에 주목하라. 이는 앞의 1:2, 4, 12에도 사용되었다. 앞 구절에서는 강조점이 명확하게, 하나님을 위해 구별된 "성도"라는 신자들의 신분에 있었다. 그러나 이 절에서 강조점은 미래의 소망으로 옮겨간다. 그것은 곧, 하나님께서 골로새 교인들의 삶 가운데서 일하고 계신 목적이 이루어질 것이고(참고. 빌 1:6), 골로새의 그리스도인들이 도덕적으로 완전한 지점에 이르리라는 것이다.

1:23 바울은 하나님께서 그리스도 안에서 이루신 확정적인 구원을 확실하게 묘사함으로써 이어지는 조건을 훨씬 더 부각시킨다. 바울은 이렇게 말한다. "만일[강조하는 불변화사 게(ge), ESV는 "if indeed"] 너희가 믿음에 거하고 터 위에 굳게 서서 너희 들은 바 복음의 소망에서 흔들리지 아니하면 그리하리라 이 복음은 천하 만민에게 전파된 바요 나 바울은 이 복음의 일꾼이 되었노라." 조건을 나타내는 불변화사("만일")는 실제 상황을 가리키는 것으로 읽어야 한다. 바울은 참된 신자가 믿음을 버릴 수 있는지에 관련한 신학적 성찰을 하고 있지 않다. 그는 그저 신자들에게 믿음을 버리지 말라고 경고한다! 바울의 이 충격적인 말을 패커(J. I. Packer)가 잘 요약했다. "과거 회심의 유일한 증거는 현재 회심하고 있느냐다."[57]

확실하게 목표에 이르는 방법은 계속해서 "터 위에 굳게 서" 있는 것이

---

55 BDAG, s.v. σῶμα.

56 Wallace, *Greek Grammar beyond the Basics*, 369.

57 J. I. Packer, *Keep in Step with the Spirit* (Grand Rapids, MI: Baker, 2005), 60-61.

다. "터 위에 서[다]"로 번역된 단어는 에베소서 3:17(이곳에서는 "터가 굳어져서"로 번역됨)에 사용된 동사와 정확히 똑같은 분사 형태로, 바울서신에는 유일하게 이 두 곳에만 나온다. 이러한 긍정적인 묘사는 이어지는 부정적인 묘사인 "흔들리지 아니하면"과 균형을 이룬다. 이러한 안정성은 어디서 찾을 수 있는가? 바울이 제시하는 대답은 "너희 들은 바 복음의 소망"이다. 이 어구는 골로새서 1:5-6의 말씀을 떠올리게 한다. 그리스도인의 소망은 선포되고 들려진 메시지에 있다. 그 내용은 하나님께서 그리스도 안에서 구원을 이루셨다는 것이다. 서신의 이 서두 부분에서 바울이 내내 관심을 쏟고 있는 것이 바로 이 구원 행위와 그리스도다. 소망과 복음을 반복해서 연결하는 모습은 이 장의 첫 부분에 의도된 수미상관으로 보인다.

이에 더해 바울은 이 복음을 설명한다. 먼저, 이 복음은 "천하 만민에게 전파[되었다]". 이 어구는 복음이 "온 천하에서" 열매를 맺고 자라고 있다는 1:6의 바울의 말을 상기시킨다. 앞부분에서 분명했던 전 세계적 관점이 수미상관의 끝부분에서도 분명히 드러난다. 그러나 바울은 이전에 사용했던 단어[코스모스(*kosmos*)]를 사용해야 한다고 느끼지 않는다. 대신 지금은 1:15-20의 찬양문에서 사용했던 핵심 단어 중 하나인 크티시스(*ktisis*, "피조물", 15절)를 고른다. 선포의 내용은 그리스도인데, 그리스도께서 창조하신 모든 피조물에게 복음이 선포된다.

복음에 대한 바울의 두 번째 언급 역시 그가 이 서신의 앞에서 했던 말의 한 측면을 상기시킨다. 1:7에서 바울은 에바브라를 가리켜, 골로새 교인들에게 그들의 삶을 변화시킨 소망에 관해 처음 들려준 복음의 전령으로 "너희를 위한 그리스도의 신실한 일꾼[혹은 종]"이라고 말했다. 그런데 지금 1:23에서는 다시 한 종[디아코노스(*diakonos*)]의 이름을 밝히는데, 이번에는 "나 바울"이 복음의 일꾼(또는 종) 된 사람이다.

이렇듯 우리는 21-23절에서, 바울의 감사가 담긴 앞의 절들(3-8절)이 놀랍게 되풀이되는 모습을 본다. 이 절들에서 바울의 주된 관심은 소망을 가져다주는 복음에 있다. 이 복음이 그리스도의 종이자 그분의 복음의 종인 이들에 의해 천하 만민에게 전파된다.

바울이 1:21에서 표현하는 인간의 모습은 암울하지만, 타락에 관한 내러티브로(창 3장)로부터 로마서 1-3장의 타락한 인류에 관한 자세한 설명과 에베소서 2장의 보완되는 진술에 이르기까지 성경의 한결같은 증언과 전반적으로 일치한다. 죄, 즉 하나님에 대한 고의적인 반역으로 인해 인간은 무력한 노예 상태가 되었다. 이스라엘이 애굽에서, 이후 앗수르와 바벨론의 포로가 되어 경험했던 노예 상태는 민족적 차원에서 생생하게 묘사된다. 출애굽과 포로 생활에서의 귀환은 새로운 소망을 약속했지만, 현실은 해방된 이들이 인간의 본성과 마음으로 하나님께 반역함으로써 노예 상태에 있었다는 것이다.

바울은 골로새서 몇 군데에서, 특히 1:23에서 조건문을 사용한다(참고. 고전 15:2의 유사한 문장). "만일"이라는 단어가 담긴 이 문장들은 그리스도인들에게 자신을 살필 기회를 준다. 이는 신자들에게 근본적인 불안을 야기하기보다는 우리가 정말 바울이 명시하는 조건을 충족시키고 있는지 숙고하게 한다. 복음은 우리가 처음 그리스도를 믿은 시점뿐만 아니라 우리 삶의 모든 순간에 인간에게 유일한 소망이다. 이러한 조건문은 다른 무언가를 신뢰하려는 유혹을 받는 이들 혹은 복음에 대한 전적인 신뢰에서 표류하는 이들에게 다시 한 번 주님의 은혜를 구하라고 권한다.

Colossians
골로새서
1:24-29

²⁴ 나는 이제 너희를 위하여 받는 괴로움을 기뻐하고 그리스도의 남은 고난을 그의 몸 된 교회를 위하여 내 육체에 채우노라 ²⁵ 내가 교회의 일꾼 된 것은 하나님이 너희를 위하여 내게 주신 직분을 따라 하나님의 말씀을 이루려 함이니라 ²⁶ 이 비밀은 만세와 만대로부터 감추어졌던 것인데 이제는 그의 성도들에게 나타났고 ²⁷ 하나님이 그들로 하여금 이 비밀의 영광이 이방인 가운데 얼마나 풍성한지를 알게 하려 하심이라 이 비밀은 너희 안에 계신 그리스도시니 곧 영광의 소망이니라 ²⁸ 우리가 그를 전파하여 ¹⁾각 사람을 권하고 모든 지혜로 각 사람을 가르침은 각 사람을 그리스도 안에서 완전한 자로 세우려 함이니 ²⁹ 이를 위하여 나도 내 속에서 능력으로 역사하시는 이의 역사를 따라 힘을 다하여 수고하노라

²⁴ Now I rejoice in my sufferings for your sake, and in my flesh I am filling up what is lacking in Christ's afflictions for the sake of his body, that is, the church, ²⁵ of which I became a minister according to the stewardship from God that was given to me for you, to make the word of God fully known, ²⁶ the mystery hidden for ages and generations but

now revealed to his saints. [27] To them God chose to make known how great among the Gentiles are the riches of the glory of this mystery, which is Christ in you, the hope of glory. [28] Him we proclaim, warning everyone and teaching everyone with all wisdom, that we may present everyone mature in Christ. [29] For this I toil, struggling with all his energy that he powerfully works within me.

1) 또는 모든 지혜로 각 사람을 권하고

〰〰〰 단락 개관 〰〰〰

이 단락에서 바울은 특별히 이방인들을 언급하며 복음의 일꾼이 된 자신의 부르심을 되돌아본다. 또 이를 통해 복음의 영광을 설명하게 된다.

〰〰〰 단락 개요 〰〰〰

Ⅵ. 교회를 위해 대가를 지불하는 바울의 사역(1:24-29)
  A. 교회를 위한 고난을 기뻐함(1:24-25)
  B. 숨겨져 있다가 이제 드러난 비밀(1:26-28)
  C. 하나님의 능력으로 수고함(1:29)

주석

1:24 바울은 1:23에서 개인적인 말을 함으로써, 신학적으로 풍성한 단락에서 줄곧 바울이 복음을 어떻게 이해하고 있는지 알려주는 아주 개인적인 단락으로 나아간다. 24-28절은 그가 겪은 고난을 언급하는 24절과 28절을 포함하여 바울의 사역에 관한 더 자세한 정보를 제공한다. 그러나 바울의 초점은 여전히 그의 메시지에 있다.

바울은 이 새 단락을 기뻐한다는[뉜 카이로(*nyn chairō*), "나는 이제…기뻐하고"] 말로 시작한다. 이 단락은 접속사 없이 다소 갑작스레 시작하는데, 이는 당시 헬라어(Hellenistic Greek)에서 접속사 생략으로 알려진 비교적 독특한 특징이다.[58] 동사 카이로는 골로새서에서 두 번(1:24; 2:5) 사용되고, 바울의 다른 서신들 특히 바울의 고난을 아주 광범위하게 돌아보는 고린도후서와 빌립보서에서 자주 사용된다. 바울이 전심으로 기뻐하는 까닭은 상황이 즐겁기 때문이 아니다.

"그리스도의 남은 고난을…채우노라"라는 바울의 말이 처음에는 당황스러울 수 있지만, 덜 분명한 본문은 더 분명한 본문에 비추어 해석해야 한다는 원리를 따르면 그 정도가 덜할 것이다. 바울의 글들을 볼 때 그가 그리스도의 죽음에 부족함이 없다고 본 것은 확실하다. 이 서신의 앞부분에서 그가 십자가에서 그리스도께서 이루신 일을 강조하여 말하는 방식만 생각해 봐도 그렇다(참고. 골 1:12-13, 19-22), 오히려 바울은 '그리스도의 몸'인 교회에게 다가올 필수적인 고난을 염두에 두는 듯하다. 그는 동료 신자들은 피할 수 있도록 자신이 이러한 고난을 감수하고자 한다. 여기서 그는 예수님과 아주 유사한 태도를 보여준다.

1:25 바울은 자신의 부르심을 "하나님의 말씀을 남김없이 전파하[는]"(새

---

[58] Steven E. Runge, *Discourse Grammar of the Greek New Testament: A Practical Introduction for Teaching and Exegesis* (Bellingham, WA: Lexham, 2010), 22.

번역) 것으로 요약한다. 헬라어 본문에서는 이 절의 마지막 어구가 "하나님의 말씀"이다. 26절에서 이 단어 바로 뒤에 "비밀"[토 뮈스테리온(*to mysterion*)]이 나온다.

1:26 따라서 "비밀"은 하나님의 말씀이나 메시지, 즉 "복음 진리의 말씀"(1:5)을 가리키는 다른 표현이다. 골로새서에는 "비밀"이라는 단어가 네 번 나오는데, 이곳이 그 첫 번째다(1:26, 27; 2:2; 4:3). '뮈스테리온'이라는 단어는 "드러나지 않은 혹은 은밀한 하나님의 비밀"[59]을 뜻한다. 비밀에 대한 신약의 개념은, 한때 숨겨져 있었지만 이제 드러난 것이다. 실제로 그 비밀의 내용을 바로 다음 절이 설명한다. 돌이켜 생각해 보면 우리는 이미 구약에서 이방인들이 하나님의 백성 안으로 들어온다는 비밀을 얼핏 보았다고 할 수 있다(예를 들어, 창 12:1-3). 그러나 이러한 것이 바울을 비롯한 많은 사람에게는 잘 보일 때조차도 숨겨져 있었다. 바울 당시의 '신비 종교'와는 다르게 복음은 숨겨져 있거나 선택된 소수만 접근할 수 있던 것이 아니다.

1:27 비밀을 알리신 분은 주권자 하나님이시다. 그분은 이방인들이 이제 그리스도 안에서 그분의 백성 안에 포함된다는 영광스러운 메시지를 알리기로 작정하셨다. 복음 메시지의 온갖 풍성함을 아우르는 이 비밀은 하나의 짧은 어구로 요약된다. "너희 안에 계신 그리스도시니 곧 영광의 소망이니라." 이 표현은 아주 압축적이다. 그리스도인이 가진 소망의 주요한 초점은 어떤 확실하지 않은 하늘의 복이라는 의미의 "영광"이 아니라, 그리스도 그분이시다. 비밀과 그리스도인의 소망에 관한 바울의 이해는 철저히 기독론적이다. 바울은 "너희 안에 계신 그리스도"와 함께 하나님의 우편에 앉아 계신 그리스도(3:1-4)도 이야기한다. 그리스도는 물리적으로 하늘의 영역에 계시지만, 성령으로 그분의 백성 안에 계신다.

---

59 BDAG, s.v. μυστήριον.

1:28 바울은 자신의 부르심으로 돌아가서 관계대명사 "그"를 강조한다. "우리가 그를 전파하여"(ESV는 "Him' we proclaim"). 바울의 전반적인 목적은 그리스도를 알리는 것이다. 이는 소극적인 측면("권하고")과 적극적인 측면 ("가르침")을 다 포함한다. 목적은 "각 사람을 그리스도 안에서 완전한 자로 [텔레이온(*teleion*)] 세우[는]" 것이다. 텔레이오스(*teleios*)는 골로새서에서 두 번 사용된다(1:28; 4:12, 참고. 3:14의 관련된 단어). BDAG는 바울이 여기서 어떤 의식에 '입문하는' 것을 암시하는 듯 보인다고 제안한다.[60] 물론 바울이 그 단어를 역설적으로 사용할 가능성도 있지만, 그러한 결론은 이곳에서 그의 용법을 이해하는 데 반드시 필요하지는 않다. "각 사람"[판타 안트로폰 (*panta anthrōpon*)]을 세 번 반복하는 것은 복음이 틀림없이 모든 사람에게 제시됨과, 바울이 가진 갈망의 포괄성을 강조한다. 이는 또한 신비 종교들의 배타적 속성에 대한 의도적인 대조일 수도 있다.

1:29 바울은 이 절과 23-25절을 연결시키며 개인적인 이야기로 돌아간다. 그는 자신의 수고를 큰 노력을 요하는 힘씀으로 제시하지만(그 다음 절에서 선택된 표현), 그럼에도 "내 속에서 능력으로 역사하시는 이의 역사"라고 증언한다(참고. 고전 15:10; 빌 2:13; 4:13의 유사한 표현). 이 "역사하시는 이"는 골로새서 1:28에 언급된 그리스도를 가리킬 가능성이 높다.

≋≋≋≋ **응답** ≋≋≋≋

고난은 결코 수월하거나 즐겁지 않지만, 고난을 올바른 시각으로 보는 일은 꼭 필요하다. 일꾼 혹은 종이라는 바울의 소명이 모든 그리스도인에게 전형적인 것은 아니지만, 고난에 대한 그의 접근법은 교훈적이다. 그는 자

---

60 BDAG, s.v. τέλειος.

신의 고난을 자신의 구세주와 또 고난에 직면한 다른 그리스도인들과 동일시하는 방편으로 여긴다. 세계 여러 지역의 수많은 그리스도인이 예수 그리스도를 믿는다는 이유로 극심한 고난에 직면한 시대에, 우리는 바울이 자신의 고난을(다른 사람들의 고난도) 자기 백성을 위한 그리스도의 고난과 복음의 소망의 맥락에 두는 모습을 깊이 생각해야 한다(참고. 롬 8:18).

바울은 또한 신자들을 그리스도 안에서 완전한 자로 세우려는 목표를 위해 기꺼이 힘을 다해 수고한다(골 1:29). 그는 자신의 안위 이전에 다른 사람들의 유익을 구하는, 이타적인 태도를 보인다. 더 나아가 바울은 자신이 고통에 직면해서도 결단을 보일 수 있다면, 그것은 하나님께서 그의 삶 속에서 일하고 계시기 때문임을 인정한다(참고. 고전 15:20; 빌 2:13; 4:13).

바울이 복음의 영광을 성찰하면 할수록 그의 고난은 점점 더 거의 중요하지 않은 것으로 여겨져 간다. 우리도 고난에 직면할 때, 유사하게 그리스도와 복음의 영광에 초점을 두는 신중한 선택이 힘든 상황에 긍정적으로 대응하는 데 결정적인 것임이 입증될 것이다.

¹ 내가 너희와 라오디게아에 있는 자들과 무릇 내 육신의 얼굴을 보지 못한 자들을 위하여 얼마나 힘쓰는지를 너희가 알기를 원하노니 ² 이는 그들로 마음에 위안을 받고 사랑 안에서 연합하여 확실한 이해의 모든 풍성함과 하나님의 비밀인 그리스도를 깨닫게 하려 함이니 ³ 그 안에는 지혜와 지식의 모든 보화가 감추어져 있느니라 ⁴ 내가 이것을 말함은 아무도 교묘한 말로 너희를 속이지 못하게 하려 함이니 ⁵ 이는 내가 육신으로는 떠나 있으나 심령으로는 너희와 함께 있어 너희가 질서 있게 행함과 그리스도를 믿는 너희 믿음이 군건한 것을 기쁘게 봄이라

¹ For I want you to know how great a struggle I have for you and for those at Laodicea and for all who have not seen me face to face, ² that their hearts may be encouraged, being knit together in love, to reach all the riches of full assurance of understanding and the knowledge of God's mystery, which is Christ, ³ in whom are hidden all the treasures of wisdom and knowledge. ⁴ I say this in order that no one may delude you with plausible arguments. ⁵ For though I am absent in body, yet I am with you in spirit, rejoicing to see your good order and the firmness of your faith in Christ.

바울은 특히 잠재적인 오류에 직면한 상황에서, 복음을 알리는 자신의 개인적인 부르심을 계속 돌아본다. 이 단락에는 일련의 목적 선언과 각 선언에 대한 신학적 근거가 담겨 있다.

≋≋≋≋≋ 단락 개요 ≋≋≋≋≋

VII. 골로새와 라오디게아에 있는 자들에 대한 바울의 염려(2:1-5)
　　A. 바울을 만나지 못한 자들을 위한 애씀(2:1-2)
　　B. 지혜와 지식의 보화를 가지고 계신 그리스도(2:3)
　　C. 떨어져 있는 골로새 교인들에 대한 염려(2:4-5)

≋≋≋≋≋ 주석 ≋≋≋≋≋

2:1 2장의 첫 부분은 1:24에서 시작한 개인적인 성찰을 계속 이어간다. 바울이 이미 한 말과의 밀접한 연관성은, 곧 살펴볼 어원이 같은 단어로 인해 생겨난다. 그렇긴 하지만, 도입부의 "너희가 알기를 원하노니"(개역개정에서는 1절의 끝부분에 나옴-옮긴이 주)가 새로운 강조를 더한다. 이 어구는 이어질 내용에 새롭게 주목하라는 요청의 역할을 한다(참고. 비록 어휘는 다르지만 고전 11:3 및 또한 빌 1:12의 유사한 구조). 바울은 자신이 골로새 교인들 자체와 또 "라오디게아에 있는 자들"과 "내 육신의 얼굴을 보지 못한 자들"을 위해 "힘쓰[고]" 있음을 강조한다. 바울이 자신의 아고나(*agōna*, "힘쓰는지")를 언급하는 것은 골로새서 1:29의 아고니조메노스(*agōnizomenos*, "힘을 다하

여")를 상기시키며 "반대에 맞서 힘씀"을 암시한다.[61] 바울은 이러한 운동 경기 이미지를 두드러지게 사용한다. 신약에서 여섯 번 나오는 이 단어가 바울서신에서만 다섯 번 나온다(빌 1:30; 골 2:1; 살전 2:2; 딤전 6:12; 딤후 4:7; 히 12:1). 바울의 섬김은 대가가 컸다.

바울의 힘씀은 골로새는 물론 그 도시와 이웃한 라오디게아(약 14.5킬로미터 떨어져 있다. 참고. 4:13), 그리고 "내 육신의 얼굴을 보지 못한 자들"이라는 더 넓은 그룹을 위한 것이기도 했다. 그의 섬김은 그가 직접 아는 신자들을 훨씬 넘어서는 공동체를 위한 것이다. 이는 복음이 지역적으로나 전 세계 적으로나 영향을 미쳤던 것에 대해 그가 기뻐했던 모습을 상기시킨다(1:6).

2:2 바울이 이렇게 힘쓰는 이유[헬라어 히나(*hina*)는 주로 목적을 표현한다]는 "그들로 마음에 위안을 받[게]" 하려는 것이다. 이곳에서 바울이 사용하는 표현은, 단어가 조금 다르긴 하지만 그가 빌레몬의 사역에 대해 했던 말(몬 1:7)을 연상시킨다. 바울은 자신의 주요한 목적 선언을 뒷받침하기 위해 몇 가지 어구를 사용한다. 먼저, 그는 그들이 "사랑 안에서 연합"하기를 바란 다. 단결한다는 의미를 가진 동사 쉼비바조(*symbibazō*)는 골로새서 2장에 두 번 나오고(2, 19절), 에베소서 4:16에도 나온다. 이곳에서 사용된 분사 형태 는, 위안에 수반되는 것이 무엇인지 명확히 해준다. 바울은 에이스로 시작 하는 두 개의 전치사구를 사용하여 그가 보기 원하는 결과를 묘사한다. 이 는 목적이나 결과를 나타내며 아마도 서로 병행되는 것으로 읽어야 할 것 같다. 바울은 골로새 교인들이 "확실한 이해의 모든 풍성함"은 물론 "하나 님의 비밀인 그리스도"를 알기 바란다. 이는 어떤 점에서 1:9의 바울의 기 도 및 에베소서 3:14-19의 기도와 비슷하다. 각 본문에 공통된 단어 및/또 는 개념들이 나타나기 때문이다. "비밀"과 "그리스도"의 뚜렷한 동격은 그 비밀이 그리스도'임을' 암시한다. 이는 골로새서 1:27과 어조가 유사하다

---

61 BDAG, s.v. ἀγών.

("너희 안에 계신 그리스도시니 곧 영광의 소망이니라"). 바울은 중요한 모든 것은 기독론적이라고 되풀이해서 말한다. 실로 중요한 모든 것이 그리스도에게서 나온다.

2:3 이 절은 "서신에서 기독론적으로 가장 중대한 지점"이다.[62] 이 절은 1:14처럼 관계절로 시작한다. 그러나 여기서 "그 안에는"(ESV는 14절과 동일하게 "in whom")은 그리스도의 성품을 나타낸다. 그 안에는 "지혜와 지식의 모든 보화가 감추어져" 있다. "지혜와 지식"이라는 어구는, 동일한 단어는 아니지만 1:9에 나오는 바울의 말을 상기시킨다. 이러한 것들을 구하는 이들은 바라는 모든 것을 그리스도 안에서 찾을 수 있다.[63] 무는 이 절과 잠언 2:1-8 사이의 언어적 유사성에 주의를 집중시킨다. 그는 (바울에게는) 매우 드문 단어인 테사우로스(*thēsauros*, "보화")가 특히 이 본문과 다른 지혜 본문을 반영한 것일 수 있다고 언급한다.

2:4 바울은 "내가 이것을 말함은"이라고 하며 골로새 교인들에게 세심한 주의를 요청한다. 그는 자신이 그리스도에 관한 이러한 말을 하는 까닭이, 골로새 교인들이 속임을 당할까 걱정되기 때문이라고 강조한다. 그는 "교묘한 말"[피타놀로기아(*pithanologia*)]을 우려한다. 파오는 "고전 헬라어에서 이 단어[피타놀로기아]는, 경험적인 실증에 반대되는 추측에 근거한 주장과 관련되어 사용된다"[64]고 말한다. 따라서 바울은 특히 속이는 행위를 나타내는 동사와 결합하여 그러한 주장에 대해 경멸적인 태도로 말하고 있는 듯하다. 이 주장들이 무엇인지 바울이 정확하게 설명하지 않으므로, 어떠한 집단이 그러한 주장을 한 것으로 알려졌는지 명시하기는 어렵다. 이 서신

---

62 참고. Moo, *Letters to the Colossians and to Philemon*, 169.

63 같은 책, 170.

64 Pao, *Colossians and Philemon*, 140.

의 여러 부분에서 바울이 "지혜"와 "지식"을 강조하는 점은, 이러한 개념들이 거짓 철학의 핵심에 있었음을 암시한다. 바울이 이러한 주장들이 이미 골로새 그리스도인들에게 영향을 미치고 있음을 염려하는 것인지, 아니면 단지 잠재적인 위협을 알리려는 것인지 역시 분명하지 않다. 그의 경고는 갈라디아서보다 오히려 덜 강하다. 갈라디아 지역에서는 그리스도인 공동체를 "요동하게 하는 자"(참고. 갈 5:10)의 영향력이 확실했다.

2:5 바울의 동기는 그가 골로새 교인들과 "심령으로" 함께 있다[토 프튜마티 쉰 휘민 에이미(*tō pneumati syn hymin eimi*)]고 말할 때 분명해진다. 헬라어에서 이 말은, 바울이 골로새 교인들과 가진 동질감을 가리키는 것일 수 있다. 그렇지 않다면, 바울과 골로새 교인들 안에 거하시는 하나님의 영에 의해 이뤄진 영적인 연합을 뜻할 것이다. 그러나 영어 성경은 'spirit'을 대문자로 시작할지 말지 결정해야 한다. "육신"과 "심령"의 대조는 바울이 그들을 생각하고 있다는 의미를 암시하는 듯하다. 그러나 어느 정도 의도된 모호성이 있다는 무의 말이 옳은 것 같다.[65]

---

65 Moo, *Letters to the Colossians and to Philemon*, 173.

⁶ 그러므로 너희가 그리스도 예수를 주로 받았으니 그 안에서 행하되 ⁷ 그 안에 뿌리를 박으며 세움을 받아 교훈을 받은 대로 믿음에 굳게 서서 감사함을 넘치게 하라

⁶ Therefore, as you received Christ Jesus the Lord, so walk in him, ⁷ rooted and built up in him and established in the faith, just as you were taught, abounding in thanksgiving.

⁸ 누가 철학과 헛된 속임수로 너희를 사로잡을까 주의하라 이것은 사람의 전통과 세상의 초등학문을 따름이요 그리스도를 따름이 아니니라 ⁹ 그 안에는 신성의 모든 충만이 육체로 거하시고 ¹⁰ 너희도 그 안에서 충만하여졌으니 그는 모든 통치자와 권세의 머리시라 ¹¹ 또 그 안에서 너희가 손으로 하지 아니한 할례를 받았으니 곧 육의 몸을 벗는 것이요 그리스도의 할례니라 ¹² 너희가 ¹⁾세례로 그리스도와 함께 장사되고 또 죽은 자들 가운데서 그를 일으키신 하나님의 역사를 믿음으로 말미암아 그 안에서 함께 일으키심을 받았느니라 ¹³ 또 범죄와 육체의 무할례로 죽었던 너희를 하나님이 그와 함께 살리시고 우리의

모든 죄를 사하시고 ¹⁴ 우리를 거스르고 불리하게 하는 법조문으로 쓴 증서를 지우시고 제하여 버리사 십자가에 못 박으시고 ¹⁵ 통치자들과 권세들을 ²⁾무력화하여 드러내어 구경거리로 삼으시고 십자가로 그들을 이기셨느니라

⁸ See to it that no one takes you captive by philosophy and empty deceit, according to human tradition, according to the elemental spirits¹ of the world, and not according to Christ. ⁹ For in him the whole fullness of deity dwells bodily, ¹⁰ and you have been filled in him, who is the head of all rule and authority. ¹¹ In him also you were circumcised with a circumcision made without hands, by putting off the body of the flesh, by the circumcision of Christ, ¹² having been buried with him in baptism, in which you were also raised with him through faith in the powerful working of God, who raised him from the dead. ¹³ And you, who were dead in your trespasses and the uncircumcision of your flesh, God made alive together with him, having forgiven us all our trespasses, ¹⁴ by canceling the record of debt that stood against us with its legal demands. This he set aside, nailing it to the cross. ¹⁵ He disarmed the rulers and authorities² and put them to open shame, by triumphing over them in him.³

¹⁶ 그러므로 먹고 마시는 것과 절기나 초하루나 안식일을 이유로 누구든지 너희를 비판하지 못하게 하라 ¹⁷ 이것들은 장래 일의 그림자이나 몸은 그리스도의 것이니라 ¹⁸ 아무도 꾸며낸 겸손과 천사 숭배를 이유로 너희를 정죄하지 못하게 하라 그가 그 본 것에 의지하여 그 육신의 생각을 따라 헛되이 과장하고 ¹⁹ 머리를 붙들지 아니하는지라 온 몸이 머리로 말미암아 마디와 힘줄로 공급함을 받고 연합하여 하나님이 자라게 하시므로 자라느니라

16 Therefore let no one pass judgment on you in questions of food and drink, or with regard to a festival or a new moon or a Sabbath. 17 These are a shadow of the things to come, but the substance belongs to Christ. 18 Let no one disqualify you, insisting on asceticism and worship of angels, going on in detail about visions,*4* puffed up without reason by his sensuous mind, 19 and not holding fast to the Head, from whom the whole body, nourished and knit together through its joints and ligaments, grows with a growth that is from God.

20 너희가 세상의 초등학문에서 그리스도와 함께 죽었거든 어찌하여 세상에 사는 것과 같이 규례에 순종하느냐 21 (곧 붙잡지도 말고 맛보지도 말고 만지지도 말라 하는 것이니 22 이 모든 것은 한때 쓰이고는 없어지리라) 사람의 명령과 가르침을 따르느냐 23 이런 것들은 자의적 숭배와 겸손과 몸을 괴롭게 하는 데는 지혜 있는 모양이나 오직 육체 따르는 것을 금하는 데는 조금도 유익이 없느니라

20 If with Christ you died to the elemental spirits of the world, why, as if you were still alive in the world, do you submit to regulations— 21 "Do not handle, Do not taste, Do not touch" 22 (referring to things that all perish as they are used)—according to human precepts and teachings? 23 These have indeed an appearance of wisdom in promoting self-made religion and asceticism and severity to the body, but they are of no value in stopping the indulgence of the flesh.

1) 헬, 또는 침례 2) 또는 폐하여

1 Or *elementary principles*; also verse 20 *2* Probably demonic rulers and authorities *3* Or *in it* (that is, the cross) *4* Or *about the things he has seen*

≈≈≈≈ 단락 개요 ≈≈≈≈

Ⅷ. 그리스도 안에서 계속 확신을 가지고 신실하게 살라는 바울의
  요청(2:6-23)
  A. 계속 그리스도 안에서 살아가라(2:6-7)
  B. 그리스도께서 죽은 자들에게 생명을 주시고 모든 적대 세력
    을 물리치셨음을 알라(2:8-15)
  C. 세상적인 행동방식과 사고방식을 강조하는 이들의 영향을
    받지 말라(2:16-23)

≈≈≈≈ 주석 ≈≈≈≈

2:6 바울은 운(*oun*, "그러므로")을 사용하여, 자신의 논증에 큰 진전이 있음을 나타낸다. 그리스도인의 삶에 관한 새로운 단락은 일련의 명령 중 첫 번째 명령인 "그 안에서 행하되"(참고. 1:10)로 시작한다. 그러나 거짓 교훈에 대한 앞의 경고(2:4)와 밀접하게 연결되기도 한다. 신자들의 삶의 핵심은 그리스도여야 한다. 바울은 신자들과 그리스도의 관계를 여러 가지로 묘사한다. 그들은 "[그리스도를] 받았으[나]" 또한 "그 안에서 행[해야]" 하고, "그 안에 뿌리를 박으며 세움을 받아[야]" 한다. 신자들이 '그리스도 안에' 있다는 사실은 서신 전체에서 강조되는데, 특히 2장의 이 단락에서 두드러진다(1:14, 16, 19, 22; 2:3, 6, 7, 9, 10, 11, 12, 15; 3:20; 4:7, 17).

2:7 "뿌리를 박[다]", "세움을 받[다]", "굳게 서[다]"라는 표현은 에베소서 3:17의 표현과 아주 유사하다. 이 두 절은 신약에서 유일하게 리조오(*rizoō*, "뿌리를 박으며", 수동태로는 "뿌리가 박히고")가 사용된 곳이다. 바울은 "그

안에서 행하되"가 무슨 뜻인지 설명하기 위해, 자신의 은유에 유기체의 성장과 건물 건축의 이미지를 과감히 섞는다. 신자의 깊은 관계가, 바울이 지금 묘사한 도전들을 마주할 수 있게 할 것이다.

2:8 바울은 자신의 시각에 의심의 여지를 남기지 않을 여러 부정적인 단어들로 거짓 교훈에 대해 경고한다. 이 절은 6-7절과 극명하게 대조된다. 바울의 함의는, 신자들이 앞 절에 있는 그의 지침을 따른다면 오류에 대한 면역력을 가진다는 것이다. 학자들이 일반적으로 동의하는 바에 따르면, "철학"의 언급은 거짓 선생들이 그들의 가르침을 이 단어로 묘사했음을 암시한다. 타 스토이케이아 투 코스무(*ta stoicheia tou kosmou*, "세상의 초등 학문")는 이 장에서 두 번 사용된다(2:8, 20). 이 어구는 갈라디아서 4장에도 두 번 나온다(3, 9절). 그 의미는 논쟁의 대상이지만[66], 이곳의 의미는 아마도 물질계의 기본 '요소들'과 연관된 '영적 권세'인 것 같다.

2:9 골로새 교인들이 그러한 가르침을 거부해야 하는 까닭은("for", 개역개정에는 없음), 이미 "그[그리스도] 안에서" 그 가르침이 제시하는 모든 것의 실체를 찾을 수 있기 때문이다. 이 절은 공통된 단어들을 사용하여[카토이케오(*katoikeō*, "거하시고"), 플레로마(*plērōma*, "충만")] 1:19의 성육신 신학을 상기시킨다. 하지만 오브라이언(O'Brien)이 지적하듯이, 동사가 1:19의 부정과거 시제에서(예수님의 역사적인 삶에 대한 시각을 시사하는) 현재 시제로 바뀐다.[67] 시제 변화를 과도하게 해석해서는 안 되지만, 아마도 그 초점이 예수님의 지상 사역 시기에서 여전히 육체의 형태로 계신 부활하신 그리스도에게로 옮겨가는 것 같다.

---

66 참고. BDAG, s.v. στοιχεῖον

67 O'Brien, *Colossians-Philemon*, 112.

2:10 그런 다음 바울은 신자들이 "그 안에서 충만하여졌으니"라고 말하며 "충만"이라는 말을 기반으로 삼는다. 골로새 교인들은 다른 어느 곳에서 무언가를 더 찾아야 할 필요가 없다. 바울은 또한 1:16-17을 회상시키는 표현으로 그리스도께서 영적 실체들의 머리가 되심을 언급한다. 이 서신에는 반복이 꽤 많이 사용되는데, 이는 분명 골로새 교인들이 그리스도께서 만물을 통치하심의 충분한 의미에 비추어 그들 주변의 거짓 교훈을 확실히 이해하도록 돕기 위함이다.

2:11 바울은 그의 서신들에서 몇몇 다른 이미지들로 그리스도와 연합한 신자들의 경험을 표현한다. 이곳에서는 구약의 할례 의식을 택한다. 할례는 언약의 표지이자, 유대인의 정체성을 나타내는 특유의 표식이었다. 갈라디아서를 보면, 몇몇 초기 그리스도인들이 육체적 할례를 받으라는 상당한 압력을 받았음이 분명하다. 바울은 갈라디아서와는 달리 골로새서에서는 이 문제를 직접적으로 다루지 않으며, 골로새 신자들이 이미 할례를 받았지만 육체적 할례는 아니라고 말한다. 함축된 의미는, 그리스도께서 할례가 나타내는 모든 것을 성취하셨다는 것이다.

2:12 바울은 같은 문장 안에서, 그리스도 안에서 받은 할례로부터 세례를 통해 그리스도와 함께 장사되고 부활한 사실로 옮겨간다. 이 절은 할례와 세례의 관계에 관한 논의에서 아주 중요할 뿐만 아니라, 적절한 세례 방식에 관한 함의도 가진다. 이러한 제한된 지면에서 이 논제를 풀어내려는 시도를 할 수는 없다. 그러나 해석학적으로 바울의 주된 초점이 신자들과 그리스도의 연합에 있음은 볼 수 있다. 바울은 그리스도를 죽은 자들 가운데서 물리적으로 일으키신 동일한 하나님의 능력에 의해 골로새 교인들도 그리스도 안에서 새 생명으로 일으킴을 받았음을 상기시킨다. 이렇게 그리스도 안에서 죽었다가 부활했다는 것은 신자들이 급진적인 새 출발을 했음을 나타낸다.

2:13 13-15절은 복음에 대한 놀라운 선언이다. 골로새서 2:13과 에베소서 2:1, 5 사이에는 몇 가지 유사점이 있다(표4).

골로새서 2:13	에베소서 2:1, 5
또 범죄(trespasses)와 육체의 무할례로 죽었던 너희를 하나님이 그와 함께 살리시고	그는 허물(trespasses)과 죄로 죽었던 너희를 살리셨도다…허물로 죽은 우리를 그리스도와 함께 살리셨고

표4. 골로새서 2:13과 에베소서 2:1, 5의 유사점

골로새서 2:13a에서 바울은 골로새 교인들이 이전에 빠져 있던 곤경을 묘사한다. 그들의 상황은 암울했다. "또…죽었던 너희를"이라는 말은 실제로 골로새서 2:13과 에베소서 2:1에서 동일하다. 둘을 구별 짓는 단어의 순서만이 미세하게 다를 뿐이다. 바울은 명백하게 육체적 죽음을 말하고 있지 않지만, 비유적으로 말하고 있지도 않다. 그가 말하는 죽음은 진짜 죽음, 영적 죽음이다. 에베소서 2:1은 "허물과 죄"를 언급하는 반면, 골로새서 2:13은 2:11에서 할례를 언급했던 것을 떠올리며 "범죄와 육체의 무할례"를 언급한다. 바울은 적어도 일부 독자들이 이방인이었음을 강조한다.

바울은 일어난 변화가 하나님의 강력한 행동의 결과임을(참고. 1:12-13; 2:12) 계속해서 설명한다. 바울의 복음에 관한 신학은 그리스도의 역할을 아주 중요하게 여기지만, 시작하는 역할은 한결같이 아버지께로 돌린다.

바울이 "범죄"(즉 하나님의 기준을 위반하는 것)를 영적 죽음이라는 원래의 상태에 대한 이유로 밝히므로, 그리스도 안에 있는 신자가 생명을 경험하기 위해서는 이 범죄가 해결되어야 한다. 이 시점에서 바울은 하나님께서 이 죄를 사하셨다고 간략하게 선언한다(참고. 1:14). 이어지는 절들에서는 계속해서 어떻게 이 일이 이루어졌는지 설명할 것이다.

2:14 14절과 15절에는 독특하거나 희귀한 단어가 놀랄 만큼 많다. 바울은 '빚 문서'[케이로그라폰(*cheirographon*), 개역개정은 "증서"]가 "우리를 거스르고

불리하게" 했다고 설명한다(바울은 모든 신자의 경험을 묘사하며 일인칭 복수 대명사로 옮겨간다). 이 문서는 법적 규율을 따르는 지극히 합법적인 문서였다. 그러나 신자들에게 새 생명을 주기 위해서는 이 빚 문서를 '제거하거나' '지워야'[엑살레입사스(exaleipsas)] 했다. 하나님께서 그것을 "십자가에 못 박으[심으로써]" 그렇게 하셨다. 바울은 그 역학을 아주 자세히 설명하지는 않지만, 여기서 대속 교리의 전체적인 윤곽을 볼 수 있다. 우리가 유죄 판결을 받았는데, 하나님께서 그 빚을 지우셨다. 우리에게 더 이상 빚을 상환할 의무가 없도록 그리스도의 십자가로 그렇게 하셨다.

2:15 그러나 십자가에서 처리된 것은 '빚'만이 아니었다. 이 절은 그리스도께서 십자가에서 자신을 대적한 권세들을 물리치고 승리하셨다는 중요한 진술이다. 바울은 통치자들과 권세들[타스 아르카스 카이 타스 엑수시아스(tas archas kai tas exousias)]이 무력화되고 구경거리가 되었다고 말한다. 이 승리가 로마의 개선 행진 이미지로 표현되는데, 그 행진 행렬의 맨 뒤에는 최후의 순간을 기다리는 패배한 이들이 있었다. 바울은 이 세상에서 권세를 가진 듯 한 여러 권력들이 사실 이미 패했다고 선언한다.

2:16 바울은 이제 골로새 교인들이 직면한 실제적인 문제들을 다루는 데로 논의를 전개해 나간다["그러므로"(운)를 사용하여]. 그는 그들에게 다른 사람들의 비판을 허용하지 말라고 권한다. 그들이 비판받았을 만한 문제들은 종교적 영향과 철학적 영향이 특이하게 혼합된 것이다. 어떤 문제는 유대교의 의식적 측면과 관련이 있어 보이고, 다른 문제는 그렇지 않아 보인다. 그러므로 거짓 선생들은 자신들의 종교 전통을 만들기 위해 다양한 자료들에 의존했을 확률이 높다. 바울의 주된 관심은 골로새 교인들이 이런 것들을 강조한 이들에게 압도당하지 않는 것이다.

2:17 바울은 그러한 규정들은 그림자일 뿐이고, 실재는 그리스도 안에 있다고 설명한다. 이는 이 서신 곳곳에 나오는 그리스도의 우월성에 관한 논

증의 한 형태다.

2:18 바울은 16절과 똑같은 삼인칭 명령형을 사용하여, 다른 활동들을 주장하는 이들이 그들의 그리스도인의 삶을 "정죄하지" 못하게 하라고 권한다. 이 목록은 신비 종교를 포함하여 다양한 특징을 가진 종교 전통과 관련되어 보인다. 바울은 그들에 대해, 잘못된 시각을 견지할 뿐만 아니라 또한 "그 육신의 생각을 따라 헛되이 과장하[는]" 사람이라고 표현한다. 따라서 문제는 그 선생들의 성품만이 아니라 그들의 믿음과도 관련이 있다.

2:19 거짓 선생들의 근본적인 문제는 "머리를 붙들지 아니하는" 것이다. 이곳에서 바울은 1:18과 2:10을 상기시킨다. "머리"는 그리스도시며, 그분과의 관계를 통해서만 참된 지식과 지혜를 얻을 수 있다. 바울은 머리를 언급하는 데서 그리스도인 공동체를 몸으로 보는 더 발전된 비유로 나아간다. 이는 고린도전서 12:12-31에 나오는 몸 은유와 유사하지만, 바울은 두 구절에서 그 이미지를 다른 방식으로 전개한다.

2:20 바울은 그 신자들에게 거짓 교훈에 관해 경고한 후, 이제 그들의 개인적인 경험과 생활방식 사이의 모순과 관련하여 직접적으로 그들에게 도전한다. 늘 그렇듯이, 조건을 나타내는 불변화사 에이(*ei*)는 '만약'(개역개정은 "…거든")으로 읽어야 한다. 바울은 그가 12절에서 사실로 묘사한 것을 상기시키지만, 지금은 그것이 진실로 그들의 경험인지 그리고 만약 그렇다면 왜 그 사실과 모순되게 살고 있는지 돌아보라고 요청한다. "세상의 초등학문"은 앞의 8절에 나왔다. 바울은 이 "초등학문"이 그들을 지배할 권한을 갖고 있지 않으므로, 신자들이 그 현실에 맞게 살아야 한다고 골로새 교인들에게 상기시킨다.

2:21 본문은 일련의 명령을 이어간다. 이 명령들이 바울의 것인지 아닌지 확정할 수 있는 확실한 방법은 없지만, 금욕적이고 세상을 부인하는 종교

처럼 보이므로 일반적으로 바울이 대적들의 입장을 인용한 것으로 이해된다. 바울은 고린도전서 7:1에서 유사한 접근법을 취한다.

2:22 이곳에서 바울은 그가 방금 인용한 금지 규정의 성격에 대해 지나가는 말로 평가한다. 그 명령들은 현세적인 것들로 이루어진 세상과 관련이 있고, 인간의 규율과 교리를 "따르[는]" 것이다. 톤 안트로폰(*tōn anthrōpōn*, "사람의")이라는 어구는 하나님으로부터 나오는 지침과 대조됨을 암시한다.

2:23 바울은 충격적인 요약으로 거짓 교훈에 관한 경고를 마무리 짓는다. 이러한 외형적인 규정들은 유익해 보이고 심지어 "지혜"(바울이 정면으로 맞서는 대적들의 핵심 주제로 보이는)로 이끄는 듯 보인다. 그러나 그것들은 외형적인 것들에만 관련될 뿐, 마음을 바꾸지 못한다.

〰〰〰 **응답** 〰〰〰

인간은 종종, 평안을 추구하면서도 또한 하나님을 추구하며 극적인 금욕 행위에 이끌린다. 그러나 복음 메시지는 하나님을 위해 화려한 몸짓을 하려는 그러한 모든 시도를 반박한다. 하나님께서 이미 그리스도 안에서 필요한 모든 것을 성취하셨으므로, 더 이상 해야 할 일은 없다. 복음을 믿는 우리조차도 외적인 것들이 하나님께 가장 중요하다고 믿을 수 있다. 그런 일이 일어나기 시작한다면, 우리는 바울이 골로새 교인들과 정면으로 맞섰던 것처럼 사실에 직면해야 한다. 그리고 그렇게 하는 최상의 방법은 바울처럼 행동하는 것이다. 즉, 다시 단순하고 완벽하게 참된 복음을 제시하는 것이다.

¹ 그러므로 너희가 그리스도와 함께 다시 살리심을 받았으면 위의 것을 찾으라 거기는 그리스도께서 하나님 우편에 앉아 계시느니라 ² 위의 것을 생각하고 땅의 것을 생각하지 말라 ³ 이는 너희가 죽었고 너희 생명이 그리스도와 함께 하나님 안에 감추어졌음이라 ⁴ 우리 생명이신 그리스도께서 나타나실 그때에 너희도 그와 함께 영광중에 나타나리라

¹ If then you have been raised with Christ, seek the things that are above, where Christ is, seated at the right hand of God. ² Set your minds on things that are above, not on things that are on earth. ³ For you have died, and your life is hidden with Christ in God. ⁴ When Christ who is your¹ life appears, then you also will appear with him in glory.

⁵ 그러므로 땅에 있는 지체를 죽이라 곧 음란과 부정과 사욕과 악한 정욕과 탐심이니 탐심은 우상 숭배니라 ⁶ 이것들로 말미암아 하나님의 ¹⁾진노가 임하느니라 ⁷ 너희도 전에 그 가운데 살 때에는 그 가운데서 행하였으나 ⁸ 이제는 너희가 이 모든 것을 벗어 버리라 곧 분함과 노여움과 악의와 비방과 너희 입의 부끄러운 말이라 ⁹ 너희가 서로 거

짓말을 하지 말라 옛 사람과 그 행위를 벗어 버리고 10 새 사람을 입었으니 이는 자기를 창조하신 이의 형상을 따라 지식에까지 새롭게 하심을 입은 자니라 11 거기에는 헬라인이나 유대인이나 할례파나 무할례파나 야만인이나 스구디아인이나 종이나 자유인이 차별이 있을 수 없나니 오직 그리스도는 만유시요 만유 안에 계시니라

5 Put to death therefore what is earthly in you:[2] sexual immorality, impurity, passion, evil desire, and covetousness, which is idolatry. 6 On account of these the wrath of God is coming.[3] 7 In these you too once walked, when you were living in them. 8 But now you must put them all away: anger, wrath, malice, slander, and obscene talk from your mouth. 9 Do not lie to one another, seeing that you have put off the old self[4] with its practices 10 and have put on the new self, which is being renewed in knowledge after the image of its creator. 11 Here there is not Greek and Jew, circumcised and uncircumcised, barbarian, Scythian, slave,[5] free; but Christ is all, and in all.

12 그러므로 너희는 하나님이 택하사 거룩하고 사랑 받는 자처럼 긍휼과 자비와 겸손과 온유와 오래 참음을 옷 입고 13 누가 누구에게 불만이 있거든 서로 용납하여 피차 용서하되 주께서 너희를 용서하신 것 같이 너희도 그리하고 14 이 모든 것 위에 사랑을 더하라 이는 온전하게 매는 띠니라 15 그리스도의 평강이 너희 마음을 주장하게 하라 너희는 평강을 위하여 한 몸으로 부르심을 받았나니 너희는 또한 감사하는 자가 되라 16 그리스도의 말씀이 너희 속에 풍성히 거하여 모든 지혜로 피차 가르치며 권면하고 시와 찬송과 신령한 노래를 부르며 감사하는 마음으로 하나님을 찬양하고 17 또 무엇을 하든지 말에나 일에나 다 주 예수의 이름으로 하고 그를 힘입어 하나님 아버지께 감사하라

¹² Put on then, as God's chosen ones, holy and beloved, compassionate hearts, kindness, humility, meekness, and patience, ¹³ bearing with one another and, if one has a complaint against another, forgiving each other; as the Lord has forgiven you, so you also must forgive. ¹⁴ And above all these put on love, which binds everything together in perfect harmony. ¹⁵ And let the peace of Christ rule in your hearts, to which indeed you were called in one body. And be thankful. ¹⁶ Let the word of Christ dwell in you richly, teaching and admonishing one another in all wisdom, singing psalms and hymns and spiritual songs, with thankfulness in your hearts to God. ¹⁷ And whatever you do, in word or deed, do everything in the name of the Lord Jesus, giving thanks to God the Father through him.

1) 어떤 사본에, '진노가' 아래 '순종하지 아니하는 자식들에게' 가 있음

1 Some manuscripts *our* *2* Greek *therefore your members that are on the earth*
3 Some manuscripts add *upon the sons of disobedience* *4* Greek *man*; also as supplied in verse 10 *5* For the contextual rendering of the Greek word *doulos*, see ESV Preface; likewise for *Bondservants* in verse 22

〰〰〰 단락 개관 〰〰〰

바울은 이제 방향을 돌려, 골로새의 그리스도인 공동체의 삶에 복음이 어떤 영향을 미치는지에 초점을 맞다. 바울이 서신의 이 부분에서 그리스도인의 실제적인 삶에 초점을 맞추는 것은 사실이지만, 실천에만 집중하느라 신학을 외면하지는 않는다. 실제로 그리스도인의 삶에 관한 바울의 이해는 신학적 진리에 뿌리박고 있으며 그 진리로부터 양분을 공급받는다.

단락 개요

3장

IX. 계속 새로운 영적 실제로 살아가라는 바울의 요청(3:1-17)
  A. 너희 생명은 이제 그리스도 안에 있다(3:1-4)
  B. 그리스도 안에 있는 너희의 새 생명에 부합하지 않는 모든
     행동을 버리라(3:5-11)
  C. 그리스도 안에 있는 너희의 새 생명에 부합하는 모든 행동을
     입으라(3:12-17)

주석

3:1 바울은 이제 신학과 목회적 조언을 결합한다. 그는 계속 신학과 실천, 기독교 신앙과 그리스도인의 삶을 엮는다. 모든 신학에는 실천적인 함의가 있고, 모든 실천에는 신학적 토대가 있다. 그는 이 새 단락을 운("그러므로")으로 시작하며, 앞에 나왔던 내용에서 결론을 도출한다. 이곳에서(3:1-4) 바울은 서신의 앞부분에서 놓은 신학적 토대에 의지하며, 골로새 그리스도인들을 위한 이 진리에 함축된 바를 강조한다.

바울은 골로새 교인들이 "그리스도와 함께 다시 살리심을 받았[음]"을 상기시킨다. 이와 동일한 단어인 쉬네게르테테(*synēgerthēte*, "너희가…함께 다시 살리심을 받았으면")가 2:12에서도 사용되었다(참고. 엡 2:6). 따라서 바울은 2장에서 이야기한, 하나님께서 그리스도 안에서 행하신 일에 관한 내러티브로 골로새 교인들의 주의를 돌리고 있다. 그리고 이곳에서는 더 나아가 신자들과 그리스도의 연합이 함축하는 바를 제시한다. 실제로 그들이 그리스도와 함께하는 것이 그들의 정체성이 중요하게 영향을 미치므로, 그들은 전적으로 그리스도에게만 초점을 맞추어야 한다.

골로새서 3:1-17 _ **247**

바울은 그들에게 "위의 것"[타 아노(*ta anō*)]을 찾으라[제테이테(*zēteite*), 복수 명령형]고 명령한다. 중성 복수 관사가 사용되었기에 이 "것"의 속성이 정확하게 정의되지는 못하지만, "하나님 우편에 앉아 계[신]" 그리스도에게 관심의 초점이 있어야 한다는 점은 문맥을 통해 명확히 드러난다. 다시 말해, 그분이 영광과 권세의 자리에 계신다. 바울의 말은 시편 110:1을 상기시키는데, 그러면서 그리스도가 이 시편이 가리키는 분임을 암시한다. 이는 신약의 다른 곳, 특히 히브리서에서 이 시편을 중요하게 여기는 것과 일치한다.

3:2 그런 다음 바울은 프로네오(*phroneō*, 참고. 빌 2:5)라는 동사를 사용하여 두 번째이지만 사실상 동일한 의미의 명령을 한다. 바울이 요구하는 바는, 마음을 의도적으로 위의 것에 초점을 맞추는 일이다. 이는 또한 대조적으로 그리스도인들에게 "땅의 것"에서 마음을 돌리라는 부정적인 요청의 말 [타 아노 프로네이테, 메 타 에피 테스 게스(*ta anō phroneite, mē ta epi tēs gēs*)]을 통해 명확해진다.

3:3 명령들 뒤에 신학적 근거가 따라오는데, 이는 이유를 밝히는 접속사 [가르(*gar*)]로 표시된다. "이는 너희가 죽었고." 신자가 죽었다는 이 말은 2장 앞부분에서 했던 말과는 약간 다르다. 그곳에서 신자는 "할례를 받[고]" "장사[될]" 뿐, 죽음에 대한 유일한 언급은 "범죄…로 죽었던"(2:13) 이들의 상태와 관계가 있다. 그것은 무력함과 절망을 낳는 죽음이었다. 하지만 조금 더 나아가서 바울은 "너희가…그리스도와 함께 죽었거든"(골 2:20)이라고 말하며, 그리스도와 연합함으로 말미암는 죽음을 시사한다. 이 죽음은 해방을 가져온다. 바울의 생각은 로마서 6장의 생각과 아주 유사하다. 파괴적인 관계는 죽음을 통해 끝났고, 그 죽음은 한때 신자를 포로로 잡았던 것에서 자유롭게 해준다.

그리스도인들이 "죽었[기]" 때문에 그들의 생명은 지금 "그리스도와 함께 하나님 안에 감추어[져]" 있다. 이 표현은 복음의 영광을 이해하는 우리의 역량을 확장시켜 준다. 바울의 말은 시편 27:5-6, 31:19-20, 이사야

49:2 같은 구약 본문을 반영한 것일 수 있다. 동사 크륍토(*kryptō*)의 완료 형태는 안전한 장소에서의 보호를 암시할 수 있다. 이 점에서 바울의 이 말은, 그리스도인의 소망이 그들을 위해 하늘에 쌓여 있다는 1:5의 말과 유사하다. 이는 또한 이 골로새 신자들이 인간의 눈으로 볼 수 있는 것 이상을 경험함을 암시할 수도 있다.

3:4 일어난 변화의 근본적인 성격이 놀라운 진술로 표현된다. "우리 생명이신 그리스도께서 나타나실 그때에 너희도 그와 함께 영광중에 나타나리라." 신자들의 과거 삶은 그들이 그리스도와 함께 죽었을 때 끝났다. 지금 그들이 가진 유일한 생명은 그리스도 안에 있는 생명이다. 정말 그러하기에 바울은 그리스도께서 그들의 생명'이라고' 말할 수 있다. 어떤 의미에서 우리는 이를 '종말론적' 표현('마지막 날'에 일어날 일을 말하는)과 '묵시적' 표현(나타날 것을 말하는)이라 묘사할 수 있다. 그러나 중요한 점은, 이곳에서 미래에 대한 기대가 어느 정도 표현되긴 하지만 바울의 표현이 현재 이미 시작된 실재를 강조한다는 사실이다. 신약 용어에서 '종말'은 '세상의 끝'보다는 '세대의 변화'와 관련이 있다. 그리고 그 변화는 하나님께서 그리스도 안에서 이루신 일로 인해 이미 우주적으로, 또한 개인적으로 시작되었다. "우리 생명"이라는 어구의 반복은, 부활하신 그리스도와 믿음으로 연합된 사람인 그리스도인이 경험하는 것이 '생명'임을 강조한다.

3:5 1-4절은 그리스도와 연합함으로써 그리스도인의 삶에 일어난 근본적인 영적 변화를 강조했다. 바울은 이러한 필수적인 신학적 기초를 확고히 한 뒤, 이제 골로새 그리스도인들에게 명령한다. 직설법(이미 일어난 일)과 명령법(지금 해야 할 일)의 연결이 이보다 더 명확하거나 역설적일 수 없다. "너희가 죽었고"(3절), 그러므로 "죽이라"(5절). 우리는 당연히 무언가가 이미 죽었다면 왜 그것을 죽이는 일이 필요한지 물을 것이다. 그러나 이러한 화법은 보통 '이미'와 '아직'으로 묘사되는 삶의 역설을 멋지게 포착해 낸다. 그리스도 안에서 하나님께서 확정적인 무언가를 이미 성취하셨지만,

온전한 실현은 아직 오지 않았다.

이어지는 내용, 특히 5-11절 내용은 "악덕과 미덕 목록"[68] 모음이다. 필자는 이 구절에서 몇 가지 중요한 내용만 강조할 것이다. 5절 후반부의 악덕 목록은 주로 성욕의 어떤 왜곡과 관련된 태도와 행동을 아우르는데, 그것들 자체로는 선하고 적절한 것들이다(그래서 창 2:24-25). 좀 더 일반적인 죄악된 행동은 목록 끝자락에 나온다.

3:6 바울은 "하나님의 진노가 임하느니라"라고 경고한다. 하나님의 진노가 불순종하는 이들에게("순종하지 아니하는 자식들에게", ESV 난외주와 개역개정 난외주) 임한다는 더 자세한 설명은, 사본상 의심스럽기에 본문에 포함되지 않았다. 하나님의 진노가 임한다는 표현은 로마서 1:18의 표현과 유사하다. 그곳에서 바울은 "하나님의 진노가…나타나나니"라고 쓴다.

3:7 바울은 이러한 죄악된 행동을 심히 암울하게 제시하긴 하지만, 그런 행동들을 한 사람을 소망 없는 상태에 두지는 않는다. 사실 그는 골로새 교인들 역시 분명 "전에" 그러한 죄 가운데서 "살[았다]"고 표현한다. 그러나 1-4절에 묘사된 사건들 때문에 모든 것이 변했다. 바울은 "전에"[포테(*pote*), 7절]와 "이제는"[뉘니 데(*nyni de*), ESV는 "but now", 8절]을 명확하게 대조한다.

3:8 바울은 골로새 교인들이 "벗어 버[려야]" 할 것들을 계속 묘사하며, 죄악된 언어 습관 쪽으로 옮겨간다.

3:9 이 절은 바울의 신학과 윤리에서 직설법(일어난 일)과 명령법(해야 할 일)의 복합적인 관계를 잘 보여준다. "서로 거짓말을 하지 말라"라는 명령은

---

68 Pao, *Colossians and Philemon*, 216-218의 논의 및 《ESV 스터디 바이블》의 이 절들에 대한 해설을 참고하라.

일어난 일(달리 말하면 직설법, 실제 형태는 부정과거 분사지만)에 대한 진술로 설명된다. 이곳에서 변화를 나타내는 은유가 죽음과 생명(5절)에서 옷을 벗는 것(9절)과 입는 것(10절)으로 바뀐다.

3:10 의미심장하게도 바울은 이 일이 이미 일어났지만, "새 사람"은 "자기를 창조하신 이의 형상"을 따라 계속 새롭게 된다고 말한다. "형상"이라는 말은 1:15을 상기시키는데, 거기서 바울은 아들이 보이지 않는 하나님의 형상이고 모든 피조물을 창조하신 분이라고 말했다.

3:11 바울은 일어난 변화의 의미를 되돌아본다. 이 절은 몇몇 공통된 단어를 비롯하여(특히 짝을 이루는 유대인과 헬라인, 종과 자유인) 갈라디아서 3:28과 아주 유사하지만, 골로새서의 이 절에는 갈라디아서에는 나오지 않는 다른 비교도 있다. 더 나아가 이 절은 "오직 그리스도는 만유시요 만유 안에 계시니라"라는 기독론적인 절정으로 마무리된다. 바울은 독특한 정체성이 모두 폐지된다고 주장하고 있지 않다. 섬니가 말하듯이, "골로새서의 하나 됨 개념은 동일함이 아니다." 그는 또 이렇게 덧붙인다. "갈라디아서에서도 바울은 모든 신자에게 똑같아지라고 말하지 않고, 모든 사람이 그리스도 안에서 하나임을 인식하는 일이 모든 차이보다 우선해야 한다고 요구한다. 이렇게 그리스도 안에 있는 신자들의 정체성이 우선한다는 것이 골로새서에서도 표현된다."[69]

3:12 바울은 옷 은유로 돌아가서 골로새 교인들에게 여러 성품을 "입[으라]"고 명령한다. 흥미롭게도 바울은 그들이 새 사람을 '입었지만'(10절), 이 자질들을 '입어야 한다'(12절)고 말한다. 이 자질 목록은 그리스도의 성품과 거의 유사하며, 어떤 면에서는 고린도전서 13장과도 유사하다. 바울

---

69 Sumney, *Colossians: A Commentary*, 204, 205.

의 명령에는 단서가 있는데, 골로새 교인들이 그리스도 안에 있다는 것이다. 그는 그리스도와 연합한 신자들의 지위("하나님이 택하사 거룩하고 사랑받는 자")에 초점을 맞춘다. 바울은 도덕적인 '자립' 욕구를 요구하지 않는다. 오히려 그리스도의 생명이 골로새 교인들의 삶에 더 분명하게 드러나기를 원한다. 그는 그들이 이미 사실인 영적 실재와 일관되게 살기를 바란다.

3:13 바울은 신자들 가운데서 진정한 공동체를 세우는 태도를 강조한다. 특히 그리스도인들에게 주님께서 그들에게 은혜를 베푸셨듯이 서로 은혜를 베풀라고 요청한다. 이는 마태복음 6:14-15에 나오는 예수님의 가르침을 상기시킨다.

3:14 옷을 입으라는 은유가 다른 모든 것을 덮는 망토처럼 사랑을 입으라는 요청으로 계속된다. 바울이 열거하는 많은 덕목 중, 사랑은 다른 것들보다 우월한 지위를 가지며 모든 것을 묶는다.

3:15 바울은 이제 신자 공동체를 세우고자 제시한 여러 지침을 하나로 모은다. "그리스도의 평강"이라는 어구는 "하나님의 평강"(빌 4:7)과 비슷하다. 이는 또한 이사야 9:6("평강의 왕")을 상기시킨다. 15절의 표현은 "평강을 가져오시는 그리스도께서 다스리게 하라"를 다르게 말하는 방식이다. 바울은 앞에서 언급했던, 몸이라는 의미심장한 이미지(골 1:18; 2:19)를 고른다. 감사하라는 마지막 요청은 거의 나중에 덧붙여진 것처럼 보이지만, 실제로 서신 전체에서 주기적으로 강조된다.

3:16 바울은 신자들에게 그리스도의 평강이 다스리게 하라고 권한 뒤, 이제 "그리스도의 말씀이 너희 속에 풍성히 거하[게]" 하라고 유사하게 권한다. 이런 일이 일어나도록 하는 한 가지 방법은 서로 가르치고 권면하는 것이다. 바울은 하나님을 찬양하는 수단으로서만 아니라 서로 가르치는

수단으로서 노래하라(아마도 권위 있는 시편과 그리스도인의 작품들을 섞어서)고 권한다. 다시 한 번 감사하라는 짧은 언급이 나온다.

3:17 이 절은 이 장의 모든 내용을 모은다. 이곳에서 사용된 여러 어구는 아주 포괄적이어서, 상상할 수 있는 모든 행동을 아우른다. 그리고 감사하라는 요청이 계속된다.

〜〜〜〜 **응답** 〜〜〜〜

서신의 이 부분은 그리스도인 공동체 안에서 변화된 삶을 가져오는 가장 중요한 요소가, 그리스도의 죽음과 부활 가운데서 그분과 연합하는 것임을 보여준다. 아무리 많은 도덕 수업도 하나님의 능력이 처음 인간의 삶에서 이루신 것을 만들어 내지 못한다. 더욱이 바울은 하나님께서 그리스도 안에서 신자를 위해 성취하신 일을 깊이 묵상하라고 요청한다. 그리스도인이 신실한 삶을 사는 가장 큰 동기는 하나님께서 이미 신자의 삶에서 하신 일을 깨닫는 것이다.

바울은 깊이 있는 그리스도인 공동체에 높은 우선순위를 두므로, 우리 역시 그래야 한다. 바울은 3장에서 신자 공동체의 건강한 삶에 대한 청사진을 제시한다. 그리스도인들은 그리스도와 연합된 이들로서 그 사실을 깊이 묵상하는 사람들이 되어야 한다(1-4절). 그들의 새 생명과 모순된 것들은 제거하고 삶에서 그리스도의 실재를 비추는 것을 옷 입기로 적극적으로 선택해야 한다(5-15절). 또 개인으로서 자신을 위해서만이 아니라 전체 공동체를 위해서도 영적인 삶을 함양해야 한다(16-17절).

3:18 아내들아 남편에게 복종하라 이는 주 안에서 마땅하니라 19 남편
들아 아내를 사랑하며 괴롭게 하지 말라 20 자녀들아 모든 일에 부모
에게 순종하라 이는 주 안에서 기쁘게 하는 것이니라 21 아비들아 너
희 자녀를 노엽게 하지 말지니 낙심할까 함이라 22 종들아 모든 일에
육신의 상전들에게 순종하되 사람을 기쁘게 하는 자와 같이 눈가림만
하지 말고 오직 주를 두려워하여 성실한 마음으로 하라 23 무슨 일을
하든지 마음을 다하여 주께 하듯 하고 사람에게 하듯 하지 말라 24 이
는 기업의 상을 주께 받을 줄 아나니 너희는 주 1)그리스도를 섬기느
니라 25 불의를 행하는 자는 불의의 보응을 받으리니 주는 사람을 외
모로 취하심이 없느니라

3:18 Wives, submit to your husbands, as is fitting in the Lord.
19 Husbands, love your wives, and do not be harsh with them.
20 Children, obey your parents in everything, for this pleases the Lord.
21 Fathers, do not provoke your children, lest they become discouraged.
22 Bondservants, obey in everything those who are your earthly
masters,*1* not by way of eye-service, as people-pleasers, but with

sincerity of heart, fearing the Lord. **23** Whatever you do, work heartily, as for the Lord and not for men, **24** knowing that from the Lord you will receive the inheritance as your reward. You are serving the Lord Christ. **25** For the wrongdoer will be paid back for the wrong he has done, and there is no partiality.

4:1 상전들아 의와 공평을 종들에게 베풀지니 너희에게도 하늘에 상전이 계심을 알지어다

4:1 Masters, treat your bondservants[2] justly and fairly, knowing that you also have a Master in heaven.

1) 헬, 그리스도께 종노릇 하느니라

1 Or your masters according to the flesh 2 For the contextual rendering of the Greek word doulos, see ESV Preface; likewise for servant in verse 12

〰〰〰 단락 개관 〰〰〰

바울은 그리스도인의 사회적 관계를 다루기 위해 '가정 규례'(household code)[70]라는 잘 알려진 구조를 사용한다. 책임은 사회적 지위를 가진 사람은 물론 가지지 못한 사람에게도 주어진다.

---

70 독일어 '하우스타펠'(Haustafel, 복수형은 Haustafeln)은 일반적으로 Martin Luther가 만들었다고 여겨진다. 이 단어는 학술 문헌에 자주 쓰인다. Pao, *Colossians and Philemon*, 263-266의 논의를 보라.

〰〰〰 단락 개요 〰〰〰

X. 가정 규례(3:18-4:1)

  A. 아내와 남편의 책임(3:18-19)

  B. 자녀와 아버지의 책임(3:20-21)

  C. 종과 주인의 책임(3:22-4:1)

〰〰〰 주석 〰〰〰

3:18-4:1 개요

이 단락은 기본적으로 에베소서 5:22-6:9과 동일한 구조를 따르지만, 전체적으로 훨씬 간결하다. 골로새서에서 더 긴 한 부분은 종들(ESV는 "bondservants", 3:22; 4:1)에게 말하는 부분이다. 에베소서 5:22-6:9의 규례에는 바울의 지침들을 뒷받침하는 상당한 설명들이 있는 반면, 골로새서에는 대체로 그러한 설명들이 없다. 두 규례의 불연속적인 측면들 때문에 문학적으로 직접적인 의존성은 없는 듯하지만, 상당한 정도의 연속성이 형식적인 연관성을 암시한다. 파오는 별개의 단원으로 되어 있다는 점, 그리고 다양한 신약 문서(특히 에베소서와 베드로전서)와 다른 문서(예를 들어, 디다케 4:9-11; 클레멘스1서 21.6-9)에 유사한 규례들이 나타난다는 점은, 여러 저자들이 각 경우마다 다르게 개조하여 각색한 기존의 전승이 있었음을 암시할 수 있다고 제안한다.[71]

기본 형식은 분명하다. 즉, 직접적인 호칭, 지침, 간단한 이유다. 이 형식

---

71 Pao, *Colossians and Philemon*, 264.

을 따르지 않는 두 가지 예외가 있다. 첫째, 남편들에게 주는 지침에는 그 지침의 이유가 제시되지 않는다. 이유가 있어야 할 곳에 두 번째 지침이 있다("사랑하며 괴롭게 하지 말라"). 둘째, 종들에게 주는 지침에는 간단한 이유가 있어야 할 자리에, 그 지침을 이행할 때의 태도와 그 태도의 이유에 관한 긴 설명이 있다.

명령들의 균형이 눈에 띈다. 각각의 쌍에는 당시 그리스-로마 사회에서 권위의 자리에 있던 한쪽과 그렇지 못한 한쪽이 있다. 바울이 권위 아래 있던 자들에게 권면하는 것은 놀랍지 않다. 놀라운 점은 그가 권위 '있는' 자리에 있던 이들에게도 권면한다는 것이다. 오브라이언은 에드워드 슈바이처(Eduard Schweizer)의 연구를 이렇게 요약한다. "아내와 자녀와 종이 남편과 아비와 상전과 동등하게 권면을 받는다. 이는 완전히 새롭지는 않지만, 상호 의무를 이렇게 강조하는 면에서 골로새서 3:18-4:1같이 전면적인 사례는 없다."[72] 사실 이 규례에서 핵심 사안은 진정한 권위가 어디에 있는가, 이 단락 곳곳에서 바울이 퀴리오스(*kyrios*)를 반복해서 사용하며 강조하는 바가 무엇인가이다.[73] 퀴리오스는 '주인'으로 번역할 수 있고 어떤 경우에는 그렇게 번역해야 하지만, 바울의 글에서 이 단어의 자연스러운 용법은 예수 그리스도를 "주"로 묘사하는 것이다. 모든 인간관계는 주 예수 그리스도와의 관계라는 맥락 안에 있으며, 어떤 인간의 권위도 그분의 궁극적인 권위에 의해 상대화된다.

3:18 바울은 아내들을 직접 부르며 시작한다(주격 복수 명사와 관사를 사용하는데. 이는 호격의 대안으로 쓰일 수 있다).[74] 이 단락 곳곳에서는 직접적인 호칭이 반복해서 사용되는데, 이는 각 구절의 구조를 확립하는 동시에, 각 그룹에

---

72 O'Brien, *Colossians-Philemon*, 218.

73 참고. 같은 책, 219.

74 Pao, *Colossians and Philemon*, 262.

속한 이들에게 그들을 향한 지침에 특별한 주의를 기울일 것을 요청한다. 아내는 남편에게 "복종하라"[휘포타세스테(hypotassesthe)]는 명령을 받는다(참고. 엡 5:22, 사실 이곳에는 명령문이 없고 5:21에서 사용된 분사를 가져온다). 중간태는 '스스로 순종하라' 같은 의미를 암시한다. 다시 말해, 이 지침은 움츠린 복속을 의도한 가혹한 명령이 아니다. 오히려 의도적으로 결단하라, 어떤 식으로 행동하기로 선택하라는 요청이다. 이러한 선택의 이유는, 그것이 "주 안에서 마땅하[기]" 때문이다. 따라서 아내가 이 명령에 긍정적으로 반응하기로 선택하는 주요한 이유는, 남편의 뜻 때문이 아니라 그리스도와의 관계 때문이다. 같은 동사 형태가 고린도전서 15:28에서 그리스도에게 적용된다. "만물을 그에게 복종하게 하실 때에는 아들 자신도 그때에 만물을 자기에게 복종하게 하신 이에게 복종하게 되리니 이는 하나님이 만유의 주로서 만유 안에 계시려 하심이라." 남녀 관계에 관한 바울의 견해에 영향을 미쳤을 수 있는 다양한 사회적 요인을 두고 주석들은 많은 논의를 제시하지만, 그의 견해의 근본적인 이유는 기독론적이다.

3:19 반면, 남편들은 "아내를 사랑하[라]"는 지시를 받는다. 해석자들은 사랑에 사용된 헬라어 동사들을 다룰 때 세심해야 한다. 너무 많은 대중적인 해설이 특정 동사를 놓고 그 어휘가 지지할 수 없는 결론을 끌어낸다. 이곳에 사용된 동사는 아가파오(agapaō)인데, 보통 '자기희생적인' 사랑 혹은 '하나님의' 사랑으로 묘사된다(특히 요한복음 21장 해설에서). 물론 다양한 헬라어 동사의 실제 용례는 그러한 단순한 결론을 허용하지 않는다. 하지만 에베소서 5:25(여기서 남편은 그리스도가 교회를 사랑하신 것처럼 아내를 사랑하라는 지시를 받는다)에 나오는 병행 어구와 이 구절의 더 광범위한 기독론적 맥락을 볼 때, 남편이 보여야 할 사랑은 그리스도께서 자기 백성들에게 보이신 것과 같은 사랑인 듯하다. 이는 정말로 자기희생적인 사랑이다. 괴롭게 하지 말라는 덧붙여진 짧은 명령에는 당시 문화의 전형적인 경험이 반영되어 있을 것이다. 바울은 남자들에게 그 경험을 정당한 것으로 받아들이지 말라고 요청한다. 아마도 이는 창세기 3:16을 상기시키는 것 같다. 그

곳에서 여자에 대한 저주에는 남편이 "너를 다스릴 것이니라"라는 말이 있는데, 이는 고압적인 태도를 암시한다. 앞에서 언급했듯이 남편들에 대한 이 지침에는 이유가 제시되지 않는다.

3:20 아내들과 달리 자녀들은 순종해야[휘파쿠오(*hypakouô*)] 한다. 이 표현은 출애굽기 20장에 나오는 제5계명을 상기시킨다. 다시 한 번 순종의 이유는 주님과의 관계다. 자녀가 부모에게 순종하면 '주님을 기쁘시게'("pleases the Lord", 개역개정은 "주 안에서 기쁘게 하는 것") 해드린다.[75]

3:21 그리스 로마 가정에서 가장이 전권을 가졌음을 고려할 때, 아버지들에게 적절하게 행동하라는 지시를 하는 것은 놀라운 일이다. 바울이 "부모"보다 "아비들"을 대상으로 하는 이유는 아마도 이 특정한 사회 구조 때문일 것이다. 아버지들은 자녀들을 "노엽게 하지 말[라]"는 지시를 받는다. 남편들의 경우에서처럼, 바울은 사회적 압력 때문이든 그리스도인이 되기 이전의 습관 때문이든, 그리스도인 아버지들이 속한 일반 사회의 전형적인 행동에 대해 경고하고 있는 것 같다. 그리스도인 아버지들은 아버지로서 마땅히 그래야 하듯 긍휼을 베푸시는 하나님의 성품을 드러낼 것으로(시 103:8-14) 기대된다.

3:22 바울은 이제 종들, 그리스-로마 사회 상황에서 가장 낮은 지위를 가진 이들에게 말한다. 종들은 상전들에게 "순종"하라는 지시를 받는다. 바울은 자녀들에게 말할 때 사용한 것(20절)과 같은 동사(휘파쿠오)를 사용하는데, 이러한 기본 명령을 두 개의 전치사구가 수식한다. 먼저, 종들은 "모든 일에"[카타 판타(*kata panta*)] 순종하라는 지시를 받는다. 즉 요구되는 것은 온전한 순종이다. 하지만 이 명령은 두 번째 어구의 수식도 받는데, 이

---

75 Pao는 이 해석을 선호하지만, 다른 가능성들에 대해서 같은 책, 269-270을 참고하라.

어구가 명사 "상전들"을 수식한다. 헬라어는 '육신을 따른'[카타 사르카(kata sarka)]으로 해석되며, 이는 '인간적인'(개역개정은 "육신의")과 같은 뜻이다. 이 어구가 그리스도인 종들에게는 그들에게 궁극적 권위를 가지시는 "하늘[의] 상전"도 있다는 함의를 분명히 가지고 있음은, 뒤에 나오는 4:1에 의해 지지된다.

종들에게 요구되는 행동은 '이처럼 하지 말고 이처럼 하라'는 균형 잡힌 구조에 의해 더 명확해진다. 소극적으로 종들은 누가 볼 때만 효율적으로 일하는 "눈가림"을 하지 말아야 한다. 또 지지만을 구하는 "사람을 기쁘게 하는 자"가 되지 말아야 한다. 적극적으로 "주를 두려워하여 성실한 마음으로" 일해야 한다. 다시 우리는 변화된 마음과 주님을 향한 전적인 헌신이 올바른 행동의 근본 동기임을 본다. 이 문맥에서 "주"는 예수님이다.

3:23 바울은 그리스도인 종이 맞닥뜨리는 가능한 모든 상황을 아우르는 표현[호 에안(ho ean), "무슨 일을 하든지"]을 사용하여, 적극적인 지침을 더 제시한다. 모든 것을 포괄하는 표현은 그리스도인 공동체 전체를 대상으로 했던 17절을 상기시킨다. 또 종들은 "마음을 다하여" 일해야 한다. 헬라어 단어가 다르긴 하지만, 22절의 "성실한 마음으로"[카르디아스(kardias)]와 23절의 "마음을 다하여"[프쉬케스(psychēs)]는 "사실상 동일하다."[76]

3:24 바울은 이전에 받은 신앙 교육을 통해 분명 그리스도인 종들이 이미 아는 바를[분사 에이도테스(eidotes, "…아나니")를 사용하여] 상기시킴으로써 자신의 권면에 힘을 보탠다. 그들은 "기업의 상"을 받으리라는 점을 알아야 한다. "상"[안타포도시스(antapodosis)]에 해당하는 단어는 신약에서 이곳에만 나온다.[77] 다른 헬라어 문헌에서는 부정적인 함의를 가지는 경향이 있긴 하

---

76 O'Brien, *Colossians-Philemon*, 228.

77 참고. BDAG, s.v. ἀνταπόδοσις.

지만, 이곳에서는 "기업"[테스 클레로노미아스(*tēs klēronomias*)]과 함께 긍정적으로 이해해야 한다. 종들에게 주는 이 얼마나 놀라운 약속인가! 그리스-로마 사회에서 종은 상속자가 아니었지만, 이 종은 이제 하나님의 가족에 속한 자이므로 "빛 가운데서 성도의 기업의 부분을 얻기에"(1:12) 합당하다. 이제 바울이 하는 모든 말에 함축된 바가 분명히 언급된다. "너희는 주 그리스도[토 퀴리오 크리스토(*to kyriō Christō*)]를 섬기느니라." 이 단어 조합은 흔치 않다(이곳과 롬 16:18). "주"(또는 "상전", 퀴리오스)와 "그리스도"라는 단어가 합쳐졌으므로, 독자는 이 본문을 통해 이 단락에서 여러 번 언급된 퀴리오스의 온전한 의미를 알 수 있다. 섬김을 실천해야 할 어떤 인간관계에서든, 모든 지위의 모든 신자가 진정으로 섬겨야 할 대상은 그리스도시다.

3:25 3:24의 긍정적인 어조가 다소 갑자기 바뀐다. 어떤 의미에서 바울의 이 말은 더 넓은 문맥에서 그가 했던 말을 뒷받침한다. 하지만 그 내용을 어떻게 이해해야 하는지는 곧바로 알 수가 없다. 가장 자연스러운 해석은 이 경고를 바로 앞에 나오는 내용과 연관 지어 이해하는 것이다. 바울이 궁극적인 주/상전이 그리스도임을 강조했으므로, 또한 "불의를 행하는 자"를 벌하시는 그 주인의 권위에 주의를 집중시킨다는 것이다. 유사한 생각이 이어지는 절에 암시된다.

4:1 바울은 종들을 향한 긴 단락을 마무리 지은 뒤, 이제 상전들에게로 방향을 바꾼다. 상전들은 사실상 종들을 재산으로 소유했으므로, 종들과 관련하여 의무가 부과되는 것은 어떤 상전들에게는 당연히 이상해 보였을 것이다. 하지만 바울은 그들에게 의와 공평을 베풀라고 지시한다. 종을 공정하게 대하라는 요청은 그리스도인 저자들만의 것이 아니었다. 비그리스도인 저자 가운데 세네카(Seneca)는 종을 인도적으로 대할 것을 강력하게 지지한 자로 알려져 있다(참고. 그의 *Forty-Seventh Letter to Lucilius*). 그러한 행동에 대해 이곳에서 제시하는 이유는 상전들에게도 하늘에 "상전"(퀴리오스)이 계시기 때문이다. 그 퀴리오스가 '주인'(땅의 상전들과 병행되는)과 '주'(예수

그리스도를 가리키는)로 다 이해될 수 있다는 점은 이 말에 상당한 수사적 힘을 부여한다.

≋≋≋ 응답 ≋≋≋

이 주석의 많은 독자에게 익숙한 현대 사회 구조는 1세기 그리스-로마 세계의 사회 구조와 전혀 다르다. (그러나 '비서구' 사회에 사는 독자들은 그 차이가 덜 확연할 수도 있다.) 바울의 가정 규례는 그 역사적 맥락을 반영하지만, 또한 우리 시대와 사회 상황에도 여전히 중요한 근본 원리를 표현하기도 한다. 골로새서 이 부분에 나오는 것과 같은 명령은 전혀 특별하지 않다. 사실 성경의 여러 구절이 유사한 주제를 다룬다. 예를 들면, 디모데전서 2-3장, 베드로전서 3장, 그리고 에베소서 5-6장의 유사한 단락 등이다.

이 규례와 관련하여 가장 놀라운 점은, 그리스도인들이 사회에서 어떤 역할을 하든지 삶으로서 믿음을 보이라고 요청한다는 것이다. 그것은 대단한 권위의 자리일 수도 있지만, 권위가 조금 있거나 거의 없는 자리일 수도 있다.

각 명령은 자신의 행동과 태도에 책임을 져야 하는 이들에게 주어진다. 어떤 집단에게 다른 사람의 태도를 변화시키라고 명령하지 않는다. 세계 각지의 입법과 사법 판결은, 가정 내의 관계에 대한 기독교적 시각에 자주 이의를 제기한다. 문화적인 압력에 직면해서도 그리스도인들은 당대의 문화적 규범이 아니라 하나님의 말씀이 우리 관계를 규정하게 해야 한다(참고. 잠 3:5-8). 사랑과 복종은 다양한 환경에서 다른 형태를 띨 수 있지만, 우리는 대인 관계에 관한 하나님의 원리를 거부해서는 안 된다. 그리스도인들은 가정 내에서 그리스도인의 건강한 관계를 보여주는 중요한 증거를 고찰하며 용기를 낼 수 있다. 남편과 아내와 부모와 자녀의 관계에서 사랑과 은혜와 평화를 드러내는 그리스도인 가정들을 다른 이들이 볼 수 있을 것이다. 덧붙이자면 서구사회는 이제 종과 상전에 관한 지침을 받는 특정 구조가 아니지만, 여전히 다른 사람의 선을 구하고 마음을 다하여 "주께 하듯"(골 3:23) 일하는 고용주와 고용인이 그리스도를 증언할 가능성을 충분히 존재한다.

2 기도를 계속하고 기도에 감사함으로 깨어있으라 3 또한 우리를 위하여 기도하되 하나님이 1)전도할 문을 우리에게 열어 주사 그리스도의 비밀을 말하게 하시기를 구하라 내가 이 일 때문에 매임을 당하였노라 4 그리하면 내가 마땅히 할 말로써 이 비밀을 나타내리라

2 Continue steadfastly in prayer, being watchful in it with thanksgiving. 3 At the same time, pray also for us, that God may open to us a door for the word, to declare the mystery of Christ, on account of which I am in prison— 4 that I may make it clear, which is how I ought to speak.

5 외인에게 대해서는 지혜로 행하여 2)세월을 아끼라 6 너희 말을 항상 3)은혜 가운데서 소금으로 맛을 냄과 같이 하라 그리하면 각 사람에게 마땅히 대답할 것을 알리라

5 Walk in wisdom toward outsiders, making the best use of the time. 6 Let your speech always be gracious, seasoned with salt, so that you may know how you ought to answer each person.

7 두기고가 내 사정을 다 너희에게 알려 주리니 그는 사랑 받는 형제요 신실한 일꾼이요 주 안에서 함께 종이 된 자니라 8 내가 그를 특별히 너희에게 보내는 것은 너희로 우리 사정을 알게 하고 너희 마음을 위로하게 하려 함이라 9 신실하고 사랑을 받는 형제 오네시모를 함께 보내노니 그는 너희에게서 온 사람이라 그들이 여기 일을 다 너희에게 알려 주리라

7 Tychicus will tell you all about my activities. He is a beloved brother and faithful minister and fellow servant[1] in the Lord. 8 I have sent him to you for this very purpose, that you may know how we are and that he may encourage your hearts, 9 and with him Onesimus, our faithful and beloved brother, who is one of you. They will tell you of everything that has taken place here.

10 나와 함께 갇힌 아리스다고와 바나바의 생질 마가와 (이 마가에 대하여 너희가 명을 받았으매 그가 이르거든 영접하라) 11 유스도라 하는 예수도 너희에게 문안하느니라 그들은 할례파이나 이들만은 하나님의 나라를 위하여 함께 역사하는 자들이니 이런 사람들이 나의 위로가 되었느니라 12 그리스도 예수의 종인 너희에게서 온 에바브라가 너희에게 문안하느니라 그가 항상 너희를 위하여 애써 기도하여 너희로 하나님의 모든 뜻 가운데서 완전하고 확신 있게 서기를 구하나니 13 그가 너희와 라오디게아에 있는 자들과 히에라볼리에 있는 자들을 위하여 많이 수고하는 것을 내가 증언하노라 14 사랑을 받는 의사 누가와 또 데마가 너희에게 문안하느니라 15 라오디게아에 있는 형제들과 눔바와 그 여자의 집에 있는 교회에 문안하고 16 이 편지를 너희에게서 읽은 후에 라오디게아인의 교회에서도 읽게 하고 또 라오디게아로부터 오는 편지를 너희도 읽으라 17 아킵보에게 이르기를 주 안에서 받은 직분을 삼가 이루라고 하라

¹⁰ Aristarchus my fellow prisoner greets you, and Mark the cousin of Barnabas (concerning whom you have received instructions—if he comes to you, welcome him), ¹¹ and Jesus who is called Justus. These are the only men of the circumcision among my fellow workers for the kingdom of God, and they have been a comfort to me. ¹² Epaphras, who is one of you, a servant of Christ Jesus, greets you, always struggling on your behalf in his prayers, that you may stand mature and fully assured in all the will of God. ¹³ For I bear him witness that he has worked hard for you and for those in Laodicea and in Hierapolis. ¹⁴ Luke the beloved physician greets you, as does Demas. ¹⁵ Give my greetings to the brothers² at Laodicea, and to Nympha and the church in her house. ¹⁶ And when this letter has been read among you, have it also read in the church of the Laodiceans; and see that you also read the letter from Laodicea. ¹⁷ And say to Archippus, "See that you fulfill the ministry that you have received in the Lord."

¹⁸ 나 바울은 친필로 문안하노니 내가 매인 것을 생각하라 은혜가 너희에게 있을지어다

¹⁸ I, Paul, write this greeting with my own hand. Remember my chains. Grace be with you.

1) 또는 말씀의 문을 2) 헬, 기회를 사라 3) 또는 감사하는 가운데서
1 For the contextual rendering of the Greek word *sundoulos*, see ESV Preface *2* Or *brothers and sisters*

≋≋≋≋ 단락 개관 ≋≋≋≋

골로새서의 마지막 부분은 마지막 지침들과 인사를 광범위하게 모아놓는
데, 골로새 교인들을 향한 바울의 중요한 몇 가지 관심사를 강조하는 동시
에 이 서신을 받는 그 그리스도인 공동체의 역사적 정황을 엿보게 해준다.
처음 몇 절은(2-6절) 공동체 생활의 여러 측면을 다루지만, 이 장의 나머지
부분에서는 긴 인사 목록 다음에 개인적인 서명과 아주 짧은 축도가 이어
진다.

≋≋≋≋ 단락 개관 ≋≋≋≋

XI. 바울의 기도 요청(4:2-4)
XII. 바울이 자애로운 그리스도인의 삶을 요청하다(4:5-6)
XIII. 마지막 인사(4:7-18a)
XIV. 축도(4:18b)

≋≋≋≋ 주석 ≋≋≋≋

4:2 바울의 마지막 지침들은 다소 무작위로 보일지 모르지만, 사실 서신의
앞부분에서 핵심 주제들을 골라 강조하고 있다. 또 2-4절과 5-6절은 유사
한 문법 구조를 따른다[“둘 다 명령문 다음에 두 개의 분사와 동사 데이(*dei*, “마땅히”)
가 담긴 어구가 이어진다”[78]].

---

[78] Sumney, *Colossians: A Commentary*, 255.

바울의 최우선순위는 기도다. 그는 이미 1:9-12에서 골로새 교인들에게 기도의 본을 보였고 3장의 여러 부분에서 기도를 암시했지만(특히 감사와 관련한 부분), 지금은 직접적으로 골로새 교인들에게 기도하라고 요청한다. 동사 프로스카르테레오(*proskartereō*)는 바울의 글에서 매우 드물다(다른 데서는 롬 12:12과 13:6에만 나온다). BDAG에 따르면, 그 동사는 끈질기게 계속한다는 의미로 '전념하다' 혹은 '인내하며 계속하다'라는 좋은 어감을 가진다.[79] 이는 끈질기게 계속하는 것이 쉽지 않음을 암시한다. 바울은 "깨어있으라"라는 현재분사를 써서 인내하며 계속한다는 것이 무슨 뜻인지 설명한다. 바울은 고린도전서 16:13과 데살로니가전서 5:6(그리고 살전 5:10에서 조금 다른 의미로)에서 이 단어를 비슷한 방식으로 사용한다. 그런 다음 그는 "감사함으로"를 통해, 요구되는 태도를 설명한다. 감사는 서신 곳곳에서 강조되었다. 이는 교회의 주요한 특징이 되어야 한다.

4:3 바울은 기도하라는 일반적인 지침에 뒤이어, 골로새 교인들에게 "우리"를 위해 기도할 구체적인 기도 제목을 제시한다. 복수 대명사는 바울이 다른 사람들과 함께 일하는 것을 선호함을 강조한다. 그의 구체적인 기도 제목은 "하나님이 전도할 문을…열어 주사 그리스도의 비밀을 말하게" 해 주시는 것이다. 이곳에서 바울은 앞의 1:26-27과 2:2에서 사용한 "비밀"이라는 표현을 고른다. 그 비밀은 영광의 소망이신 그리스도께서 나라들 가운데 알려져야 한다는 것이다. 이는 서신 곳곳에서 선교를 강조하는 모습과 연결되고, 또한 하나님께서 바로 선교를 지휘하시는 분이라는 바울의 확신을 강조한다. 선교는 정말로 미시오 데이(missio Dei, '하나님의 선교')다. 자신이 현재 옥에 갇혀 있다는 바울의 간단한 언급은 예수님의 복음이 그의 절대적인 우선순위임을 강조할 뿐이다.

---

79 BDAG, s.v. προσκαρτερέω.

4:4 바울은 자신의 기도제목을 더 자세히 설명한다. "그리하면 내가 마땅히 할 말로써 이 비밀을 나타내리라." 놀라운 점은, 바울이 이 지점까지 보인 헌신에도 불구하고 그가 자신의 인간적인 약함과, 하나님께서 위임하신 과업을 수행하기 위해 그분의 능력이 베풀어져야함을 인식하고 있다는 것이다.

4:5 이제 바울은 골로새 교인들이 그리스도인 공동체 밖에 있는 이들과 어떻게 관계를 맺어야 하는 지로 방향을 바꾼다. 그는 두 가지 주요한 지침을 포함시킨다(5-6절). 첫 번째는 "지혜로 행하여"다. 이곳의 바울의 표현은 1:10의 표현과 유사하다. 두 경우 다 '행하다'라는 동사는 전반적인 삶의 방식을 말하는 방법이다. 바울에게 지혜는 단순한 지식이나 인간의 인생 경험이 아니라, 하나님께서 주시는 선물이다. 이 지침을 현재분사 '시간을 구속하라'["redeeming the time"(KJV), 개역개정은 "세월을 아끼라"]가 수식한다. 구속이라는 표현은 이미 이 서신에서 여러 번 사용되었는데, 이곳에서는 모든 순간마다 복음을 위한 섬김에 적극적으로 헌신해야 한다는 의미이다.

4:6 바울의 두 번째 지침은 더 구체적으로 신자들이 말하는 방식을 다룬다. 바울은 그리스도인 공동체 밖에 있는 이들을 향한 말을 가리키는 것이라 명시하지는 않지만, 앞 절의 문맥이 그러하다고 암시한다. 이 절과 베드로전서 3:15은 사고가 아주 유사하다. 그러나 특정 집단이 명시되지 않는다는 사실은 더 폭넓은 적용을 허용한다. 바울이 3장에서 보여주었듯이, 사람이 말하는 방식은 아주 중요하다. 바울은 악과 맞설 때 아주 직설적일 수 있었지만(참고. 행 13:10), 그의 전형적인 지침은 말을 은혜롭게 해야 한다는 것이다. "소금"에 대한 언급은 마태복음 5:13에 나오는 예수님의 가르침을 상기시킨다. 그러나 이곳에서 그 단어가 함축하는 바는 보존이 아니라, 복음을 제시할 때 잘 들릴 수 있도록 맛을 더하는 것이다.

4:7-9 서신은 꽤 긴 인사 부분으로 마무리된다. 에베소서와 비교해 보면 이는 조금 당황스럽다. 바울이 개인적으로 알지 못했던 교회에는 이렇게 광범위한 인사를 쓰면서도, 2년 넘게 목회한 교회에 쓴 편지에는 사실상 인사를 거의 담지 않은 이유는 무엇인가? 사실 로마서 16장에도 유사한 상황이 나온다. 거기서 바울은 아직 방문하지 않은 교회에 속한 여러 사람에게 문안한다. 이와 마찬가지로 데살로니가전서는 바울이 잘 알았던 교회에 쓴 편지지만, 세세한 인사가 담겨 있지 않다. 이 사실은 이러한 특징으로부터 성급한 결론을 도출하지 않도록 조심해야 함을 시사한다.

언급된 몇 사람에 대해서는 간단한 설명이 필요할 것이다. 두기고(7절)와 오네시모(9절)는 골로새 그리스도인들에게 서신을 전달하는 역할을 한다. 둘 다 비슷한 용어로 따뜻하게 묘사된다.

4:8 두기고의 임무는 소식을 나누고 골로새 신자들의 마음을 위로하는 것이다. 바울이 이곳에서 사용하는 어구는 골로새서 2:2과 아주 유사하다.

4:9 신약성경에 익숙한 사람이라면 오네시모가 언급되는 것을 보고 당연히 바울이 빌레몬에게 보낸 편지에 나오는 오네시모를 떠올릴 것이다. 사실 이는 동일 인물일 가능성이 아주 높다. 바울은 그에게 그리스도 안에서 가족 된 이들과 소식을 나누는 아주 중요한 지위를 부여한다.

4:10 두기고와 오네시모는 자유롭게 이동했던 반면, 아리스다고는 그렇지 못한 것으로 보인다. 그는 바울과 "함께 갇힌" 자로 묘사된다.

4:11 마지막으로 언급된 동료들은 "할례파"로 묘사된다. 이 표현은 바울이 어떤 종파를 묘사하는 데 사용되곤 하지만, 이곳에서는 단지 유대인 그리스도인들을 가리킨다.

4:12-13 에바브라는 서신의 첫 부분에서 아주 중요한 역할을 했다. 이곳

에서는 골로새 교인들을 향한 그의 헌신이 강조된다. 1:7과 빌레몬서 1:23 절의 주석을 보라.

4:14 누가와 데마는 지나치듯이 언급된다. 그러나 그들이 초기 그리스도 인 공동체에 미친 영향은 완전히 달랐다. 누가는 복음 전파에 관해 이야기 하는 중요한 문서를 작성했다. 데마는 슬프게도 결국 바울을 저버린 것 같 다(딤후 4:10). 신약 여러 곳에 나오는 이름들을 볼 때, 다양한 곳에 나오는 같은 이름이 다른 사람을 가리킬 가능성을 염두에 두어야 한다. 그러나 자 세한 설명 없이 나오는 이름들은, 초기 그리스도인 공동체에서 잘 알려져 있음을 암시한다.

4:15 바울은 라오디게아에 있는 그리스도인들에게 문안한다. 다음 절에 서 살펴볼 것처럼 분명 이 두 교회는 관계가 있었다. 눔바에 대한 언급은 모호하다. 눔바가 라오디게아에 기반을 두었는지 골로새에 기반을 두었는 지는 분명하지 않다. 이 여인은 자기 집을 그리스도인들이 모임 장소로 이 용할 수 있게 해주었던 것 같다. 눔바는 초기 교회에 중요한 기여를 한, 신 약에 언급된 수많은 여인 중 하나다.

4:16 이 절은 초기 그리스도인 공동체의 역학 관계, 특히 신약 정경 형 성에 관한 아주 흥미로운 통찰을 제공한다. 골로새서는 분명 특정 집단에 보내졌지만, 바울은 이웃 교회도 그의 서신을 읽기를 기대하는 마음을 표 현하고, 이와 마찬가지로 라오디게아 사람들에게 보낸 편지도 골로새 교 인들이 읽기를 기대한다. 바울의 서신들이 평범한 서신의 범위를 넘어서 는 역할을 하기 시작하고 있다. 그 서신들은 여러 환경에 적절한 가르침 이 되었다.

4:17 아킵보는 골로새 교회를 통해 바울로부터 직접 메시지를 받는다. 불 행히도 우리는 바울이 언급하는 직분의 특별한 성격을 밝힐 수 없다.

4:18 바울은 갈라디아서와 빌레몬서에서 그랬듯, 친필로 서명한다. 아마도 서신이 진짜임을 입증하기 위해서겠지만, 자신의 문안 인사에 개인적인 손길을 더하기 위함이라고도 생각된다. 그는 골로새 신자들에게 자신의 매인 상황을 기억하라는 간단한 간청을 덧붙인다. 골로새서를 가택 연금 상황에서 기록하긴 했지만 자유는 여전히 축소되어 있었으므로, 그는 기도와 실제적인 도움이라는 그리스도인들의 지원을 구한다. 마지막 축도는 간결하고 예리하다. 바울은 신자들이 하나님의 은혜를 경험하기를 간절히 바란다.

≋≋≋≋ 응답 ≋≋≋≋

기도와 선교에 관한 바울의 명령은 교회의 두 가지 우선순위를 상기시킨다. 바울에게 기도는 선교 사역에서 물러나 있는 시간이 아니라 오히려 선교의 방향을 잡고 능력을 부여받는 근원이다. 우리 자신과 우리 교회에 복음 전파의 기회를 주시도록, 또 듣는 이들이 이해하기 쉽도록 분명하게 담대하게 복음 메시지를 제시하도록 기도하라는 바울의 요청에 우리도 응답할 것인가?

바울의 광범위한 문안 목록은 하나님 나라 사역에서 관계의 중요성을 강조한다(참고. 롬 16장). 만약 우리가 함께 섬기는 이들과 관계를 구축하지 못하고 그들을 칭찬하지 못한다면, 바울의 마지막 문안 인사를 몇 번 더 읽어야 할 것이다. 자신과 함께 섬겼던 이들에 대한 감사를 그들에게와 다른 이들에게도 표현하는 것은 바울의 사역 전략의 중요한 부분이었다.

축도 앞에 있는 "내가 매인 것을 생각하라"라는 바울의 마지막 어구는, 슬프게도 박해받는 교회를 상기시킨다. 우리는 지금 믿음 때문에 폭력과 죽음을 포함한 심각한 반대에 직면한 신자들을 전에 없이 알고 기도하고 지원할 수 있다. 바울의 간결한 말이, 그리스도를 증언하느라 문자대로든 은유적으로든 매인 이들을 생각나게 해 주기를 바란다.

골로새서와 빌레몬서 참고문헌

Andria, Solomon. "Colossians." In *Africa Bible Commentary*, edited by Tokunboh Adeyemo. Nairobi: WordAlive, 2006.

Bird, M. F. *Colossians, Philemon*. New Covenant Commentary Series. Eugene, OR: Cascade, 2009.

Brown, Raymond E. *An Introduction to the New Testament*. ABRL. New York: Doubleday, 1997. 《신약개론》. CLC.

Calvin, John. *Galatians, Ephesians, Philippians and Colossians*. Calvin's New Testament Commentaries. Vol. 11. Grand Rapids, MI: Eerdmans, 1965 (1556).

> 성경 본문에 대한 칼빈의 사려 깊은 해석은 정평이 나 있고, 그의 주석은 골로새서 본문에 대한 신학적으로 풍성한 해석으로 여전히 중요하다.

Campbell, Constantine R. *Colossians and Philemon: A Handbook on the Greek Text*. BHGNT. Waco, TX: Baylor University Press, 2013.

Deissmann, Gustav Adolf. *Light from the Ancient East*. 1927. Reprint Peabody, MA: Hendrickson, 1995.

Gupta, Nijay K. *Colossians*. SHBC. Macon, GA: Smith & Helwys, 2013.

Harris, Murray J. *Colossians and Philemon*. EGGNT. Nashville: Broadman & Holman, 2010.

―――. *Slave of Christ*. NSBT. Leicester, UK: Apollos, 1999.

Johnston, Mark G. *Let's Study Colossians and Philemon*. Edinburgh: Banner of Truth, 2013.

Lightfoot, J. B. *St. Paul's Epistles to the Colossians and Philemon*. Peabody, MA: Hendrickson,1999 (1875).

> 라이트풋은 헬라어 본문에 관한 고전적인 영국 학계를 대표한다. 그의 주석은 엄청난 학식을 드러내 보이며, 학계가 더 발전했음에도 여전히 엄청난 정보와 논평의 원천이다. 이 주석은 상당히 어려운 수준이다.

Marshall, I. Howard. *New Testament Theology.* Nottingham, UK: Apollos, 2004.《신약
성서 신학》. CH북스.

Moo, Douglas J. *The Letters to the Colossians and to Philemon.* PNTC. Grand Rapids,
MI: Eerdmans, 2008.《골로새서 · 빌레몬서》. PNTC. 부흥과개혁사.

> 무는 바울서신에 대한 세심한 주석가로 유명하다. 그는 어려운 논쟁을 회피
> 하지 않으면서도 바울의 신학적 의도를 잘 따라간다. 무는 성경 본문을 명확
> 하게 강조하면서도 현대의 학문적 자료에 대한 이해하기 쉬운 논의를 제공
> 한다. 조금 더 전문적인 이슈들은 각주에 배치하여 본문은 읽기 쉽게 해 두
> 었다.

O'Brien, Peter T. *Colossians, Philemon.* WBC. Waco, TX: Word, 1982.《골로새서 · 빌
레몬서》. WBC 성경주석. 솔로몬.

> 오브라이언의 주석은 이 주석 시리즈의 초기 작품으로, 시리즈의 기준을 높
> 여 놓았다. 오브라이언은 현대 주석가들 가운데 여전히 최고의 위치에 있
> 다. 골로새서와 빌레몬서에 관한 그의 책은, 지금은 이차적인 문헌과의 상
> 호작용 면에서 다소 시대에 뒤떨어지긴 하지만, 헬라어 본문에 대한 귀중한
> 논의다.

Wright, N. T. *Colossians and Philemon.* TNTC. Leicester, UK: Inter-Varsity Press, 1986.

Pao, David W. *Colossians and Philemon.* ZECNT. Grand Rapids, MI: Zondervan, 2012.

> 파오의 책은, 전문적인 논의에 치우치지 않고 헬라어 본문을 적정 수준에서
> 다루는 탁월한 최근의 주석 시리즈에 속해 있다. 골로새서와 빌레몬서에 관
> 한 가장 최근의 중요한 주석 중 하나로, 최근 학계와의 상호작용에서 도움
> 을 얻었다. 빌레몬의 배후 정황에 관한 파오의 재구성은 새롭지만 다소 이
> 론의 여지가 있다.

Peterson, D. G. "Maturity: The Goal of Mission." *In The Gospel to the Nations:
Perspectives on Paul's Mission*, edited by Peter Bolt and Mark Thompson, 185-204.
Leicester: Apollos, 2000.

Runge, Steven E. *Discourse Grammar of the Greek New Testament: A Practical
Introduction for Teaching and Exegesis.* Bellingham, WA: Lexham, 2010.

Seitz, Christopher R. *Colossians.* BTCB. Grand Rapids, MI: Brazos, 2014.

Streett, Daniel R. "Philemon." In *Theological Interpretation of the New Testament: A Book-by-Book Survey*, edited by Kevin J. Vanhoozer, 182-185. Grand Rapids, MI: Baker, 2008.

Sumney, Jerry L. *Colossians*. NTL. Louisville: Westminster John Knox, 2008.

Thompson, Marianne Meye. *Colossians and Philemon*. THNTC. Grand Rapids, MI: Eerdmans, 2005.

Wilson, R. McLachlan. *Colossians and Philemon: A Critical and Exegetical Commentary*. ICC. Edinburgh: T&T Clark, 2005.

데살로니가전서

ESV 성경 해설 주석

데이비드 W. 채프먼 지음

ESV Expository Commentary
1 Thessalonians

데살로니가전서 서론

개관

바울과 실루아노와 디모데는 데살로니가 교회를 향해 계속 그리스도를 따르는 자로 행하라고 격려한다. 바울의 선교팀은 이 새 신자들이 충분히 가르침을 받고 교회로 확고히 서기 전에 이들을 떠날 수밖에 없었다. 그래서 이 서신은 멀리서 그 교회를 위로하고 권면하는 데 많은 지면을 할애한다.

바울과 그의 동료들은 데살로니가 교인들에게 깊은 애정을 표현하며(살전 2:1-12; 2:17-3:10), 그들의 지역 모임이 마게도냐와 그리스 지역 모임의 모범이 되었다고 확실하게 말한다(1:6-10; 2:13-14). 또한 바울은 이교 사회 가운데서 음란의 위험(4:1-8), 그리스도인으로 죽은 자들에게 일어날 일에 관해 데살로니가 교회가 가진 불안(4:13-18), 그리고 예수님의 재림 시기에 관한 질문들(5:1-11)을 다룬다.

저자

저자는 바울과 실루아노와 디모데로 제시된다(1:1). 바울서신에서 다른 사역자 동료들이 공동 저자로 명시되는 경우는 드물지 않다. 하지만 데살로니가전서와 후서에서는 그러한 공동 저자가 더 확연히 드러난다. 예를 들어, 데살로니가전서에서는 저자에게 적용되는 일인칭 동사 중 많은 수가 복수형이다(즉, "우리"). 서신에서 일인칭 단수로 옮겨가는 경우는 매우 드물다(2:18; 3:5; 5:27의 "나"). 이는 바울이 빌립보 교인들에게 보낸 편지와 대조된다. 빌립보서는 "바울과 디모데"로 시작하지만 서신 전체에서 일인칭 단수 저자로 빠르게 옮겨간다("나"). 이렇듯 데살로니가전서가 공동 저술임은 바울의 다른 서신들보다 더욱 강조된다. 그러할지라도 바울이 주요 저자라는 사실은 2:18에서 분명히 나타난다("나 바울은 한 번 두 번 너희에게 가고자 하였으나").

그렇다면 바울은 왜 공동 저자로 실루아노와 디모데를 언급하는가? 데살로니가에서 사역한 바울의 팀에는 디모데와 실루아노/실라 둘 다 있었다(행 15:40; 16:3; 17:4, 10, 14-15). 더욱이 디모데는 데살로니가 교회의 믿음을 더 확고히 하도록 바울의 보냄을 받았다가(살전 3:1-10) 그곳에서 막 돌아온 참이었다. 그래서 이 서신에서 바울은 팀 전체가 데살로니가 교인들의 영적 건강을 위해 애썼다고 표현한다. 주석 전체에서는 주로 바울이 저자로 언급되겠지만, 바울이 선교를 팀 사역이라 여김을 기억하기 위해 '바울과 그의 동료들'로도 자주 언급될 것이다.

서신의 문체와 내용은 바울의 다른 서신들과 많은 부분이 유사하다(이 주석 곳곳의 여러 교차 참고 구절을 주목하라). 이 서신은 바울의 다른 서신들보다(특히 로마서) 덜 체계적이고 덜 신학적이지만, 오늘날 학자들은 바울의 모든 서신이 각 공동체의 신학적·실제적 과제들을 다루며 선교라는 렌즈를 통해 신학에 몰두함을 인정한다. 이 서신은 우리가 아는 바울의 데살로니가 선교(행 17장)와 잘 어울리며, 초대 교회는[참고. 무라토리 정경(the Muratorian Canon),

이레니우스, 터툴리안, 유세비우스] 보편적으로 바울을 저자로 받아들였다.

저작 연대와 배경

바울과 그의 동료들은 데살로니가에서 성공적이었지만 짧은 사역을 한 이후, 그 도시에서 도망쳐야만 했다(행 17:1-10, 참고. 살전 1:1 주석). 이 선교사들은 그곳을 떠난 후, 당연히 그 어린 교회가 그들이 없는 동안 잘 지내는지 염려했다. 특히 그들은 유대인과 이교도들이 교회를 반대하는 상황 가운데 있었다(행 17:5-9, 참고. 살전 1:6 주석; 2:14 주석). 결국 디모데가 믿음 안에서 그 교회의 용기를 북돋워 주기 위해 데살로니가로 떠났다(3:1-6, 참고. 3:1-3a 주석). 디모데가 바울과 실루아노와 합류하자마자, 그들은 그 교회가 계속 복음 안에서 성장한다는 사실을 기뻐하며 이 편지를 썼다(3:6-10). 그들은 서신의 대부분에서 이 신자들에게 복음에 계속 충실하라고 격려한다. 또한 디모데가 그 회중이 던진 몇몇 특정 질문들을 가지고 왔고, 이 서신으로 그에 답변했을 수도 있다(예를 들어, 4:13; 5:1). 데살로니가전서는 바울의 제2차 선교 여행 중 바울과 그의 동료들이 여전히 고린도에 있었을 때 기록된 것 같다. 그렇다면 대략적인 연대는 주후 50-52년 어간일 것이다.

데살로니가는 상업과 통신 면에서 전략적 위치에 있었을 뿐만 아니라 그 성에 유대인들이 거주했다는 점에서, 바울과 그의 팀이 사역하기에 자연스러운 장소였다. 이곳은 마게도냐(마케도니아)에서 가장 인구가 많은 도시였고(Strabo, *Geographica* 7.7.4), 로마의 주요 도로(에그나티아 가도) 위이자 테르메아 만의 번창한 항구에 자리 잡고 있었다. 데살로니가는 그 주의 주도였고 로마의 '자유시'로 지정되어 그에 상응하는 제한된 자치권을 누렸다. 주민 의회와 시 의회에 더하여 '시청 관원'(politarchs)이 지방 정부의 수반이었다(참고. 행 17:6, 8과 고대 비문들).

현대의 대도시가 데살로니가의 고대 유적지 맨 위에 자리 잡고 있기 때문에, 고고학적 연구는 제한적으로 이루어졌다. 하지만 발굴 작업을 통해 로마 포룸(Roman forum)과 함께, 오데움(odeum, 작은 극장) 및 비밀 통로(cryptoporticus, 포룸 아래쪽에 있는 아치형 천장의 통로)를 찾아냈다. 사도행전 17장은 그 성읍에 유대인 회당이 있었다고 기록하고, 몇몇 사마리아와 유대의 비문은 유대인이 거주했음을 입증해 준다. 그렇다하더라도 1세기 도시는 확실하게 그리스-로마 이교도의 손아귀에 있었다. 고대 데살로니가에서 다양한 신과 다른 인물들의 조상이 발굴되었는데, 아테나, 아르테미스, 아프로디테, 데메테르, 헤르메스, 디오니소스 같은 남신과 여신들은 물론 아스클레피오스, 헤라클레스, 카비로스 같은 영웅들을 묘사한 것이었다. 고고학적 기록 역시 신비 종교들(이시스와 미트라 숭배를 포함하여)과 로마 황제 숭배가 존재했음을 입증해 준다. 그 어린 교회는 이러한 종교적 분위기에서 큰 압박감을 느꼈을 것이다.

장르와 문학적 특징

이 서신은 1세기의 다른 서신들과 공통된 특징들이 많다. 저자와 수신자를 명시하고, 감사로 시작하며, 공식적인 결론으로 마무리된다. 하지만 바울은 그의 모든 서신에서처럼, 선교적 신학적 목적에 맞게 그리스-로마의 표준 서신 기법을 수정한다(참고. 살전 1:1-2 주석).

서두의 감사 부분(1:2-10)에는 신학적 단언과 개인적 격려가 담겨 있다. 바울의 생각은 1-3장으로 계속 이어진다. ESV가 2:1-3:13의 각 단락을 그 단락과 이전 내용을 연결하는 단어로 시작함을 주목하라[예를 들어, 2:1, 9의 "for", 2:13의 "and", 2:17의 "but", 3:1의 "therefore", 3:6의 "but", 3:11의 "now"(모두 개역개정에는 없음)]. 따라서 2:1-3:13의 이러한 단락들은 아주 뚜렷한 분할이 아닌, 바울과 그의 동료들이 데살로니가 교인들을 향한 목회적 애정과 관심을 나누는 연속적인 내러티브 도중에 전환이 이뤄지는 부분으로 보아야 한다.

3:11-13의 축도 이후 4:1에서는 "그러므로"라는 단어와 함께 새로운 부분이 시작된다. 이 부분(4:1-5:22)은 여러 가지 권면을 하면서, 데살로니가 교회의 문제들에 답하기도 한다. 바울은 하나님을 기쁘시게 하는 삶을 살라는 권면으로 시작해서(4:1), 로마 사회에서 엄청난 유혹이 되었던 간음을 금한다(4:2-8). 그런 다음 바울의 권면은 형제 사랑과 외인들을 향한 선행을 말하는 데로 옮겨간다(4:9-12). 그리고 4:13-5:11에서는 그리스도의 재림에 관한 두 가지 질문을 다루는 데로 나아간다. 일련의 마지막 권면(5:12-22) 이후, 마무리 축도(5:23-24), 마지막 지시(5:25-27), 그리고 바울의 마지막 은혜 선언이 이어진다(5:28).

신학

바울서신은 일반적으로 추상적이고 신학적인 장황한 설명이 아니라, 바울이 편지를 쓰는 교회들의 명확한 필요들에서 비롯되었다. 이는 데살로니가전서에서 특히 분명히 드러난다. 바울과 그의 팀은 가르침이 더 필요한 어린 교회에 편지를 쓰고 있기 때문이다(3:10). 이는 복음을 이 특정 회중의 삶에 연결하는 선교 신학이다.

이곳에는 바울의 여러 전형적인 신학적 강조점이 나온다. 즉, 성부, 성자, 성령 세 위격의 관계(1:2-6), 그리스도의 주되심을 암시하는 고기독론(참고. 3:11 주석, 또한 1:1 주석; 8-10 주석), 그리스도의 복음에 담긴 구원 메시지(1:5, 8; 2:8-9), 우리를 위한 예수님의 죽음(4:14; 5:10), 예수님이 죽은 자 가운데서 다시 살아나심(1:10; 4:14), 세상을 심판하시고 그분의 나라를 세우시기 위한 예수님의 재림(1:10; 4:13-5:11) 등이다.

바울은 하나님의 은혜가 이 신자들의 삶을 변화시킴을 안다(1:1; 5:28). 특히 하나님께서 이 신자들을 택하셔서 구원하셨고(1:4), 그들은 구원받기에 합당한 믿음으로 응답했다(1:3, 8; 2:13; 3:5-7; 5:8-10). 그리스도인들은 이 생에서 성화의 과정 중에 있으면서(2:12; 4:1-3; 5:23-24) 다가올 세상의 영광을 기다린다. 선행으로 구원받을 수는 없지만, 순종은 신자들의 삶에서 살아 움직이는 구원의 타당한 결과다. 교회는 이생의 환난, 특히 복음에 대한 반대를 견디며 끝까지 인내해야 한다(1:6; 2:13-16; 3:2-5, 8; 5:11).

데살로니가전서에서 가장 세심하게 계획된 신학적 글은, 서두의 감사로 시작되는(1:10, 또한 2:19; 3:13) 종말에 대한 가르침(종말론)이다. 바울은 종말론에 관한 두 가지 주요한 질문을 다룬다. 그것은 그리스도 안에서 죽은 자가 살리심을 받는가(4:13-18), 그리고 그리스도께서 언제 다시 오시는가(5:1-11)이다. 첫 번째 질문에 대해 바울은 확실하게 긍정으로 답하며, 그리스도인으로 죽은 자들은 주님께서 그분의 나라를 온전히 세우러 오실 때 모든 신자가 주님을 만나기 전에 살리심을 받는다고 말한다. 두 번째 질문에 대해 바울은 추측을 막는다. 그리스도의 강림은 예기치 못한 순간에 일어날 것이기 때문이다(5:2).

현대의 신학자들은 신학과 윤리를 구분하려는 경향이 있지만, 바울에게서는 이 둘이 이음매도 없는 하나다. 좋은 신학은 필연적으로 올바른 윤리를 수반한다. 윤리에 관한 바울의 전형적인 가르침 가운데서, 데살로니가전서는 이미타티오(imitatio)라는 주제에 초점을 맞춘다. 바울은 그리스도를 본받고, 교회는 바울의 본과 서로의 본을 따른다(1:6-10, 참고. 1:6 주석). 바울의 여러 권면은 윤리 규범들을 제공하는데, 특히 이 서신에서는 비뚤어진 그리스-로마 사회 가운데서 성적 정절을 지키는 것을 특별히 강조한다(4:3-8). 또 그리스도인의 삶에서 기도와(1:2; 3:10; 5:17, 25) 근면한 노동을 강조한다(1:3; 4:11-12; 5:14). 사랑과 소망은 성화의 핵심 영역이다(1:4; 3:6, 12; 4:9-10). 이 책은 또한 사역과 선교에 대한 심오한 모델을 제공한다(특히 2:1-12).

성경 다른 본문 및 그리스도와의 관련성

이 서신과 바울의 다른 글들은 연관성이 아주 많다(이 주석 곳곳에서 제시되는
여러 교차 참고 구절을 주목하라). 바울의 가르침은 구약성경과 예수님의 사역이
라는 두 주된 출처에서 나온 것이다. 아마도 종말론에 관한 바울의 가르침
에 가장 분명하게 영향을 끼친 것은 예수님의 가르침일 것이다. 그는 "주
의 말씀"에서 그 가르침을 받았고, 또 분명 예수님의 감람산 강화의 도움
을 받았다(참고. 4:15 주석; 4:16 주석; 5:1 주석). 데살로니가전서에는 신학적으
로 복잡한 한 측면이 있는데, 그것은 종말에 관한 이 책의 가르침을 종말
론에 관한 다른 성경 구절들(예를 들어, 마 24장; 살후 1:5-2:12; 벧후 3:1-13; 요한
계시록)과 비교하며 연관성과 독특성을 연구하는 데서 비롯된다.

데살로니가전서 설교하기

설교자들은 보통 복음을 분명하게 선언하는 문장이나 그리스도인의 성장
을 위한 명백한 지침이 담긴 구절들에 끌린다. 그런데 그러다 보면 바울서
신이 여러 다른 방식으로 사역자들과 그들의 회중을 가르치는 것들을 간
과할 수 있다. 데살로니가전서에서 명령문들은 책의 끝부분에만 나오지만
(4:18에서 5:26까지), 기독교적 권면과 윤리적 지침은 1-4장 곳곳에서 눈에
띈다는 점을 주목하라.

이미타티오라는 바울의 주제('내가 그리스도를 본받은 것처럼 나를 본받으라')는,
그가 일인칭으로 하는 많은 말이 그리스도인의 삶과 사역의 본이 됨을 깨
닫게 해준다(특히 2:1-12; 2:17-3:10). 따라서 바울이 엄청난 애정을 담아 반
복해서 그 교회를 언급할 때, 우리는 사랑 가득한 기독교 사역의 모델을
본다. 이는 설교자들이 삶과 메시지에서 따를 수 있는 모델이자, 교회에 속

한 모든 사람에게 본이 되는 모델이다. 바울은 복음이 선포되는 것뿐만 아니라, 선한 동기와 청중에게 유익을 주고자 하는 진심 어린 희생적인 마음으로 복음이 선포되는 것(예를 들어, 2:3-12)도 중요하게 여긴다. 이와 마찬가지로, 바울의 교회들이 서로 본받음으로 그리스도 안에서 성장했던 것처럼, 우리 역시 데살로니가 교회의 인내와 믿음과 사랑의 본에서(예를 들어, 2:13-14) 큰 격려를 받는다.

설교자는 또한 바울이 종말론이라는 복잡한 신학적 주제에 접근하는 방식에서도 격려를 받을 수 있다. 바울은 예수님의 본을 따라, 그리스도께서 정확히 언제 돌아오실지 추측하는 것을 단호히 거부하며, 대신 교회를 향해 준비하라고 촉구한다. 그는 무엇보다 예수님의 부활과 재림을 알려주며 교회를 위로하기 위해 종말론의 진리를 전한다.

해석상 과제

현대의 주석가들 사이에서는 세 가지 핵심적인 해석상 쟁점이 뚜렷하게 나타난다. 첫째로, 학자들은 바울의 제2차 선교 여행 중에 일어난 일련의 역사적 사건들을 고려할 때, 사도행전 17장의 연대표에서 언제 디모데가 데살로니가 교회를 격려하기 위해 그곳으로 돌아갔는지를 놓고 논쟁을 벌인다(참고, 살전 3:1-3a 주석).

둘째로, 구약과 신약의 예언이 이해하기에 복잡함을 고려할 때, 해석자들이 데살로니가전서에 나오는 종말에 관한 자료들(특히 4:13-5:11)과 신약의 다른 종말론 구절의 관계를 검토하는 것은 놀랍지 않다.

셋째로, 일부 학자는 이 서신이 고대 수사적 구조를 따른다고 주장하며, 중심 주장이 서신 전체를 이끌고 간다고 주장한다. 바울은 분명 아주 작은 규모로 수사적 장치와 서간문의 요소를 이용한다. 그러나 이에 반박하는 학자들의 제안은, 서신 전체가 분명한 수사적 방식을 따르는지 아닌지 질문해 보게 만든다. 더 나아가 이 서신을 하나의 중요한 논증으로만 제한하는 것은 환원주의적으로 보인다.

개요

이 구조의 개관에 대해서는 앞의 '장르와 문학적 특징'을 보라.

Ⅰ. 인사(1:1)

Ⅱ. 감사(1:2-10)
    A. 바울의 감사기도(1:2)
    B. 데살로니가 그리스도인의 근면함(1:3)
    C. 그리스도인으로 택함 받음에 대한 확신(1:4)
    D. 복음이 어떻게 그들에게 이르렀는가(1:5)
    E. 그들은 어떻게 반응했는가(1:6-10)

Ⅲ. 복음 사역과 데살로니가 교인들의 반응(2:1-3:13)
    A. 복음이 어떻게 데살로니가에 이르렀는가(2:1-12)
      1. 고난 가운데서도 담대히(2:1-2)
      2. 거짓된 동기 없이 하나님을 기쁘시게 하려는 마음으로
        (2:3-6)
      3. 어머니 같은 애정으로(2:7-8)
      4. 진심 어린 수고로(2:9-10)
      5. 아버지같이 가르침으로(2:11-12)

B. 데살로니가 교인들이 어떻게 반응하고 견디었는가(2:13-16)

    1. 데살로니가 교인들의 반응(2:13-14a)

    2. 복음에 대한 유대인들의 반대(2:14b-16)

C. 소식을 간절히 원하는 바울(2:17-3:5)

    1. 바울이 데살로니가로 돌아가려 했으나 저지당함(2:17-20)

    2. 디모데가 데살로니가 교인들을 격려하기 위해 보냄 받음(3:1-5)

D. 디모데가 가져온 격려되는 소식을 듣고 기뻐함(3:6-10)

    1. 디모데가 가져온 소식으로 인한 위로(3:6-7)

    2. 교회가 굳게 서 있음에 만족함(3:8)

    3. 기쁨에 찬 감사와 기도(3:9-10)

E. 바울의 축도(3:11-13)

    1. 바울에게 데살로니가로 돌아갈 기회를 주소서(3:11)

    2. 데살로니가 교인들의 사랑이 더 넘치게 하소서(3:12-13)

Ⅳ. 그리스도인은 어떻게 행하며 하나님을 기쁘시게 하는가(4:1-5:22)

A. 순결하고 거룩하라는 하나님의 부르심(4:1-8)

    1. 더욱더 하나님을 기쁘시게 하기(4:1-2)

    2. 음란을 피하기(4:3-8)

B. 사랑과 노동에 관하여(4:9-12)

    1. 서로 사랑하라는 하나님의 가르침을 받는 교회(4:9-10a)

    2. 사랑과 근면한 노동을 풍성하게 하라는 권면(4:10b-12)

C. 죽은 그리스도인이 부활하는가(4:13-18)

    1. 죽은 자들의 부활에 관한 소망(4:13-14)

    2. 그리스도 안에서 죽은 자들이 먼저 일어남(4:15-17)

    3. 이 진리로 서로 격려하는 그리스도인(4:18)

D. 그리스도인은 그리스도의 재림을 어떻게 준비해야 하는가
(5:1-11)

   1. 그리스도의 재림은 불시에 이뤄짐(5:1-2)

   2. 어떤 사람들에게는 그리스도의 재림이 멸망을 뜻함(5:3)

   3. 믿음과 사랑과 소망을 구비한 이들에게는 그리스도의
      재림이 구원을 뜻함(5:4-10)

   4. 이 진리로 서로 권면하기(5:11)

E. 추가 권면(5:12-22)

   1. 교회 지도자들을 존경하라(5:12-13)

   2. 모든 사람에게 선을 행하기를 힘쓰라(5:14-15)

   3. 기뻐하고 기도하라(5:16-18)

   4. 성령을 소멸하지 말라(5:19-22)

V. 축도와 서신의 마무리(5:23-28)

   A. 축도(5:23-24)

   B. 서신의 마무리(5:25-28)

      1. 기도 요청(5:25)

      2. 서로 문안하라는 요청(5:26)

      3. 서신을 공개적으로 읽기(5:27)

      4. 은혜를 구하는 기도(5:28)

¹ 바울과 실루아노와 디모데는

하나님 아버지와 주 예수 그리스도 안에 있는 데살로니가인의 교회에

편지하노니

은혜와 평강이 너희에게 있을지어다

¹ Paul, Silvanus, and Timothy,

To the church of the Thessalonians in God the Father and the Lord

Jesus Christ:

Grace to you and peace.

² 우리가 너희 모두로 말미암아 항상 하나님께 감사하며 기도할 때에

너희를 기억함은 ³ 너희의 믿음의 역사와 사랑의 수고와 우리 주 예수

그리스도에 대한 소망의 인내를 우리 하나님 아버지 앞에서 끊임없이

기억함이니 ⁴ 하나님의 사랑하심을 받은 형제들아 너희를 택하심을

아노라 ⁵ 이는 우리 복음이 너희에게 말로만 이른 것이 아니라 또한

능력과 성령과 큰 확신으로 된 것임이라 우리가 너희 가운데서 너희

를 위하여 어떤 사람이 된 것은 너희가 아는 바와 같으니라 ⁶ 또 너희

는 많은 환난 가운데서 성령의 기쁨으로 말씀을 받아 우리와 주를 본 받은 자가 되었으니 7 그러므로 너희가 마게도냐와 아가야에 있는 모든 믿는 자의 본이 되었느니라 8 주의 말씀이 너희에게로부터 마게도냐와 아가야에만 들릴 뿐 아니라 하나님을 향하는 너희 믿음의 소문이 각처에 퍼졌으므로 우리는 아무 말도 할 것이 없노라 9 그들이 우리에 대하여 스스로 말하기를 우리가 어떻게 너희 가운데에 들어갔는지와 너희가 어떻게 우상을 버리고 하나님께로 돌아와서 살아 계시고 참되신 하나님을 섬기는지와 10 또 죽은 자들 가운데서 다시 살리신 그의 아들이 하늘로부터 강림하실 것을 너희가 어떻게 기다리는지를 말하니 이는 장래의 노하심에서 우리를 건지시는 예수시니라

2 We give thanks to God always for all of you, constantly[1] mentioning you in our prayers, 3 remembering before our God and Father your work of faith and labor of love and steadfastness of hope in our Lord Jesus Christ. 4 For we know, brothers[2] loved by God, that he has chosen you, 5 because our gospel came to you not only in word, but also in power and in the Holy Spirit and with full conviction. You know what kind of men we proved to be among you for your sake. 6 And you became imitators of us and of the Lord, for you received the word in much affliction, with the joy of the Holy Spirit, 7 so that you became an example to all the believers in Macedonia and in Achaia. 8 For not only has the word of the Lord sounded forth from you in Macedonia and Achaia, but your faith in God has gone forth everywhere, so that we need not say anything. 9 For they themselves report concerning us the kind of reception we had among you, and how you turned to God from idols to serve the living and true God, 10 and to wait for his Son from heaven, whom he raised from the dead, Jesus who delivers us from the wrath to come.

1 Or *without ceasing* 2 Or *brothers and sisters*. In New Testament usage, depending on the context, the plural Greek word *adelphoi* (translated "brothers") may refer either to *brothers* or to *brothers and sisters*

≈≈≈≈ 단락 개관 ≈≈≈≈

로마의 서신들은 흔히 저자(들)와 수신자들을 명시하며 시작했다. 그리고 종종 수신자들에 대한 감사가 인사의 뒤를 잇는다. 바울은 교회에 보내는 서신들을 자주 이런 식으로 시작하지만, 그가 편지를 쓰고 있는 특정 교회의 목회적 필요에 따라 인사와 감사를 세심하게 작성한다. 1:1-10의 주제는 데살로니가전서의 이후 장들까지 이어진다. 특히 복음이 데살로니가에 이른 방식(1:5)이 2:1-12에서 길게 주목받는 한편, 그들 가운데서 나타난 열매(1:6-10)가 2:13-16에서 다시 칭찬받는다. 2:13은 1:2과 병행되는 단어들을 통해 바울 특유의 감사로 돌아간다.

저자는 바울과 그의 선교사 동료인 실루아노와 디모데로 명시된다. 그들이 편지를 쓰고 있는 데살로니가 교인들은 최근에야 그리스도께로 회심했지만, 이 신자들이 복음에 응답한 직후에 바울의 선교팀은 지역 주민의 반대로 인해 부득이 데살로니가를 떠나야만 했다. 바울은 계속 그들과 접촉하려 하고 있고, 긴 감사 단락으로(2-10절) 그들의 믿음을 격려하기 원한다. 바울은 그리스도인으로서 그들의 지속적인 근면함을 칭찬하는데, 이는 그리스도 안에 있는 그들의 믿음과 사랑과 소망에서 나오는 것이다(3절). 그리고 바울은 주님께서 그들을 택하시고 구원하셨다는 확신을 표현한다(4절). 이는 복음이 어떻게 그들에게 이르러(5절) 그들이 어떻게 반응했는가(6-10)에 근거한다.

≋≋≋≋ **단락 개요** ≋≋≋≋

> Ⅰ. 인사(1:1)
>
> Ⅱ. 감사(1:2-10)
>
> A. 바울의 감사기도(1:2)
>
> B. 데살로니가 그리스도인의 근면함(1:3)
>
> C. 그리스도인으로 택함 받음에 대한 확신(1:4)
>
> D. 복음이 어떻게 그들에게 이르렀는가(1:5)
>
> E. 그들은 어떻게 반응했는가(1:6-10)

≋≋≋≋ **주석** ≋≋≋≋

1:1 바울의 편지들은 보통 저자와 수신자를 언급하며 시작하고, 그 뒤에 서두의 인사와 감사가 이어진다. 이 시작 부분은 데살로니가후서 1:1-2과 거의 똑같다. 다만 데살로니가후서에서는 "은혜와 평강이 너희에게 있을지어다"라는 인사에 "하나님 아버지와 주 예수 그리스도로부터"가 포함되어 길어진다.[1]

바울과 실루아노와 디모데가 서신의 공동 저자로 나열되고, 서신에서 일인칭 언급은 대부분 실제로 복수형이다. 하지만 서신은 세 번의 중요한 순간에 일인칭 단수로 옮겨감으로써(2:18; 3:5; 5:27의 "나", "내가"), 서신의 집필에서 바울이 특별한 역할을 했음을 시사한다(특히 2:18, 참고. 서론의 '저자').

데살로니가 교회가 어떻게 설립되었는지는 기억할 가치가 있다. 사도

---

1 여러 데살로니가전서 헬라어 사본에는 나중에 유사한 "…로부터" 어구가 덧붙여졌다. 이는 필사자들이 데살로니가후서와 비슷하게 만들려 했기 때문이다.

행전 17:1-10의 기록에 따르면, 바울과 그의 팀은 데살로니가로 이동하여 회당에서 복음을 제시했다. 회당의 구성원 일부가 그리스도를 믿었지만 결국 유대인 공동체의 시기를 불러일으켰고, 시 관원들과 맞서는 상황으로 이어졌다. 바울과 실라는 그 성읍을 떠날 수밖에 없었다(행 17:10). 그들이 그 교회에 믿음을 가르칠 만한 시간이 부족했던 상황을 고려할 때, 바울은 그 교회가 잘 해 나가고 있는지 염려가 되었다. 그래서 사랑과 선교적 관심에서 바울과 실루아노와 디모데가 데살로니가에 있는 이 최근에 회심한 이들을 믿음 안에서 세우기 위해 그들에게 편지를 쓰고 있다.

이 서신은 사도행전에 나오는 헬라식 이름인 실라가 아니라 라틴식 이름인 실루아노를 쓴다. 이는 데살로니가 교인들이 가진 로마인 신분과 연결고리를 찾으려는 선교적 방식일 것이다. 그들의 도시는 로마 식민지로 새로이 세워졌기 때문이다. 바울이라는 이름은 이미 라틴어로도 헬라어로도 현지인처럼 들렸다.

바울은 다른 서신들에서처럼 이 신자들을 그 모임, 즉 "교회"[에클레시아(ekklēsia)]에 참여하는 자들로 명시한다. 이 교회는 "하나님 아버지와 주 예수 그리스도 안에[서]" 세워졌다(참고. 살전 3:11 주석). 이는 독자들이 공동으로 하나님과 특별한 관계에 있음을 상기시킨다. 예수님과 그분의 영이 하신 일로 인해 하나님께서 그들의 "아버지"가 되시기 때문이다(참고. 롬 8:15; 갈 4:4-7). 바울은 또한 예수님의 호칭을 상기시킨다. 그분은 메시아에 대한 구약의 기대("그리스도")를 성취하신 분이며 마땅히 "주"로 경배 받으신다. 예수님이 실제로 성자로서 온 창조 세계를 다스리시기 때문이다.

바울은 보통 그의 서신들 시작 부분에서, 수신자들에게 하나님의 "은혜"와 "평강"이 있기를 바란다. 아마도 "평강"을 바라는 바울의 인사는, 샬롬('평강'에 해당하는 히브리어)이라는 유대인들의 인사에서 나왔을 것이다. "은혜"[카리스(charis)]에 해당하는 헬라어는 평범한 그리스 인사[카레인(charein), '안녕' 혹은 '반갑습니다']와 비슷하게 들리지만, 하나님을 자기 백성에서 온갖 선한 것을 주시는 분으로 인식하는 중요한 신학적 전환이 있다.

1:2 바울서신은 보통 인사말 다음에 수신자들을 위한 감사와 기도가 뒤따른다. 종종 이는 긴 하나의 헬라어 문장으로 구성된다. 바울 당시 헬라어에는 마침표가 없었기 때문에, 이 절에서 시작하는 헬라어 문장이 실제로 5절 끝에서 마무리되는지 아니면 (뒤에서 제안하는 대로) 10절 끝에서 마무리되는지에 대한 의문이 있다.

바울은 하나님께서 데살로니가 교인들을 그리스도인으로서 이 지점까지 이르게 하신 것을 감사하며 이야기한다. 이러한 기도는 바울이 회중의 신실함을 칭찬하는 간접적인 방식이기도 하다. 헬라어 구조상 주동사는 "우리가…감사하며"로, 이를 2-4절의 세 분사['언급함'("mentioning"), "기억함"("remembering"), "아노라"("knowing")]가 수식한다. 1:2의 '언급함'은 헬라어에서 문자적으로는 "기억함"(개역개정)이다. 이는 1:3의 "기억함"과 결합되어, 바울이 데살로니가 교회를 떠올릴 때 그들에 대한 감사의 표현이 쏟아져 나옴을 한층 강조한다.

또 주목할 점은 "너희 모두", "항상", "끊임없이"와 같이, 바울이 기도에서 표현하는 빈도와 범위다. 이는 바울이 데살로니가 교인들을 위해 기도할 때마다(즉, 자주) 그들에 대해 감사했음을 나타낸다. 바울은 애정 어린 마음과 깊은 감사로 이 신자들을 기억한다. 이러한 말들은 데살로니가에 있는 이 어린 교회에게 큰 격려가 되었을 것이다.

1:3 이곳에 나오는 바울의 감사 기도는, 복음에 대해 데살로니가 교회가 보인 세 가지 반응을 "우리 하나님 아버지 앞에서" 상기시킨다. 그것은 곧 "역사"와 "수고"와 "인내"였다. 이 겹치는 어휘는, 데살로니가 교인들이 그리스도인으로서의 부르심을 부지런히 살아냈음을 강조한다. 그들의 인내에서 드러나듯, 그리스도인으로서 그들의 삶은 은혜롭게도 그들을 구원하신 하나님에 대한 충성된 반응으로 넘쳐흘렀다.

또 역사/수고/인내라는 묶음(triad)이 다른 바울서신에서 흔히 나오는 믿음/사랑/소망 묶음(살전 5:8, 또한 고전 13:13; 갈 5:5-6; 골 1:4-5)과 연결됨을 주목하라. "인내"와 "소망"의 연결은 분명 의도적이다. 바울이 다른 곳에서 주님의 재림에 대한 그리스도인의 소망과 확신이 이생의 시련 가운데서 인내를 낳음을 보여주기 때문이다(예를 들어, 롬 5:2-5; 8:24-25). 마찬가지로, 그들의 믿음과 사랑 역시 주 안에서 선행과 수고를 낳는다.

바울의 또 다른 묶음은 데살로니가전서 1:3-5에서 주목할 만하다. 바울은 이 절들을 가로지르며, "우리 하나님 아버지", "우리 주 예수 그리스도", "성령"으로 삼위일체의 세 위격을 언급한다. 데살로니가 교인들이 복음에 반응하는 데 삼위일체 하나님께서 관여하셨기에, 바울은 그들의 구원을 확신한다.

1:4 바울의 감사는 또한 데살로니가 교인들이 택함 받았음을 확신하는 데서 흘러나온다. "아노라"라는 표현은 1:2에 나오는 저자들의 감사 이유를 제시하는 헬라어 분사[에이도테스(*eidotes*)]의 번역이다. 저자들은 데살로니가 교인들의 구원을 확신하며, 하나님께서 그들을 하나님의 백성 가운데 포함되도록 택하신 것이 확실하다고 여긴다(참고. 살후 2:13-14). 이 절에서는 바울이 상세한 선택 교리를 제시하지 않지만, 로마서 8:33, 9:11, 11:5-7, 골로새서 3:12, 디모데후서 2:10, 디도서 1:1 같은 구절에서는 택함과 어원이 동일한 용어들에 대해 더 자세히 이야기한다. 바울이 보기에 택함은, 하나님의 부르심과 구원 및 하나님의 가족으로 입양됨을 수반한다(롬 8:28-39; 엡 1:3-14).

아마도 바울은 그들의 입양을 이렇게 확신했기 때문에, 이 데살로니가 교인들을 그리스도 안에서 "하나님의 사랑하심을 받은 형제들"이라고 언급한다. 바울은 그리스도인을 자주 형제자매로 언급한다. 그의 서신들에서 100회 이상인데, 데살로니가전서와 후서에서만 20회 이상 언급한다. 가족이라는 표현은 동료 신자들에 대해 친밀하게 말하는 방법이다. 바울은 또 신자들을 향한 하나님의 사랑을 자주 언급하며(예를 들어, 롬 1:7; 5:8; 엡 2:4), 그러한 사랑을 하나님께서 그분의 사랑하는 백성을 먼저 구원하신 것과 연결시킨다(살후 2:13, 16).

1:5 더 나아가 바울은 이 절에서 복음이 어떻게 그들에게 이르렀는지(능력과 성령과 큰 확신으로) 강조하며, 하나님께서 데살로니가 교인들을 택하셔서 구원하신 일을 이야기한다.

5절에서 한 가지 중요한 질문은, 바울이 복음을 제시하는 상황에서 누가 "큰 확신"을 가진 이인가 하는 것이다. 그 어구가 묘사하는 이는 바울인가, 데살로니가 교인들인가? 이 질문에 답하기 전에, 이곳에서 "확신"으로 번역된 헬라어 단어[플레로포리아(plērophoria)]가 완벽한 신뢰와 확신의 상태를 가리킴을 주목하라. 또 그 헬라어에는 그러한 절대적인 확신을 더 강조하는 또 다른 단어[폴레(pollē, '많은'), 영어성경에는 번역되지 않음]가 숨겨져 있다.

이제 앞의 질문에 답해 보자. "큰 확신" 다음의 마침표는 오해의 소지가 있을 수 있다(ESV의 경우). 이곳의 헬라어는 카토스[kathōs('…와 같이'), ESV에는 번역되지 않음]를 포함하고 있기 때문이다. 이는 이전의 생각이 이어짐을 나타낸다. 그래서 NASB는 '우리가 너희 가운데서 너희를 위하여 어떤 사람인지 입증한 것을 너희가 아는 바와 같이'로 번역한다. 이 '…와 같이' 절 때문에, 5절 전체가 데살로니가에 이른 복음을 제시하는 쪽(즉, 바울 쪽)을 가리킨다고 이해하는 것이 최선이다(참고. 2:1-12).

바울은 복음 메시지가 마땅히 그래야 하는 방식대로 데살로니가 교인들에게 이르렀음을 알고 그 메시지가 적중했음을 확신한다. 바울과 그의 팀이 데살로니가 교인들에게 복음을 제시했을 때, 그들의 소통에는 복음의 능력 입증, 그들의 복음 제시를 격려하신 성령, 복음이 참되다는 절대적인 확신과 함께 있었다. 뿐만 아니라 6-10절은 데살로니가 교인들 역시 놀라울 만큼 잘 반응하여 바울이 그들의 구원을 더욱 확신했음을 보여줄 것이다.

1:6 우리 성경에서는 대개 5절에서 문장이 끝나지만, 헬라어 본문에서 6절은 1-5절의 생각을 이어간다. 6절이 "또"로 시작하며 그 내용을 앞의 내용과 연결함을 주목하라. 따라서 6절에서 바울은 무엇을 통해 데살로니가 교인들의 택함 받음과 구원을 알게 되었는지에 대해 더 설명한다.

5절은 바울 팀이 데살로니가 교인들에게 어떻게 복음을 제시했는지에 초점을 맞춘다면, 6-10절은 데살로니가 교회의 반응을 상기시킨다. 그들은 우상을 버리고 하나님께로 돌아왔고, 그리스도(와 바울)를 본받았고, 다른 교회들에 본이 되었고, 계속 그리스도의 강림을 기다렸다. 이 엄청난 반응으로 인해 바울은 그들의 택함 받음과 구원을 더욱더 확신하게 된다.

주석가들은 종종 바울서신들에서 본받음이라는 주제를 언급하는데(예를 들어, 고전 4:16; 엡 5:1; 빌 3:17), 이는 고린도전서 11:1("내가 그리스도를 본받는 자가 된 것같이 너희는 나를 본받는 자가 되라")에서 가장 간결하게 언급된다. 바울이 그리스도를 자기 행동의 본으로 삼고 있으므로, 바울을 본받는 신자들 역시 그리스도를 닮은 그의 행동의 본을 따르고 있다. 이 주제는 바울이 데살로니가 교인들과 소통할 때 거듭 분명히 제시된다(참고. 살전 2:14; 살후 3:7, 9). 이 문맥에서 바울은 데살로니가 교인들이 이미 바울 팀을 본받는 자가 되었으므로 주 예수님을 본받는 자들이라고 말한다.

바울과 실루아노와 디모데가 수많은 박해를 견딘 것처럼(참고. 행 16:19-24, 37-40; 17:5-10, 13-14), 데살로니가 교인들도 이미 복음을 위해 많은 "환난"을 견뎠다. 복음이 그들에게 이른 후에 곧바로 고난과 박해가 임했다(참고. 살전 2:14 주석). 데살로니가 교인들은 그러한 박해를 견디었을 뿐만 아니라, 성령께서 주시는 "기쁨으로" 그렇게 했다(1:6). 세속적인 설명으로는 반대 가운데서 그들이 누린 기쁨을 충분히 이해하지 못한다. 분명 성령이 그들 가운데 거하셨다.

그래서 바울은 여전히 신자들의 구원과 택함 받음을 확신한다. 어린 교회지만 그들이 이미 바울과 예수님을 본받는 자들이 되었기 때문이다. 데살로니가 교인들은 심지어 복음을 받아들인 첫 시점부터 성령께서 주시는 기쁨으로 박해를 견뎠다.

1:7 데살로니가 교인들이 복음에 대해 보인 그러한 놀라운 반응은 다른 이들에게 본이 되는 데로도 이어졌다.

"마게도냐와 아가야"는 북쪽의 빌립보로부터 남쪽의 아덴과 고린도 지역을 가리키며, 현대 그리스 대부분을 아우른다. 데살로니가는 마게도냐

주의 수도였다. 바울은 아마 아가야의 고린도에서 편지를 쓰고 있었을 것이므로, 빌립보에서 고린도까지 전 지역의 교회들이 복음을 받아들이는 면에서 데살로니가 교회를 본으로 바라봄을 안다.

"본"[튀포스(*typos*)]에 해당하는 헬라어 단어는 바울이 다른 서신들에서도 사용하는 단어로, 바울은 다른 신자들의 신실한 본을 따르라고 교회들을 격려한다(예를 들어, 빌 3:17: 살후 3:9: 딤전 4:12: 딛 2:7). 따라서 이 이미타티오의 연쇄가 있다. 바울과 그의 팀이 그리스도를 본받고, 그 다음 데살로니가 교회가 그들을 본받고, 다른 교회들이 데살로니가 교인들의 본을 따른다. 그리고 이는 데살로니가전서 1:5-10의 주제를 되풀이하기에 알맞게, 바울에게 그 교회의 구원과 택함 받음에 대한 또 다른 증거를 제시한다.

1:8-10 이 절들은 7절에서 간결하게 말한 것을 상세하게 풀어낸다. 데살로니가 교인들은 적어도 두 가지 면에서 다른 교회들의 본이 되었다. 그들이 복음의 확산에 참여했다는 것과 하나님에 대한 그들의 신실함이 널리 알려지게 되었다는 것이다.

데살로니가 교회로부터 복음이 확산된 것에 관해 "주의 말씀"이 "들[렸다]"라고 언급된다. "주의 말씀"은 창조 때, 언약의 율법을 주실 때, 예언자의 사역에서 하나님께서 직접 하신 말씀을 가리키는데 사용된 구약의 표현이다(예를 들어, 출 4:28: 시 33:4, 6: 렘 1:4 등). 신약에서는 이 동일한 어구가 예수님에 관한 복음 진리를 나타내는데, 그것은 결국 예수님이 자신에 관해 하신 말씀에서 나온 것이다(예를 들어, 행 13:44-49: 15:35-36: 살후 3:1). 이 서신에서 "주의 말씀"은 "하나님의 말씀"(살전 2:13), "복음"(1:5: 2:4)과 상호 교차적으로 사용된다.

복음은 데살로니가 교인들로부터, 7절에서 바울이 이미 언급한 지역뿐만 아니라(마게도냐와 아가야) "각처"(1:8)에서 울려 퍼졌다. 이는 분명 약간의 과장이지만, 바울은 지중해 주변 교회들이 모두 데살로니가 교인들에 관한 긍정적인 소식을 들은 사실을 기뻐한다. 바울은 데살로니가 교인들의 평판에 관한 이러한 격려가 되는 소식이, 그들의 과거만이 아니라(그들이 바올 팀과 복음 메시지를 '받은' 것) 현재(그들이 그리스도의 강림을 계속 '기다리는' 것)와도 관련이 있음을 시사한다.

데살로니가 교인들은 복음을 위해 박해를 견디며 바울을 본받는 자가 되었을 뿐만 아니라, 신앙의 충성이라는 면에서 급진적인 변화를 보여주었다. 로마인의 시각에서 볼 때, 이 교회 구성원들이 그들의 우상을 거부한 것은 충격이었다. 그러나 이 신자들은 우상이 무가치한 거짓 신들일 뿐임을 제대로 알아냈다(예를 들어, 고전 8:4-6, 참고. 대상 16:26-27; 시 31:6; 115:4-8; 계 9:20). 이에 반해, 기독교의 하나님은 "살아 계시고 참되신"(살전 1:9) 분이다. 바울이 데살로니가 공동체 가운데 있었던 과거의 우상 숭배자들을 언급한 것은, 유대인 회심자들 외에(행 17:4) 다수의 이방인 회심자들이 그 교회에 합류했음을 시사한다.

데살로니가 교인들은 모든 신자처럼 현 시대에 주 예수님의 재림을 기다린다. 그리스도의 재림은 이 서신(살전 4:13-5:11; 5:23)과 데살로니가후서 1:5-2:12에서 중요한 주제다. 바울은 예수님이 그분의 재림에 관해 가르치신 내용을 따른다(예를 들어, 마 24-25장). 예수님은 하늘에서 구름을 타고 오실 것이다(살전 1:10, 참고. 마 24:30; 26:64; 막 13:26; 14:62; 눅 21:27). 예수님의 부활은 그분의 주되심과 그분이 산 자와 죽은 자를 심판하러 다시 오심을 확실하게 해준다(살전 4:13-18, 참고. 행 10:42; 롬 1:4; 14:9; 고전 15:20-28; 고후 4:14; 엡 1:19-21). 예수님은 그분을 신실하게 따르는 이들을 구원하심으로, 그들을 다가오는 진노에서 구해 내신다. 그 진노는 그리스도의 주되심을 인정하지 않는 모든 이에게 쏟아질 것이다(살전 5:9-11, 참고. 요 3:36; 롬 5:6-11; 살후 1:5-10).

이렇듯 데살로니가전서 1:5-10은 바울이 데살로니가 교인들의 택함 받음과 구원 받음을 확신하는 증거를 제시한다. 5절에서 바울은 복음이 성령 안에 있는 능력과 그 진리에 대한 큰 확신으로 그들에게 제시되었다고 언급한다. 그런 다음 6-10절에서는, 데살로니가 교인들이 박해 가운데서도 복음을 기쁘게 받아들이고, 우상을 버리고, 그리스도를 본받는 자가 되어서 이제 그분의 재림을 기다리는 모습이 그들이 복음에 응답했음을 보여준다고 말한다.

≋≋≋≋ **응답** ≋≋≋≋

바울과 실루아노와 디모데는 올바른 선교와 목양의 본을 보여준다. 그들은 애정 넘치는 팀워크로 데살로니가 교회에 복음을 전했다. 그리고 이제는 그들의 돌봄 아래 있는 신자들에 대해 공개적으로 하나님께 감사를 드린다. 이는 사역자들이 그들이 사역하고 있는 모든 사람에 대해 하나님께 공개적으로 깊은 감사를 표현할 때, 회중이 유익을 얻음을 모든 사역자에게 상기시킨다.

바울은 이 회중이 믿음과 사랑과 소망에서 비롯된 부지런한 수고와 인내를 보인 것을 지지한다. 이는 더 나아가 예수님의 복음에 선한 반응을 보인 것에 대해 그 회중을 격려한다. 또한 그때와 지금 이 편지를 읽는 모든 사람에게 그들의 사랑과 믿음을 삶의 모든 영역에서 부지런히 그리스도를 섬기는 것으로 돌려드리는 한편 그들의 소망이 인내로 넘쳐흐르게 하라고 요청한다.

사역자들은 바울의 본을 따라, 하나님께서 그들 가운데서 일하고 계심을 공개적으로 지지함으로써 자주 양 무리의 그리스도인다운 근면함을 격려할 방법을 찾아야 한다. 또한 바울의 말은 복음 사역을 할 때 가져야 하는 올바른 확신의 본이 된다. 그것은 하나님께서 다른 사람들을 그분께로 향하게 하는 우리의 사역을 사용하고 계시다는 확신이다. 이는 성령께서 우리 사역을 가능하게 하심을 주시할 때, 또한 그리스도 안에서 신자들이 맺는 열매를 목도할 때 가질 수 있다. 바울은 이어지는 장들에서 여전히 데살로니가 교인들이 바로잡아야 할 것들을 이야기할 것이다. 그러나 기쁘게 복음을 받아들인 이들, 그리스도의 재림을 소망하는 이들, 예수님을 따르려고 애쓰는 이들, 예수님을 위해 박해를 견딜 가치가 있다고 여기는 이들, 이러한 신자들은 하나님의 구원하시는 은혜를 확신할 수 있다.

바울과 그의 팀은 방금 데살로니가 교인들에 대해 감사를 드렸다(1:1-10). 이제 바울은 데살로니가에서 그의 팀이 행한 복음 사역(2:1-12)과 데살로니가 교인들이 어떻게 그 복음을 받아들였는지(2:13-16)를 그들에게 더욱 상기시킬 것이다. 이러한 애정 어린 단락은 바울과 데살로니가 교인들의 관계를 돈독히 하는 한편, 건전한 기독교 사역의 본을 제시하고 데살로니가 교인들의 인내와 성장을 격려하기도 한다.

2:17-20에서 바울은 이 어린 그리스도인들이 그들이 직면한 반대 가운데서 잘 살고 있는지 염려되어 데살로니가 교인들에게로 돌아가고 싶은 마음을 언급한다. 그러나 그는 그 여행을 할 수 없었다. 그래서 대신 디모데를 보내어 격려가 되는 보고를 받고 그에 대한 응답으로 이 편지를 썼다(3:1-10). 바울은 축도로 이 서신의 전반부를 마무리한다(3:11-13).

1Thessalonians
데살로니가전서
2:1-12

¹ 형제들아 우리가 너희 가운데 들어간 것이 헛되지 않은 줄을 너희가 친히 아나니 ² 너희가 아는 바와 같이 우리가 먼저 빌립보에서 고난과 능욕을 당하였으나 우리 하나님을 힘입어 많은 싸움 중에 하나님의 복음을 너희에게 전하였노라 ³ 우리의 권면은 간사함이나 부정에서 난 것이 아니요 속임수로 하는 것도 아니라 ⁴ 오직 하나님께 옳게 여기심을 입어 복음을 위탁 받았으니 우리가 이와 같이 말함은 사람을 기쁘게 하려 함이 아니요 오직 우리 마음을 감찰하시는 하나님을 기쁘시게 하려 함이라 ⁵ 너희도 알거니와 우리가 아무 때에도 아첨하는 말이나 탐심의 탈을 쓰지 아니한 것을 하나님이 증언하시느니라 ⁶ 또한 우리는 너희에게서든지 다른 이에게서든지 사람에게서는 영광을 구하지 아니하였노라 ⁷ 우리는 그리스도의 사도로서 마땅히 ¹⁾권위를 주장할 수 있으나 도리어 너희 가운데서 유순한 자가 되어 유모가 자기 자녀를 기름과 같이 하였으니 ⁸ 우리가 이같이 너희를 사모하여 하나님의 복음뿐 아니라 우리의 목숨까지도 너희에게 주기를 기뻐함은 너희가 우리의 사랑하는 자 됨이라

¹ For you yourselves know, brothers,*¹* that our coming to you was not in

vain. 2 But though we had already suffered and been shamefully treated at Philippi, as you know, we had boldness in our God to declare to you the gospel of God in the midst of much conflict. 3 For our appeal does not spring from error or impurity or any attempt to deceive, 4 but just as we have been approved by God to be entrusted with the gospel, so we speak, not to please man, but to please God who tests our hearts. 5 For we never came with words of flattery,² as you know, nor with a pretext for greed—God is witness. 6 Nor did we seek glory from people, whether from you or from others, though we could have made demands as apostles of Christ. 7 But we were gentle³ among you, like a nursing mother taking care of her own children. 8 So, being affectionately desirous of you, we were ready to share with you not only the gospel of God but also our own selves, because you had become very dear to us.

9 형제들아 우리의 수고와 애쓴 것을 너희가 기억하리니 너희 아무에게도 폐를 끼치지 아니하려고 밤낮으로 일하면서 너희에게 하나님의 복음을 전하였노라 10 우리가 너희 믿는 자들을 향하여 어떻게 거룩하고 옳고 흠 없이 행하였는지에 대하여 너희가 증인이요 하나님도 그러하시도다 11 너희도 아는 바와 같이 우리가 너희 각 사람에게 아버지가 자기 자녀에게 하듯 권면하고 위로하고 경계하노니 12 이는 너희를 부르사 자기 나라와 영광에 이르게 하시는 하나님께 합당히 행하게 하려 함이라

9 For you remember, brothers, our labor and toil: we worked night and day, that we might not be a burden to any of you, while we proclaimed to you the gospel of God. 10 You are witnesses, and God also, how holy and righteous and blameless was our conduct toward you believers. 11 For you know how, like a father with his children, 12 we exhorted

each one of you and encouraged you and charged you to walk in a manner worthy of God, who calls you into his own kingdom and glory.

≋≋≋≋ 단락 개관 ≋≋≋≋

1세기 로마 도시는 공개적인 가르침으로 생계를 꾸려 가는 순회 철학자, 마술사, 광신자들로 가득했다. 고대 문헌은 종종 그러한 교사들을 탐욕 및 부도덕과 연결시킨다. 그들은 듣기 좋은 수사법으로 부를 축적하고 악명을 떨쳤다. 일부는 문제의 진실에는 관심 없이 기꺼이 논쟁의 양 측면을 다 주장했다. 그들의 가르침은 청중이 원하는 바에 따라 바뀔 수 있었다. 종종 그들은 다른 사람들에게 비난받을 만한 행동을 했다. 그들의 대적을 조롱하고, 의지가 약한 이들을 자기편으로 끌어들이고, 추종자들과 성관계를 맺고, 부자들에게 빌붙어 살았다.

이 단락에서 바울은 자신의 사역과 그런 사람들을 설득력 있게 구분한다. 바울과 그의 동료들은 사랑과 애정으로 데살로니가 교인들에게 다가가서, 그들의 행동과 메시지로 하나님을 기쁘시게 하려 했다. 바울은 그와 그의 팀이 복음을 위해 기꺼이 겪은 고난을 그 교회에 상기시킨다. 그것은 하나님께서 그들에게 이 과업을 맡기셨다는 사실로부터 동기를 부여받았다는 증거였다. 그래서 그들은 정말로 데살로니가 교인들의 행복에 관심을 가지고 그 일을 수행했다. 하나님과 데살로니가 교인들 둘 다, 바울과 그의 팀이 간교한 속임수나 그릇된 생각이나 거짓 없이 담대하게 복음을 선포했음을 아는 증인이다. 바울은 그 교회들과 그들의 관계를 이야기하며, 그것을 어머니의 사랑과 자녀들에게 주는 아버지의 애정 어린 가르침에 비유한다. 바울의 목표는 하나님의 부르심을 받은 이들을 그분의 나라 백성이 되도록 모아서, 하나님께 합당하게 행하도록 권하는 것이었다.

많은 사람이 바울의 말에 방어적인 어조가 있다고 추정했다. 어떤 사람들은 이 단락을 서신 전체의 핵심으로 보는데, 바울이 데살로니가에 있었을 때에 한 행동과 또한 그 교회를 방문하러 아직 돌아오지 않는 이유에 대한 수사적인 변명으로 이 서신을 구성했다고 믿기 때문이다. 또 어떤 사람들은 바울이 떠난 후 그의 명성이 더럽혀지자, 그 교회가 그러한 공격에 굴복하지 않을까 바울이 두려워했다고 추측한다. 몇 년 지나지 않아 바울이 고린도 신자들에게 그러한 변명을 한 것은 확실하다(참고. 특히 고후 10:1-13:10). 그래서 바울이 이곳에서 똑같은 일을 할 필요가 있었다고 상상할 수 있다. 그러나 바울의 명성에 대한 그러한 공격은 데살로니가전서나 후서에 명시적으로 언급되지 않는다. 게다가 이 단락은 서신의 아주 앞부분인데다 너무 고립되어 있기에, 서신 전체를 일종의 수사적 변명으로 생각할 수 없어 보인다.

바울이 그들 가운데서 행한 그의 사역을 상기시키는 목적은 다른 것임이 분명하다. 특히 복음 전달자들이 거짓된 동기가 아니라 오히려 하나님을 기쁘시게 하려는 마음과 데살로니가 교인들에 대한 사랑으로 고통 가운데서 이 좋은 소식을 가져왔음을 보임으로써 복음의 진리를 강조하기 위한 것이다.

〰〰〰 **단락 개요** 〰〰〰

Ⅲ. 복음 사역과 데살로니가 교인들의 반응(2:1-3:13)
  A. 복음이 어떻게 데살로니가에 이르렀는가(2:1-12)
    1. 고난 가운데서도 담대히(2:1-2)

2. 거짓된 동기 없이 하나님을 기쁘시게 하려는 마음으로(2:3-6)

3. 어머니 같은 애정으로(2:7-8)

4. 진심 어린 수고로(2:9-10)

5. 아버지같이 가르침으로(2:11-12)

〰〰〰〰 **주석** 〰〰〰〰

2:1 바울은 복음이 어떻게 데살로니가 교인들에게 이르렀는지 다시 그들에게 상기시킨다(참고. 1:5). 이 단락에서 그는 데살로니가 교인들이 이 역사를 알고 있음을 강조하고("너희가 친히 아나니"), 바울과 그의 동료들이 그들과 함께 있을 때 흠잡을 데 없이 행동한 것에 대한 그들의 기억에 거듭 호소한다.

시작 부분의 '왜냐하면'("for", 개역개정에는 없음)은, 바울의 의도가 데살로니가 교인들의 구원을 확신하는 이전의 이유들을 자세히 설명하려는 것임을 나타내며, 이 기억을 앞의 감사 단락과 연결시킨다. 바울이 그들 가운데서 행한 사역은 헛되지 않았다. 하지만 이제 초점은 바울과 그의 동료들의 복음 사역에서 그들의 진실성으로 옮겨 간다.

이전처럼(1:4) 바울은 그 교회와의 애정 어린 유대를 언급한다. 이 유대는 이곳에서 바울이 그와 그 교회의 모든 사람과의 관계를 묘사하기 위해 사용한 "형제들"이라는 표현에서 분명히 드러난다. 이러한 가족 용어는 바울이 어머니(2:7-8)와 아버지(11-12절)의 이미지를 사용할 때 계속될 것이다.

2:2 바울과 실루아노와 디모데가 처음 데살로니가에 도착한 때는 빌립보에서 추방당한 직후였다(행 16장). 그들은 빌립보에 있는 동안 성문 밖에서 루디아와 다른 사람들을 만났는데, 그들 대부분이 신자가 되었다(행 16:13-15). 그리고 이후의 사건들로 인해 바울과 그의 동료들은 유대인으로서 불

법적인 종교 행위를 했다는 고소를 당했다. 그 결과로 빌립보의 치안관들이 바울과 실라(실루아노)를 때리고 옥에 가두었다(19-24절). 간수와 그의 가정이 기적적으로 회심한 후에(25-34절), 그 성의 치안관들은 바울이 로마시민임을 알게 되어 어쩔 수 없이 그에게 사과했지만, 여전히 그에게 그 도시를 떠나 달라고 고집했다(35-40절).

바울은 데살로니가전서에서 이 사건들을 언급할 때 그의 팀이 받은 두 가지 측면에 초점을 맞춘다. 그것은 곧 고난과 능욕이었다. "능욕"에 해당하는 헬라어 단어는 신약의 다른 곳서는 조롱과 치욕의 수단으로 사용된 신체적 상해를 가리킨다(마 22:6; 눅 18:32; 행 14:5). 사도행전이 분명히 말하듯이(16:37), 로마법은 그런 상황에서 로마 시민에게 공개적으로 매질하는 것을 허용하지 않았고, 그러한 처치는 불명예스러운 일로 여겨졌다. 따라서 바울과 실라는 수치스러운 경멸과 함께 신체적 상해를 당했다.

이 절에서 바울은 이 고난들과 얼마 지나지 않아 그들이 데살로니가에서 계속해서 담대하게 복음을 선포한 일을 대조한다. 이러한 담대함은 자연 발생적인 것이 아니라, 복음을 맡은 자들로서 그들이 하나님과 맺은 관계에서 나온 것이었다. 분명 이는 이 선교사들과 그들의 메시지가 마땅히 존중받아야 함을 강조한다. 더 나아가 그것은 바울과 데살로니가 교인들의 접촉점이 된다. 그 교회 또한 고난과 박해를 겪고 있었기 때문이다(살전 1:6; 2:14). 그러므로 바울과 그의 동료들은 다시금 데살로니가 교인들이 본받아야 할, 복음을 위한 인내의 본이 된다(1:6).

데살로니가 교인들은 바울과 그의 동료들이 빌립보에서 겪은 고난을 이미 '알았다'(2:2). 아마 바울이 데살로니가 신자들과 함께 있을 때 이 이야기를 했을 것이다. 사실 바울과 그의 동료들은 "많은 싸움 중에 하나님의 복음을 너희에게 전하[기를]"(2절) 계속했다. 이는 데살로니가와 그 외 다른 지역에서도 그들에게 박해가 따라왔음을 암시한다. 이곳에서 "싸움"[아곤(agōn)]에 해당하는 헬라어 단어는, 승리를 얻기 위해 상대편과 싸우는 것을 함축하는 운동 경기 은유로 종종 사용된다(참고. 딤후 4:7; 히 12:1). 바울은 "하나님의 복음"(또한 살전 2:8-9; 롬 15:16; 딤전 1:11)을 선포하기 위해 대담해졌다고 표현한다. "하나님의 복음"이라는 어구는 그가 더 전형적으로 사용하는 "그리스도의 복음"(참고, 살전 3:2)과 상호 교차적으로 사용된다.

2:3-4 1세기 로마 제국에서는 수많은 순회 연사가 다양한 철학과 종교를 가르쳤다. 유명한 많은 사람이 유창한 연설 기량을 발휘하여 사람들을 설득시키려 했다. 그 목적은, 대중을 현혹해 돈과 음식과 머물 곳을 얻으려는 것이었다. 또 어떤 사람들은 약과 마술로 병을 치료하거나 앞일을 예언해 주겠다고 약속했다. 이러한 분위기에서는 다양한 사기꾼들과 거짓 선생들이, 유사한 방식으로 옳지 않은 이득을 얻고자 교회 안으로 기어들어 올 수도 있었다(예를 들어, 행 8:9-24; 고후 11:12-15). 이 절들과 이어지는 절들에서 바울은 자신이 정직하지 못한 순회 교사들과 부당하게 연관되지 않도록, 자신의 사역을 그러한 거짓된 메신저들과 구분한다.

이미 2절에서 바울이 많은 박해 가운데서도 기꺼이 복음을 선포하고자 했던 것이 그의 훌륭한 성품의 증거가 되었다. 3절에서 바울은 그의 팀의 권면[파라클레시스(paraklēsis)]이 '잘못된 생각'[플라네(planē, 진리에서 벗어났다는 의미), 개역개정은 "간사함", 참고, 약 5:20; 벤후 3:17; 요일 4:6]에서 나온 것이 아니라고 말한다. 또 그들의 권고는 도덕적 타락에서 비롯된 부정하거나 더러운 동기[아카타르시아(akatharsia)]에서 나온 것도 아니었다. 마지막으로, 바울과 그의 동료들은 "속임수"[돌로스(dolos)]를 목표로, 교활하게 데살로니가 교인들에게 접근하지도 않았다.

4절은 바울과 그의 팀이 속임수와 오류가 가득한 메시지로 청중을 기쁘게 하려고 오지 않았다고 말한다. 오히려 그들의 메시지는 하나님을 기쁘시게 하려는 것이었다. 사실, 바울 팀은 "감찰"[도키마조(dokimazō)]을 받았다. 사람 마음의 동기를 꿰뚫어 보실 수 있는 하나님께서, 이 일꾼들이 복음의 좋은 소식을 위탁받을 만하다고 입증하셨다(참고, 갈 2:7; 딤전 1:11; 딛 1:3). 그들은 하나님에게서 온 신실한 메신저이므로 선한 동기로 그들의 사역에 다가간다.

2:5-6 데살로니가 교인들 자체가 바울 사역의 진실성을 입증할 수 있다. 이전처럼(2:1-2) 바울은 그 교회가 그의 데살로니가 사역에 대해 "알[고]" 있음에 호소한다. 더 중요하게는, 바울과 그의 팀이 어떻게 사역을 했는지 하나님께서 "증언[하신다]"(참고. 롬 1:9; 빌 1:8).

바울은 그의 팀의 접근법과 순회 철학자들 및 교사들의 접근법을 대조한다. 그 철학자들과 교사들은 탐욕스럽게 그들의 일로부터 이득과 영광을 얻고자 아첨을 일삼아 청중을 속이려했다(참고. 롬 16:18; 빌 3:19; 벧후 2:3). 반면 바울과 그의 동료들은 "아첨하는 말"도 하지 않았고, 그들의 동기는 "탐심"에서 나오지도 않았다. 그들은 사람에게서 "영광"을 구하지 않았다. 그들이 사역으로부터 받은 이득과 영광은 하나님에게서만 올 수 있었다.

바울은 그리스도의 사도로 행동하고 있었기 때문에 자신에게 사역에 대한 보상을 받을 권한이 있음을 인정한다. 바울은 고린도 교인들에게 쓴 편지에서, 그가 사역했던 이들로부터 재정적인 수익을 받을 권리가 있었지만, 그 교회에 자신의 재정적인 필요를 채우는 짐을 지우려 하지 않았다고 언급한다(고전 9:12, 15; 고후 11:9; 12:13). 바울은 복음 사역자들이 마땅히 복음을 위해 일한 것에 대한 보상을 받을 만하다고 주장한다(고전 9:8-14; 딤전 5:17-18, 참고. 눅 10:7-8). 그러나 바울은 복음을 위해 그리고 그 교회들의 유익을 위해 이 사역자의(그리고 사도의) 권리를 포기했다. 고린도에서 그리고 아마도 데살로니가에서도(참고. 살후 3:7-9, 또한 살전 2:9) 바울은 천막 만드는 자로 일했고(행 18:3) 다른 교회들의 후원을 받았다(고후 11:8-9; 빌 4:14-16). 그래서 그가 머물고 있던 교회의 지원이 필요하지 않았을 것이다.

바울은 근면한 노동을 통해, 나중에 데살로니가 교인들에게 본받으라고 권면할(살후 3:6-12) 교회들 가운데서 견고한 노동 윤리를 구축했다. 이는 또한 분명 좋은 선교 전략이기도 했다. 이를 통해 바울과 그의 동료들은 거짓 철학으로 부당 이득을 얻으려 한 많은 순회 설교자들과 구별되었기 때문이다. 오히려 바울 팀은 그들의 동기가 하나님에 의한, 그들이 선포하는 진리에 의한 그리고 데살로니가 교인들을 향한 그들의 사랑으로 인한 것임을 몸소 입증했다.

2:7-8 바울과 그의 동료들은 자신들의 선한 선교 동기에(참고. 앞의 주석) 호소하는 수준을 넘어서서, 데살로니가 교인들을 향해 긍휼과 사랑으로 말한다(참고. 2:17-20; 3:6-10, 12). 바울과 실루아노와 디모데는 자신들을 갓난아기와 함께 있는 유모로(2:7) 혹은 자녀들 사이에 있는 아버지로(2:11-12) 비유한다. 그들은 데살로니가 교인들을 "사모하여" 그들에게 목숨까지도 주려 했다(2:8).

때로 사람들은 바울을, 복음의 전쟁터 선두에 서서 메시지를 전파하고 자주 이 도시에서 저 도시로 옮겨 다니지만 상대적으로 지역 회중과는 관계를 맺지 않는 열정적인 사도로 생각한다. 바울은 분명 심오한 메시지를 전하는 열정적인 사도였지만, 이 절들은 그가 사역했던 이들에 대한 그의 사랑을 보여준다. 그의 선교는 그 교회에 대한 애정에 깊이 뿌리박고 있었다. 바울과 그의 동료들은 모든 교회가 볼 수 있게 그 사랑을 드러내 보인다. 그는 사람들에게 가지는 애정을 말하지 않는 쪽이 아니라, 그들을 향한 그의 사랑을 기꺼이 알리는 쪽이다. 이는 한편으로 그들이 주 예수님께 계속 신실하도록 동기를 부여하기 위함이다. 분명 이 모습은 모든 그리스도의 사역자들에게 훌륭한 본이 된다.

7절은 바울과 그의 동료들이 데살로니가 교회가 잘 지내도록 세심하게 돌보는 모습을 묘사하기 위해 어머니의 이미지를 사용한다.[2] 바울이 이야기하는 유모는, 다른 사람의 아이를 돌보는 전문가인데 이제 넘치는 애정으로 자기 자녀를 돌보고 있다.

7절과 8절은 영어의 마침표가 암시하는 것보다 더 긴밀히 연결되어 있다. 7절의 "…과 같이"[호스($h\bar{o}s$)]와 8절의 "이같이"[후토스($hout\bar{o}s$)] 사이에 연관성이 있다(참고. 롬 5:18; 고후 7:14). 따라서 이렇게 읽을 수 있다. "유모가 자기 자녀를 기름과 같이…우리가 이같이…우리의 목숨까지도 너희에게

---

2 ESV 난외주가 보여주듯, 많은 초기 헬라어 사본에는 "유순한 자" 대신 '유아'라는 단어가 나온다. 헬라어로는 자음 하나 차이다[에피오이(*épioi*, 유순한 자) vs. 네피오이(*népioi*, 유아)]. 의미 차이는 경미한 것 같다. '유아'(네피오이)를 사용해도 5절과 일관되게 그들의 동기가 순수하고 탐욕이 없다는 의미를 전달하기 때문이다.

주기를 기뻐함은."

바울과 그의 동료들은 예수님에 관한 좋은 소식뿐만 아니라 그들의 목숨까지도 주려고 데살로니가에 다가갔다고 선언한다. 이 모든 일의 동기는 "사모[함]"이었다. 이 어린 신자들이 이 선교사들의 사랑하는 자가 되었기 때문이다. 바울과 그의 선교사 친구들이 데살로니가 신자들을 향해 보인 개인적인 헌신은 아주 놀라운 수준이다.

2:9 2:5에서 바울은 그와 그의 팀에게 확실히 탐욕스러운 동기가 없었음을 그 교회가 인정하기를 바랐던 반면, 이제는 그들에게 그의 팀이 데살로니가에 있었을 때 얼마나 부지런히 일했는지 기억하라고 요청한다. 이곳에서 바울은 단호하다. "일"과 연관된 단어("수고", "애쓴 것", "일하면서")의 반복과 그들이 "밤낮으로" 수고했다는 그의 주장을 주목하라. 바울은 그들에게 "폐"를 끼치지 않으려고, 사역의 수고에 더하여 생활비를 벌었다(참고. 살후 3:8). 이는 다시금 수많은 1세기 순회 철학자와 교사와 광신자들과 뚜렷하게 대조된다(참고. 살전 2:5-6 주석).

2:10 저자들은 데살로니가 교인들의 증언과 함께, 그들의 선교 활동에 대한 하나님의 지대한 관심에 호소한다. 세 개의 관련된 단어인 "거룩하고" "옳고" "흠 없이"가 이 올바른 활동을 강조하기 위해 사용된다. 요약하자면, 바울과 그의 팀은 그들을 통해 일하시는 하나님의 은혜로, 그분의 이름으로 사역하려 애쓸 때 거룩하신 하나님의 성품을 본받았다.

2:11-12 바울은 이미 어머니의 이미지에 호소했으므로(2:7-8), 이제 아버지의 유비로 옮겨가서 독자들이 바울과 그의 팀에 대해 "아는" 바를 다시 상기시킨다(2:1, 2, 5, 참고. 9, 10절). 바울과 그의 동료들은 애정 어린 아버지가 자녀들에게 하듯이 행동했다. 고대 유대와 그리스의 아버지들은 자녀들의 교육을 맡았고, 자녀들이 올바른 행동을 하도록 훈련시켰다. 바울은 이 이미지에 의지하여, "권면하고" "위로하고" "경계하노니"라는 세 개의

중복되는 단어를 가져와서 자신들이 데살로니가 교인들을 가르쳤음을 강조한다.

바울은 그리스도인의 삶을 묘사하기 위해 '행하다'[페리파테오(peripateō)] 라는 은유를 여러 차례 사용한다(특히 엡 4:1; 골 1:10; 살전 4:1, 12, 또한 예를 들어, 롬 8:4; 14:15; 갈 5:16). 이는 인내하는 가운데 어떤 길을 계속해서 추구하는 지속적인 노력을 뜻한다. 이 은유는 구약에 자주 나오며(예를 들어, 시 1:1; 119:1; 잠 2:20), 이교 로마 사상에서도 찾아볼 수 있다. 여기서 바울이 전하는 구체적인 권면은, 그리스도인들이 하나님께서 지지하시는 방식으로 삶을 살아가라는 것이다.

하나님은 그리스도인들의 삶의 합당한 기준을 세우시고, 처음부터 그들을 택하시고 "부르심"으로써(참고. 롬 8:30; 살전 4:7; 5:24; 살후 2:14), 그분의 "나라와 영광"에 참여할 수 있게 해주신다. "영광"은 하나님의 임재와 존재의 놀라운 무게와 경이로움을 가리킨다. 그리스도인들은 이 하나님의 영광에 참여하는 특권을 받는다(롬 8:21; 고전 2:7). 다른 곳에서 바울은 하나님 나라와 관련하여 예수님이 자주 사용하신 관용구를 따르며(롬 14:17; 고전 4:20; 골 4:11; 딤후 4:1), 특히 그리스도 안에서 다가올 하나님의 영원한 통치에 초점을 맞춘다(고전 6:9-10; 15:24, 50). 이는 그리스도를 따르는 자들의 기업이다(살후 1:5).

요약하자면, 바울은 데살로니가 교인들을 하나님 나라와 영광으로 이끌 그분의 택하심과 부르심을 상기시킨다. 그러한 부르심은 하나님의 길을 따르는 것을 포함하는 적절한 반응을 하게 한다. 바울은 자녀를 권면하는 아버지처럼 그 교회에 그렇게 살아가라고 격려한다.

〰〰〰〰 **응답** 〰〰〰〰

어느 정도 모든 그리스도인은 성령의 은사를 받은 그리스도인 공동체의 구성원으로서 사역에 참여하며, 다른 사람들을 격려하고 세상을 향해 증언한다. 따라서 우리 모두 선교 사역에 대한 바울의 접근법을 따라야 할 본으로 여길 수 있다. 바울은 복음의 증인이 가지는 성품을 중요하게 여긴다. 복음의 증인들이 그들로부터 복음을 전해 받은 이들에게서 합당한 존경을 받는다면, 어린 신자들이 복음 안에서 더 잘 설 수 있을 것이기 때문이다. 그 외에도 바울은 사람들이 복음에 응답하여 거룩하고 흠 없이 살게 하려고, 그가 그리스도를 본받은 것같이 그 교회에 그를 본받으라고 요청하곤 한다.

기독교 사역에서 메시지를 전하는 사람은 복음 메시지를 합당하게 구현하고 제시해야 한다. 바울은 그것을 당시 청중을 오도한 사람들과 대조하며, 그 중요성을 실례로 보여준다. 슬프게도 오늘날의 교회에도 하나님에 대한 잘못된 개념을 널리 알리거나, 거짓된 윤리를 장려하거나, 청중을 더 많이 끌어 모아 개인적인 재산을 늘리려 하는 이들이 있다. 이에 반해 우리는 항상 거룩하고 올바르고 흠 없는 행동으로 복음을 증언하려 애쓰면서 하나님 앞에서 우리의 사역을 하는 것이 온당하다.

바울은 또한 담대한 사역의 본을 보인다. 바울은 신체적 고통이든 수치든 복음으로 인한 역경 가운데서도 주저하지 않고 그의 주님께 충성했다. 이는 사람의 인정이나 반감에 주의를 기울이지 않고, 하나님을 기쁘시게 하려는 모든 사람의 소명이기도 하다.

하지만 바울의 담대한 복음 전도에서는 맡은 이들에 대한 긍휼과 애정이 넘쳐난다. 그는 엄마처럼 그 교회를 사모하며, 그들 모두를 사랑하고 보살핀다. 또 아버지처럼 사랑으로 그들에게 복음적인 삶의 진리를 가르친다. 삶의 압박과 좌절 가운데 있으면, 우리가 사역하는 사람들을 섬길 때에 그들에 대한 사랑이 분명하게 나타나는 것이 얼마나 중요한지 충분히 보지 못할 수 있다.

13 이러므로 우리가 하나님께 끊임없이 감사함은 너희가 우리에게 들은 바 하나님의 말씀을 받을 때에 사람의 말로 받지 아니하고 하나님의 말씀으로 받음이니 진실로 그러하도다 이 말씀이 또한 너희 믿는 자 가운데에서 역사하느니라 14 형제들아 너희가 그리스도 예수 안에서 유대에 있는 하나님의 교회들을 본받은 자 되었으니 그들이 유대인들에게 고난을 받음과 같이 너희도 너희 동족에게서 동일한 고난을 받았느니라 15 유대인은 주 예수와 선지자들을 죽이고 우리를 쫓아내고 하나님을 기쁘시게 하지 아니하고 모든 사람에게 대적이 되어 16 우리가 이방인에게 말하여 구원받게 함을 그들이 금하여 자기 죄를 항상 채우매 노하심이 끝까지 그들에게 임하였느니라

13 And we also thank God constantly[1] for this, that when you received the word of God, which you heard from us, you accepted it not as the word of men[2] but as what it really is, the word of God, which is at work in you believers. 14 For you, brothers, became imitators of the churches of God in Christ Jesus that are in Judea. For you suffered the same things from your own countrymen as they did from the Jews,[3]

15 who killed both the Lord Jesus and the prophets, and drove us out, and displease God and oppose all mankind 16 by hindering us from speaking to the Gentiles that they might be saved—so as always to fill up the measure of their sins. But wrath has come upon them at last!⁴

1 Or without ceasing 2 The Greek word anthropoi can refer to both men and women 3 The Greek word Ioudaioi can refer to Jewish religious leaders, and others under their influence, who opposed the Christian faith in that time 4 Or completely, or forever

≋≋≋≋ 단락 개관 ≋≋≋≋

바울과 그의 동료들은 데살로니가 교인들이 하나님의 복음 진리를 받아들이고, 또 다른 교회 그리스도인들의 행동을 본받은 것을 감사하며 기억하는 데로 돌아간다. 이는 고난이 수반된 일이었다. 그것은 아마 부분적으로 기독교 메시지에 대한 유대인들의 반대 때문이었을 것이다. 이러한 반대로 인해 바울은 그들을 비판하게 된다. 그는 구약 예언자들과 동일한 방식으로, 대부분의 유대인 동포가 메시아 복음을 거부한 것에 대한 좌절을 표현한다.

≋≋≋≋ 단락 개요 ≋≋≋≋

Ⅲ. 복음 사역과 데살로니가 교인들의 반응(2:1-3:13)

　B. 데살로니가 교인들이 어떻게 반응하고 견디었는가(2:13-16)

　　1. 데살로니가 교인들의 반응(2:13-14a)

　　2. 복음에 대한 유대인들의 반대(2:14b-16)

2:13 바울과 실루아노와 디모데는 서신 서두의 주제로 되돌아가서(특히 1:6-10), 데살로니가 교회에 대해 다시 하나님께 감사를 표현한다. 그러한 감사는 "끊임없이"(ESV는 "constantly", 참고. 1:2 ESV 난외주) 이루어진다. 바울은 복음을 "하나님의 말씀"(롬 9:6; 골 1:25; 딤후 2:9; 딛 2:5)이라 언급한다. 이렇듯 그는 인간에게서 나온 메시지("사람의 말")와, 하나님에게서 비롯된 복음을 대조한다. 하나님은 인간 대행자를 통해 그분의 복음을 알리시지만, 메시지 자체는 그리스도 안에서 이루어지는 하나님의 계시에 확고히 뿌리를 두고 있다.

헬라어에서 데살로니가전서 2:13의 마무리 관계절["(그것이) 또한 너희 믿는 자 가운데에서 역사하느니라"]은 하나님의 "말씀"을 가리킬 수도 있고[따라서 번역은, '그것'(which)이 역사한다], 하나님 자체를 가리킬 수도 있다['그분'(who)이 역사하신다]. '하나님'께서 역사하느냐, 그분의 '말씀'이 역사하느냐 하는 것은 미세한 차이다. 하나님은 분명 그분의 말씀을 통해 신자들의 삶 속에서 역사하시기 때문이다. 이곳에서 "믿는 자"를 언급한 것은 확실히 의도적이다. 바울에 대해 가장 잘 알려진 사실은, 그가 하나님의 은혜에 대한 합당한 반응인 믿음에 초점을 맞춘다는 것이다. 그 믿음이 하나님과의 참된 사귐으로 이끈다. 따라서 "믿는 자"는 하나님께서 그리스도 안에서 믿음을 주신 이들이며, 이로 인해 그들은 삶의 모든 영역에서 그분을 의뢰한다(또한 살전 1:7; 2:10).

2:14 바울은 다시 그의 기독교 윤리의 핵심 주제인 본받음을 넌지시 언급한다. 그리스도인은 그리스도를 본받아야 하지만, 또한 다른 그리스도인들이 어떻게 그리스도를 본받는지 관찰하며 그리스도를 따르는 법을 배워야한다(참고. 1:6-7 주석). 바울은 앞에서 데살로니가 교인들이 다른 교회들의 본이 된 것에 대해 그들을 칭찬했다(1:7-10). 이곳에서는 데살로니가 교인들이 고난과 박해 가운데서 그리스도를 따름으로써, 기독교 신앙의 발생

지인 유대에 있는 신자들을 본받았다고 언급된다.

바울은 박해받는 데살로니가 교인들이 굳게 서 있다는 소식을 디모데로부터 듣고 그로 인해 감사한다(참고. 살전 3:8-9). 이곳 2장에서 바울은 특히 데살로니가 교회의 고난이 "동족" 때문이라고 언급하며, 그 교회를 향해 그 지역이 합심해서 반대했음을 시사한다.

바울은 유대인들이 유대 교회를 반대한 것과 그들의 고난을 비교한다. 특히 유대인의 박해는 데살로니가 교회가 세워질 때 두드러졌다. 그때 회당 지도자들이 질투심에서 바울을 공격하려고 무리를 선동했다(행 17:5-9). 이 무리는 바울을 붙잡지 못했지만, 야손의 집을 뒤져서 그와 다른 그리스도인들을 시청 관원들 앞으로 끌고 갔다. 바울과 그의 동료들이 데살로니가에서 베뢰아로 빠져나간 후에도 데살로니가의 유대인들은 바울을 뒤쫓아 마게도냐 지방을 완전히 떠나게 했다(행 17:13-14). 데살로니가에 있던 그러한 복음의 반대자들은 바울이 물러간 것으로 만족하지 않고 그가 남기고 간 그 교회를 계속 반대했다.

2:15-16 바울은 유대에서는 물론 다른 곳에서도 유대인들이 복음에 반대한 것을 더 이야기한다. 이곳에서 바울이 보이는 우려는 반유대주의에서 나온 것이 아닌데, 특히 그가 다른 데서 그들을 유대인 동포로 부르며 그들을 향한 연민과 관심을 보이기 때문이다(예를 들어, 롬 11:1-2). 바울이 자신을 "이방인의 사도"(롬 11:13, 또한 갈 2:8-9; 딤전 2:7)로 규정하긴 하지만, 일반적으로 그는 각 도시를 방문해서는 가장 먼저 회당으로 갔다(행 13:14; 14:1; 17:1-3, 10, 17; 18:4, 19; 19:8). 바울은 복음이 "먼저는 유대인에게"(롬 1:16) 향했다는 그의 말과 어울리게, 회당에서 메시아 예수를 선포했다. 바울은 자신이 이방인 사역에 성공함으로써, 유대 동족들도 메시아 예수를 경배하게 되기를 바랐다(롬 11:13-16). 실제로 이방인 신자들은 하나님의 백성인 이스라엘에 "접붙임"되어(롬 11:17), 믿는 유대인과 이방인으로 이루어진 이 새로운 이스라엘이 구원받을 것이다(롬 11:17-32).

그러나 바울은 또한 이 회당들에서 메시아 복음을 전할 때마다, 실제로 큰 반대에 부딪혔다[비시디아 안디옥에서(행 13:45-51), 이고니온에서(14:2-6), 루스드라에서(14:19), 데살로니가에서(17:5), 베뢰아에서(17:13-14), 고린도에서(18:6, 12-17), 나중에 에베소에서(19:9)]. 그리고 이는 바울의 투옥과 유대인들이 그를 죽이려 하는 데서(행 21-25장) 절정에 이르렀다. 바울은 한결같이 유대인 동족들의 뒤섞인 반응을 맞닥뜨렸다. 그들 중 일부는 예수님을 믿었지만, 다른 이들은 그렇게 하지 않으려 한 것이다(예를 들어, 행 28:24). 바울은 그러한 부정적인 반응을 만날 때 유다와 이스라엘이 구약 예언자들에게 어떻게 반응했는지를 떠올렸다. 그 예언자들은 이스라엘에 회개하라고 외치면서, 사회적으로 외면 받고 죽임까지 당했다(참고. 행 28:25-28; 롬 11:7-10). 예수님은 구약의 예언자들이 그랬던 것처럼 교회가 핍박을 받을 것이라고 경고하셨다(예를 들어, 마 5:11-12; 23:29-39). 메시아께서도 자기 백성에게 거절당하셨다(예를 들어, 눅 23:13-24; 24:20; 행 2:23; 13:27-28, 참고. 요 1:11). 사도행전에서 어린 사울(나중에 바울이 된)은, 유대인들이 구약 예언자들과 그리스도를 따르는 이들을 박해한 것에 관한 스데반의 메시지를 들었다(행 7:39-43; 7:51-8:1). 더욱이 바울은 하나님의 은혜로운 개입이 있기 전에 자신 역시 교회를 박해하는 자였음을 기억한다(행 8:3; 갈 1:13-14; 빌 3:6).

이 모든 것이 데살로니가전서 2:14-16에서 바울이 강력한 표현으로 유대인 동족들을 책망하는 배경이다. 바울의 맹렬한 비난은 구약 예언자들의 방식, 곧 자기 백성이 회개하고 여호와께 돌아오기를 간절히 바라면서도 그들을 책망한 예언자들의 방식을 따른 것이다. 믿지 않은 유대인들은 주 메시아에게 사형을 선고하고 그분의 대행자들을 반대함으로써 하나님의 분노를 불러일으켰다. 그들은 이방인의 사도라는 바울의 임무를 좌절시키려 하면서 구원의 말씀이 모든 사람에게 이르지 못하게 방해했는데, 이로써 "모든 사람에게 대적이" 된다. 바울은 그들 조상들이 구약의 예언자들에게 했던 식으로 그들이 하나님의 사자들을 부인함으로써 "자기 죄를…채우매"라고 결론짓는다(2:16, 참고. 마 23:32).

하나님의 메시아에 대한 그러한 반대는 마땅히 하나님의 진노를 받을 만하고(참고. 또한 살후 1:5-10), 바울은 그것이 실제로 그 결과임을 인지하고

"노하심이 끝까지 그들에게 임하였느니라"(살전 2:16)라고 외친다. 이 동사의 시제('임하다', "has come")로 인해 주석가들은 바울이 언급한 "노하심"의 구체적인 순간을 추측하려 했다. 이 서신이 기록되기 이전의 바울 시대에 어떤 사건들이 있었고, 바울이 그것을 언급하고 있는 것인가? 몇몇 학자는 1차 유대인 폭동에 대한 로마의 진압은 이후에 일어났으므로(주후 66-73년), 바울이 이전에 유대인들이 당했던 굴욕을 암시한다고 제안한다. 아마도 그것은 몇몇 칙령(이 서신 집필 직전에 글라우디오가 로마에서 유대인을 추방한 것 같은, 참고. 행 18:2) 혹은 데살로니가나 고린도에서 있었던 유대인들에 대한 재판(예를 들어, 행 18:14-17)으로 인한 굴욕일 것이다. 그러나 헬라어의 부정 과거 시제는 가끔 더 확실하게 예언적 미래를 가리키는 데 사용될 수 있으며, 16절에서 바울이 언급한 "끝까지"가 마지막 심판 때의 진노를 가리킬 수도 있다(살전 1:10; 5:9, 또한 롬 2:5; 엡 5:6; 골 3:6). 이곳의 "노하심"이 예언적 미래를 가리키든 바울 당시의 특정 사건을 가리키든 상관없이, 바울은 하나님께서 결국 정의를 실현하심을 데살로니가 교인들에게 상기시킨다.

바울은 데살로니가전서 2:14-16의 이 담화 전체에서, 데살로니가 교인들이 박해를 받으면서 느꼈을 감정에 공감한다. 그는 결국 주님께서 그들의 반대자들에게 정의로운 보복을 하실 것이라고 확실하게 말한다. 그리고 하나님께서 이스라엘을 다루시는 역사에 그러한 반응이 있음을 보여주면서, 유대인들이 복음을 반대하는 상황에 대한 더 폭넓은 맥락을 제시한다. 그는 또한 자기 백성을 기소하면서도 그들의 회개와 구원을 바라는 구약의 예언자들처럼 행동한다. 이렇듯 바울은 그리스도 안에 있는 데살로니가의 유대인 신자들이(그들 가운데 있는 이방인 그리스도인들은 물론) 계속 메시아를 따를 때 직면하는 반대를 더 잘 이해하도록 도와준다.

〰〰〰 응답 〰〰〰

이곳에서 바울은 하나님의 말씀인 기독교 복음을 즉각 받아들인 것을 칭찬한다. 그는 교회들을 향해, 각자 현 시대에 그리스도께 영광을 돌리면서 반대를 견디며 서로를 본받으라고 간접적으로 격려한다. 그는 또한 그 교회의 고난을, 과거에 하나님을 따랐던 모든 사람의 환경이라는 더 폭넓은 맥락 안에 둔다. 구약과 신약에 있는 우리의 선조들도 고난을 마주했고, 실제로 그리스도께서도 자기 백성에게 죽임을 당하셨다. 그러므로 우리도 하나님의 소유물에 반대하는 세상에서 인내할 준비를 해야 한다. 그리스도를 따르는 이들은 구원 메시지에 모든 에너지를 쏟고 헌신하는 것이 합당하다. 그리고 우리의 인내는 그 시대에 하나님의 말씀에 매달리는 다른 이들에게 본이 될 수 있다.

2:17 형제들아 우리가 잠시 너희를 떠난 것은 얼굴이요 마음은 아니니 너희 얼굴 보기를 열정으로 더욱 힘썼노라 18 그러므로 나 바울은 한 번 두 번 너희에게 가고자 하였으나 사탄이 우리를 막았도다 19 우리의 소망이나 기쁨이나 자랑의 면류관이 무엇이냐 그가 강림하실 때 우리 주 예수 앞에 너희가 아니냐 20 너희는 우리의 영광이요 기쁨이니라

2:17 But since we were torn away from you, brothers, for a short time, in person not in heart, we endeavored the more eagerly and with great desire to see you face to face, 18 because we wanted to come to you— I, Paul, again and again—but Satan hindered us. 19 For what is our hope or joy or crown of boasting before our Lord Jesus at his coming? Is it not you? 20 For you are our glory and joy.

3:1 이러므로 우리가 참다못하여 우리만 아덴에 머물기를 좋게 생각하고 2 우리 형제 곧 그리스도의 복음을 전하는 하나님의 일꾼인 디모데를 보내노니 이는 너희를 굳건하게 하고 너희 믿음에 대하여 위로함

으로 3 아무도 이 여러 환난 중에 흔들리지 않게 하려 함이라 우리가
이것을 위하여 세움 받은 줄을 너희가 친히 알리라 4 우리가 너희와
함께 있을 때에 장차 받을 환난을 너희에게 미리 말하였는데 과연 그
렇게 된 것을 너희가 아느니라 5 이러므로 나도 참다못하여 너희 믿음
을 알기 위하여 그를 보내었노니 이는 혹 시험하는 자가 너희를 시험
하여 우리 수고를 헛되게 할까 함이니

3:1 Therefore when we could bear it no longer, we were willing to be left
behind at Athens alone, 2 and we sent Timothy, our brother and God's
coworker*1* in the gospel of Christ, to establish and exhort you in your
faith, 3 that no one be moved by these afflictions. For you yourselves
know that we are destined for this. 4 For when we were with you, we
kept telling you beforehand that we were to suffer affliction, just as it
has come to pass, and just as you know. 5 For this reason, when I could
bear it no longer, I sent to learn about your faith, for fear that somehow
the tempter had tempted you and our labor would be in vain.

1 Some manuscripts *servant*

〰〰〰 단락 개관 〰〰〰

바울과 그의 팀은 계속해서 데살로니가 교인들을 향한 애정을 이야기한
다. 바울은 어쩔 수 없이 데살로니가에서 달아나야 했으므로, 이 어린 교회
로 돌아가고 싶은 마음이 간절하다. 그 신자들을 사랑하며 더 가르치고 권
면하기를 원하기 때문이다. 그는 또한 박해가 그 교회의 결단을 약화시키
지 않을까 두려워하기도 했다. 바울은 돌아가는 길이 막혔기 때문에 디모

데를 보냈고, 디모데가 가져온 좋은 소식은 감사할 충분한 이유가 되었다. 더 나아가 이 애정 어린 내러티브는 이 선교사들과 그 교회를 연합시키는 역할을 하고, 박해 가운데서도 인내하라고 그 교회에 권면할 또 다른 기회를 바울에게 간접적으로 제공해 준다.

〰〰〰 단락 개요 〰〰〰

Ⅲ. 복음 사역과 데살로니가 교인들의 반응(2:1-3:13)

　C. 소식을 간절히 원하는 바울(2:17-3:5)

　　1. 바울이 데살로니가로 돌아가려 했으나 저지당함(2:17-20)

　　2. 디모데가 데살로니가 교인들을 격려하기 위해 보냄 받음

　　(3:1-5)

〰〰〰 주석 〰〰〰

2:17-18 데살로니가 주민의 반대로 그 교회는 바울이 원했던 것보다 훨씬 일찍 그를 그 도시에서 내보내야 했다(행 17:5). 그래서 바울과 그의 동료들은 그 교회가 어려움 가운데서도 잘 지내고 있는지 걱정이 되었다. 바울은 17절에서 이 헤어짐을 '억지로 떼진'("torn away", 개역개정은 "떠난") 것이라 지칭한다. 이는 부모에게서 분리되어 고아가 된 아이를 가리키는 헬라어[아포르파니조(aporphanizō)]를 비유적으로 사용한 것이다. 이렇듯 바울은 자신이 떠난 것에 대해 깊은 상실감을 표현한다. 그러나 이러한 헤어짐은 잠깐일 것이라고 서둘러 그 교회를 안심시키기도 한다. 그는 그들이 떨어진 것은 '몸'("in person", 헬라어와 개역개정은 "얼굴")이지 "마음"(참고. 고전 5:3; 골 2:5)

이 아니라고 말한다.

바울과 그의 동료들은 데살로니가 교인들을 다시 보고 싶은 마음이 간절했다. 그들은 이 점을 매우 강조하는데, 바울은 그들이 데살로니가 교인들을 직접 보기를 "열정으로 더욱 힘썼노라"라고 언급한다(참고. 살전 3:10). 바울이 그 교회로 돌아가고자 "한 번 두 번" 개인적인 노력을 했던 것을 강조하면서, 이때 일인칭 단수로 전환("우리"가 아니라 "나")한 것을 주목하라.

바울은 자신이 데살로니가로 가지 못하게 된 것을, 사탄이 영적으로 대적한 탓으로 본다. 사탄은 구약의 몇몇 주요한 사건들에 나오는 히브리 이름('고발자'를 뜻하는)의 헬라어 음역이다. 그곳에서 이 악한 천사는 거짓으로 하나님의 백성을 고발한다(욥 1:6-2:10; 슥 3:1-2). 복음서들과 사도행전은 몇 군데에서 사탄의 이름을 언급한다. 즉 사탄은 예수님을 시험하는 역할을 하고(마 4:1-11), 예수님의 가르침에서 대적으로 나오며(막 3:22-30; 4:15; 눅 10:18; 13:16; 22:31), 유다를 꾀어 예수님을 배반하게 하고(눅 22:3; 요 13:2, 27), 아나니아를 유혹하여 교회에 거짓말을 하게 한다(행 5:3). 바울은 시험(고전 7:5; 딤전 5:15), 교회가 종말에 경험할 반대(살후 2:9), 사탄에 대한 교회의 승리(롬 16:20, 또한 엡 4:27; 6:11)와 연관 지어 사탄을 언급한다. 데살로니가전서에서 바울은 사탄이 그를 데살로니가로 가지 못하게 한 것을 어떻게 알았는지 구체적으로 명시하지는 않는다.

바울은 데살로니가로 돌아가고 싶은 다양한 이유를 제시한다. 그곳의 신자들은 그의 "영광이요 기쁨"이다(살전 2:20), 그는 그들에 대한 열망, 긍휼, 애정을 느낀다(2:17; 3:6). 그는 그들의 믿음을 더 확고히 할 필요가 있음을 안다(3:2, 10). 또 그들이 맞닥뜨린 박해와 고통 때문에 그들이 그리스도를 따르지 못하게 될까 봐 걱정한다(3:3-5).

바울은 그 교회가 그의 애정을 확신하기를 바란다. 바울이 그들로부터 '떼졌다고' 느꼈을 바로 그때, 데살로니가 교인들은 아마 '고아가 되었다'고 느꼈을 것이다. 바울과 그의 팀은 줄곧 이 신자들의 안녕을 염려하며, 기도하고 돌아갈 길을 찾고 소식을 고대하고 있었다. 바울은 이 편지를 쓸 때조차도, 직접 다시 그 교회에 갈 기회를 계속 찾고 있다(3:10-11).

2:19-20 엄마가 '아들을 자랑스러워한다'고 선언할 때, 혹은 아빠가 딸을 가리켜 자신의 '기쁨'이라고 말할 때 그 아이들이 얼마나 행복하다고 느낄지 상상해 보라. 우리는 19-20절을 그와 유사하게 이해해야 한다. 바울과 그의 동료들은 그 교회를 그들의 "기쁨", 그들의 "자랑의 면류관", 그들의 "영광"이라고 칭한다. 이 표현은 바울에게는 진정한 종말론적 진리를, 그 교회에게는 격려를 전한다.

바울은 그리스도께서 나타나실 때(참고. 4:15 주석) 주님 앞에서 그의 유산이 특별히 그가 사역했던 사람들일 것이라고 믿는다(빌 2:16, 또한 고전 9:15-18; 고후 10:13-18). 그러한 "자랑"은 서로에게 도움이 되는 효과가 있다. 그래서 바울은 고린도 교회에 대해 이렇게 말할 수 있었다. "우리 주 예수의 날에는 너희가 우리의 자랑이 되고 우리가 너희의 자랑이 되는 그것이라"(고후 1:14). 바울은 고대의 육상 선수가 경기에서 이겼을 때 면류관을 받았던 것처럼(참고. 딤후 2:5; 4:8), 그 교회를 자신의 "면류관"(또한 빌 4:1)이라 언급한다.

"자랑"은 종종 죄악된 교만을 가리킬 수 있지만(예를 들어, 고전 1:28-31), 바울은 적합한 자랑을 주장한다. 차이는 무엇을 "자랑"하느냐와 관련이 있다. 예를 들어, 바울은 마치 행위로 구원을 얻은 것처럼, 자신의 칭찬할 만한 행위를 자랑하는 것을 금한다(예를 들어, 롬 2:23; 3:27; 4:2; 엡 2:9). 반면, 자신이 교회들 가운데서 행한 것에 대해서는 적합한 자신감을 가지고 그러한 것들을 자랑한다(고후 1:12). 그는 기꺼이 자신의 약함을 자랑한다. 자신의 약함을 증언함으로써 하나님의 영광이 빛나게 되기 때문이다(고후 11:21-12:10, 참고. 롬 15:17-21). 바울은 심지어 다른 교회들과 소통하면서 특정 교회들을 자랑하기도 한다(예를 들어, 고후 7:14; 8:24; 9:2-3).

바울은 특히 데살로니가 교회를 격려하는 방편으로, 그 교회가 그의 기쁨과 자랑이라고 쓴다. 이러한 표현은 그가 서신 곳곳에서 되풀이해서 표현하는 깊은 애정에 비추어 이해해야 한다. 따라서 우리는 바울과 그의 동료들이 그 교회로 인한 기쁨을 상기시킬 때, 그 교회 역시 자신들이 주 안에서 영적 아버지들에게 기쁨을 가져다주었다는 그 엄청난 소식을 듣고 기뻐했을 것이라 예상해야 한다. 그 영적 아버지들은 처음 그 교회에 복음을 전했던 이들이자 그들에게 그러한 애정을 표현하는 이들이다. 바울이 그들을 그의 "자랑의 면류관"이라고 칭할 때, 이는 실제로 자녀가 부모의 자랑스러워하는 모습을 목격한 것과 유사할 것이다.

3:1-3a 바울이 데살로니가로 가는 길은 막혔지만(2:18), 디모데는 갈 수 있었다. 바울은 그 교회가 디모데의 방문을, 그들을 격려하고 그들이 잘 지냄을 알고자 하는 애정 어린 노력으로 보기를 바란다(3:2). 바울은 디모데의 수고로 그 교회가 환난 중에도 "흔들리지" 않게 되기를 바랐다(3:3a). 사탄이 박해를 이용하여 그 교회의 믿음을 공격할까 봐 염려했기 때문이다 (3:5, 참고. 2:14 주석).

바울은 디모데를 자신의 "형제"이자 "하나님의 일꾼"이라 언급하며, 따라서 그 교회가 그를 바울이 존중하는 사도의 사절로 받아들여야 한다고 말한다(참고. 고후 1:1; 골 1:1; 몬 1:1). 바울은 특별히 디모데를 그의 선교에 합류하도록 초청했고(행 16:3), 디모데는 이후에 빌립보(빌 2:18-23)와 에베소 (딤전 1:2-3)를 포함하여 다른 교회들을 향한 바울의 사절 역할을 했다.

디모데는 주후 49-50년경에 데살로니가로 항해했고, 그때 바울은 아덴 (행 17:15-34)에 있었다. 일련의 사건들이 전부 명확하지는 않지만, 대략적인 윤곽은 다음과 같다. 바울과 실라는 데살로니가에서 도망쳐야만 했고 (행 17:10), 그 이후 바울은 베뢰아에서 아덴으로 도피해야 했다. 그 동안 실라와 디모데는 베뢰아에 남아 있었다(행 17:14). 그 후 바울이 실라와 디모데에게 아덴에 있는 그와 합류하라고 요청했다(행 17:15). 디모데가 아덴에 도착하자마자 바울이 그에게 데살로니가로 돌아가라고 지시했을 가능성이 있다. 또 어떤 사람들은, 디모데가 아덴에 도착하기 전에 바울이 디모데에게 데살로니가로 가라고 두 번째 지시를 했다고(행 17:15에 언급된 지시 다음에) 추정한다.

3:3b-5 바울과 그의 동료들은 환난과 고난이 그리스도인의 증언 가운데

한 부분임을 그 교회에 상기시킨다. 예수님도 교회가 박해를 받을 것이라고 말씀하셨다(예를 들어, 마 5:10-12; 10:16-23). 예수님이 이 세상에서 반대를 당하셨다면, 그분을 따르는 이들도 동일한 일을 겪으리라 예상해야 한다(예를 들어, 마 10:24-25; 요 15:18-25). 이전에 교회를 박해하던 자였던 바울은 이 양 측면을 잘 알고 있다. 예수님은 바울을 택한 그릇으로 선택하실 때 바울이 "얼마나 고난을 받아야 할 것"(행 9:15-16)을 그에게 보이시겠다고 선언하기까지 하신다. 바울은 복음에 대한 적대감을 충분히 예상한다(예를 들어, 골 1:24; 살후 1:4; 딤후 3:12).

바울은 그 교회가 임박한 박해에 대해 경고를 받았음을("너희가 친히 알리라"와 "우리가…너희에게 미리 말하였는데") 힘주어 상기시키며, 그러한 어려운 상황들이 그의 신학, 증언, 예상과 일치함을 강조한다.

바울은 구체적으로 "[그들의] 믿음을 알기" 위해 디모데를 파견했다고 말한다. 디모데는 데살로니가 교인들을 격려하기 위해 그들에게 다가갔지만(살전 3:2), 그들의 상황을 전하기도 해야 했다. 바울은 자신의 두려움을 말로 표현한다. 그는 시험하는 자가 그들을 유혹하여 믿음에서 떠나게 하지 않을까 두려웠다. 시험하는 자는 사탄이다(참고. 2:17-18 주석, 참고. 마 4:3; 고전 7:5). 바울은 현장을 너무 빨리 떠나야만 하는 선교사라면 느낄 만한 두려움을 표현한다. 남겨진 이들의 믿음에 어떤 일이 일어날까? 바울은 또한 데살로니가 교인들 가운데서의 그들의 수고가(살전 2:9) 결국 열매나 결과가 없는 것으로 드러날까 봐 염려한다(참고. 갈 4:11; 빌 2:16).

≋≋≋≋ 응답 ≋≋≋≋

이 절들에 대한 오늘날의 반응을 감안하여, 우리는 사역자의 시각과 교회의 시각 둘 다를 예상해 볼 수 있다. 모든 그리스도인이 나름대로 사역자의 역할을 하므로(물론 우리 중 일부만 공식적인 역할을 맡는다), 우리는 모두 바울의 사역 활동으로부터 배울 수 있다. 그는 아직 올바른 믿음의 토대를 놓지 못한 어린 신자들에게 가해지는 영적 도전을 인지한다. 바울은 데살로니가에 머물며 그 교회에 그들의 새로운 신앙에 대해 가르칠 수 없게 되었을 때도, 여전히 연락을 유지하고 멀리서 격려를 전할 방법을 열심히 찾았다. 그러한 접근은 신자들을 향한 진심 어린 사랑과 애정에서 나온다. 더 나아가 바울은 이 신자들에 대해 아버지로 느끼는 것 같은 자랑과 기쁨을 나누기를 주저하지 않는다. 이 모든 면에서 바울이 보이는 사역의 모범은 본받을 만하다.

또한 교회는 이 시대에 모든 신자가 고난과 박해를 견뎌야 함을 기억하라는 도전을 받는다. 어떤 교회든 박해를 추구해서는 안 된다. 그러나 우리는 신학으로도 실천으로도, 고난의 때를 십자가에 못 박히신 우리 주님을 따르고 그분께 영광을 돌릴 기회로 마주할 준비를 해야 한다.

6 지금은 디모데가 너희에게로부터 와서 너희 믿음과 사랑의 기쁜 소식을 우리에게 전하고 또 너희가 항상 우리를 잘 생각하여 우리가 너희를 간절히 보고자 함과 같이 너희도 우리를 간절히 보고자 한다 하니 7 이러므로 형제들아 우리가 모든 궁핍과 환난 가운데서 너희 믿음으로 말미암아 너희에게 위로를 받았노라 8 그러므로 너희가 주 안에 굳게 선즉 우리가 이제는 살리라 9 우리가 우리 하나님 앞에서 너희로 말미암아 모든 기쁨으로 기뻐하니 너희를 위하여 능히 어떠한 감사로 하나님께 보답할까 10 주야로 심히 간구함은 너희 얼굴을 보고 너희 믿음이 부족한 것을 보충하게 하려 함이라

6 But now that Timothy has come to us from you, and has brought us the good news of your faith and love and reported that you always remember us kindly and long to see us, as we long to see you— 7 for this reason, brothers,[1] in all our distress and affliction we have been comforted about you through your faith. 8 For now we live, if you are standing fast in the Lord. 9 For what thanksgiving can we return to God for you, for all the joy that we feel for your sake before our God, 10 as

we pray most earnestly night and day that we may see you face to face
and supply what is lacking in your faith?

1 Or brothers and sisters

≈≈≈≈≈ 단락 개관 ≈≈≈≈≈

디모데는 데살로니가 교인들의 믿음과 사랑이 잘 자라고 있다는 좋은 소
식을 가지고 돌아왔다. 바울은 이 소식을 통해 얻은 기쁨과 위로와 감사를
표현한다. 이를 통해 그는 데살로니가 교인들의 굳건한 믿음을 인정하고
격려할 또 다른 기회를 얻고, 또한 그들을 대면하기 원함을 다시 언급한다.

≈≈≈≈≈ 단락 개요 ≈≈≈≈≈

Ⅲ. 복음 사역과 데살로니가 교인들의 반응(2:1-3:13)
   D. 디모데가 가져온 격려되는 소식을 듣고 기뻐함(3:6-10)
      1. 디모데가 가져온 소식으로 인한 위로(3:6-7)
      2. 교회가 굳게 서 있음에 만족함(3:8)
      3. 기쁨에 찬 감사와 기도(3:9-10)

≋≋≋≋ 주석 ≋≋≋≋

3:6-7 바울이 데살로니가 교인들을 그리워하는 내용이 담긴 내러티브 (2:17-3:5)가 이제 절정에 이른다. 바울은 디모데로부터 소식을 듣고, 데살로니가 교인들이 주 안에서 잘 성장하고 있음을 알고 크게 기뻐한다. 3:6-10의 헬라어는 한 문장으로, 7절에 주동사가 나온다("우리가…위로를 받았노라").

6절에서 우리는 디모데가 데살로니가에 갔다가 돌아왔음을 알게 된다. "기쁜 소식을 우리에게 전하고"[유앙겔리조(*euangelizō*)]로 번역된 헬라어 동사는, 바울이 다른 사람들에게 복음을 전하는 데 종종 사용하는 단어다. 이 단어는 전령이 반가운 소식을 가져오는 것을 가리킨다. 바울은 디모데가 가져온 소식에서 세 가지 사항을 강조한다. 데살로니가 교인들의 믿음, 그들의 사랑, 그리고 그들이 바울과 그의 팀을 애틋하게 기억하는 모습이다 (3:6). 바울은 멀리서, 그들이 새로이 발견한 기독교 신앙이 온전히 남아 있는지 염려했는데(3:5), 이제 디모데가 정말 그들의 믿음의 기초가 튼튼하다고 증언한다(8절). 또한 바울은 그들의 사랑에 대해 듣고 기뻐한다(참고. 1:3; 4:9; 5:8, 13). 곧이어 바울은 서로를 향한 그들의 사랑이 더욱 넘치도록 기도할 것이다(3:12). 이 기도는 6절 역시 그리스도인 형제자매들을 향한 데살로니가 교인들의 사랑에 초점을 맞추고 있음을 암시한다. 마지막으로, 바울이 직접 데살로니가 교인들을 다시 방문하고자 하는 열망을 거듭 알리듯이(2:17-18; 3:5), 교회 역시 바울과 그의 동료들을 따뜻하게 기억하며 그들을 다시 보기를 바란다.

바울은 계속 사역의 고충과 괴로움 가운데 있었지만, 이러한 좋은 소식을 통해 위로를 받았다. 그는 기꺼이 자신의 기쁨과 감사를 나눈다. 그러한 표현이 데살로니가 신자들로 하여금 더 인내하도록 격려할 것을 알기 때문이다.

3:8 바울은 그 소식이 매우 기쁜 것임을 표현하기 위해 '생명'이라는 은유를 사용한다. 데살로니가 교인들의 지속적인 믿음이 그 사도에게 생명

을 불어넣는다. 바울은 그들이 주 안에 '굳게 서' 있다고 언급한다. 이는 인내와 끈기라는 이미지를 담은 바울의 흔한 은유다(예를 들어, 고전 16:13; 갈 5:1; 빌 1:27; 4:1; 살후 2:15). 그 교회는 주님의 권능으로 말미암아(롬 14:4) 견디고 있다.

3:9-10 디모데가 전한 소식으로 위로를 받은 바울은, 그 교회가 주 안에서 굳게 서 있다는 사실에 기쁨이 넘쳐서 하나님께 감사를 표한다(참고. 1:2-10; 2:13-14). 바울은 수사적 질문으로 감사를 표현한다. 질문은 누가 감사로 하나님께 온전히 "보답할"[혹은 '돌려드리다', 안타포디도미(*antapodidōmi*)] 수 있느냐다. 전제는 그러한 '보답'이 바울의 능력을 넘어선다는 것이며, 따라서 그의 감사는 그가 느끼는 기쁨과 동일할 수 없다.

바울과 그의 동료들은 기뻐하면서, 데살로니가로 돌아갈 기회를 위해 계속 기도한다(3:10). 그들의 기도는 그들의 감사처럼(1:2; 2:13) 이 선교사들의 삶에서 계속 되풀이된다("주야로", 2:9). 바울과 그의 동료들은 직접 데살로니가 교인들과 함께하며(문자적으로는 "얼굴을 보고", 참고. 2:17-18 주석), 그들의 믿음을 더 강화시켜 주기 원한다. 바울은 그 교회의 지속적인 믿음에도 불구하고(3:6-7), 그들에게 더 성장해야 할 부분이 남아 있음을 인정한다. 이 모든 것은 데살로니가 교인들을 향한 바울의 애정을 계속해서 생각나게 한다.

≋≋≋≋ **응답** ≋≋≋≋

바울과 그의 동료들은 계속해서 선교에 대한 아주 멋진 접근법의 본을 보인다. 그들은 하나님께서 이 세상에서 그 교회를 붙들고 계심을 기뻐한다. 더 나아가 그 교회를 격려하기 위해 공개적으로 감사를 표한다. 교회는 지도자들과 섬기는 이들이 사역의 시련들 가운데서도(참고. 3:7), 하나님께서 하고 계시는 모든 일을 공개적으로 축하하며 기쁨과 감사의 태도를 보이는 모습에서 활기를 얻는다.

그러나 이 세상에는 항상 도전이 있을 것이다. 따라서 하나님의 백성은 계속 믿음과 사랑을 드러내며 굳건히 서 있어야 한다(3:6-8에서 칭찬하는 속성들). 또 우리 모두 성장과 격려를, 그리고 그리스도를 따르는 것과 관련된 추가적인 가르침(10절)을 계속 필요로 한다.

11 하나님 우리 아버지와 우리 주 예수는 우리 길을 너희에게로 갈 수 있게 하시오며 12 또 주께서 우리가 너희를 사랑함과 같이 너희도 피차간과 모든 사람에 대한 사랑이 더욱 많아 넘치게 하사 13 너희 마음을 굳건하게 하시고 우리 주 예수께서 그의 모든 성도와 함께 강림하실 때에 하나님 우리 아버지 앞에서 거룩함에 흠이 없게 하시기를 원하노라

11 Now may our God and Father himself, and our Lord Jesus, direct our way to you, 12 and may the Lord make you increase and abound in love for one another and for all, as we do for you, 13 so that he may establish your hearts blameless in holiness before our God and Father, at the coming of our Lord Jesus with all his saints.

바울은 하나님이 데살로니가 교인들에게 복 주시기를 기도한다. 그는 특히 그 교회를 위해 하나님 아버지와 예수님이 협력하신다고 언급한다. 바울과 그의 동료들은 바울이 데살로니가로 갈 길을 열어 주시도록 다시 하나님께 간구할 뿐만 아니라, 그 교회에 사랑이 넘치기를 기도한다. 예수님의 강림을 기다릴 때, 그들이 그 사랑으로 인해 거룩함에 더 깊이 뿌리 내릴 것이기 때문이다.

〜〜〜〜〜 단락 개요 〜〜〜〜〜

Ⅲ. 복음 사역과 데살로니가 교인들의 반응(2:1-3:13)

　E. 바울의 축도(3:11-13)

　　1. 바울에게 데살로니가로 돌아갈 기회를 주소서(3:11)

　　2. 데살로니가 교인들의 사랑이 더 넘치게 하소서(3:12-13)

〜〜〜〜〜 주석 〜〜〜〜〜

3:11 바울은 바로 앞에서 자신과 그의 동료들이 여전히 데살로니가로 돌아가기 위해 기도하고 있다고 알렸으며(3:10), 이제 하나님을 향한 간구로 시작하는 축도를 전한다.

거의 2천 년이 지난 지금, 바울이 "하나님 우리 아버지"와 "우리 주 예수"께(참고. 1:1; 3:13, 또한 예를 들어, 롬 1:7; 고전 1:3; 살후 2:16) 기도드리는 것은 이상하게 여겨지지 않는다. 그러나 바울 당시 유대인들과 교회 밖의 이방인들 사이에서 이런 기도는 충격이었을 것이다. 사실 바울의 단어 선택에는 많은 신학이 암시되어 있다. 첫째로, 그는 예수님과 하나님을 밀접하게 연결시켜서, 예수님을 "주"(하나님에 대한 구약의 흔한 호칭)로 칭하고 하나님과 함께 주 예수님께 기도드린다. 이는 예수님의 신성을 긍정하며, 강력한 고기독론을 암시한다. 또한 로마 황제와 다른 모든 '주'를 밀어낸다. 이들의 신성 주장은 유대인들과 그리스도인들이 거부했던 것이다. 둘째로, 하나님을 "우리 아버지"로 칭함으로써, 예수님의 구속 사역을 통해 그리스도인들이 하나님과 사귐을 갖도록 입양되었음을(롬 8:15; 갈 4:6-7) 상기시킨다. 예수님도 자신을 따르는 이들에게 하나님을 "아버지"라 부르라고 가르치셨다(예를 들어, 마 5:16, 45; 6:6, 9; 23:9; 막 14:36).

이 축도에는 두 가지 구체적인 간구가 담겨 있는데, 둘 다 간청의 의미를 전하기 위해 헬라어의 기원법(optative mood)을 사용한다. 첫 번째 간구에서 바울은 하나님 아버지와 주 예수님께 "우리 길을 너희에게로 갈 수 있게" 해 달라고 구한다. 데살로니가로 돌아가고자 하는 바울의 바람은 앞의 많은 절의 주제이기도 했는데(특히 2:17-18; 3:1-2, 5, 10), 이 간청으로 절정에 이른다.

3:12 이 절은 바울의 두 번째 간구를 전한다. 그것은 곧, 다른 사람들을 향한 데살로니가 교인들의 사랑이 더 많아지게 해 달라는 것이다. 바울은 이미 데살로니가 교인들의 사랑에 대해 그들을 칭찬했다(3:6). 바울은 의미가 중복되는 두 개의 기원법 동사를 결합함으로써("많아 넘치게"), 그 교회에 사랑이 이미 있음을 인정하면서도 계속해서 사랑이 많아져야 함을 강조한다(참고. 4:9-12 주석). "피차간과 모든 사람에 대한 사랑"이라는 바울의 말은, 분명 다른 교회들에 대한 사랑을 포함하면서 또한 그들이 아는 모든 사람에게 애정 어린 증인의 역할을 하도록 초청하는 것 같다(참고. 살전 5:15; 갈 6:10). 바울은 그와 그의 동료들이 데살로니가 교인들을 사랑함을 상기시키며("우리가 너희를 사랑함과 같이"), 그들도 다른 사람들을 사랑하여 그들에게 본이 되라고 요청하면서 이 논의를 마무리한다.

독자는 서로 사랑하라는 말을 들을 때, 그 말을 당연히 이웃을 사랑하라는 구약의 명령(레 19:18, 34; 신 10:19), 다른 사람을 사랑하라는 예수님의 강조(예를 들어, 마 5:43-48; 22:37-40; 눅 10:25-37; 요 13:34-35; 15:12-17), 더 광범위한 신약 신학(예를 들어, 히 13:1; 약 2:8; 벧전 1:22)과 연결시킬 것이다. 또한 바울은 그의 서신들 곳곳에서 다른 사람들에 대한 사랑을 강조하며(예를 들어, 롬 12:9-10; 13:8-10; 고전 16:14; 갈 5:14; 엡 5:2), 사랑이 기독교의 가장 큰 덕목이라고 언급한다(고전 13:1-13).

3:13 다른 사람들을 향한 그러한 사랑에는 중요한 목적이 있다. 곧, 그리스도인의 거룩함이다. 바울은 순결과 성결에 관한 구약의 어휘를 끌어와서, 회중의 마음이 "흠이 없[고]" 거룩하기를 바란다. 바울이 이곳에서 강조하는 거룩한 삶을 향한 길은 다른 사람들을 사랑하는 것이다.

바울은 이 짧은 축도를 마무리하며, 다시 하나님 아버지와 주 예수님을 언급한다(3:11과 수미상관을 이루며). 바울은 데살로니가 신자들이 사랑에 뿌리를 두고 거룩해져서, 그리스도께서 다시 오셔서 심판하실 때 굳건히 설 수 있기를 기도한다. 그리스도께서 장차 성도와 함께 강림하신다는 이 말은 잠시 후에 다룰 것이다(4:13-5:11, 참고. 또한 1:10).

≋≋≋ 응답 ≋≋≋

앞에서처럼 우리는 바울이 어떻게 사역했는지, 그리고 그의 사역에 교회가 어떻게 반응하기를 의도했는지 배울 수 있다. 이곳에서 바울은 여러 면에서 훌륭한 사역의 본을 보인다. 그는 데살로니가 교인들을 위해 기도한다고 알린 직후에, 곧바로 그들을 위해 기도한다. 그는 그리스도의 주되심과 하나님의 아버지 되심을 거듭 상기시킴으로써, 하나님께서 그들을 입양하셨고 예수님이 그들의 주님이심을 알고 살아가라고 요청한다. 더 나아가 바울은 선교 기도의 본을 제시하며, 그리스도인의 사랑이 우리의 교회들 안에 더 많아지도록 자주 하나님께 간구하도록 유도한다. 마지막으로, 우리는 바울의 사랑이 교회들에게 탁월한 본이 됨을 깨달아야 한다. 이와 마찬가지로 목회자는 다른 사람들을 향한 사랑으로 알려져야 한다.

실로 모든 그리스도인은, 우리 교회의 모든 사람과 우리 이웃과 우리 주변의 세상을 향한 사랑이 더 많아지도록 주님께 간구해야 한다. 하나님은 우리가 그분의 은혜에 응답하여 거룩해지기를 바라시는데, 거룩함은 사랑 없이는 얻을 수 없다.

데살로니가전서 4:1-5:22 개관

바울과 그의 동료들은 편지의 절반을 할애하여 데살로니가 교인들에 대해 감사하고 그들의 변함없는 믿음과 사랑을 칭찬했다. 그들은 이제 교회의 윤리적, 신학적 과제들과 연관된 구체적인 권면과 지시로 옮겨간다.

그들은 먼저 거룩함의 한 측면인 성적 정절을 다룬다(살전 4:1-8). 로마 세계는 음란이 넘쳐났으므로, 바울은 기독교 성 윤리를 주입하려 한다. 그런 다음 서로 사랑할 것을 또다시 권하고(4:9-10, 참고. 3:6, 12), 그리스도인의 일을 통한 올바른 공적 증언을 격려하는 데로 나아간다(4:11-12).

바울은 가르침의 주요 부분을 그리스도의 다시 오심에 집중한다(4:13-5:11). 바울은 두 가지 주요한 질문을 다룬다. (1) 그리스도인으로 죽은 이들에게 어떤 일이 일어나는가? (2) 그리스도께서 언제 다시 오시는가?

마지막 단락(5:12-22)에서 바울은 교회의 올바른 행동에 관한 일련의 권면들을 한데 모아 놓는다.

¹ 그러므로 형제들아 우리가 끝으로 주 예수 안에서 너희에게 구하고 권면하노니 너희가 마땅히 어떻게 행하며 하나님을 기쁘시게 할 수 있는지를 우리에게 배웠으니 곧 너희가 행하는 바라 더욱 많이 힘쓰라 ² 우리가 주 예수로 말미암아 너희에게 무슨 명령으로 준 것을 너희가 아느니라 ³ 하나님의 뜻은 이것이니 너희의 거룩함이라 곧 음란을 버리고 ⁴ 각각 거룩함과 존귀함으로 ¹⁾자기의 아내 대할 줄을 알고 ⁵ 하나님을 모르는 이방인과 같이 색욕을 따르지 말고 ⁶ 이 일에 분수를 넘어서 형제를 해하지 말라 이는 우리가 너희에게 미리 말하고 증언한 것과 같이 이 모든 일에 주께서 신원하여 주심이라 ⁷ 하나님이 우리를 부르심은 부정하게 하심이 아니요 거룩하게 하심이니 ⁸ 그러므로 저버리는 자는 사람을 저버림이 아니요 너희에게 그의 성령을 주신 하나님을 저버림이니라

¹ Finally, then, brothers,*1* we ask and urge you in the Lord Jesus, that as you received from us how you ought to walk and to please God, just as you are doing, that you do so more and more. ² For you know what instructions we gave you through the Lord Jesus. ³ For this is the will of God, your sanctification:*2* that you abstain from sexual

immorality; **4** that each one of you know how to control his own body*³* in holiness and honor, **5** not in the passion of lust like the Gentiles who do not know God; **6** that no one transgress and wrong his brother in this matter, because the Lord is an avenger in all these things, as we told you beforehand and solemnly warned you. **7** For God has not called us for impurity, but in holiness. **8** Therefore whoever disregards this, disregards not man but God, who gives his Holy Spirit to you.

1) 자기 몸을 절제할 줄 알고

1 Or brothers and sisters; also verses 10, 13 2 Or your holiness 3 Or how to take a wife for himself; Greek how to possess his own vessel

≋≋≋≋ 단락 개관 ≋≋≋≋

바울은 데살로니가 교인들에게 그와 그의 동료들로부터 전수받은 거룩한 삶의 방식에서 성장하라고 권면한다. 그는 특히 로마 세계에서 음란의 영향이 널리 퍼져 있음을 고려하여, 성적 정절과 거룩함에 초점을 맞춘다.

≋≋≋≋ 단락 개요 ≋≋≋≋

IV. 그리스도인은 어떻게 행하며 하나님을 기쁘시게 하는가(4:1-5:22)

   A. 순결하고 거룩하라는 하나님의 부르심(4:1-8)

      1. 더욱더 하나님을 기쁘시게 하기(4:1-2)

      2. 음란을 피하기(4:3-8)

4:1 서신은 데살로니가 교인들의 변함없는 믿음과 사랑에 대한 좋은 소식을 듣고 바울이 기뻐하는 모습에서 다른 주제로 옮겨간다. 바울은 이제 그리스도인으로서 신실하게 살아가는 데서 자라가라고 권한다.

놀랍게도 바울은 서신이 두 장이나 남았음에도 "끝으로"라는 단어를 쓴다. 다른 곳에서 바울은 이어지는 가르침을 강조하기 위해 "끝으로"라고 말한다(고후 13:11; 엡 6:10; 빌 4:8). 심지어 할 말이 상당히 많이 남아 있을 때도 그렇게 한다(빌 3:1, 2; 살후 3:1). 이 "끝으로"는, 4-5장에 나오는 가르침으로 옮겨감을 알려준다. 이어지는 내용의 급박함은, 소통에 대한 중복되는 동사들("우리가…구하고 권면하노니")과 "주 예수 안에서"라는 엄중한 표현을 통해 강조된다.

바울과 그의 동료들은 데살로니가 교인들이 이전에 유사한 가르침을 "배웠[음]"을 상기시킨다. 모든 신자는 하나님 앞에서 어떻게 행해야 하는지 이미 알고 있지만, 그리스도를 반대하는 세상에서 그러한 원리대로 살기 위해서는 올바른 그리스도인의 행동을 계속 기억해야 한다. 앞에서도 언급했듯이(참고. 2:11-12 주석), '행하다'(walking)는 바울이 자주 사용하는 은유로, 그리스도를 따르는 데 요구되는 지속적인 매일의 인내를 강조한다. 바울은 또한 교회들을 향해 하나님을 "기쁘시게" 하라고도 자주 명령한다(예를 들어, 고전 7:32; 갈 1:10; 살전 2:4, 참고. 딤후 2:4). 하나님을 '기쁘시게 하는 것'은 우리의 행동에 의해 하나님으로부터 구원을 얻어내려는 시도를 가리키지 않는다(롬 8:8). 오히려 성령께서 가능하게 하시는 거룩함 가운데서 살아가는 것이 은혜로 구원받은 자들인 우리의 올바른 반응임을 가리킨다. 이것이 우리를 구속하신 하나님을 기쁘시게 하는 일이다(살전 4:1).

하지만 바울은 다시(참고. 1:6-10; 2:13-14; 3:6-8) 데살로니가 교인들이 이미 그들이 배운 기독교적 삶의 방식에 따라 행하고 있음을 인정한다. 그리고 이러한 거룩한 삶의 방식이 넘치게 하라고 격려한다(참고. 또한 3:12-13).

4:2 바울은 이전에 데살로니가 교인들 가운데서 행한 사역을 통해 그들이 이미 "아[는]" 바를 이 서신 곳곳에서 상기시킨다(예를 들어, 살전 1:5; 2:1, 2, 5, 11; 3:3-4; 5:2). 기독교 제자도는 보통 새롭고 더 깊은 진리를 연구하는 데 달려 있지 않다. 오히려 그것은 이미 배운 진리들을 살아내기 위해 그리스도인으로서 올바른 습관을 키우는 것이다.

4:3 바울과 그의 동료들은 그리스도인이 거룩하게 되는 한 특정 영역을 강조한다. 그것은 주님 앞에서 성적 순결을 유지하는 것이다. 바울서신의 다른 곳은 거룩하게 되는 것을 말할 때에 거룩함의 여러 다른 측면들도 포함시키지만(예를 들어, 롬 6:22; 고전 1:30; 살전 5:23), 이곳의 헬라어는 거룩함을 성적 정절에 적용하라고 분명히 지시한다(또한 4:4, 7에서). 의미심장하게도 바울은 이를 "하나님의 뜻"이라 칭한다(참고, 벧전 4:1-6; 요일 2:15-17).

로마의 성적 관습은 바울이 성적으로 부도덕하다고 여기는 행동을 지지하는 것으로 유명하다. 로마의 부인들은 보통 결혼의 정절을 기대 받았지만, 남편들은 여자 노예가 수종을 드는 저녁 연회에 자주 참석하곤 했다. 젊은 남성들은 종종 결혼 전에 성적으로 적극적이 되도록 부추김을 받았다. 고대 로마 문헌에는 불륜을 저지르는 남성에 대한 이야기가 아주 많고, 일부 이야기에서는 결혼한 여자들이 애인을 얻으려 했다. 남색을 비롯한 동성애 행위가 특히 헬라인들 사이에서 널리 행해졌다. 도시들, 특히 주요 무역로에 있는 도시들은(데살로니가 같은) 매춘부로 유명했다. 이러한 부도덕이 널리 퍼진 상황 가운데서 교회의 이교 이웃들은 아마 이 그리스도인들이 그러한 행동을 거부하는 것을 이상하게 생각했을 것이다. 실제로 그리스도께로 나아오기 전에 그러한 로마의 호색을 행했던 그 교회의 일부 구성원들은 아마도 여전히 그러한 유혹들에 대해 중독성을 느꼈을 것이다.

하나님께서 성에 대해 가지신 계획은 오래 전에 계시된 것으로, 창조 때 결혼을 기뻐하신 것에 뿌리를 둔다(예를 들어, 창 1:26-28; 2:24-25). 바울은 간음하지 말라는 제7계명(출 20:14; 신 5:18; 롬 13:9)은 물론, 간통, 간음, 동성애, 근친상간, 수간, 그밖에 다른 형태의 음란을 비난하는 여러 구약 율법

(예를 들어, 레 18:6-23; 20:10-21; 신 22:13-30)을 알고 있었다. 또 그러한 성적 죄에 반대하는 구약의 잠언과 예언서의 선언들을 공부했을 것이다(예를 들어, 잠 2:16-19; 6:32; 7:1-27; 렘 7:9; 29:23; 호 4:2; 말 3:5). 초대 교회 역시 그러한 문제들에 관한 예수님의 가르침을 알았다(예를 들어, 마 5:27-32; 15:19; 19:9, 18). 그들 주위의 로마 관행들을 알고 있던 예루살렘 공의회는 이방인 신자들에게 음행을 멀리하라고 명령했다(행 15:20, 29, 참고. 또한 히 13:4; 계 2:14; 22:15). 그러므로 바울이 로마 제국 도처에 사는 신자들에게 결혼 관계 안에서만 성관계를 가지라고 지시한 것은 놀랍지 않다(예를 들어, 롬 13:13; 고전 5:1-13; 6:9-20; 갈 5:19; 엡 5:3, 5; 골 3:5; 딤전 1:10).

4:4-5 주석가들은 4절에 나오는 '몸'("body", 개역개정은 "아내")의 의미를 놓고 논란을 벌인다. ESV 난외주가 언급하듯이, 헬라어는 문자적으로 거룩함과 존귀함으로 자신의 '그릇'을 '소유하라'고 말한다. 이 말이 4:5의 "색욕"과 대조되며 "음란을 버리고"라는 경고 직후에 나오기 때문에, 문맥은 성생활이라는 주제와 연관된 해석을 선호한다. 그렇다면 '자기 그릇을 소유하라'는 말은, 성적 난잡함을 피함으로써 자신의 몸을 제어하라는 의미로 이해하는 편이 가장 적절하다(ESV처럼).

바울은 "거룩함과 존귀함으로"(4:4) 몸을 제어하는 것과 몸을 "색욕"(5절)에 넘겨주는 것을 대조한다. 문맥상 "색욕"은 정당한 한계를 넘어서는 욕정을 향한 욕망이다(참고. 롬 1:26-27). 이곳에서 바울은 그러한 욕정을 "하나님을 모르는 이방인"으로 이루어진 로마의 환경과 공개적으로 연관시킨다. 이전에 이교의 성적 행위를 따랐던 이방인들을 포함하여 데살로니가 신자들은 이 점에서 그들의 문화와 달라 보여야 한다(엡 2:1-3; 4:17; 골 3:5-9).

4:6 바울은 욕정에 항복하면 다른 사람들에게 상처를 입히고, 정의의 하나님께서 억압받는 이들을 위해 앙갚음하실 것이라고 경고한다. 바울은 이곳에서 두 개의 동사를 사용하여 음란이 "분수를 넘어서" 다른 사람을 "해하[게]" 된다고 말하는데, 이 중 첫 번째 동사는 경계를 넘어가는 것을

가리킨다(예를 들어, 70인역 미 7:18; 렘 5:22).

"형제를 해하[는]" 것은, 헬라어에서 탐욕을 가지고 다른 사람을 이용해 먹는다는 의미를 함축한다[플레오네크테인(*pleonektein*), 참고. 고후 2:11; 7:2; 12:17-18]. 일부 해석자들은 그러한 탐욕을 다른 사람들을 속여서 빼앗는다는 의미로 이해하며, 아마도 바울이 이곳에서 상거래로 주제를 바꿈을 암시한다고 여긴다. 그러나 문맥은 성적 죄와 관련이 있으며 3-6절은 한 문장을 이루고 있기 때문에, 주제가 바뀌지 않음을 암시한다. 플레오네크테인의 탐욕이라는 의미 및 그와 어원이 같은 명사들이 다른 데서도 음란의 문맥에 나오므로(엡 4:19; 5:3, 5, 또한 막 7:22), 이 단어는 욕정과 관련된 탐욕을 가리킬 수 있다.

성적인 죄를 짓는 사람은 경계를 넘어섬으로써 탐욕으로 형제에게 상처를 준다. 최소한으로 잡아도 바울은 간음이 간음을 범한 사람의 배우자에게 해를 입힘을 인정한다. 하지만 우리는 그의 생각을, 누군가가 자신의 욕정을 채우려 할 때마다 많은 사람이 침범 당함을 인정하는 것으로 확장시킬 수도 있다. 분명 배우자와 자녀가 그렇다(현재든 미래든). 또한 성적 행위의 대상과 그들의 가족, 그리고 그들과 함께 예배하는 공동체의 그리스도인들도 그렇다.

형제와 이웃을 사랑하고 그들에게 해를 입히지 말라고 명하신 하나님은 오래 전부터 불법적인 성적 접촉을 하지 말라고 명령하셨다. 가해자가 인지하든 못하든 그러한 모든 사건은 상처를 낳는다. 그리고 하나님은 상처받은 자들을 신원하시고 그분의 의로운 법을 어긴 이들을 심판하신다. 그래서 바울은 성에 관한 하나님의 규율을 따르지 못할 때의 끔찍한 결과에 대해 데살로니가 교인들에게 경고한다. 결혼 관계에서 성은 기쁨을 주는 선물이다. 그러나 남편과 아내의 관계를 벗어난 성은 다른 사람들에게 상처를 주는 것은 물론, 심판을 불러오기도 한다. 바울은 이미 그가 이 문제에 대해 데살로니가 교인들에게 가르쳤음을 다시 한 번 엄중하게 강조함으로써 이 절을 마무리한다.

4:7 하나님은 신자를 부르셔서 구원해 주시고 또 거룩하게 해주신다 (예를 들어, 살전 2:12; 5:23-24; 엡 4:1). 바울은 이곳에서 구약의 이미지에 의지하여, 거룩함과 성화에 이르는 부르심을 강조한다. 그는 거룩함과 "부정"("impurity", 아카타르시아)을 대조하는데, 여기서 '부정'은 불결함을 은유적으로 표현한 것이다. 바울은 "부정"이라는 표현을 죄를 향한 전반적인 성향을 가리키는데 사용하기도 하지만(롬 6:19; 살전 2:3), 대개는 구체적인 성적 부정과 연관시킨다(롬 1:24; 고후 12:21; 갈 5:19; 엡 4:19; 골 3:5). 음란은 그 범인을 하나님 앞에서 불결한 자로 만든다.

4:8 바울은 마지막의 강조하는 문장에서, 성적 순결로의 부르심이 단지 인간의 가르침에서(바울이든 다른 사람이든) 비롯된 것이 아니라, 이 신자들을 창조하시고 부르시고 구원하시고 거룩하게 하시는 하나님에게서 비롯됨을 상기시킨다(참고. 2:13).

하나님 아버지는 그분의 성령을 보내셔서 신자들 안에 충만하게 하시고 그들 안에 거하게 하셨다(예를 들어, 롬 8:9-11; 갈 5:22-23; 딤후 1:14). 바울은 이곳에서 "너희에게 그의 성령을 주신" 그 아버지가 어떤 분이신지 충분히 설명하지는 않는다. 하지만 그는 고린도전서에서, 신자들은 거룩한 삶을 살고 특히 음란을 피해야 한다고 주장한다. 성령이 거하시는 성전인 그들의 몸이 다른 이들과 죄악된 관계를 맺지 않도록 말이다(고전 6:15-20, 또한 3:16-17).

요약하자면, 음란은 다른 이들에게 상처를 주고(살전 4:6), 주의 앙갚음을 받아 마땅하며(6절), 거룩한 부르심과 하나님의 가르침을 위반하고(7-8절), 성령의 처소를 부정 및 죄와 관련시킨다(8절).

≋≋≋≋ 응답 ≋≋≋≋

신자들은 성령의 권능으로 그리스도 안에서 구원받고 계속 거룩하게 되는 엄청난 특권을 받았다. 그리스도인들은 이미 그들을 구속하신 하나님을 기쁘시게 하는 삶을 살고자 하며, 그리스도인의 거룩함은 특히 우리가 성적으로 어떻게 행동하느냐에 적용된다.

이는 이천 년 전에 그랬듯이 오늘날도 마찬가지다. 그때나 지금이나 문화는 남편과 아내 사이의 성에 대한 하나님의 선한 계획으로부터 멀리 떨어져 있다. 현대 문화에서 서로 동의하는 성인들 사이의 성관계는 사적 문제로 여겨진다. 다른 사람들에게 영향을 미치지 않는 개인적인 도덕적 결정이라는 것이다. 그러나 바울은 분명 동의하지 않을 것이다. 그것은 우리가 성을 악용할 때 해를 입는 다른 수많은 사람을 간과하는 것이기 때문이다. 동성애 행위와 성 전환을 포함하여 오늘날 보게 되는 다른 형태의 성생활은 로마 제국에도 만연해 있었고, 사도들의 책망을 받았다. 오늘날 포르노물이 널리 퍼진 것도 고대와 유사하다.

슬프게도 많은 사람이 하나님께서 그러한 행위를(특히 교회 안에서 자행되는) 분명히 심판하실 것이라는 사실을 잊고 있다. 그리스도인들 사이에서의 그러한 행동은 주 안에 있는 형제자매들에게 상처를 주기 때문이다. 부도덕은 성령이 거하시는 바로 그곳이 악한 평판을 받게 만든다. 이곳에서 바울의 말은, "자기 몸을 절제[하고]"(참고. 4:4 개역개정 난외주) 이 세상에서 순결하고 거룩하게 살라는 것이다.

긍정적으로는, 성에 대해 할 수 있는 말이 훨씬 많다. 성은 하나님께서 그분의 영광을 위해 즐기도록 인간에게 주신 멋진 선물이다. 성은 남편과 아내를 평생 동안 깊고 고귀하게 연합시킨다. 미혼의 경우에는, 주님의 영광을 위해 순결을 지키는 것이 헤아릴 수 없는 가치가 있다. 그리고 결혼한 이들의 경우, 결혼의 정절은 우리가 배우자는 물론 하나님에 대한 우리의 부르심에 신실함을 표현한다. 성에 관한 부정하고 거룩하지 못한 믿음이 넘쳐나는 사회에서, 하나님의 백성은 주님께 기쁨을 드리며 살기 위해 삶의 모든 영역을 내어놓은 이들로서 진실로 빛날 수 있다.

4장

⁹ 형제 사랑에 관하여는 너희에게 쓸 것이 없음은 너희들 자신이 하나님의 가르치심을 받아 서로 사랑함이라 ¹⁰ 너희가 온 마게도냐 모든 형제에 대하여 과연 이것을 행하도다 형제들아 권하노니 더욱 그렇게 행하고 ¹¹ 또 너희에게 명한 것 같이 조용히 자기 일을 하고 너희 손으로 일하기를 힘쓰라 ¹² 이는 외인에 대하여 단정히 행하고 또한 아무 궁핍함이 없게 하려 함이라

⁹ Now concerning brotherly love you have no need for anyone to write to you, for you yourselves have been taught by God to love one another, ¹⁰ for that indeed is what you are doing to all the brothers throughout Macedonia. But we urge you, brothers, to do this more and more, ¹¹ and to aspire to live quietly, and to mind your own affairs, and to work with your hands, as we instructed you, ¹² so that you may walk properly before outsiders and be dependent on no one.

이제 바울과 그의 동료들은 그리스도인의 사랑과 근면한 노동이라는 두 가지 새로운 주제로 옮겨간다. 바울은 신자들이 그리스도인 공동체 안에서 서로 사랑한 것에 대해 칭찬하고(데살로니가뿐만 아니라 그 지역 곳곳에서도), 교회 안에 있는 형제자매들을 더욱 사랑하라고 권면한다. 그런 다음 다른 이들에게 참견하지 말고 소명에 따라 부지런히 일하라고 촉구한다. 바울은 그 교회가 점점 더 자립해가며, 그들을 지켜보는 세상을 향해 더 많이 증언하기를 바란다.

≋≋≋≋ 단락 개요 ≋≋≋≋

> IV. 그리스도인은 어떻게 행하며 하나님을 기쁘시게 하는가(4:1-5:22)
>   B. 사랑과 노동에 관하여(4:9-12)
>   1. 서로 사랑하라는 하나님의 가르침을 받는 교회(4:9-10a)
>   2. 사랑과 근면한 노동을 풍성하게 하라는 권면(4:10b-12)

≋≋≋≋ 주석 ≋≋≋≋

4:9 바울과 그의 동료들은 형제 사랑으로 주제를 바꾸는데, "…에 관하여는"이라는 표현으로 이러한 전환을 알린다. 바울은 로마서 12:10에서도 "형제 사랑"[필라델피아(*philadelphia*)]에 대해 이 표현을 사용한다. 이는 "이웃 사랑"(레 19:18; 신 10:19)이라는 구약의 개념 및 특히 그리스도인 공동체 내에서 다른 사람들을 사랑하라는 예수님의 수많은 가르침(예를 들어, 요

13:34-35; 15:12-17, 참고. 마 19:17-19; 22:37-40)과 분명히 연결된다. 그 교회는 서로 사랑하는 일이 중요함을 이미 알고 있다. 그들이 "하나님의 가르치심"을 받았기 때문이다. 이 표현은 성경 다른 데서 나오는 이와 관련된 개념을 하나의 헬라어로 결합한 것이다(예를 들어, 사 54:13; 요 6:45; 고전 2:13).

앞에서 보았듯이, 바울은 교회 안에 존재하는 가족적인 관계를 강조하기 위해 기독교 신앙을 가진 모든 사람을 "형제"라고 부른다(참고. 살전 1:4 주석). 모든 신자는 하나님의 입양을 받아 이 새 가정에 속한다(롬 8:14-23; 갈 4:4-7; 엡 1:5). 우리는 같은 가정의 구성원으로서 서로 사랑해야 한다.

4:10-12 ESV는 10b-12절을 아우르는 단일한 헬라어 문장의 구조를 정확하게 담아낸다. 바울은 그 교회에 네 가지 특정한 윤리적 반응을(각 반응은 부정사로 나온다) '권한다'. 첫 번째 반응("더욱 그렇게 행하고")은 10절에 나오고, 그 다음 세 가지는 11절에 나온다["조용하게 살기를 힘쓰고" "자기 일에 전념하고" "자기 손으로 일을 하십시오"(새번역)]. 그런 다음 12절은 그러한 행동의 결과를 묘사한다.

4:10에서 바울은 데살로니가 교인들이 이미 동료 그리스도인들을 사랑하고 있음을 다시 인정하고(참고. 3:6), 그러한 사랑을 더 풍성하게 하라고 촉구한다(그가 3:12에서 기도했듯이). 바울은 특히 마게도냐(데살로니가가 위치한 로마의 주)의 형제와 자매들을 향한 데살로니가 교인들의 널리 알려진 사랑을 강조한다(참고. 1:7-8).

4:11에 따르면, 데살로니가 교인들은 "조용하게 살기를 힘[써야]"(새번역) 한다. 명예와 영광을 귀하게 여기는 로마 사회에서 그 교회는 오히려 "조용[한]" 삶을 살고자 하는 마음을 품어야 한다. 바울은 다른 데서도 유사한 목표를 촉구한다. 그는 "조용히 일하[라]"(살후 3:12), "고요하고 평안한 생활을 하[라]"(딤전 2:2)고 말한다. 데살로니가전서 4:11의 전반적인 취지는, 다른 이들에게 참견하여 방해하지 말고 대신 열심히 일하라는 것인 듯하다. 이곳에서 바울은 다른 데서처럼 이 일이, 경건한 품위를 낳고(딤전 2:2), 삶의 필요를 채우고(살후 3:12), 지켜보는 세상에 경건한 증언을 하게

되기를(살전 4:12) 소망한다.

데살로니가 교인들은 또한 "자기 일에 전념하[라]"고 가르침 받는다. 헬라어는 더 문자적으로 '가장 잘하는 일을 하라'라는 지시이다. 즉, 그들은 그들 앞에 있는 그들의 일을 해야 한다. 이는 또한 다른 사람들의 일에 참견하기 좋아하는 이들처럼 간섭하지 말라는 의미를 함축하는 듯하다(살후 3:11, 참고. 딤전 5:13; 벧전 4:15). 바울이 데살로니가에 있던 어떤 특정 문제, 즉 후견인-피후견인 관계를 맺고자 하는 어떤 참견하기 좋아하는 이들이나 아첨꾼들에 관해 다루는 것일 수도 있다. 그러나 바울이 그러한 문제를 명시하지 않고 있기에 이는 학자들의 추측일 뿐이다.

네 번째이자 마지막 권면(살전 4:10의 "권하노니"와 연결됨)에서 바울은 데살로니가 교인들에게 "너희 손으로 일하기를 힘쓰라"라고 명령한다. 바울은 데살로니가전서 끝부분에서 잠시 이 주제로 돌아간다(5:14). 그곳에서 그는 교회에 "게으른 자들을 권계하[라]"고 가르친다. 바울은 게으름의 문제를 예상하는데, 이는 그가 두 번째 서신에서 더 강력하게 다루는 주제다(참고. 살후 3:6-12 주석). 바울은 게으름이나 탐욕의 혐의에 대해 "[우리가] 너희 아무에게도 폐를 끼치지 아니하려고 밤낮으로 일하면서"(살전 2:9)라고 이미 상기시켰다. 데살로니가후서에서도 바울은 그의 팀이 사역하는 와중에도 생계를 위해 일한 것을, 다른 사람들을 위해 부지런히 일할 필요와 연결시킨다(살후 3:7-8).

몇몇 주석가는 데살로니가에 있었던 게으름의 문제를 그들의 잘못된 종말론적 시각과 연결시킨다. 그러나 데살로니가서전서와 후서 모두 게으름과 종말론을 명백하게 연결시키지 않는다. 그리고 바울은 그가 떠난 후에 발전했을 수 있는 잘못된 종말론보다 앞서 이미 데살로니가 교인들에게 부지런히 일하라고 직접 가르쳤다(살전 4:11의 "너희에게 명한 것같이"를 주목하라. 참고. 살후 3:6-7, 10).

바울은 특히 "너희 손으로 일하기"(또한 고전 4:12; 엡 4:28)에 집중한다. 이는 그 교회에 육체노동자가 많음을 암시한다. 바울도 천막 만드는 사람이었다(행 18:3). 로마인들은 육체노동을 비하하는 경향이 있었으므로, 바울이 교정책으로 그 중요성을 회복시키는 것일 수도 있다. 그러나 "너희 손으로 일하기"가 근본적으로 가리키는 바는 단순히 노동자의 근면을 강조하는 것이다.

우리는 데살로니가전서 4:11의 세 가지 권면이('조용하게 살기를 힘쓰라', '자기 일에 전념하라', '자기 손으로 일을 하라') 모두 개념적으로 겹침을 주시해야 한다. 그 권면들은 다른 사람들의 일에 간섭하거나 불평하지 말고 가까이에 있는 일을 부지런히 하라고 명령한다(참고. 살후 3:10-12).

데살로니가전서 4:12에서 바울은 그러한 노동에서 나오는 두 가지 결과를 상상한다. 그것은 곧 증언과 재정적 충족이다. 바울은 교회의 공적 증언에 대해 우려하면서, 그들에게 "외인에 대하여 단정히 행하[라]"고 지시한다. 믿지 않는 이들은 그리스도인들의 근면한 노동과 선한 삶을 주시할 것이고 그들을 존중하게 될 것이다. 그래서 신자들은 그들의 올바른 공적 행동을 통해 그리스도를 증언하게 된다(참고. 골 4:5). 일부 학자는 후견인-피후견인 관계의 의무나 (믿지 않는) 가족 구성원에게 부적절한 빚을 지는 데서 교회를 자유롭게 하기 위해, 바울이 "아무에게도 신세를 지는 일이 없도록"(살전 4:12, 새번역) 하는 것을 옹호한다고 제안한다. 그럴 가능성도 있지만, 바울은 신자들이 가능할 때면 언제든 "자기가 먹을 것을 자기가 벌어서 먹[기를]"(살후 3:12, 새번역) 바라고 있음이 분명하다. 교회의 자선은 돌봐줄 가족이 없는 이들, 나이나 장애나 특별한 상황 때문에 일을 할 수 없는 이들에게로 향해야 한다(예를 들어, 딤전 5:3-16, 참고. 또한 롬 12:13; 고후 9:1-15; 엡 4:28; 딤전 6:18-19).

≈≈≈≈ **응답** ≈≈≈≈

이 절들은 교회와 사회에서 살아가는 중요한 방법을 명료하게 말한다. 서로 사랑하라는 부르심은 그리스도인의 사귐에 본질적인 것이다. 이 명령은 구약은 물론 신약의 가르침에서도 한결같다. 사랑이 풍성한 교회 가운데서도 우리는 서로에 대한 사랑을 더 키울 수 있다. 따라서 바울의 본을 따라 계속 기독교 윤리의 이 중요한 교리를 기억해야 한다.

그리스도인으로서 우리의 믿음은 일에 접근하는 방식 또한 결정한다. 우리는 할 수 있는 한, 하나님께서 우리 앞에 두신 일들을 차분하고 조용한 태도로 부지런히 해야 한다. 우리 직업에 대한 그러한 접근은 지켜보는 세상 앞에서 그리스도를 증언하게 되고, 하나님께서 우리의 재정적 필요를 채우시는 수단이 된다.

이 현대 시대에 그리스도인들은 일의 신학을 곱씹어야 한다. 우리는 핵심적인 요소를 관찰함으로써 간략하게 그러한 신학적 성찰을 시작할 수 있다. 곧, 우리는 하나님께서 동산에서 인간을 창조하신 때부터(창 1:26-28; 2:5-25, 특히 2:15), 그분이 일하시고 쉬신 본을 따르면서 근면하게 노동하고 이를 통해 하나님의 창조 세계를 돌봄으로써 하나님을 비출 기회를 얻는다는 것이다. 인간의 반역적인 타락으로 인해 우리의 노동은 더 힘들어졌다(창 3:17-19). 그러나 그리스도인인 우리는 다른 사람들을 사랑으로 대하고 우리의 고용주를 부지런히 섬기며, 하나님의 영광과 우리의 유익을 위해 노동의 세계를 복구하라는 부르심을 받았다. 일이 하나님을 비추는 영광스러운 것임을 이해한 바울은, 주님께 하듯 진심으로 일하는 것이 그리스도인의 소명임을 깨달았다.

13 형제들아 자는 자들에 관하여는 너희가 알지 못함을 우리가 원하지 아니하노니 이는 소망 없는 다른 이와 같이 슬퍼하지 않게 하려 함이라 14 우리가 예수께서 죽으셨다가 다시 살아나심을 믿을진대 이와 같이 1)예수 안에서 자는 자들도 하나님이 그와 함께 데리고 오시리라 15 우리가 주의 말씀으로 너희에게 이것을 말하노니 주께서 강림하실 때까지 우리 살아남아 있는 자도 자는 자보다 결코 앞서지 못하리라 16 주께서 호령과 천사장의 소리와 하나님의 나팔 소리로 친히 하늘로부터 강림하시리니 그리스도 안에서 죽은 자들이 먼저 일어나고 17 그 후에 우리 살아남은 자들도 그들과 함께 구름 속으로 끌어 올려 공중에서 주를 영접하게 하시리니 그리하여 우리가 항상 주와 함께 있으리라 18 그러므로 이러한 말로 서로 위로하라

13 But we do not want you to be uninformed, brothers, about those who are asleep, that you may not grieve as others do who have no hope. 14 For since we believe that Jesus died and rose again, even so, through Jesus, God will bring with him those who have fallen asleep. 15 For this we declare to you by a word from the Lord,*1* that we who are alive, who

are left until the coming of the Lord, will not precede those who have fallen asleep. ¹⁶ For the Lord himself will descend from heaven with a cry of command, with the voice of an archangel, and with the sound of the trumpet of God. And the dead in Christ will rise first. ¹⁷ Then we who are alive, who are left, will be caught up together with them in the clouds to meet the Lord in the air, and so we will always be with the Lord. ¹⁸ Therefore encourage one another with these words.

1) 또는 자는 자들을 예수로 말미암아
1 Or by the word of the Lord

〰〰〰 단락 개관 〰〰〰

많은 사람이 그리스도의 재림의 정확한 순서를 알고자 이 단락에 접근하지만, 그러한 지식은 바울의 주요한 관심사가 아니다. 오히려 그는 죽은 그리스도인들이 그리스도께서 재림하실 때 부활할 것이라고 데살로니가 교인들을 격려한다. 그들은 그날에 그리스도 안에서 사랑하는 이들을 다시 볼 것이다. 그러므로 이교도 이웃들처럼 슬퍼해서는 안 된다.

바울은 죽은 그리스도인이 부활할 것을 그 교회에 확실히 말하는 과정에서, 장차 어떤 사건이 일어날 지를 종말에 대한 예수님의 가르침을 따라 간략하게 제시한다(살전 4:15-17). 주께서 하늘에서 내려오실 때, 모든 사람은 무슨 일이 일어나고 있는지 알 것이다. 목소리와 악기들이 그분의 오심을 크게 선포할 것이기 때문이다. 죽은 그리스도인이 먼저 일어나고 살아 있는 자들도 부활한 성도들과 합류하여 주님을 만날 것이다.

데살로니가전서와 후서에 나오는 이 종말에 관한 단락에 접근할 때는 적어도 네 가지 사항을 염두에 두는 것이 도움이 된다. (1) 바울은 대개 현대의 해석자들이 던지는 질문과는 다른 질문들에 답하고 있다. 따라서 우리는 하나님의 섭리로, 바울의 말로부터 오늘날 우리의 모든 신학적 사유를 만족시킬 만한 답에 이를 수는 없음을 인식해야 한다. (2) 바울은 이전에 데살로니가에 거하면서 그 교회에 종말에 대해 가르쳤으므로, 이 서신에서 데살로니가 교인들이 이미 아는 개념에 대한 충분한 논의를 종종 생략하곤 한다. 이는 해석을 어렵게 만들고, 현대의 해석자들에게 겸손을 요구한다(참고. 살후 2:5-6 주석). (3) 바울은 예수님의 가르침에 의지함을 여러 차례 드러내므로, 이는 그의 말을 해석하는 우리의 접근법에 영향을 미쳐야 한다. (4) 바울의 주된 관심은 당시의 그 교회를 격려하는(종말에 관한 그들의 추측에 영향을 미치려 하기보다는) 것이다. 특히 그는 슬픔 가운데 있는 그리스도인들을 안심시키고(살전 4:13-18), 그들에게 항상 그리스도의 재림을 준비해야 함을 상기시키려 한다(살전 5:1-11).

≋≋≋≋ 단락 개요 ≋≋≋≋

〰〰〰 주석 〰〰〰

4:13 바울은 이어지는 논의를 강조하기 위해, "너희가 알지 못함을 우리가 원하지 아니하노니"라고 말함으로써 이 새로운 주제를 소개한다(참고. 고전 10:1, 또한 롬 1:13; 11:25; 고전 12:1; 고후 1:8). 바울은 데살로니가 교인들이 "자는 자들"에 대해 제대로 알게 되기를 바란다.

잠잔다는 표현은 신약에서 죽음에 대한 일반적인 은유다(예를 들어, 고전 15:6, 18, 20, 또한 마 27:52; 행 7:60; 13:36). 이 잠 은유는 장차 신자들에게 일어날 부활을 논하는 문맥에서 자주 나온다. 따라서 잠은 특히 적절한 상징이다. 그리스도 안에서 죽은 자들은, 다가올 부활로 깨기를 기다리며 잠들어 있을 뿐이기 때문이다(예를 들어, 요 11:11; 엡 5:14). 이는 죽음과 부활 사이의 중간 상태에서 의식이 없음을 암시하지 않는다(예를 들어, 눅 16:19-31; 23:43; 빌 1:21-23; 계 4:4; 7:1-17).

바울은 그들이 "소망 없는 다른 이와 같이 슬퍼하지 않게 하려[고]" 이 주제를 논한다. 어떤 사람들은 이 절이 그리스도인은 절대 슬퍼해서는 안 된다는 의미라고 잘못 추정한다. 그러나 우리 주님도 친구 나사로의 죽음을 슬퍼하시고, 나사로의 죽음으로 그의 가족과 친구들이 느꼈을 이별의 아픔 때문에 눈물 흘리셨다(요 11:33-36, 참고. 행 9:37-39). 바울은 다른 곳에서 신자들에게 인생의 고난 가운데 함께 울라고 권한다(롬 12:15; 고전 12:26). 신자들에게 죽음은 끝이 아니지만, 사랑하는 이들과 이별하게 만들기에 당연히 슬픔을 낳는다.

그렇다 할지라도, 바울은 신자들에게 믿지 않는 이들과는 다르게 '소망 없는 다른 사람들처럼 슬퍼하지 말'라고 권한다(참고. 엡 2:12). 그리스도인들은 슬퍼하는 와중에도 여전히 장차 다가올 부활 때 신자들과 다시 만나리라는 소망을 품고 살아간다(요 11:25-26).

4:14 바울은 그리스도인이 갖는 소망의 근거를 알려준다. 바로 예수님이 "죽으셨다가 다시 살아나[셨다]"는 사실이다(참고. 고전 15:1-11; 롬 6:1-5; 살전

5:10). 예수님의 부활은 그분이 죄와 죽음을 이기셨음을 확증하고, 그분이 돌아오실 때 그분을 따르는 자들에게 주실 부활 생명의 본을 보여주신다(참고. 고전 15:12-58; 빌 3:20-21). 따라서 그 교회는 예수님의 부활을 통해, 그리스도 안에서 죽은 그들의 형제자매들을 하나님께서 일으키시리라고 확신한다. 실제로 이 부활한 신자들이 그분의 재림에서 빠질 수 없는 요소일 것이다.

4:15 바울은 그가 "주의 말씀"을 통해 이해한 진리를 되풀이한다. 바울은 아마도 예수님으로부터 예언적인 계시도 받았겠지만, 종말에 관해 예수님이 제자들에게 주신 가르침을 알고 있다. 이어지는 내용 대부분은 감람산 강화에 나오는 예수님의 가르침과 분명한 병행을 이룬다(마 24-25장; 막 13장; 눅 21장. 참고. 살전 1:8-10 주석). 예를 들어, 인자가 구름을 타고 다시 오심(마 24:30), 나팔 소리(마 24:31), 땅과 하늘 끝으로부터 택하신 자들을 모음(마 13:27), 주께서 재림하시는 날을 알 수 없음(마 24:42), 예수님의 다시 오심이 밤중에 오는 도둑에 비유됨(마 24:43) 등이다.

그 다음 몇 절의 핵심은 바울이 그리스도의 재림 이전에 죽은 그리스도인들("자는 자들" 혹은 "그리스도 안에서 죽은 자들")과 예수님이 나타나실 때 여전히 땅에서 살고 있는 자들("우리 살아남은 자" 혹은 "주께서 강림하실 때까지 우리 살아남아 있는 자")을 구분하는 것이다. 바울은 그리스도 안에서 죽은 자들이 주님의 재림 때, 심지어 아직 살아있는 신자들이 그리스도를 맞이하기도 전에 실제로 일으키심을 받음을 보여준다.

실제로 그리스도 안에서 죽은 자들이 "먼저"(살전 4:16) 일어난다. 혹은 바울이 15절에서 말하듯이, "주께서 강림하실 때까지 우리 살아남아 있는 자도 자는 자보다 결코 앞서지 못[한다]". '주께서 강림하신다[파루시아(parousia)]'라는 표현은, 자신의 영원한 나라를 세우고 통치하시기 위해 그리스도께서 재림하시는 것을 나타내는 신약의 일반적인 어구다(참고. 살후 2:1 주석).

4:16 이어지는 두 절에서 바울은 예수님이 재림하실 때 일어날 사건들의 기본 순서를 제시하면서, 그리스도 안에서 죽은 자들이 부활 영광을 경험함을 강조한다. 이 일련의 사건들은 종말에 관해 예수님이 친히 주신 가르침의 윤곽을 따른다(특히 마 24:30-31; 막 13:26-27; 눅 21:27).

먼저, 주께서 "하늘로부터 강림하[신다]." 예수님이 언급하시듯이(단 7:13을 인용하시며), 인자가 "구름을 타고 능력과 큰 영광으로"(마 24:30, 참고. 막 13:26; 눅 21:27) 오신다. 요한계시록에 나오는 수많은 이미지가 이곳의 설명과 겹치는데, 특히 백마를 타신 예수님이 천군의 호위를 받으며 하늘로부터 오시고, 천사가 큰 음성을 외치는 모습이 그렇다(계 19:11-21).

이러한 나타남은 세 가지 소리, 곧 "호령"과 "천사장의 소리"와 "하나님의 나팔 소리"를 동반한다. 바울은 다른 데서도 예수님이 "천사들과 함께 하늘로부터…나타나[시는]" 모습을 묘사한다(살후 1:7. 천사들에 대해서는 참고. 마 13:41, 49; 16:27; 24:31; 25:31). 마태복음 24:31에서도 "큰 나팔소리"를 명확하게 언급한다(참고. 고전 15:52). 구약성경에서도 종말에 하나님의 백성이 귀환할 때 나팔을 부는 것이 언급된다(예를 들어, 사 27:13). 그리고 나팔은 요한계시록에 나오는 특징이기도 하다(특히 8-11장).

바울의 논증의 중심에는 "그리스도 안에서 죽은 자들이 먼저 일어나고" 라는 말이 있다. 신약에서는 죽은 신자들의 부활이 자주 언급되긴 하지만 (예를 들어, 고전 15:23, 52, 또한 눅 14:14; 계 20:4-5), 복음서에서 예수님은 종말에 관해 가르치실 때, 죽은 자들의 부활이 "먼저"(살아있는 이들이 주님을 만나러 가기 전에) 일어난다고 직접적으로 말씀하지 않으셨다. 아마도 바울은 천사들이 "그의 택하신 자들을 하늘 이 끝에서 저 끝까지 사방에서 모으리라"(마 24:31, 참고. 막 13:27)라는 예수님의 말씀을 묵상했던 것 같다. 아니면 바울이 사도들의 구두 전승이나 직접적인 계시로부터 더 많은 내용을 알았을 수 있다.

4:17 죽은 신자들이 일어난 후, 이야기는 예수님의 재림 때 여전히 살아 있는 신자들에게로 옮겨간다. 이 절은 많은 논란을 불러일으켰는데, 그 논

란들은 주로 살아있는 신자들이 "그들과 함께 구름 속으로 끌어 올려 공중에서 주를 영접하게" 된다는 것이 무슨 의미인지에 대한 것이었다. 많은 이들은 이것이 미래의 '휴거'(rapture) 신학의 해석적 근거를 제공한다고 주장한다. 살아있는 신자들이 갑자기 이 세상에서 끌려나와, 미래에 임하리라 여겨지는 천년왕국에 앞선 대환난 이전에 곧바로 하늘로 이끌려 올라간다는 것이다.

또 많은 이들은 노아 시대에 '데려감'을 당한 이들과의 유비를 제안한다 (참고. 마 24:40-41). 하지만 이러한 유비는 문제가 있다. 노아 시대의 '데려감'을 당한 이들은 죽음과 심판에 빠지는 데로 데려감을 당한 반면, 남은 자들(즉 노아와 그의 가족)은 하나님의 구원을 받았기 때문이다.

휴거 이론을 위해서라면 데살로니가전서에는 난점들이 있다. 이 해석은 예수님의 영광스러운 강림이 부분적일 뿐이라고 암시한다. 예수님이 휴거된 그리스도인들을 만나 하늘로 돌아가기 위해 잠시 구름 가운데 머무신 것이다. 그러나 바울은 예수님의 강림이 하늘에서 땅으로 이어지리라 예상했을 가능성이 더 높아 보인다. 그래서 많은 이들은, "공중에서 주를 영접하게"라는 어구에서 "영접하게"라는 동사가 이 기대되는 사건들을 이해하는 열쇠라고 주장했다. '영접하다'[아판테시스(apantēsis)]에 해당하는 이 헬라어는 두 가지 다른 신약 본문에만 나온다. 마태복음 25:6의 종말론적 비유에서, 신랑을 기다리던 처녀들이 신랑을 '맞이하여' 환영하고 혼인 잔치에 돌아온다. 사도행전 28:15에서는 로마의 신자들이 바울을 맞이하고 그와 함께 로마로 돌아가기 위해 압비오 광장까지 나온다. 마태복음 25장과 사도행전 28장 둘 다에서, 맞이하는 행동은 귀빈을 환영하려 나간 다음 신속하게 그 귀빈과 함께 돌아오는 것을 포함한다. 헬라어 구약성경인 70인역에 나오는 아판테시스의 수많은 용례도 비슷한 형식을 따르고(예를 들어, 삿 4:18; 11:31, 34; 19:3; 삼상 13:10), 세속적인 헬라어 문서들도 시 대표단이 고위 인사를 맞이하여 축하하며 도시로 돌아오는 것을 말할 때 그 단어를 사용한다.

이것은 바울이 다음과 같이 예상했음을 암시하는 듯하다. 그리스도께서 나타나실 때 그리스도 안에서 죽은 자들이 일어난다. 그 다음, 살아있는 신자들이 공중에서 예수님을 영접하기 끌어올려진다. 그 후에 예수님이 세상을 심판하시고 땅에 그분의 나라를 온전히 세우시기 위해 그분의 백성과 함께 땅으로 내려오신다. 예수님이 "구름을 타고 능력과 큰 영광으로" 오시는 것에 대해서는 다시 마태복음 24:30(단 7:13을 인용하는, 또한 막 13:26; 눅 21:27)을 보라. 어떤 사람들은 "공중"을 '공개된 곳에서'라는 말에 대한 은유로 사용한 것이며, 아마도 예수님과 함께 땅에 내려온 구름 한 가운데를 암시할 것이라고 제안했다. 그러나 바울이 땅과 하늘 사이의 물리적 공간을 가리키기 위해 "공중"과 "구름"을 사용했을 가능성이 더 높은 것 같다.

죽은 자들의 부활에 대한 강조 외에, 이 절에서 중요하게 강조해야 할 부분은 바울의 마지막 어구다. 이 어구에서 바울은 오는 세상에서 신자들이 누릴 영생에 대한 확신을 표현한다. "그리하여 우리가 항상 주와 함께 있으리라."

4:18 바울은 이 가르침으로 서로 위로하라고 명령하며, 이 단락을 마무리한다. 주 안에서 죽은 형제자매들의 운명을 염려했던 데살로니가 신자들은 바울의 가르침을 통해 위로를 받아야 한다. 그리스도 안에서 죽은 자들이 일으킴을 받는다고 예수님이 직접 알려주셨다. 심지어 살아있는 자들이 그리스도를 맞이하는 특권을 누리기 전에 일으킴을 받는다. 그러므로 그리스도인들은 소망 없이 슬퍼하지 않아도 된다.

≋≋≋≋ 응답 ≋≋≋≋

현대의 그리스도인들은 보통 그리스도의 재림이 진행되는 상세한 계획을 밝히고자 이러한 본문들을 연구한다. 이 단락이 중요한 정보를 제공하긴 하지만, 우리는 무엇보다 먼저 바울이 다른 목적을 염두에 두고 있음을 인정해야 한다. 그는 일차적으로 사랑하는 이들을 잃은 그리스도인들을 위로하고자 한다.

그리스도 안에서 죽은 자들은 그리스도의 재림 때 그들에게 일어날 부활을 기다리며 잠든 것일 뿐이다. 이 소망이 확실한 까닭은, 복음의 본질적 요소(예수님의 죽으심과 부활)가 그리스도께서 구속하신 죽은 자들을 하나님께서 일으키실 것이라는 확신을 주기 때문이다. 그러므로 우리는 소망하며 슬퍼할 수 있다!

그리스도의 재림이 어떻게 진행되는지 궁금해 하는 것은 잘못이 아니다. 그러나 이 절들에서는 바울이 다가올 종말론적 사건들을 선별하여 제시함을 인식해야 한다(예를 들어, 예수님의 재림의 전조가 되는 징후나 마지막 심판은 언급하지 않는다). 그리고 이 짧은 절들에서 바울은 피상적으로 말하고 있다(아마도 이전에 데살로니가 교인들에게 직접 가르친 것을 전제하며). 그렇기 때문에 우리는 다른 많은 내용을 상세히 알고 싶지만, 그 모든 내용을 명확하게 채워 넣기가 어려움을 인정해야 한다. 그리스도인들은 종말에 관한 논의에 아주 겸손하게 참여해야 한다.

1 형제들아 때와 시기에 관하여는 너희에게 쓸 것이 없음은 2 주의 날이 밤에 도둑 같이 이를 줄을 너희 자신이 자세히 알기 때문이라 3 그들이 평안하다, 안전하다 할 그때에 임신한 여자에게 해산의 고통이 이름과 같이 멸망이 갑자기 그들에게 이르리니 결코 피하지 못하리라 4 형제들아 너희는 어둠에 있지 아니하매 그날이 도둑 같이 너희에게 임하지 못하리니 5 너희는 다 빛의 아들이요 낮의 아들이라 우리가 밤이나 어둠에 속하지 아니하나니 6 그러므로 우리는 다른 이들과 같이 자지 말고 오직 깨어 정신을 차릴지라 7 자는 자들은 밤에 자고 취하는 자들은 밤에 취하되 8 우리는 낮에 속하였으니 정신을 차리고 믿음과 사랑의 호심경을 붙이고 구원의 소망의 투구를 쓰자 9 하나님이 우리를 세우심은 노하심에 이르게 하심이 아니요 오직 우리 주 예수 그리스도로 말미암아 구원을 받게 하심이라 10 예수께서 우리를 위하여 죽으사 우리로 하여금 깨어있든지 자든지 자기와 함께 살게 하려 하셨느니라 11 그러므로 피차 권면하고 서로 덕을 세우기를 너희가 하는 것 같이 하라

1 Now concerning the times and the seasons, brothers,[1] you have no

need to have anything written to you. 2 For you yourselves are fully aware that the day of the Lord will come like a thief in the night. 3 While people are saying, "There is peace and security," then sudden destruction will come upon them as labor pains come upon a pregnant woman, and they will not escape. 4 But you are not in darkness, brothers, for that day to surprise you like a thief. 5 For you are all children^2 of light, children of the day. We are not of the night or of the darkness. 6 So then let us not sleep, as others do, but let us keep awake and be sober. 7 For those who sleep, sleep at night, and those who get drunk, are drunk at night. 8 But since we belong to the day, let us be sober, having put on the breastplate of faith and love, and for a helmet the hope of salvation. 9 For God has not destined us for wrath, but to obtain salvation through our Lord Jesus Christ, 10 who died for us so that whether we are awake or asleep we might live with him. 11 Therefore encourage one another and build one another up, just as you are doing.

1 Or *brothers and sisters*; also verses 4, 12, 14, 25, 26, 27
2 Or *sons*; twice in this verse

〰〰〰 단락 개관 〰〰〰

바울은 데살로니가 교인들이 이미 아는 바를 상기시킨다. 그것은 예수님이 불시에 재림하신다는 것이다. 예수님은 자신의 나타남이 사람들이 예상하지 못할 때 오는 밤중의 도둑과 같을 것이라고 친히 가르치셨다. 따라서 그리스도인은 항상 준비하라는 부르심을 받는다. 은유적 어둠 가운데 있으면서 예수님을 따르지 않는 이들과 반대되게, 그리스도인은 믿음과 사랑과 소망 가운데서 살아가는 빛의 자녀가 되어야 한다. 그리스도인은 결국 그리스도께서 재림하실 때 구원받는다.

〰〰〰 단락 개요 〰〰〰

IV. 그리스도인은 어떻게 행하며 하나님을 기쁘시게 하는가(4:1-5:22)
　D. 그리스도인은 그리스도의 재림을 어떻게 준비해야 하는가
　　(5:1-11)
　　1. 그리스도의 재림은 불시에 이뤄짐(5:1-2)
　　2. 어떤 사람들에게는 그리스도의 재림이 멸망을 뜻함(5:3)
　　3. 믿음과 사랑과 소망을 구비한 이들에게는 그리스도의
　　　재림이 구원을 뜻함(5:4-10)
　　4. 이 진리로 서로 권면하기(5:11)

〰〰〰　주석　〰〰〰

5:1 많은 사람이 예수님이 그분의 나라를 온전히 세우시기 위해 돌아오실 때를 알고 싶어 한다. 제자들이 바로 그 질문을 했다(마 24:3; 막 13:4; 눅 21:7). 예수님은 감람산 강화로 알려진 그분의 답변에서 다음과 같이 단언하셨다. 그분의 재림에 앞서서 일어나는 징후들이 있겠지만, 그분이 다시 오실 정확한 시점은 우리가 알 수 없다(마 24:36-44; 막 13:32-37). 대신 신자들은 그분의 나타나심을 끈기 있게 기다리며 항상 대비해야 한다(예를 들어, 마 24:45-25:13; 눅 12:39-46). 바울 역시 데살로니가전서 5장에서 예수님

의 재림의 때에 관한 질문에 답하는데, 그는 예수님의 가르침에 대한 자신의 반응을 조심스럽게 본으로 삼는다. 데살로니가 교인들이 예수님의 다시 오시는 때에 관한 더 많은 가르침을 바라는 편지를 써 보냈을 수도 있고, 디모데가 그들의 바람에 관한 소식을 가지고 돌아왔을 수도 있다.

"때와 시기"에 관한 유사한 표현이 사도행전 1:7에도 나온다. 그곳에서 예수님은 하나님 나라를 언제 회복하실지 묻는 제자들에게 "때와 시기는 아버지께서 자기의 권한에 두셨으니 너희가 알 바 아니요"라고 대답하신다. 바울은 다시 데살로니가 교회를 "형제들"이라고 언급하면서, 바울과 그의 팀이 데살로니가에서 그들과 함께 있었을 때 그들이 이미 받은 가르침을 상기시킨다. 바울은 "너희에게 쓸 것이 없음은"이라며 그 사실을 수사적으로 강조한다.

5:2 바울은 그들이 이미 이 질문에 대한 답을 안다고 다시 강조한다. 그는 강조하는 대명사 "너희 자신이"를 사용하여, 그들이 이미 올바른 대답을 "자세히"[아크리보스(*akribōs*), '정확히'] 알고 있다고 말한다.

인정하건대, 예수님이 불시에 재림하신다는 이 대답은 아마 몇몇 사람에게 실망을 안겨 줄 것이다. 예수님은 자신의 재림을, 밤에 아무도 예상하지 못하는 때에 오는 "도둑"에 비유하셨다(마 24:43; 눅 12:39). 이 절에서 바울은 이전처럼(참고. 살전 1:10 주석; 4:15 주석; 4:16 주석; 5:1 주석), 종말에 관한 예수님의 가르침을 언급한다. 예수님의 "도둑" 경구는 분명 사도의 전승에서 잘 알려진 것이었다(참고. 벧후 3:10; 계 3:3; 16:15). 신약 곳곳에서 이 도둑 경구는 경고와 권면의 문맥에서 등장한다. 도둑은 가정에 해를 끼친다. 따라서 주님의 재림을 준비하지 않는 이들은 상실과 파괴를 겪을 것이다. 이는 5:3-8의 개념으로 전환되는 데 도움을 준다.

바울은 "주의 날"이라는 구약의 어휘를 가져와서(예를 들어, 사 13:6, 9; 렘 46:10; 겔 30:3; 욜 2:31; 3:14; 암 5:18-20; 습 1:7-18; 말 4:5), 주 예수님이 대적들을 최종적으로 심판하고 그분의 백성을 신원하기 위해 나타나실 날을 묘사한다(고전 1:8; 5:5; 고후 1:14; 살후 2:2, 또한 벧후 3:10).

5:3 그리스도의 재림이 불시에 일어날 것이기 때문에, 바울은 그리스도를 따르지 않는 이들이 허를 찔릴 위험에 있다고 경고한다. 사람들은 현재의 상황에 아주 익숙해졌기 때문에, 예수님이 산 자와 죽은 자를 심판하러 다시 오실 것을 잊고 있다(참고. 벧후 3:4).

바울은 "평안하다, 안전하다"라고 하며 예수님의 재림과 마지막 심판의 징후가 아직 멀리 있다고 여기는 사람을 묘사한다. 그러한 사람은 그리스도의 나타나심에 대비하지 못한다. 실제로 바로 그런 순간에 "멸망이 갑자기" 임하여 심판이 이루어질 것이다. 바울은 멸망에 관한 구약의 은유를 따르며(사 26:17; 렘 4:31; 6:24; 미 4:9-10, "주의 날"에 대해서는 특히 사 13:8을 보라), 갑작스럽고 고통스러울 수 있는 해산의 고통이라는 유비를 끌어온다. 해산의 고통은 예수님과 바울이 말한 여러 다양한 종말론 은유에도 등장한다(마 24:8; 막 13:8; 요 16:21; 롬 8:22). 이곳에서 초점은 구약에서처럼, 출생의 기쁨에 대한 언급 없이 여전히 고통 자체다. 어느 누구도 갑작스레 임하는 그리스도의 심판을 피할 수 없을 것이다(참고. 롬 2:3).

5:4-5 5:3에 언급된 사람들과는 대조적으로 데살로니가 신자들은 "어둠에 있지 아니하[다]". 그들은 예수님을 따르는 자들로, 예수님의 가르침을 따라 행하려하기 때문이다. 그들은 이미 예수님의 재림에 대비해야 함을 알고 있다. 5:3과의 대조로 보건대, 바울이 3절에서 말하는 자들은 그리스도를 알지 못하는 이들로 보인다. 4절과 5절에서 "어둠"과 "밤"은 둘 다 아직 그들 영혼을 비추는 복음의 빛을 경험하지 못한 이들을 가리킨다. 이에 반해, "빛의 아들/낮의 아들"은 이제 예수님을 따를 만큼 충분하게 분명히 보는 자들이다.

바울은 이 어둠/빛 은유를 다양하게 적용하는데, 특히 예수님의 도둑 은유와 결합시킨다. 도둑들은 주로 밤에(5:2) 도둑질을 하므로, 낮/빛의 자녀인 이들은 도둑 때문에 놀라지 않을 것이다. 믿음과 소망과 사랑 가운데서 사는 그들의 삶은(8절) 그들이 그리스도 안에서 구원 받았음을 보여준다(9절). 그들이 충만한 빛 가운데서 행함으로써 거룩한 삶을 살기 때문이다.

이에 반해 여전히 영적으로 어둠 가운데 있는 이들은 그리스도의 재림 때 갑자기 임할 멸망에 놀랄 것이다(3절).

5절에서 바울과 그의 동료들은 "너희"라고 말하는 데서 "우리"라고 말하는 데로 슬며시 옮겨간다. 그들은 자신들도 데살로니가 신자들처럼 빛의 자녀임을 내비치며 서로의 유대감을 높인다.

5:6-7 바울은 이제 두 가지 관련된 은유를 더 소개한다. "자지 말고"라는 그의 말은, 분명 문자그대로의 의미는 아니다. 잠은 준비해야 할 필요성을 수동적이고 냉담하게 무시한다는 의미를 지닌다. 더 나아가 취하는 것은 무책임함을 시사한다. 바울은 다른 데서 육체적으로 맑은 정신을 가지고 술 취하지 말라고 명령하지만(갈 5:21; 엡 5:18; 딤전 3:3; 딛 1:7), 이곳에서 그 표현은 은유적이다(참고. 고전 15:34). 문맥상 잠과 술 취함은 밤에 맞닥뜨릴 "도둑"의 기습에 대비하지 못하게 만든다.

바울은 이 은유들과 어둠과 빛에 관한 앞의 논의(살전 5:4-5)를 연결하여, 자는 이들과 술 취한 이들은 둘 다 밤과 어둠의 영역에 거한다고 말한다. 이에 반해 빛의 자녀는 깨어 있고 정신이 맑으므로, 그리스도의 재림을 대비할 것이다(참고. 요 12:35-36; 엡 5:8-14). 따라서 "깨어"와 "정신을 차릴지라"라는 명령은, 경계를 게을리 하지 않고 그리스도의 재림을 대비하는 것을 가리킨다.

어떤 사람들은 이곳에서 말하는 빛의 자녀의 깨어 있음을 인식(cognition)과 연결시키는데, 그 '자녀'가 성경 연구를 통해 그리스도의 재림을 예측할 정도로 표징을 아는 것이 암시된다고 이해한다. 그러나 이 이미지들은 그런 식으로 쓰이지 않는다. 빛의 자녀가 계속 깨어 경계를 게을리 하지 않는 모습은 그들이 낮에 사는 이들로서 어떻게 행동하느냐와 관련이 있다. 그리고 5:8에서 바울은 그러한 깨어 있음이 의미하는 바가 믿음과 사랑과 소망임을 구체적으로 보여줄 것이다.

5:8 이 절은 5:4-8에 담긴 바울의 이미지가 가리키는 것이 무엇인지 더

자세히 설명한다. 그리스도의 재림을 준비하는 것은 어떤 모습인가? 그 준비는 그리스도 안에서 믿음과 사랑과 소망으로 살아가는 것을 뜻한다. 바울이 이전에 이 믿음, 소망, 사랑의 묶음을 언급했음을 주목하라(1:3, 참고. 고전 13:13; 갈 5:5-6; 골 1:4-5).

바울은 이사야 59:17에서 하나님의 하늘 갑옷 이미지를 가져온다(이사야에서는 그러한 갑옷을 여호와 하나님께서 입으신다). 바울은 또 다른 유명한 구절에서(엡 6:14-17) '하나님의 갑주'에 대해 더 자세히 설명하는데, 이곳에서처럼 그곳에서도 그것을 하나님께서 성도에게 구비시키려고 제공하시는 갑옷에 적용한다. 어떤 해석자들은 (특히 에베소서 본문에 대해) 각 개념(믿음이나 소망 같은)이 로마의 특정 군사 장비와 어울리는 이유를 설명하는 데 열을 내는 경향이 있다. 그러나 우리는 이 이미지에 대한 우리의 논의를 더 자제해야 한다. 바울이 데살로니가전서와 에베소서에서 각 장비에 대해 다르게 표기하기 때문이다. 에베소서 6:14에서는 "호심경"이 "의"인(사 59:17을 따라) 반면, 데살로니가전서 5:8에서는 "호심경"이 "믿음과 사랑"을 함께 가리킨다. 더 광범위한 이미지가 바울의 핵심 요점이다. 믿음과 사랑과 소망은 신자들을 보호하고 영적 전투를 위해 그들을 준비시키는 갑옷에 비유된다.

5:9-10 바울은 5:8에서 "구원의 소망"을 언급했다. 9-10절은 하나님께서 그리스도 안에서 이루신 자비로운 구원과 구속이 어떻게 신자들에게 그러한 소망을 주는지 논의하는 데로 나아가며, 우리의 운명이 하나님의 진노와 영원한 멸망이 아니라 오히려 영원한 구원일 것임을 확실히 해준다. 어떤 의미에서 신자들은 현재 '구원받지만', 이 특정 문맥에서는 '구원'이 장차 임할 진노 및 심판과 나란히 놓인다. 그러므로 바울은 이곳에서 부활 가운데 임할 그리스도의 백성의 최종 구원을 고대한다.

그러한 구원은 영원한 "주"이시며 "그리스도"로 선언되는 예수님의 사역을 통해서만 얻어진다(참고. 살후 2:14). 바울은 복음에 대한 간략한 요약에서(살전 5:10), 예수님의 죽음이 "우리를 위[한]" 것이었음을 그 교회에 상기시킨다. 이는 그분의 죽음이 우리 죄를 속하였음을 나타낸다. 더 나아가 예수님의 부활은 언젠가 우리가 그분과 함께 살 것이라는 소망을 준다. 우리의 부활은 우리가 부활하신 그리스도와 연합함으로써 가능해질 것이다(참고. 예를 들어, 고전 15:20-28).

"[우리가] 깨어있든지 자든지"라는 바울의 말은 적어도 두 가지 해석이 가능하다. 이 말이 인접 문맥에 나오는 잠듦/깨어있음의 개념(살전 5:6-7)을 가져온 것일 수도 있지만, 그럴 경우 10절은 자는 자들이 어둠 가운데 있으므로 멸망할 위험에 처해 있다는(3-7절) 바울의 경고와 충돌한다. 오히려 "[우리가] 깨어있든지 자든지"라는 말은 종말에 관한 가르침의 서두에 나오는 바울의 논의(4:13-18)를 가리키는 것 같다. 그곳에서 '잠듦'은 그리스도 안에서 죽은 자들을 가리키므로 '깨어있음'은 현재 살아있는 신자들을 가리킬 것이다. 예수님을 따르는 자들은, 그리스도 안에서 죽은 자든 현재 살아있는 신자든 모두 궁극적인 부활 및 그리스도와 함께하는 영원한 삶을 기다린다.

5:11 바울은 앞 단락의 결론에서처럼(4:18), 이곳에서 다시 데살로니가 교인들에게 그의 가르침에 담긴 복음 진리에 기초하여 서로 격려하라고 요청한다. 바울은 "피차 권면하고"와 함께 "서로 덕을 세우[라]"라고 덧붙인다. 이는 다른 사람을 격려하고 더 굳건하게 해주라는 뜻의 관용구다(참고. 행 20:32; 고전 14:4). 이곳에서는 그리스도인 공동체의 중요성이 전제된다. 우리가(개인적으로든 공동체적으로든) 그리스도 안에서 세워지려면, 서로 격려하는 것이 필요하기 때문이다. 바울은 이 절과 서신 곳곳에서 데살로니가 교인들이 이미 그리스도를 따르고 있다고 단언한다("너희가 하는 것같이", 참고. 살전 1:6-10 주석: 3:6-7 주석; 4:1 주석). 그것은 그 자체로 바울이 교회들을 "권면하고" "세우[는]" 한 가지 방법이다. 그는 그들이 잘하고 있다고 칭찬했다.

≋≋≋ 응답 ≋≋≋

과거 수세기 동안 그랬듯 오늘날도 많은 사람이 예수님의 재림의 정확한 시기를 알고 싶어 한다. 하지만 사실 예수님의 나타나심은 불시에 일어날 것이다(마 24:36-44; 막 13:32-37; 행 1:7). 바울이 말한 것을 예수님도 친히 그렇게 가르치셨다. 이는 그분의 재림 전에 아무런 징조도 없으리라는 말이 아니다. 어려움은 예수님이 언급하신 징조들 대부분이(전쟁, 전쟁의 소문, 기근, 지진, 배신, 거짓 예언자, 참고. 마 24:6-13; 막 13:7-13) 모든 세대에서 목격되는 일이고, 다른 더 확정적인 징조들(복음이 모든 민족에게 전파되는 것이나 멸망의 가증한 것이 나타나는 것 같은, 참고. 마 24:14-22)이 최종적으로 성취되는 순간은 파악하기가 어려워 보인다는 것이다. 그러한 문제들을 논의하는 것은 가치 있을 수 있지만, 모든 사람은 자신이 내리는 결론에 겸손해야 하고, 누구도 그리스도가 나타나시는 날이나 달이나 해를 찾으려 해서는 안 된다. 그리스도께서 재림하신 이후에야 우리는 되돌아보며 "때와 시기"(살전 5:1)를 분명히 알게 될 것이다. 가장 중요한 것은, 예수님이 그분의 오심은 도둑과 같을 것이며 사람들이 알지 못할 것이라고 경고하셨다는 사실이다.

예수님과 바울은 그리스도인들에게 늘 기다리는 동시에 항상 준비하라고 권면한다. 우리는 그리스도께서 내일 하늘 구름 가운데서 나타나실 것을 대비해야 하고, 또 몇 년, 몇 십 년, 몇 세기 뒤라도 기꺼이 그분의 재림을 기다려야 한다(참고. 마 24:36-25:30).

그리스도의 재림을 준비하는 것은 어떤 모습인가? 실제로 바울의 대답은 오히려 간단명료하다. 그리스도 안에서 믿음과 소망과 사랑으로 살아가는 것이다. 사실 우리는 신약에서 종말에 관한 본문을 공부할 때, 저자들의 의도가 놀랍도록 한결같음을 깨닫는다. 신약 저자들은 우리가 그리스도의 죽으심과 부활을 통해 얻은 은혜로운 구원에 응답하여 무엇보다 그리스도의 나라에 속하는 필수 윤리들을 살아냄으로써 세상에서 끈기 있게 버티라고 그리스도인들을 격려한다. 시기는 하나님께 맡긴다.

그러므로 이 절들에 대한 우리의 응답은 기본적으로 믿음과 사랑과 소망이다. 우리는 이미 현재 그리스도의 구원을 알고, 그리스도께서 재림하실 때 이 구원이 정점에 이를 것을 확신한다. 신자들은 나타나시기를 간절히 기다리는 우리 주님과 함께 실제로 일으킴을 받을 것이다. 우리는 마땅히 이 기본적인 진리로 서로 권면하고 덕을 세워야 한다.

12 형제들아 우리가 너희에게 구하노니 너희 가운데서 수고하고 주
안에서 너희를 다스리며 권하는 자들을 너희가 알고 13 그들의 역사로
말미암아 사랑 안에서 가장 귀히 여기며 너희끼리 화목하라 14 또 형
제들아 너희를 권면하노니 게으른 자들을 권계하며 마음이 약한 자들
을 격려하고 힘이 없는 자들을 붙들어 주며 모든 사람에게 오래 참으
라 15 삼가 누가 누구에게든지 악으로 악을 갚지 말게 하고 서로 대하
든지 모든 사람을 대하든지 항상 선을 따르라 16 항상 기뻐하라 17 쉬
지 말고 기도하라 18 범사에 감사하라 이것이 그리스도 예수 안에서
너희를 향하신 하나님의 뜻이니라 19 성령을 소멸하지 말며 20 예언을
멸시하지 말고 21 범사에 헤아려 좋은 것을 취하고 22 악은 어떤 모양
이라도 버리라

12 We ask you, brothers, to respect those who labor among you and are
over you in the Lord and admonish you, 13 and to esteem them very
highly in love because of their work. Be at peace among yourselves.
14 And we urge you, brothers, admonish the idle,¹ encourage the
fainthearted, help the weak, be patient with them all. 15 See that no one

repays anyone evil for evil, but always seek to do good to one another and to everyone. 16 Rejoice always, 17 pray without ceasing, 18 give thanks in all circumstances; for this is the will of God in Christ Jesus for you. 19 Do not quench the Spirit. 20 Do not despise prophecies, 21 but test everything; hold fast what is good. 22 Abstain from every form of evil.

1 Or disorderly, or undisciplined

≋≋≋≋ 단락 개관 ≋≋≋≋

바울은 신자들에게 서로 세워 주라고 말한 직후에(살전 5:11), 이제 방향을 돌려 교회를 향한 연속되는 권면을 제공한다. 이 명령들은 교회 전체의 안녕을 추구하는 방법이라는 면에서 하나가 된다.

바울은 시작 부분에서 교회 지도자들을 존경하고, 교회 안에 평화가 넘치게 하라고 요구한다. 그리고 회중 가운데 문제가 있는 지체들을 보살피고, 게으른 자들과 마음이 약한 자들과 힘이 없는 자들을 구별하라고 말하는 데로 옮겨간다. 그런 다음 바울은 끊임없는 기쁨과 간구와 감사를 명한다. 마지막으로 그들 가운데서 성령의 사역을 소멸하지 말라고 명령하며, 특히 교회가 예언을 받고 악을 피하는 데 그것을 적용한다.

IV. 그리스도인은 어떻게 행하며 하나님을 기쁘시게 하는가(4:1-5:22)

    E. 추가 권면(5:12-22)

        1. 교회 지도자들을 존경하라(5:12-13)

        2. 모든 사람에게 선을 행하기를 힘쓰라(5:14-15)

        3. 기뻐하고 기도하라(5:16-18)

        4. 성령을 소멸하지 말라(5:19-22)

≋≋≋≋ 주석 ≋≋≋≋

5:12-13 바울은 먼저 신자들에게 교회의 지도자들을 존경하라고 명한다. 이 서신만으로는 데살로니가 교회에 어떤 지도자 직책이 있었는지(공식적으로나 비공식적으로나) 파악하기가 어렵다. 또한 우리는 바울이 데살로니가에서 리더십 체계를 세우기 위해 어느 정도의 시간을 들였는지 알지 못한다. 다른 공동체들의 경우 바울은 장로/감독과 집사라는 두 가지 공식적인 지도자를 세웠다(예를 들어, 빌 1:1; 딤전 3:1-13; 5:17-20; 딛 1:5-9, 또한 행 14:23; 20:17, 28). 하지만 바울은 그리스도 안에 있는 다른 동역자들을 존경받는 동료 사역자들 목록에 비공식적으로 포함시켰다(예를 들어, 롬 16:1-16; 빌 4:2-3).

바울은 세 가지 책임의 측면에서 이 지도자들의 역할을 묘사한다(헬라어 본문에서는 셋 모두 분사이며 하나의 정관사와 연결되어 있다). 그들은 "수고하고" "너희를 다스리며" "권하는" 자들이다. 바울 자신도 데살로니가를 떠나기 전에 부지런히 사역을 위해 수고했다(살전 2:9; 3:5). 또한 그는 종종 동료 사역자들이 사역을 위해 수고한 것을 언급한다(롬 16:6, 12; 고전 16:16; 빌 2:25; 4:3; 딤전 5:17). 두 번째 책임의 경우("너희를 다스리며"), 바울은 교회를 감독한 지도자들에 대해 다른 곳에서 사용한 단어[프로이스테미(*proistēmi*)]를 쓰고 있다(롬 12:8; 딤전 5:17). 바울은 디모데에게 교회 지도자들을 선발하는 것을 가르칠 때, 자기 집을 '다스리는' 것에 관해 말하는 부분에서 이 단어를 사용하여, 교회를 다스리는 일이 로마 가정을 다스리는 일과 유사하다고 주장한다(딤전 3:4-5, 12). 또한 이 단어(프로이스테미)는 '도움' '헌신'의 의미를 함축할 수도 있다(딛 3:8, 14). 따라서 우리는 이 지도자들이 가정을 보살피는 것과 똑같이 교회를 보살피도록 부르심 받았다고 추론할 수 있다. 세 번째 책임("권하는")은 특히 교회를 가르치는 지도자의 역할을 가리킨다(살전 5:14, 또한 롬 15:14; 고전 4:14; 골 3:16). 요약하자면, 이 지도자들은 교회를 다스리고 가르치는 일을 부지런히 행한다.

바울은 이러한 지도자들에 대한 반응으로, 그들을 "극진히 존경하십시오"(새번역)라고 지시한다. 이러한 존경은 이 지도자들을 향한 사랑과 그들이 행한 수고를 인정하는 데서 나와야 한다(바울의 정확한 단어들을 주목하라. "'그들이 하는 일 때문에 사랑 안에서' 그들을 극진히 존경하십시오"). 바울은 사람들이 다른 사람의 지도력을 훼손시킬 때 교회가 싸우고 분열될 수 있음을 잘 안다(예를 들어, 고전 1:10-13). 그래서 바울은 다른 서신들에서도 동일하게 지도자들을 존중하는 일이 중요함을 강조한다(예를 들어, 고전 16:16, 18; 빌 2:29-30; 딤전 5:17, 참고. 히 13:17; 벧전 5:5).

5:13의 마지막 권면은 "너희끼리 화목하라"이다. 우리 주님께서도 비슷한 말씀을 하셨고(막 9:50), 바울은 다른 곳에서 교회가 서로 화목하게 살아가는 일이 중요함을 강조할 것이다(롬 12:18; 14:9; 고후 13:11). 데살로니가전서에서 이 권면은 지도자들을 향한 태도와 관련된 앞의 논의와 연결되는 것으로 보인다. 주제의 측면에서나, 이 권면 이후에 나오는 전환의 표시를 볼 때(다시 말해, 5:14에서 "너희를 권면하노니"로) 그렇다. 바울이 다른 데서 말하듯이, 교회의 화합은 그리스도께만 초점을 맞추는 것과 결합된 상호 겸손의 결과다(참고. 빌 2:1-11; 4:2-3).

5:14 바울은 이제 교회가 더 문제 있는 지체들에게 어떻게 대응해야 하는

지 논의하는 데로 옮겨간다. 바울은 지혜롭게도 이 문제 있는 사람들을 세 범주로 나눈다.

일하려 하지 않는 "게으른" 이들은 부지런히 노동하도록 단호하게 가르쳐야 한다(살전 4:11-12). 이어지는 편지에서 바울은 일하려 하지 않는 이들을 다루는 더 상세한 지침들을 제공한다(살후 3:6-12). "게으른"이라는 단어에 관한 논의는, 데살로니가후서 3:6 주석을 보라.

"마음이 약한 자들"은 "격려"를 받아야 한다. "마음이 약한"[올리고프쉬코스(oligopsychos)]에 해당하는 헬라어 단어는 낙담하거나 슬퍼하는 연약한 심령을 가진 사람을 암시한다(참고. 70인역 잠 18:14; 사 35:4; 54:6; 57:15). 그리고 "격려"[파라뮈테오마이(paramytheomai)]에 해당하는 단어는, 격려와 관련해 바울이 사용하는 다른 단어들보다 '위로'와 더 깊은 상관관계가 있다. 낙심한 이들은 위로해 주어야 한다.

"힘이 없는 자들"은 도와줄 누군가가 필요하다. '힘이 없음'(weakness)은 바울서신의 다양한 문맥에서 나온다. 예를 들면, 약한 양심을 가진 사람들 (예를 들어, 롬 15:1; 고전 8:7-13)이나 병든 자들(고전 11:30), 비천한 이들이나 문화에 의해 다른 방식으로 약하다고 여겨지는 자들(고전 1:26-29; 4:10; 9:22) 등이다. "힘이 없는"의 이 의미들 중에서 무엇이 이 절에 가장 어울리는지 판단하기는 어렵지만, 아마도 바울은 육체적으로나 영적으로 궁핍한 모든 범주를 생각하고 있는 것 같다.

바울은 포괄적으로 "모든 사람에게 오래 참으라"고 권면한다. 이는 분명 회중 가운데서 문제가 있는 이들(게으르든 마음이 약하든 힘이 없든)에 대해 인내하라는 권면이지만, 그 교회의 모든 사람에 대해 더 폭넓게 인내하라고 권하는 것으로도 보인다. 바울이 보기에 인내는 사랑과 연관된 그리스도인의 덕목이며(고전 13:4, 참고. 또한 고후 6:6), 교회 지체들 사이에서 자주 실천되어야 한다(엡 4:1-3; 골 3:12-15). 궁극적으로 성령께서 신자들의 삶에 인내를 만들어내신다(갈 5:22-23). 인내는 교회를 하나 되게 하고, 서로에 대한 사랑을 증진시키고, 하나님께서 몸소 계속 보여주신 강력한 인내의 본을 따른다. 하나님께서 우리에 대해 인내하시므로 우리도 서로에 대해 인내해야 한다.

5:15 바울은 인내하라는 앞의 요청과 일관되게(5:14), 사회에서 아주 흔한 보응과 복수의 고리를 깨라고 명한다. 다른 사람이 그들에게 해를 입히거나 "악"을 행할 때 그 죄를 "갚[아]"서는 안 된다. 유사한 가르침이 바울의 다른 글(롬 12:14, 17; 고전 4:12)과 베드로의 글(벧전 2:23; 3:9)에 나온다.

보응하는 행동과는 대조적으로, 그리스도인은 공동체 내에 있는 이들이든 밖에 있는 이들이든 항상 그들의 선을 추구해야 한다. 우리는 그들의 행복을 추구해야 한다(참고, 갈 6:10).

5:16-18 이 세 절은 기도에 관한 명령들을 제시한다. 바울 자신이 교회들을 위해 이렇게 기도함으로 본을 보였다. 그는 어떤 상황에도 기뻐하고(빌 1:4, 18; 2:17), 쉬지 않고 기도하고(참고, 살전 1:2-3; 3:9-10, 또한 롬 1:9; 살후 1:11; 딤후 1:3), 특히 교회들을 위해 기도할 때 모든 일에 감사했다(살전 1:2; 2:13, 또한 고전 1:4; 엡 1:16; 빌 1:3; 골 1:3; 살후 1:3; 2:13; 몬 1:4).

다른 데서 바울은 그리스도인들에게 주 안에서 항상 기뻐하고(빌 4:4, 참고. 고후 13:11; 빌 3:1), "소망 중에 즐거워하[라]"(롬 12:12)고 권한다. 바울은 보통 고난과 슬픔과 박해 가운데서도 기뻐한다(예를 들어, 고후 6:10; 7:4; 골 1:24). 바울은 하나님께서 그 곁에서, 특히 교회들 가운데서 일하시는 것을 기쁘게 기대한다. 더 나아가 그는 '주 안에서 기뻐함'으로써, 구원과 주 예수님과의 관계에서 누리는 복으로 인해, 가장 힘겨운 상황에서조차도 기뻐할 수 있음을 보여준다. 신자들에게 기쁨을 가득 채우시는 분은 바로 하나님이시다(롬 15:13; 갈 5:22-23).

기도를 쉬지 말라는 말은 바울이 흔하게 반복하는 문구를 따른 것이다(롬 12:12; 엡 6:18; 골 4:2). 또한 바울은 계속 하나님께 감사하라고 거듭 권면한다(엡 5:20; 골 1:11-12; 3:17). 데살로니가전서 1:2-3에 대한 해설에서 언급했듯이, 이 의무는 깨어 있는 모든 순간을 기도와 감사로 보내라는 의미가 아니다. 오히려 기도는 신자들이 하루 내내 자주 행하는 반사적인 습관이다. 또 우리는 그러한 기도의 순간에, 주님이 베푸신 수많은 선한 선물과 우리 가운데서 행하시는 구원 사역에 대해 그분께 감사를 표현해야 한다. "항상 기뻐하라"는 바울의 명령에서처럼, 신자들은 우리 앞에 놓인 상황들 가운데서 감사할 방법을 찾아야 한다. 고난조차도 가볍고 순간적이고(고후 1:3-7; 4:16-18), 주님이 돌아오실 때 최종적인 구원과 영원한 선이 우리를 기다리고 있음을 알기 때문이다.

바울은 기도에 대한 이러한 접근(살전 5:16-18)이 "그리스도 예수 안에서…하나님의 뜻"(18절)을 따른 것이라고 확실하게 말해 준다. 사람들은 종종 하나님의 뜻을 찾는데, 이곳에 무엇이 하나님의 뜻인지에 대한 명백한 진술이 있다(참고. 살전 4:3 주석; 롬 12:2; 엡 6:6; 골 4:12).

5:19 바울은 19-22절에서 신자들에게 "성령을 소멸하지" 말라고 명한다. 이곳에서 "소멸하[다]"로 번역된 동사는 일반적으로 불을 끄는 것을 가리킨다(엡 6:16). 성령은 불에 비유될 수 있으므로(마 3:11; 눅 3:16, 특히 오순절에, 행 2:2-4), 이는 적절한 은유다. 그러나 바울이 삼위일체의 세 번째 위격이 소멸될 수 있다고 암시하는 것이 아님은 분명하다. 오히려 요지는 신자들의 삶과 교회 안에서 성령의 '일하심'이 억제되거나 식을 수 있다는 것이다. 이는 성령을 "근심하게" 하거나 "거스르는" 것과 유사하다(엡 4:30-32; 행 7:51, 참고. 사 63:10; 시 78:40). 다른 서신들에 나오는 바울의 표현을 빌리자면, 신자들과 교회는 성령의 사역에 맞서 싸우기보다는 "성령을 따라 행하[고]"(참고. 롬 8:4; 갈 5:16-18, 25-26), "성령으로 충만함"(엡 5:18)을 받아서, 계속 "성령의 열매"(갈 5:22-23)를 드러내야 한다.

그 다음 두 절이 성령께서 적극적인 대행자로 일하시는 영역인 예언을 언급하는 것을 볼 때, 데살로니가전서 5:20-21에서 바울은 성령이 소멸되는 대표적인 방법을 제시하는 듯하다. 이는 22절까지 계속될 가능성이 있다. 악을 받아들이는 것은 성령의 일하심과 맞서 싸우는 것이기 때문이다(갈 5:16-26). 따라서 데살로니가전서 5:20-22은 성령을 소멸하는 것이 무슨 뜻인지 더 잘 이해하도록 우리를 도와준다.

5:20-21 바울에 따르면, 교회에서 예언의 주된 목적은 신자들을 격려하는 것이다(특히 고전 14:1-5, 22-25, 29-40, 또한 롬 12:6; 고전 11:4-5; 12:10, 28-29; 13:2, 8-9; 딤전 1:18; 4:14). 바울은 사도들(및 다른 이들)과 함께 신약 시대 예언자들을, 초기 교회를 세우는 데 기초가 된 이들 가운데 열거한다(엡 2:20; 3:5; 4:11, 참고. 눅 11:49). 그러나 다른 데서는 사도들의 가르침이 교회 예언자들보다 우위에 있음을 암시한다(고전 12:28; 14:37-38; 살후 2:2). 또한 일부 신약 시대 예언자들 그리고/또는 예언의 순간들이 사도행전에 언급된다(행 11:27-30; 15:32; 19:6; 21:9-14). 특히 바울과 바나바가 안디옥의 "선지자들과 교사들"(행 13:1-3) 중 일부로 이름이 언급된다. 이러한 모든 사례에서, 성령은 교회를 교훈하기 위해 여전히 예언의 말씀을 사용하신다고 여겨졌다. 그래서 바울은 이 1세기 신자들에게 "예언을 멸시하지 말고"(살전 5:20)라고 가르친다. 이와 마찬가지로 고린도 교인들에게는 예언을 사모하라고 권면한다(고전 14:39).

그러나 바울은 또한 그러한 모든 예언을 헤아려야(test) 한다고 단언한다(살전 5:21). 다른 곳에서 그는 그리스도인의 삶에서 가르침이나 행위의 진정성을 입증하는 방안으로 헤아림과 분별(도키마조)을 옹호한다(예를 들어, 롬 12:2; 고전 11:28; 고후 8:8, 20; 13:5; 갈 6:4; 엡 5:10; 빌 1:10). 실제로 바울과 그의 메시지는 하나님의 검증을 받았다(살전 2:4). 예언자들에 대한 검증은 구약에서도 똑같이 중요했다(신 18:20-22). 검증은 예언의 말씀이 구약성경과 신약의 사도적 증언의 권위를 따르느냐를 분명하게 확인했다. 예언의 말씀이 알려진 계시에 근거를 두며, 예수님이 사도들에게 물려주신 신학 및 윤리와 일관되는지를 평가하는 것이다. "좋은 것"만을 진지하게 간직해야 했다('굳게 지키는' 것에 대해서는 고전 11:2; 15:2을 보라, 참고. 눅 8:15; 히 3:6, 14; 10:23). 항상 거짓 예언자들이 일어날 위험이 있었으므로(예를 들어, 마 24:24; 요일 4:1; 벧후 2:1), 그러한 검증은 파괴적인 믿음과 관행이 도입되지 않도록 하는 데 꼭 필요했다(참고. 마 7:15-20; 고전 12:1-3, 10; 요일 4:1-3; 계 2:2). 많은 주석가가 이곳의 바울의 말을 일차적으로 그러한 거짓 예언자들과 이단들을 피하는 데 초점을 둔 것으로 보지만, 바울은 '신자들'이 잘못된 말을 하

거나(고전 14:29) 그들이 말한 예언의 의미가 오용되는(참고. 행 21:11-15) 것
도 염려하는 듯하다. 바울은 그러한 예언은 부수적이고, 반드시 구약 예언
서와 신약의 사도적 증언에 의해 검증되어야 한다고 믿는다.

　신학자들은 신약 정경이 마무리 된 이후에 예언이 중단되었다는 중단주
의 입장을 두고 계속 논쟁을 벌인다. 예언이 계속됨을 추구하는 신학 전통
에서는, 그러한 예언들이 검증되어야 하며, 범위가 제한된 것으로 봐야 하
고, 성경과 같은 계시적 규범적 역할을 하게 해서는 안 된다는 올바른 가
르침을 기억해야 한다. 하지만 우리는 또한 성령의 음성을 듣는 일에 세심
한 주의를 기울여야 한다.

5:22 바울은 "성령을 소멸하[는]" 것에 관련한 이 절들을, "악은 어떤 모
양이라도 버리라"는 명령으로 마무리한다. 이는 그가 갈라디아서에서 육
체의 소욕을 채우려 하지 말라고 한 명령과 일치한다. 육체의 소욕은 성령
께서 성령을 따라 행하는 이들에게 주시는 선한 열매와 상충되는 것이다
(갈 5:16-26). 성령을 소멸하는 근본적인 방법은 악한 생각과 말과 행동을
하는 것이다. 이에 반해 성령이 이끄시는 사람과 교회의 중심 되는 속성
은, "사랑과 희락과 화평과 오래 참음과 자비와 양선과 충성과 온유와 절
제"(갈 5:22-23)의 열매가 넘치는 것이다.

　데살로니가전서 5:22의 개괄적인 경구는 바로 앞에 나오는 일련의 권면
들(5:12-22)에 적절한 결론인 동시에 4:1-5:22에 나오는 바울의 더 광범위
한 가르침에 적절한 마무리다. 그렇게 악을 버리는 일은 진정으로 신자들
의 마음속에서 성령이 일하실 때에만 가능하다. 신자들은 하나님의 은혜로
구원받고 예수 그리스도 안에서 유일한 소망을 찾은 이들이기 때문이다.

≋≋≋≋ 응답 ≋≋≋≋

신약 저자들은 교회 지도자의 필요성을 계속 지지한다. 그러한 지도자들은 애정을 가지고 회중을 이끌고 가르치도록 부름 받는다. 교회의 모든 지체는 그러한 지도자들을 존경하고 존중해야 한다. 그와 동시에 지도자들은 그들 가운데서와 회중 앞에서 그러한 그리스도인의 덕목의 본을 보이며 하나님 앞에서 교회를 믿음과 소망과 사랑으로 이끌 책임이 있다. 모든 사람이 그리스도의 몸의 평화와 안녕을 추구해야 한다. 이러한 가르침은 간단명료해 보이지만, 겸손하고 하나님께 영광을 돌리는 지도자들이(신실하고 존경심을 보이는 교구민들도) 가득한 화목한 회중은 아주 드물다. 따라서 교회 생활을 어떻게 할 것인지 점검하고, 다른 사람들에게 해를 입힐 때 회개하고 용서를 구하는 것이 우리 모두의 의무다. 결국 우리는 지도자들을 존경하고 모두를 돌보며, 교회에 속한 모든 이를 사랑해야 한다.

우리 가운데 아주 문제가 많은 사람을 보살필 때는 큰 지혜가 요구된다. 물리적인 도움을 필요로 하는 이들이 많지만, 격려가 필요한 이들도 있다. 그러나 어떤 이들은 일을 할 수 있을 때 교회의 자원을 착취하지 않도록 책망이 필요하다. 집사로 섬기는 이들은 긍휼과 지혜의 균형을 잡는 일이 큰 과제임을 안다. 바울 역시 그 긴장을 인정한다. 목표는 결국 그리스도인 형제자매들의 선이다. 때로 이를 위해 책망이 필요해지기도 하지만, 다른 경우에는 기도와 도움의 손길이 최선이다.

다른 이들의 선을 추구할 때, 우리는 또한 우리 문화에 널리 퍼져 있는 보복의 고리를 끊어야 한다. 예를 들어, 많은 교회가 상대를 용서하지 않으려 하면서 두 편으로(혹은 더 많이) 분리되어 있다. 그러나 예수님은 우리를 불러 사랑하라고 하신다.

그리스도인들은 자주 기도와 씨름한다. 아마도 이는 부분적으로 기도가 쉬워야 한다고 생각하기 때문인 것 같다. 하지만 규칙적인 기도를 하려면 기쁨, 간구, 감사로 하나님께 나아가는 반사적 반응을 습관으로 만드는 연습이 필요하다. 우리는 또 기도를 통해 어려운 때에도 하나님께서 우리 가운데서 일하심을 기뻐하는 법을 더 잘 배운다.

교회는 우리 가운데서 일어나는 하나님의 영의 일하심에 계속 마음을 열고 그분과 발맞추어 걸으라는 부르심을 받는다. 그러나 그분의 이끄심은 우리 주변의 수많은 목소리 때문에 혼란스럽기도 한다. 따라서 우리는 계시된 하나님의 말씀과 일관되는지 모든 것을 검증할 수 있도록 성경을 연구해야 한다. 더욱이 성령을 따라 행하면서 동시에 육체의 열매를 붙들고 있을 수는 없다(갈 5:16-26). 그러한 악들은 종종 미묘해서 우리가 인식하지 못하는 방식으로 우리 마음을 사로잡는다. 따라서 우리는 자주 회개하고, 계속 성령의 선한 열매를 살아내는 데 열중하며, 모든 일을 그리스도의 영광을 위해 해야 한다.

23 평강의 하나님이 친히 너희를 온전히 거룩하게 하시고 또 너희의 온 영과 1)혼과 몸이 우리 주 예수 그리스도께서 강림하실 때에 흠 없게 보전되기를 원하노라 24 너희를 부르시는 이는 미쁘시니 그가 또한 이루시리라

23 Now may the God of peace himself sanctify you completely, and may your whole spirit and soul and body be kept blameless at the coming of our Lord Jesus Christ. 24 He who calls you is faithful; he will surely do it.

25 형제들아 우리를 위하여 기도하라

26 거룩하게 입맞춤으로 모든 형제에게 문안하라

27 내가 주를 힘입어 너희를 명하노니 모든 형제에게 이 편지를 읽어 주라

28 우리 주 예수 그리스도의 은혜가 너희에게 있을지어다

25 Brothers, pray for us.

26 Greet all the brothers with a holy kiss.

²⁷ I put you under oath before the Lord to have this letter read to all the brothers.

²⁸ The grace of our Lord Jesus Christ be with you.

1) 또는 목숨

≈≈≈≈≈ 단락 개관 ≈≈≈≈≈

바울은 보통 교회에 중요한 마지막 진리들을 전하기 위해, 당시의 표준 서신 양식에 변화를 주며 서신을 마무리한다. 그는 종종 축도를 포함시켜서, 교회에 하나님 아버지와 주 예수님의 복이 베풀어지기를 기도한다(살전 5:23-24). 바울은 이 마지막 절들에서, 자신의 사역을 위해 기도하고, 우정과 형제 됨의 표시로 서로 문안하고, 이 편지를 교회 전체에 소리 내어 읽어주라고 지시한다. 바울은 그의 모든 서신에서처럼, 하나님의 은혜를 구하며 서신을 끝맺는다.

≈≈≈≈≈ 단락 개요 ≈≈≈≈≈

V. 축도와 서신의 마무리(5:23-28)

　A. 축도(5:23-24)

　B. 서신의 마무리(5:25-28)

　　1. 기도 요청(5:25)

　　2. 서로 문안하라는 요청(5:26)

　　3. 서신을 공개적으로 읽기(5:27)

　　4. 은혜를 구하는 기도(5:28)

5:23-24 바울은 마무리 축도에서 보통, 편지를 쓰고 있는 교회들에게 복이 베풀어지기를 간구한다(예를 들어, 엡 6:23; 살후 2:16-17; 3:5, 16-18). 바울은 앞에서, 하나님 아버지와 주 예수님께 간구하는 축도로(이곳에서처럼) 이 서신의 긴 전반부를 마무리했다(살전 3:11-13). 이 서신의 두 축도에서 바울은 예수님의 다시 오심을 염두에 두며 신자들의 거룩함을 위해 기도하며, 그러므로 그 기도에서는 이 서신의 종말론이 울려 퍼진다(4:13-5:11). 그러나 두 축도의 차이는 각각이 인접 문맥에 맞게 특정 강조점을 전달하기 위해 구성되었음을 보여준다. 3:11-13에 나오는 축도는, 바울에게 데살로니가로 돌아갈 기회를 주시는 동시에 회중이 서로 사랑하는 면에서 성장할 수 있도록 하나님께 간구하는데, 이는 2-3장 문맥에서 핵심이 되는 주제들이다.

23절과 24절에서 바울은 "평강의 하나님"이 신자들을 "온전히" 거룩하게 해주시도록 기도한다. 바울은 "평강의 하나님"을 자주 부르고(예를 들어, 롬 15:33; 16:20; 빌 4:9), 또 이와 연관된 방식으로 종종 "하나님 우리 아버지와 주 예수 그리스도"로부터(참고. 살후 1:2 주석) 독자들에게 은혜와 평강이 임하기를 기도한다(특히 그의 편지의 서두에서). 거룩함은 이 서신의 앞부분에서, 특히 성적 순결의 문맥에서 언급된다(참고. 살전 4:3 주석). 바울의 글에서 대부분의 경우 거룩함은, 하나님께서 신자를 그리스도와의 연합을 통해 지위상 거룩하게 해주시는 것을 가리키거나(참고. 고전 1:2; 6:11; 엡 5:26), 신자를 일상의 삶 가운데 거룩한 행동의 면에서 자라게 해주시는 것을 가리킨다. 이 절에서 초점은 그 교회가 거룩한 행동의 면에서 성장하는 데 있는 것으로 보인다. 그래야 "온전히"라는 단어와, 이어지는 간구인 교회가 "흠 없게 보전되기를"이 가장 잘 이해된다.

바울은 하나님께서 "너희를 온전히 거룩하게 하시고"라는 간구와 병행되도록, 이 신자들이 삶의 모든 면에서("영과 혼과 몸") "흠 없게" 보전되기를 구한다. "거룩하게" 되는 것과 "흠 없게" 보전되는 것은 분명히 겹친다. 둘 다 신자들의 순결함과 거룩함을 가리키기 때문이다.

어떤 사람들은 인간이 세 부분으로 되어 있음을 나타내기 위해 "영과 혼과 몸"을(히 4:12에도 언급된) 강조한다. 그러나 신약 다른 곳에서는 인간 전체를 단지 "영과 몸"(참고. 고전 5:3; 7:34; 고후 7:1; 골 2:5; 약 2:26)이나 "몸과 영혼"(마 10:28)으로 말한다. 실제로 바울이 "영"과 "혼"을 어느 정도 호환되게 사용했을 수도 있다(참고. 빌 1:27). 또한 죽을 때 우리 영혼이 잠시 우리 몸과 분리된다 해도, 인간은 처음부터 온전한 존재로 창조되었으며, 우리의 부활 소망은 우리 영혼이 영화롭게 된 몸 안에서 영원한 본향을 찾으리라는 것이다. 따라서 우리는 그러한 짧은 성경 본문에 근거한 우리 인간 본성의 발달 이론(developing theory)을 조심해야 한다. 이곳에서 더 광범위한 요지는, 바울이 교회와 교회의 개별 지체들이 그들 존재와 삶의 모든 면에서 거룩하고 흠이 없도록 하나님께 간구하는 것이다.

바울은 하나님께서 그 교회 안에서 일하고 계신다는 그의 확신을 아주 멋지게 표현한다. 하나님은 그분의 백성을 "부르시[고]"(참고. 살전 2:11-12 주석; 4:7 주석) 그분은 "미쁘시[다]"("faithful", 예를 들어, 신 7:9; 사 49:7; 고전 1:9). 하나님은 신실하시므로, 그 부르심대로 이 신자들 안에서 그들을 거룩하게 하는 일을 행하실 것이다.

5:25 바울은 사역 중에 만나는 수많은 도전을 인지하고 기도의 중요성을 알고 있으므로, 그의 팀의 사역을 위해 그와 함께 기도해 달라고 요청한다(예를 들어, 고후 1:11; 골 4:3; 살후 3:1, 참고. 빌 1:19; 몬 1:22). 이는 "쉬지 말고 기도하라"(살전 5:17)라는, 앞에 나오는 그의 더 일반적인 명령과도 연관된다.

5:26 바울은 그가 서신을 마무리할 때 흔하게 사용하는 또 다른 권면에 어울리게, 회중에게 서로 "거룩하게 입맞춤"으로 문안하라고 부탁한다(참고. 롬 16:16; 고전 16:20; 고후 13:12, 참고. 벧전 5:14). 1세기에는 입맞춤이 친한 친구나 가족끼리의 인사로 자주 행해졌다(예를 들어, 눅 7:45; 15:20; 행 20:37). 오늘날 중동 문화에서는 여전히 유사한 인사법이 일반적으로 행해진다. 유다가 속임수로 예수님께 입맞춤으로 인사했을 때, 그는 가증스럽게 이

일반적인 평강의 인사를 더럽혔다(막 14:45).

바울은 보통 이 인사를 '거룩한 입맞춤'이라 부른다. 아마도 독특하게 그리스도인들이 동료 신자들, 곧 바울이 종종 성도('거룩한 이들')라고 칭하는 이들에게 이 인사를 적용하고 있음을 강조하기 위함인 듯하다. "모든 형제" 사이의 그러한 인사에서, 연합에 대한 분명한 바람이 전해진다. 우리는 우리 특정 문화와 잘 맞닿아 있으면서도, 연합을 더 강화하고 회중을 세워 주는 인사와 교제 방식을 도입하고자 애써야 한다.

5:27 바울은 교회에 속한 모든 사람이 이 편지를 듣기를 바라므로, 이러한 맹세를 전한다(개역개정은 맹세라는 표현 없이 "주를 힘입어"로 되어 있다-옮긴이 주). 아마도 바울은 예배와 관련이 있는 공식적인 교회 모임을 가정하는 듯하다. 회중의 일부는 글을 몰랐을 것이다. 더 중요한 이유로 책은 비쌌으며 성경 사본을 소유한 사람은 거의 없었다. 따라서 교회 예배에서 모두를 위해 정기적으로 소리를 내어 구약을 읽었다. 회람되는 사도의 서신들도 유사하게 다루어졌을 것이다(참고. 골 4:16; 계 1:3).

바울은 갑자기 일인칭 단수로 바꾸는데("내가 주를 힘입어"), 아마도 편지의 저자를 강조하려는 한 방편일 것이다(참고. 서론의 '저자'). 데살로니가에 있는 모든 사람이 이 편지를 들어야 한다는 그의 배려는, 모든 사람이 그렇게 할 기회를 얻지 못하지는 않을까 하는 두려움을 나타낼 수도 있다. 그래서 많은 주석가가 바울이 공동체 내의 분열을 염려했다고 제안한다. 그들은 데살로니가전서 4:6, 5:13-15, 5:20 같은 절들에서 분열의 징후를 찾는다. 그러한 긴장이 존재했을 가능성도 있지만, 바울은 그것을 확실히 알 만한 충분한 직접적 증거를 제시하지 않는다.

5:28 바울은 서신을 시작하면서 데살로니가 교인들에게 하나님의 은혜가 임하기를 구했던 것(1:1)과 비슷하게 서신을 마무리한다. 모든 바울서신이 다양한 표현들로 은혜를 기도하며 마무리된다. 이는 바울이 서신을 끝맺는 표준 방식이긴 하지만, 교회가 하나님의 은혜 안에 거하기를 진정으

로 바라는 마음을 전하는 것이기도 하다.

≋≋≋≋ 응답 ≋≋≋≋

우리는 바울의 축도를 따라, 하나님께서 그리스도로 베푸신 은혜로운 용서와 부르심에 응답하여, 그분이 우리로 하여금 그분의 영을 통해 그분의 뜻에 더 맞게 살아갈 수 있게 해 주시기를 기도해야 마땅하다. 결국 그리스도께서 오실 때에만 우리의 온전한 성화가 이루어질 것을 알지만, 매일 발을 헛디딜 때도 그리스도 안에서 얻은 용서로 위로를 받으며, 주님 앞에서 흠 없이 행하려고 여전히 항상 애써야 한다.

마지막으로 바울은 특히 사역과 선교를 위한 간청으로, 다시 기도를 권한다(참고. 5:16-18). 바울의 안내를 따라(5:28) 교회가 드리는 또 다른 멋진 기도는, 하나님께서 우리 모두에게 그분의 은혜를 주시도록 간구하는 것이다. 구원이 그리스도를 믿는 믿음을 통해 은혜로 주어지듯이, 그리스도인의 모든 삶은 우리 가운데 계신 그분의 성령을 통한 하나님의 은혜로운 일하심에서 나온다.

데살로니가후서

ESV 성경 해설 주석

데이비드 W. 채프먼 지음

ESV Expository Commentary
2 Thessalonians

데살로니가후서 서론

개관

바울과 그의 동료들은 데살로니가에 있는 어린 교회에 다시 편지를 쓰며, 그리스도를 반대하는 사회 속에서 계속 인내하라고 격려한다. 그들은 또한 이 교회 내의 특정 관심사들을 다루는데, 특히 주의 재림이 이미 일어났다는 가르침에 반대하고, 교회 지체들에게 부지런히 일하라고 훈계한다.

저자

데살로니가전서처럼 이 서신도 저자를 바울과 실루아노와 디모데로 제시한다. 서신에서는 보통 일인칭 복수형이 사용되어 세 저자 모두를 가리킨다. 그러나 데살로니가전서에서처럼 바울이 두 번 일인칭 단수로 옮겨가는 것(2:5의 "내", 3:17의 "나")으로 보아, 분명 그가 주요 저자다. 더욱이 바울은 직접 서신에 서명을 하며, 회중에게 전하는 개인적인 말로 이 편지를 마무리한다. 바울이 동료들과 함께 이 서신을 집필한 까닭은 데살로니가전서 이면에 있는 이유와 유사하다. 세 명의 선교사 모두 그 교회의 설립에 함께했고(행 17:1-10), 디모데는 그 신자들을 격려하기 위해 데살로니가로 돌아갔던 적도 있다(살전 3:1-10).

데살로니가후서는 바울이 저자임을 단언하고(살후 1:1), 바울의 문체를 따른다. 초대교회는 이 서신을 바울의 것으로 널리 받아들였다. 그러나 일부 현대 학자들은 바울이 이 서신을 썼는지를 놓고 논쟁을 벌인다. 바울이 저자임을 반대하는 이들은 다음과 같이 주장한다. 데살로니가후서의 신학에는 바울의 표준 주제들이 담겨 있지 않다. 또한 서신이 원 자료로 데살로니가전서에 광범위하게 의지하는 듯 보이며, 데살로니가전서보다 덜 개인적인 것 같다. 게다가 데살로니가후서 2:1-12에 나오는 종말에 관한 내용들(예수님의 재림 이전에 분명한 징조를 기대한다)이 데살로니가전서 5:1-11(이곳에서는 예수님의 재림이 불시에 임한다)과 상충한다. 이러한 반대에 대해서는 다음과 같이 답변할 수 있다. (1) 바울은 각각의 서신을 다른 필요에 따라 썼기 때문에, 모든 서신에 바울의 모든 주요한 주제가 담겨 있지는 않다. (2) 그와 동시에 데살로니가전서와 데살로니가후서의 내용과 문체가 겹침은 동일한 저자가 동일한 청중에게 쓴 편지이기에 예상할 만하다. 그러나 어조와 내용의 변화는 또한 데살로니가의 상황이 변했음을 입증한다(참고, '저작 연대와 배경'). (3) 가장 중요한 것으로, 이 두 서신을 쓰는 사이에 데살로니가에서 종말론에 관한 질문이 달라져서, 바울은 같은 주제를 다른 방식으로 다루어야 했다. (4) 예수님은 직접 자신이 도둑같이 재림한다고도 말씀하셨고, 전조가 될 징조가 있을 것이라고도 가르치셨다(참고, 살후 2:3-4 주석). 따라서 바울은 이 두 서신에서 종말론에 대한 예수님의 접근법을 따른다. 이를 볼 때 이 반대의 어떤 근거도, 바울이 저자라는 서신 자체의 증언과 초기 교회의 강력한 지지를 버리게 만들지 못한다.

저작 연대와 배경

이 서신은 데살로니가전서 이후에, 분명 바울이 여전히 제2차 선교 여행을 하는(실라와 디모데가 여전히 그와 함께 있는) 동안에 기록된 것으로 보인다. 물론 제3차 선교 여행 초기도 배제할 수는 없다. 그러할지라도 주후 50년대 초중반일 가능성이 가장 높아 보인다. 이 편지 이전에 이뤄진 바울과 데살로니가 교인들의 접촉에 대해서는 데살로니가전서 서론의 '저작 연대와 배경'을 보라.

데살로니가에서 전개된 세 가지 상황은 바울과 그의 동료들의 우려를 불러일으키기에 충분했고, 그들은 이 두 번째 편지를 쓸 수밖에 없었다. 첫째, 박해 가운데서 계속 인내해야 할 필요에 거듭 관심이 집중된다(1:4; 2:13-15, 17; 3:3-5, 13). 둘째, 그리스도의 재림으로 이어질 사건들이 이미 시작되었다고 주장하는 거짓된 믿음이 생겨났다(2:1-12). 셋째, 이미 이전 편지에서 명시되었던(살전 4:11-12; 5:14) 문제인 공동체 내의 게으름에 대해 더 확고한 책망이 필요했다(살후 3:6-12).

장르와 문학적 특징

바울은 여러 그리스-로마의 서신 관례를 따르지만, 그의 선교적 목적에 맞게 그것들을 수정한다. 그래서 서두의 인사와 서신의 끝부분은, 살아 계신 하나님과 그리스도의 주되심에 근거한 그의 은혜와 평강의 신학에 잘 들어맞는다.

서두의 감사와 기도는 바울과 그의 동료들이 되돌아갈 주제들을 알려준다(참고. 살후 1:1-12 개관). 중심 단락 대부분은 주의 날이 이미 임했는지를 다룬다(2:1-12). 마지막 장은 특히 교회 내의 게으름이라는 문제와 관련해서, 그리스도인의 삶을 위한 명령들을 제시한다(3:6-12). 바울은 축도와 은혜를 구하는 기도로 서신을 마무리한다.

신학

바울의 여러 표준 신학적 주제가 이곳에 축약된 형태로 나온다. 그는 신자들의 삶 가운데 나타나는 하나님 아버지와 주 예수님의 은혜와 영광을 자주 언급한다(1:2, 9, 12: 2:14, 16; 3:16, 18). 하나님은 공의롭고 신실하시다(1:5: 3:3). 하나님은 주권적으로 그 교회를 택하셔서 성령의 거룩하게 하는 사역을 통해 믿음으로 구원을 받게 하신다(2:13). 신자는 믿음과 사랑으로 하나님의 은혜에 응답한다(1:3-4, 10-11: 2:10, 12, 13-14; 3:2, 5). 그런 다음 하나님의 은혜로 거룩함을 입은 자들의 교회로서, 그들이 받은 구원은 선한 일을 행하는 것으로 표출된다(1:11: 2:17; 3:13-15).

교회는 공의로우신 그들의 하나님께서 그리스도의 교회의 대적을 이기실 것이라고 확신할 수 있다(1:5-10; 2:8-12). 이러한 확신은 예수님이 다시 오신다는 소망에 근거하는데(1:7-10; 2:1-12), 그 전에 불법의 사람이 일어날 것이다(2:3-12). 사실 세상은 이미 불법이라는 사탄의 영향력을 경험하고 있다(2:7). 그러할지라도 하나님은 여전히 사탄과 동조한 이들을 심판하는 심판의 때와 방법을 주관하신다(2:6, 8, 11-12).

바울의 신학은 윤리로 향하며, 특히 그 교회를 향해 현재의 고난을 견디라고 권면한다(1:4; 2:13-15, 17; 3:3-5, 13). 바울은 감사와 기도의 본을 보이며(1:3, 11-12; 2:13, 16-17; 3:16, 18), 자신을 위해 그리고 자신과 함께 기도해 달라고 그 교회에 요청한다(3:1-2). 그는 또한 그리스도인들이 자신의 생계를 꾸려 나가는 일이 중요함을 강조한다(3:6-12).

성경 다른 본문 및 그리스도와의 관련성

이 서신은 주제 면에서 바울의 다른 서신들과 종종 연결되지만, 특별히 데살로니가전서와 밀접한 관련이 있다. 특히 인내, 근면한 노동 그리고 종말론이라는 주제 면에서 그렇다. 바울의 이전 편지에서처럼 이 서신 전체에서도 그의 사상은 구약과 예수님의 가르침에서 비롯된다. 이는 종말에 대한 단락에서 특히 명백하다. 그곳에서 "주의 날"과 "불법의 사람"이라는 개념은 분명 구약 예언서의 개념들과 예수님의 종말에 대한 가르침(특히 마 24-25장; 막 13장; 눅 21장)에서 가져온 것이다.

데살로니가후서 설교하기

이 서신의 강해 설교는 데살로니가 교인들이 맞닥뜨린 도전에 대해 오늘날의 유사한 상황을 끌어내어, 현대의 청중이 고대의 독자들에게 공감할 수 있게 해야 한다. 반대 가운데서 인내해야 한다는 주제가 이 서신을 설교할 때 강력하게 드러나야 한다. 그리스도인의 삶에 대한 바울의 모범은 본받기를 요구한다. 또 우리는 종말론 논란에 관련된 설교를 할 때 겸손해야 한다. 종말에 관한 바울의 가르침을 직접 들은 원 독자들이, 이 서신에서 바울이 말하지 않은 것을 이해해야 하는 우리보다 더 나은 위치에 있기 때문이다(참고. 2:1-12 주석). 더 자세한 내용은 데살로니가전서 서론의 '데살로니가전서 설교하기'를 참고하라.

해석상 과제

이미 언급했듯이, 학자들은 바울이 저자인가를 놓고 논쟁을 벌인다. 이 서신의 가능성 있는 수사적 구조에 관한 논의는 데살로니가전서와 후서 모두에 대한 주석에 영향을 미쳤다(참고. 데살로니가전서 서론의 '해석상 과제').

그러나 데살로니가후서의 해석상 질문들 대부분은 중심부의 종말론 단락에 집중된다(2:1-12). 앞에서 언급했듯이, 일부 학자는 종말론에 관한 데살로니가전서와 후서의 가르침 사이에 있는 차이를 강조했다. 그러나 그렇게 차이로 보이는 것들은, 데살로니가 교회에서 제기된 질문들의 성격이 바뀌었기 때문이라고 보는 편이 가장 좋다(참고. '저자' 및 '저작 연대와 배경'). 최근에 눈에 띄는 한 주석은, 데살로니가후서가 사실 데살로니가전서 '이전에' 기록되었다고 주장한다. 2:1-12에 나오는 종말론에 대한 진지한 관심이 나중에 데살로니가전서 4:13-5:11에서는 덜 중요한 이슈가 되었다는 것이다.[1] 그러나 그 주장과 반대로, 데살로니가후서는 이전 편지의 존재를 암시하지만(2:15) 데살로니가전서는 그렇지 않다. 더 중요한 점으로, 이 어린 교회의 구성원 중 일부가 데살로니가전서와 후서가 기록된 사이에 종말론에 관한 과도한 기대의 영향을 받게 되었다고 충분히 상상할 수 있다. 그러한 종말론적 열기가 일어나는 데 많은 시간이 필요하다고 생각할 필요는 없다. 교회가 어릴 때에는 거짓된 견해가 급속도로 자라날 수 있기 때문이다(바울이 사역을 하며 맞닥뜨린 수많은 이단 운동이 입증하듯이).

서신에 암시된, 종말에 일어날 사건들의 순서는 수세기 동안 논란의 대상이었다. 우리는 이 논란의 일부가 바울이 데살로니가 교인들에게 압축된 표현으로 말한 데서 야기됨을 인정해야 한다. 이는 그들이 그 문제들에 대해 이전에 바울이 더 자세히 가르친 것을 직접 들었기 때문이다. 그래서

---

1 Charles A. Wanamaker, *The Epistles to the Thessalonians*, NIGTC (Grand Rapids, MI: Eerdmans, 1990), 37-45.

바울은 "불법의 사람"과 "막는 자"와 같은 논점들에 대해 간략하게 썼을 수 있다. 오늘날 우리는 더 많은 정보를 원하지만 말이다(참고. 살후 2:1-12 주석).

개요

Ⅰ. 인사(1:1-2)

Ⅱ. 박해받는 교회를 위한 감사와 기도(1:3-12)
   A. 데살로니가 교인들의 믿음과 사랑에 대한 감사(1:3-4)
   B. 데살로니가 교인들의 믿음과 미래의 소망(1:5-10)
      1. 하나님의 공의로운 심판의 증거인 그들의 믿음(1:5)
      2. 하나님의 심판으로 변호와 멸망이 일어남(1:6-10)
   C. 교회를 위한 바울의 기도(1:11-12)

Ⅲ. 중심 단락: 굳건하게 서라(2:1-17)
   A. 종말에 대한 우려 가운데서 침착하라는 호소(2:1-12)
      1. 침착하라는 호소(2:1-2)
      2. 끝이 오기 전에 배교가 있음(2:3-4)
      3. 불법한 자가 나타남(2:5-12)
         a. 회중에게 상기시킴(2:5)
         b. 불법한 자를 막는 자(2:6-7)
         c. 불법한 자가 나타남(2:8-10)
         d. 믿지 않는 자들이 미혹됨(2:11-12)
   B. 또 다른 감사와 굳건하게 서라는 권면(2:13-17)

1. 데살로니가 교인들의 택하심과 부르심에 대한 감사
   (2:13-14)

2. 굳건하게 서라는 권면(2:15)

3. 교회를 위한 바울의 축복 기도(2:16-17)

IV. 마지막 권면(3:1-15)

  A. 기도 요청과 교회에 대한 확신(3:1-5)

    1. 바울의 사역을 위한 기도 요청(3:1-2)

    2. 주께서 교회를 세우실 것임(3:3-5)

  B. 게으름에서 벗어나 일하라는 지시(3:6-12)

    1. 게으른 형제를 멀리하라(3:6)

    2. 바울의 본(3:7-9)

    3. 바울의 명령(3:10)

    4. 게으른 형제에게 주는 지시(3:11-12)

  C. 낙심하지 말고 권면하라(3:13-15)

    1. 선을 행하다가 낙심하지 말라(3:13)

    2. 불순종하는 형제에게 권면하라(3:14-15)

V. 축도와 서신의 마무리(3:16-18)

  A. 축도(3:16)

  B. 바울의 친필 인사(3:17)

  C. 은혜를 구하는 기도(3:18)

데살로니가후서 1:1-12 개관

우리는 이 시작 부분에서 바울이 이 교회의 곤경을 바로 감지하고, 또 이들이 잘 견디도록 돕기 위해 위로를 전하고 있음을 발견한다. 바울은 인사와 감사로 시작하고 뒤이어 기도를 함으로써 고대의 서신 기법을 따른다. 바울은 박해 가운데서도 그 교회가 가진 확신을 상기시킴으로써 그들에게 인내하라고 권면한다. 그 확신은 하나님께서 결국 그들을 구원하실 뿐만 아니라 대적들을 심판하시리라는 것이다. 그런 다음 바울은 이 교회에서 주님의 일하심이 계속되고 풍성해지기를 기도한다.

1:1-12에 나오는 몇몇 주제는 서신의 나머지 부분 곳곳에서 계속된다. 예를 들면, 인내하라는 권면(1:4; 2:13-15, 17; 3:3-5, 13), 믿음과 사랑에 대한 강조(1:3-4, 10-11; 2:10, 12; 3:2, 5), 신자들이 선한 일을 함으로써 은혜에 응답함(1:8, 11; 2:17; 3:13), 공의로우신 하나님께서 그들의 옳음을 입증하시고 대적들을 제압하시리라는 확신(1:5-7; 2:8-12), 예수님의 재림에 관한 종말론(1:7-10; 2:1-12), 그 모든 과정 중에 있는 하나님 아버지와 주 예수 그리스도의 은혜와 영광(1:2, 9, 12; 2:14, 16; 3:16, 18) 등이다.

¹ 바울과 실루아노와 디모데는
하나님 우리 아버지와 주 예수 그리스도 안에 있는 데살로니가인의
교회에 편지하노니
¹ Paul, Silvanus, and Timothy,

To the church of the Thessalonians in God our Father and the Lord

Jesus Christ:

² 하나님 아버지와 주 예수 그리스도로부터 은혜와 평강이 너희에게
있을지어다
² Grace to you and peace from God our Father and the Lord Jesus

Christ.

³ 형제들아 우리가 너희를 위하여 항상 하나님께 감사할지니 이것이
당연함은 너희의 믿음이 더욱 자라고 너희가 다 각기 서로 사랑함이
풍성함이니 ⁴ 그러므로 너희가 견디고 있는 모든 박해와 환난 중에서
너희 인내와 믿음으로 말미암아 하나님의 여러 교회에서 우리가 친히

자랑하노라

3 We ought always to give thanks to God for you, brothers,[1] as is right, because your faith is growing abundantly, and the love of every one of you for one another is increasing. 4 Therefore we ourselves boast about you in the churches of God for your steadfastness and faith in all your persecutions and in the afflictions that you are enduring.

5 이는 하나님의 공의로운 심판의 표요 너희로 하여금 하나님의 나라에 합당한 자로 여김을 받게 하려 함이니 그 나라를 위하여 너희가 또한 고난을 받느니라 6 너희로 환난을 받게 하는 자들에게는 환난으로 갚으시고 7 환난을 받는 너희에게는 우리와 함께 안식으로 갚으시는 것이 하나님의 공의시니 주 예수께서 자기의 능력의 천사들과 함께 하늘로부터 불꽃 가운데에 나타나실 때에 8 하나님을 모르는 자들과 우리 주 예수의 복음에 복종하지 않는 자들에게 형벌을 내리시리니 9 이런 자들은 주의 얼굴과 그의 힘의 영광을 떠나 영원한 멸망의 형벌을 받으리로다 10 그날에 그가 강림하사 그의 성도들에게서 영광을 받으시고 모든 믿는 자들에게서 놀랍게 여김을 얻으시리니 이는 (우리의 증거가 너희에게 믿어졌음이라) 11 이러므로 우리도 항상 너희를 위하여 기도함은 우리 하나님이 너희를 그 부르심에 합당한 자로 여기시고 모든 선을 기뻐함과 믿음의 역사를 능력으로 이루게 하시고 12 우리 하나님과 주 예수 그리스도의 은혜대로 우리 주 예수의 이름이 너희 가운데서 영광을 받으시고 너희도 그 안에서 영광을 받게 하려 함이라

5 This is evidence of the righteous judgment of God, that you may be considered worthy of the kingdom of God, for which you are also suffering— 6 since indeed God considers it just to repay with affliction those who afflict you, 7 and to grant relief to you who are afflicted as

well as to us, when the Lord Jesus is revealed from heaven with his mighty angels 8 in flaming fire, inflicting vengeance on those who do not know God and on those who do not obey the gospel of our Lord Jesus. 9 They will suffer the punishment of eternal destruction, away from² the presence of the Lord and from the glory of his might, 10 when he comes on that day to be glorified in his saints, and to be marveled at among all who have believed, because our testimony to you was believed. 11 To this end we always pray for you, that our God may make you worthy of his calling and may fulfill every resolve for good and every work of faith by his power, 12 so that the name of our Lord Jesus may be glorified in you, and you in him, according to the grace of our God and the Lord Jesus Christ.

1 Or brothers and sisters. In New Testament usage, depending on the context, the plural Greek word *adelphoi* (translated "brothers") may refer either to *brothers* or to *brothers and sisters 2 Or destruction that comes from*

〰〰〰 단락 개관 〰〰〰

시작 부분의 인사(살후 1:1-2)는 데살로니가전서의 서두와 병행을 이룬다. 바울과 그의 동료들은 고난 가운데서도 인내한 데살로니가 교인들을 지지하면서, 그 교회의 믿음과 사랑이 자란 것에 대해 하나님께 감사드린다 (3-4절). 그들의 견고함은 하나님의 공의로운 심판에 대한 증거로(5절), 하나님께서 그 교회의 옳음을 입증하시고 박해자들에게 환난을 내리실 때 온전히 드러날 것이다.

5-10절에서 바울은, 2장을 내다보며 감사(3-4절)에서 종말에 대한 짧은

언급으로 옮겨간다. 그는 예수님이 다시 오실 때 하나님의 대적들은 멸망하지만, 성도들은 영화롭게 되신 그리스도의 임재 가운데로 받아들여지리라는 것을 확실히 한다. 그런 다음 바울은 그들 가운데서 그의 선한 사역을 완수하도록 주님께 구하며 그 교회를 위한 자신의 기도를 기록한다(1:11-12).

≋≋≋≋ **단락 개요** ≋≋≋≋

Ⅰ. 인사(1:1-2)
Ⅱ. 박해받는 교회를 위한 감사와 기도(1:3-12)
　A. 데살로니가 교인들의 믿음과 사랑에 대한 감사(1:3-4)
　B. 데살로니가 교인들의 믿음과 미래의 소망(1:5-10)
　　1. 하나님의 공의로운 심판의 증거인 그들의 믿음(1:5)
　　2. 하나님의 심판으로 변호와 멸망이 일어남(1:6-10)
　C. 교회를 위한 바울의 기도(1:11-12)

≋≋≋≋ **주석** ≋≋≋≋

1:1 이 서신은 사실상 데살로니가전서와 동일한 저자를 말하며 시작한다. 바울은 실루아노와 디모데와 공동 저자지만, 그가 여전히 주요 저자다(2:5; 3:17). 데살로니가전서 서론과 후서 서론의 '저자'를 참고하라.

1:2 인사는 은혜와 평강을 구하는 기도로 계속된다. 이는 바울의 전형적인 서두 공식을 따른 것이다. 그 기도는 "하나님 아버지와 주 예수 그리스도로부터"로 시작되었다(참고. 롬 1:7; 고전 1:3). 바울은 첫 두 절에서 이미 하

나님을 두 번 "우리 아버지"로 언급하는 동시에, 예수님을 "주"와 "그리스도"로 언급한다. 이러한 표현은 초기 기독교 사상과 기독론에 깊은 신학적 울림을 준다(참고. 살전 1:1 주석).

1:3 데살로니가후서 1:3-12 전체가 헬라어 본문에서는 접속사, 논리 접속사, 관계절 등으로 묶여 한 문장을 이루고 있다. 그와 동시에 이 절들은 주제에 따라 세분될 수 있어서, 수월하게 이해할 수 있도록 돕는다. 그래서 번역자들은 보통 이 절들을 여러 문장이나 단락으로 나눈다. 그러할지라도 우리는 바울의 사고와 논증의 연속성을 인지해야 한다.

바울은 교회에 보내는 서신들에서 주로 인사에 뒤이어 감사나 하나님의 복을 구하는 기도를 드린다. 바울은 자주 '항상' 혹은 '계속해서' 감사한다고 말한다(예를 들어, 고전 1:4; 골 1:3; 살전 1:2; 몬 1:4). 바울은 또한 하나님께 끊임없이 감사하라고 그리스도인 회중에게 가르친다(참고. 살전 5:16-18). 이곳에서 그는 신자들을 "형제들"이라 부르며(이 서신에서 여덟 번 더 그렇게 하듯이), 그리스도인 공동체가 드러내야 할 깊은 가족 관계를 보여준다(참고. 살전 1:4 주석).

이 감사의 표현("우리가…항상…감사'할지니'")은 특이하다(그렇지만 참고. 살후 2:13). "우리가…할지니"와 "이것이 당연함은"의 조합은, 하나님께 드리는 감사가 데살로니가 교인들의 믿음과 사랑에 대한 적절한 반응임을 강조한다. 바울은 하나님께서 데살로니가 교인들을 양육하며 성장시키고 계심을 인정한다.

또한 바울은 그 교회가 계속 계발하고 귀히 여기기를 바라는 경건의 자질들을 강조한다. 그들의 믿음은 "더욱 자라고" 있다. 이는 강조의 의미가 담긴 하나의 헬라어 단어[휘페라욱사노(hyperauxanō)]를 번역한 것으로, 하나님을 향한 그들의 신뢰가 엄청나게 커졌음을 강조한다. 바울은 이전 편지에서도 데살로니가 교인들의 믿음이 자란 것을 칭찬했다(살전 1:3, 8; 3:5-10). 그리고 이 편지에서도 그들이 박해 가운데서도 계속 변함없는 믿음을 가진 것을 자랑한다(살후 1:4). 서로를 향한 그들의 사랑 역시, 바울이 이전 편지에서 바랐던 것처럼(살전 3:12-13; 4:9-10) "풍성[하다]"[플레오나조 (*pleonazō*)].

1:4 헬라어 구문은 3절에서 시작된 문장이 이 절에서도 계속됨을 시사하지만[호스테(*hōste*)에 부정사가 합쳐져], 여러 영어 번역본은 이 지점에서 새로운 문장을 시작한다. 특히 데살로니가 교인들의 믿음과 사랑의 성장으로 인해, 바울은 그들이 박해 가운데서도 인내하고 있음을 다른 교회들에 자랑하게 된다.

바울은 이전 편지에서 데살로니가 교인들을 그의 "자랑의 면류관"(참고. 살전 2:19-20)이라 불렀다. 그러한 자랑은 부모가 자녀의 행복과 성공을 볼 때 갖는 자긍심과 비슷할 수 있다. 바울은 이러한 긍정적인 의미에서, 서로와 하나님 앞에서 그 교회들을 자랑한다(예를 들어, 고후 1:14; 7:14; 8:24; 9:2-3). 그가 교회들 가운데 칭찬할 만한 것들을 공유하는 목적은, 서로에게 존경과 사랑과 기도를 불러일으키고, 그리스도인들을 서로에게 그리스도를 본받는 모델로 제시하려는 것이다(참고. 살전 1:6 주석; 1:7 주석; 2:14 주석).

이 절은 바울이 다른 교회들에게 무엇을 자랑하는지 명시해 준다. 곧, 데살로니가 교인들의 인내와 믿음이다. 바울은 박해와 환난 가운데서 그러한 인내가 있었다고 말한다. 그는 여기서 의미가 상당히 겹치는 두 단어를 사용한다. "박해"[디오그모스(*diōgmos*)]는 사람들이 적극적으로 이 신자들을 해하려 했음을 나타내는, 조금 더 구체적인 표현이다(예를 들어, 롬 8:35; 고후 12:10; 딤후 3:11). "환난"[틀립시스(*thlipsis*)]이라는 단어는 박해를 포함한 각종 고난을 가리킨다(특히 살후 1:6).

1:5 1:5-12을 별도의 단락으로 생각하지 않는 편이 더 나을 것 같다(참고. ESV). 이 절에서 사고의 전환이 일어나긴 하지만, 헬라어에서는 3-4절의 문장과 사고가 계속되고 있음이 분명히 드러난다. 이 절은 다른 헬라어 동사를 쓰지 않은 채, 데살로니가 교인들이 박해 가운데서도 여전히 변함없고 신실함으로써(4절) 하나님의 공의로운 심판의 "표"(ESV는 "evidence")가

되었다고 말한다.

이곳에 나오는 바울의 논리에 대해서는 약간의 설명이 필요할 것 같다. 그들이 박해를 견딘 것이 어떻게 하나님의 심판의 증거가 될 수 있는가? 오히려 그 반대가 사실로 보이는 것 같다. 하나님께서 정의로우시므로, 이 신자들은 하나님의 복을 받고 그들을 반대하는 이들은 벌을 받아야 한다고 생각할 수 있다. 이에 대해 답변할 때는 몇몇 문맥적 특성에 주목하는 것이 도움이 된다. 첫째로, 이곳에서 바울은 하나님께서 그리스도를 통해 내리시는 최종적인 종말론적 심판에 초점을 맞춘다(1:7-10). 둘째로, 구약과 신약에서 하나님의 심판은 항상 하나님을 따르는 이들의 옳음을 변호하는 동시에 그분을 대적하는 이들의 멸망을 불러온다(참고. 살전 5:2 주석). 이 단락에는 멸망과 변호라는 두 요소가 분명히 나타난다(살후 1:6-10). 셋째로, 바울은 데살로니가 교인들이 하나님의 공의를 증언하면서 모범적인 역할을 하는 목적을 분명하게 언급한다. "너희로 하여금 하나님의 나라에 합당한 자로 여김을 받게 하려 함이니 그 나라를 위하여 너희가 또한 고난을 받느니라"(1:5). 그들의 고난은 하나님께서 공의로우시다는 증거를 제시하는데, 그것은 그분이 그들을 그분의 나라에 들어오게 하시는 데서 나타난다. 그들이 기꺼이 박해를 견딘 것이 그리스도를 믿는다는 표시이기 때문이다.

고난을 견딘 것 자체로 데살로니가 교인들이 하나님 나라에 들어갈 자격을 얻는 것은 아니다. 그것은 선행으로 구원을 얻지 못한다는(예를 들어, 롬 3:19-26; 엡 2:1-10; 딛 3:3-8) 바울의 주장에 반대된다. 대신 그들의 고난은 그리스도를 믿는 그들의 믿음을 더 빛나게 할 수 있다(참고. 딤후 1:8-12). 신자들은 믿음을 통해 은혜로 구원받고, 그 결과로 이생에서의 고난과 박해에 개의치 않고 계속 예수님을 신뢰하며 그 믿음을 드러내 보인다.

5절을 마무리 짓는 어구("너희가 또한 고난을 받느니라")는 1:6-7의 환난과 연결되어, 바울이 이생에서 겪는 모든 종류의 고난을 다루고 있지는 않음을 나타낸다. 오히려 그는 특별히 믿음으로 인한 박해의 결과로 오는 환난을 이야기한다. 이전에 바울은 이생에서 고난과 박해를 예상해야 한다고 데살로니가 교인들을 가르쳤다(참고. 살전 3:3b-5 주석). 예수님도 제자들에게 다음과 같이 상기시키며 똑같이 가르치셨다. 세상이 메시아를 박해했으므로 그를 따르는 이들도 비슷하게 대우받으리라고 예상할 수 있다는 것이다(예를 들어, 마 10:24-25; 막 10:29-30; 요 15:18-25). 따라서 그리스도인들은 자기 십자가를 지고 예수님을 따라야 한다(마 16:24-25).

바울은 이곳에서 예수님이 하나님의 다스리심을 이야기할 때 자주 쓰셨던 표현을 따라, "하나님의 나라"에 대해 이야기한다(참고. 살전 2:11-12 주석). 신약에서 종말론을 표현할 때 일반적으로 그렇듯이, 이 "나라"는 현재 자기 백성을 통해 그리스도의 통치로 나타나지만(예를 들어, 롬 14:17; 골 1:13), 예수님이 재림하실 때 온전히 완성될 것이다. 바울은 그 나라를 언급할 때 보통 장차 온 세상을 향한 예수님의 다스림이 완성될 것을 고대한다.

1:6 6-7절은 신자들의 확고함이 어떻게 하나님의 공의로운 심판의 증거가 되는지(5절)를 더 설명한다. 6절에 나오는 "공의"("just", 개역개정에서는 7절에 나온다-옮긴이 주)라는 단어는, 5절에서 "공의로운"(righteous)으로 번역된 것과 똑같은 헬라어 형용사[디카이오스(*dikaios*)]다. 이 단어가 6절 시작 부분의 '…이므로'("since", 개역개정에는 없음)와 결합하여, 5절과 6-7절의 긴밀한 관계를 시사한다. 하나님의 심판은 하나님의 백성에 대한 변호와 그분을 대적한 자들의 멸망이라는 두 가지 요소와 함께 임한다.

6절은 이 한 쌍 중 멸망이라는 요소에 초점을 맞춘다. 데살로니가 신자들이 영원한 나라에 들어가는 것처럼, 그들의 대적들은 그 나라에서 제외되고 결국 멸망할 것이다. 하나님의 백성을 박해한 이들은 그들이 행한 그대로 영원한 심판으로 보응을 받을 것이다. 하나님은 그분을 거부하고, 그분의 율법과 도덕적 지침을 경시하고, 그분의 백성에게 해를 입히고, 하나님 나라의 복음이 진보하는 것을 방해하려 한 이들에게 공정하게 진노로 대응하신다. 그들이 당할 멸망의 구체적인 성격은 1:8-10에서 더 자세히 전개된다. 이는 구약 예언서의 예측(예를 들어, 사 66:15-16; 렘 25:15-38; 욜 3:1-21) 및 예수님의 가르침(예를 들어, 마 10:14-15; 11:20-24; 12:38-42; 25:41-46;

막 9:42-48; 요 3:36; 5:25-29), 사도들의 증언(예를 들어, 롬 2:5-11; 엡 5:3-6; 살전 1:10; 벧후 2:1-3; 3:1-13; 계 6:10; 20:11-15)과 일치한다.

우리는 데살로니가후서 1장의 5-6절을 결합함으로써, 신자들이 고통 아래서 인내하는 것이 어떻게 하나님의 공의에 대한 증거가 되는지 알 수 있다. 곧 (1) 이 신자들이 하나님의 나라로 온전히 인도함을 받을 것이고, (2) 그리스도를 위한 그들의 고난은 그리스도의 교회를 박해하는 이들이 멸망 받고 하나님 나라에서 제외당할 만함을 입증할 것이기 때문이다.

1:7-8 7절은 하나님의 백성의 구원으로 다시 돌아간다(참고. 5절). 이 절은 '그리고'[카이(*kai*), 개역개정에는 없음]로 시작함으로써, 6절의 내용 '그리고' 7-8절의 내용 모두가 하나님의 "공의"임을 나타낸다. 하나님의 공의로운 심판이 하나님을 대적하는 이들을 멸하는 것처럼(6절), 그분의 판결은 그분의 백성을 영원히 그 고통에서 벗어나게 해준다.

이것 역시 구약 예언 및 예수님의 가르침 그리고 사도들의 가르침과 일치한다. 따라서 하나님께서 대적들에게 가하시는 보응과 관련하여 앞 절에서 인용된 성경 본문들을 다시 검토해 보면, 그러한 동일한 성경 본문 대다수의 문맥에서 그분이 택한 백성들에 대한 변호도 나온다. 심판의 이 두 측면(하나님의 대적들의 멸망과 그분의 백성의 구원)이 동시에 일어나는 것이기 때문이다.

바울이 예수님의 심판이 임할 때 박해에서 벗어날 이들 가운데 데살로니가 교인들과 함께 자신도 포함시킴을 주목하라. 바울은 분명 많은 고난과 어려움을 견뎠다(참고. 살전 2:2 주석). 그래서 그 역시 하나님의 구원을 갈망하고 있었다. 그러나 이는 또한 데살로니가 교인들에게 (1) 바울이 자신과 그들을 동일시하고 있음을 그리고 (2) 그들이 고난당함을 통해 먼저 그들에게 복음을 선포한(살전 1:6) 사도 증인들의 본을 따르고 있음을 상기시키는 역할을 한다.

하나님은 물론 이생에서도 그분의 백성에게 안식과 복을 누릴 때를 허락하시지만, 데살로니가후서 1:7-8에 나오는 "안식"의 시대는 장차 임할 심판의 때로, "주 예수께서…나타나실 때"를 가리킨다. 그리스도의 재림은 바울이 데살로니가에 보낸 두 서신 모두의 중심 주제다(살전 1:10; 2:16; 3:13; 4:13-5:11; 5:23-24; 살후 1:5-2:15). 놀랄 것도 없이, 이어지는 절들의 주요한 특징들은 데살로니가에 보낸 바울의 이전 편지 및 그의 다른 편지들에 나오는 가르침과 관련이 있다. 예를 들어, 그리스도께서 천사들과 함께 하늘에서 강림하시는 것에 관한 데살로니가전서 4:16 주석의 논의를 참고하라.

7절은 예수님이 "불꽃 가운데에" 오실 것이라고 덧붙인다. 구약 예언서는 특히 앗수르와 바벨론이 포위 공격을 할 때 불을 사용한 것에 비추어, 종종 불 이미지를 언급한다(예를 들어, 렘 21:10; 겔 15:1-8; 욜 2:3; 암 2:1-5). 여러 구약 예언자들이 하나님의 도래를 불같은 심판으로 그린다(예를 들어, 사 66:15-16; 나 1:5-8; 습 3:8; 말 4:1). 우리는 특히 다니엘의 인자 환상에서 그분이 형벌의 불을 내리실 때 그분 주변에 불이 강처럼 흐르는 모습이 나타남을 주목해야 한다(단 7:9-12). 불 이미지는 하나님의 심판을 다루는 신약 본문에서도 흔하게 등장한다(예를 들어, 마 13:40-42; 18:6-9; 25:41; 눅 16:22-28; 벧후 3:7-13; 계 20:10-15; 21:8).

데살로니가후서 1:8은 하나님의 "형벌"을 언급한다. 에크디케시스(ekdikēsis)라는 헬라어 단어는 정의 혹은 형벌을 의미한다. 즉, 하나님께서 택하신 이들을 구속하시는 정의(눅 18:7-8) 혹은 그분을 반대하는 이들에게 내리시는 공정한 형벌을 가리킨다(눅 21:22; 롬 12:19). 8절에서 하나님의 벌을 받을 이들은 "하나님을 모르는 자들"과 "우리 주 예수의 복음에 복종하지 않는 자들"이다. 이는 두 범주의 사람을 나타내는 것일 수 있다. 즉 어떤 사람들은 하나님을 모르고, 또 다른 사람들은 복음을 듣고도 예수님을 따르기를 거부한다. 그러나 이 두 범주는 서로를 강조하려는 의도일 가능성이 더 높다. 예수님의 복음을 인정하지 않는 자들은 하나님도 알지 못한다.

'하나님을 안다'는 것은 성경의 방대한 주제로, 구약 곳곳으로 확대되며(예를 들어, 출 6:7; 신 4:35-40; 시 46:10; 잠 2:5) 신약까지 이어진다(요 17:3; 고후 2:14; 4:6; 갈 4:8-9; 엡 1:16-23). 그 앎은 단지 지적인 이해만이 아니라, 하나님의 계시에 비추어 존재 전체로 하나님을 아는 데 직접 참여하는 것이다.

바울은 다른 곳에서 하나님을 아는 지식의 부족함에 대해 쓴다(고전 1:21; 갈 4:8; 살전 4:5; 딤 1:16).

바울은 "복음에 복종하지 않는 자들"에 대해 말한다. 복음은 십자가에 못 박히시고 부활하신 메시아를 믿음으로 구원을 얻는다는, 바울이 전한 좋은 소식이다. "복음에 복종하[다]"는 말이 걸리는 이들도 있을지 모르겠다. 우리는 복음을 '믿는다'고 말하는 경우가 더 흔하기 때문이다. 그러나 바울은 다른 곳에서 이와 유사하게 복음에 "순종"하는 것(롬 10:16, 참고. 벧전 3:1; 4:17) 혹은 하나님의 진리에 "순종"하는 것(롬 2:8; 갈 5:7)에 대해 말한다. 그리스도에 관한 좋은 소식은 그 메시지에 순종할 것을 요구한다. 그 메시지의 진리를 믿는다면 순종이 올바른 반응이기 때문이다(바울이 롬 10:16에서 이 주제들 전체를 어떻게 연결시키는지에 주목하라). 구세주이자 주님이신 주 예수님에 대한 좋은 소식을 따르려 하지 않는 이들에게는 영원한 형벌이 기다린다.

1:9 헬라어에서 이 절은 관계대명사[호이티네스(*hoitines*)]로 시작한다. 따라서 9절의 주어는 8절에서 기소된 이들과 연결되고, 3절에서 시작된 헬라어 문장은 9-10절까지도 계속 이어진다. 하나님을 모르거나 그분의 복음에 복종하지 않는 이 사람들은 영원한 "멸망"[올레트로스(*olethros*), 참고. 롬 9:22; 빌 1:28; 3:19; 살전 5:3]을 당한다. 여기서 바울은, 예수님이 자신을 믿고 따르는 이들에게 영생을 주시는 것처럼, 그분과 그분의 복음을 거절한 이들에게 영원한 멸망의 형벌을 내리실 것이라고(마 18:8-9; 25:41-46; 요 5:21-29; 갈 6:7-8) 친히 가르치신 바를 따른다.

이 멸망은 "주님 앞…에서 떨어져 나가[는]"(새번역) 것이다(헬라어 본문과 개역개정은 "주의 얼굴…을 떠나"). 지옥에 대한 기본적인 물리적 은유에는 고난과 불이 사용되지만(예를 들어, 마 5:22, 참고. 살후 1:7-8 주석), 지옥의 본질적인 영적 실체는 믿지 않는 이들이 하나님의 임재 밖에 있는 것이다. 멸망은 또한 "그의 힘의 영광"을 떠나는 것으로 언급된다. 이곳의 주는 예수님이시고(참고. 1:10), 바울은 다른 곳에서 영광과 권세와 능력을 그분과 연결시킨다(예를 들어, 고전 2:8; 5:4; 엡 1:17-23; 살후 1:12; 딛 2:13).

1:10 예수님은 "그날에" 돌아오실 것이다. 이는 "주의 날"이라는 구약과 신약의 이미지에서 가져온 것이다(참고. 살전 5:2 주석; 살후 2:2 주석). 바울은 그리스도의 재림이 가지는 두 가지 목적을 주장한다. 곧, "그의 성도들에게서 영광을 받으시고" "모든 믿는 자들에게서 놀랍게 여김을 얻으시[기]" 위한 것이다. 이 믿는 성도는 그들의 구세주이자 주님께 영광과 찬양을 드릴 것이다. 바울은 이 믿는 자들 가운데 데살로니가 교인들이 속해 있다고 여김을 강조하며("우리의 증거가 너희에게 믿어졌음으라"), 예수님이 그분의 영원한 나라로 이끄실 군중 가운데 그들이 속할 것이라는 확신을 다시금 전달한다(1:5, 7).

1:11 바울과 그의 동료들은 감사와 종말에 관한 확신에서 기도로 옮겨간다. 헬라어 본문에서 이 기도는 관계절로 시작되어[ESV의 "to this end"(이 마지막까지)가 헬라어로는 더 문자적으로 'unto which'(그때까지), 개역개정은 "이러므로"], 1:3-12의 긴 문장과의 연결이 지속된다. 바울은 "우리도 항상 너희를 위하여 기도[한다]"고 단언하고, 뒤에서 데살로니가 교인들에게도 지속적으로 기도하라고 권면한다(3:1, 참고. 살전 1:2 주석; 3:9-10 주석; 5:16-18 주석). 기도의 내용은 두 개의 동사("너희를…합당한 자로 여기시고"와 "이루게 하시고")와 하나님의 은혜로 말미암아 그리스도와 그분의 백성이 영광을 받는다는 의도한 결과("…하려 함이라", 살후 1:12)로 되어 있다.

"너희를 그 부르심에 합당한 자로" 여기시길 구하는 기도는 독자에게 5절을 상기시킨다. 그곳에서 데살로니가 교인들이 박해를 견딘 것은 그들이 "하나님의 나라에 합당한" 자라는 증거였다. 다른 곳에서 바울은 "너희를 부르사 자기 나라와 영광에 이르게 하시는 하나님께 합당하게" 행하라고 그리스도인들에게 권면한다(살전 2:12, 참고. 엡 4:1; 빌 1:27; 골 1:10). 하나님께서 택하시고 부르심은 이 신자들을 하나님의 나라와 영광에 이르게 하며, 하나님의 길을 따르는 것으로 반응하라고 그리스도인들에게 요청한다.

바울은 더 나아가 이 신자들이 두 가지 신실한 반응을 보이게 해 달라고 구한다. 그것은 "모든 선을 기뻐함"과 "믿음의 역사를 능력으로 이루[는]" 것이다. 바울은 이 데살로니가 신자들의 믿음에서 선한 일이 쏟아져 나오기를 하나님께 간구한다. 바울은 다른 곳에서 선한 일의 중요성을 단언하는데, 이 선한 일은 공적을 통해 구원에 이르는 권리를 얻으려고 행하는 것이 아니라 오히려 하나님께서 이미 신자들에게 주신 구원에서 흘러나오는 것이다(예를 들어, 엡 2:8-10; 골 1:10; 딤후 3:16-17; 딛 2:11-14; 3:4-8, 참고. 또한 살전 1:3 주석). 바울은 이 선한 일이, 하나님께 영광을 돌리는 삶을 살도록 신자들 가운데서 역사하시는 하나님의 능력에서 흘러나오는 모습을 마음 속에 그린다(참고. 엡 3:14-19; 골 1:9-12).

1:12 바울은 이제 11절에 나오는 그의 기도가 의도한 결과를 언급한다. 그것은 곧, 그리스도와 그분의 백성이 영광을 받는 것이다. "우리 주 예수의 이름"은 구약과 신약에 나오는 "하나님의 이름"(예를 들어, 출 3:15; 시 8:1; 마 28:19)처럼, 예수님의 인격 전체를 가리킨다(예를 들어, 롬 10:13; 고전 1:2, 10; 엡 1:20-21; 빌 2:9-10; 골 3:17; 살후 3:6). 그 이름이 영광을 받으면 그 인격도 영광을 받는다. 12절에서 주 예수의 이름은 "너희 가운데서" 영광을 받는다. 따라서 예수님은 그분을 따르는 이들이 그분의 이름으로 행하는 것으로부터 영광을 받으실 것이다. 그런데 신자 역시 영광을 받는다("너희도 그 안에서"). 바울은 교회가 최종 심판 이후 영원히 예수님 앞에 영광 가운데 나타날 것을 기대한다(참고. 롬 8:30).

이 기도 전체는 "우리 하나님과 주 예수 그리스도의 은혜"에 호소한다. 이러한 형식으로 하나님 아버지와 그리스도 예수가 결합된 것에 대해서는 앞에서 논의했다(참고. 살전 5:28 주석; 살후 1:2 주석). 이곳에서 바울은 하나님의 은혜의 장엄함을 인정한다. 우리 중 누구도 우리의 공로로는 하나님의 은총을 받을 수 없다. 구원, 그 구원의 결과로 이 세상에서 그리스도인으로 사는 삶, 다가올 영광 모두 그분의 모든 백성의 삶 속에서 역사하는 하나님의 너그러우시고 과분한 선물에서 흘러나온다.

응답

바울과 그의 동료들은 다시 선교와 목회의 본을 보인다. 그들의 팀 사역을 통해 데살로니가에 복음이 전해졌고, 그 팀 전체가 이전의 편지는 물론 직접 방문함으로써 교회의 목양에 기여했다(예를 들어, 살전 3:1-10). 이 서두에서 그 신자들에 대해 하나님께 드리는 공개적인 감사 표현은 그 교회에 큰 격려가 되었음에 틀림없다. 사역을 하는(자원봉사든 전임사역이든) 우리 모두는 바울의 팀 사역 모델과, 우리 사역의 영향을 받은 모든 이들에 대해 공개적으로 하나님께 감사드리는 본을 따르는 것이 온당하다.

데살로니가 교인들의 견딤과 인내 역시, 1세기에 그랬던 것처럼 오늘날 우리에게도 훌륭한 본이 된다. 특히 박해 가운데서 신실한 태도를 견지한 이들은, 하나님께서 그들 가운데서 일하신다는 증거를 온 세상에 제시한다.

바울은 보통 예수님의 재림은 언급하며 아주 실제적인 이유들을 제시한다(예를 들어, 살전 4:13-18). 데살로니가후서의 문맥에서 바울은, 예수님이 박해자들을 심판하시는 그 순간에 그분의 나타나심이 그들을 고통에서 구해주실 것임을 상기시킴으로써 이 박해받는 교회를 위로한다. 우리는 우리의 종말론에 대한 묵상이 추상적인 것으로 그치지 않도록, 그리고 우리의 개인적인 응답이 바울이 의도한 적용과 일치하도록 바울이 가진 목회의 목적을 명심해야 한다.

이 종말 가르침에 대해 바울이 독자들에게 바라는(그때에나 지금이나) 주요한 개인적인 반응은, 어떤 핍박에도 개의치 않고 신자들이 하나님의 은혜로 끝까지 견디며 신실하게 예수님을 따르는 것이다. 그러한 반응은 신자들에게 거룩한 일을 하라고 요청한다. 그것은 믿음 안에서 하나님의 능력으로 행하는 것이며, 오로지 주 예수님께만 영광이 되는 일이다.

데살로니가후서 2:1-17 개관

이 중심 단락의 끝은 감사와 축도로 구분되고(2:13-17, 참고. 살전 3:11-13), 그
다음 큰 단락은 3:1에서 "끝으로"라는 단어와 함께 시작된다. 2:1-12에서
저자들은 먼저 데살로니가 교회에서 제기한 '주의 날이 그들에게 임했는
가?'라는 질문으로 향한다. 2:1-12의 주제와 2:13-17의 주제가 연관됨은
2:2의 "흔들리거나 두려워하[지]" 말라는 호소와 2:15의 "굳건하게 서서"
라는 명령에서 볼 수 있다. 결국 대부분의 서신처럼 이 중심 단락은, 박해받
는 교회를 향해 끝까지 견디고 거짓 가르침에 맞서 굳게 서라고 권면한다.

2Thessalonians
데살로니가후서
2:1-12

¹ 형제들아 우리가 너희에게 구하는 것은 우리 주 예수 그리스도의 강림하심과 우리가 그 앞에 모임에 관하여 ² 영으로나 또는 말로나 또는 우리에게서 받았다 하는 편지로나 주의 날이 이르렀다고 해서 쉽게 마음이 흔들리거나 두려워하거나 하지 말아야 한다는 것이라 ³ 누가 어떻게 하여도 너희가 미혹되지 말라 먼저 배교하는 일이 있고 저 불법의 사람 곧 멸망의 아들이 나타나기 전에는 그날이 이르지 아니하리니 ⁴ 그는 대적하는 자라 신이라고 불리는 모든 것과 숭배함을 받는 것에 대항하여 그 위에 자기를 높이고 하나님의 성전에 앉아 자기를 하나님이라고 내세우느니라 ⁵ 내가 너희와 함께 있을 때에 이 일을 너희에게 말한 것을 기억하지 못하느냐 ⁶ 너희는 지금 그로 하여금 그의 때에 나타나게 하려 하여 막는 것이 있는 것을 아나니 ⁷ 불법의 비밀이 이미 활동하였으나 지금은 그것을 막는 자가 있어 그 중에서 옮겨질 때까지 하리라 ⁸ 그때에 불법한 자가 나타나리니 주 예수께서 그 입의 기운으로 그를 죽이시고 강림하여 나타나심으로 폐하시리라 ⁹ 악한 자의 나타남은 사탄의 활동을 따라 모든 능력과 표적과 거짓 기적과 ¹⁰ 불의의 모든 속임으로 멸망하는 자들에게 있으리니 이는 그

들이 1)진리의 사랑을 받지 아니하여 구원함을 받지 못함이라 11 이러므로 하나님이 미혹의 역사를 그들에게 보내사 거짓 것을 믿게 하심은 12 1)진리를 믿지 않고 불의를 좋아하는 모든 자들로 하여금 심판을 받게 하려 하심이라

1 Now concerning the coming of our Lord Jesus Christ and our being gathered together to him, we ask you, brothers,*1* 2 not to be quickly shaken in mind or alarmed, either by a spirit or a spoken word, or a letter seeming to be from us, to the effect that the day of the Lord has come. 3 Let no one deceive you in any way. For that day will not come, unless the rebellion comes first, and the man of lawlessness*2* is revealed, the son of destruction,*3* 4 who opposes and exalts himself against every so-called god or object of worship, so that he takes his seat in the temple of God, proclaiming himself to be God. 5 Do you not remember that when I was still with you I told you these things? 6 And you know what is restraining him now so that he may be revealed in his time. 7 For the mystery of lawlessness is already at work. Only he who now restrains it will do so until he is out of the way. 8 And then the lawless one will be revealed, whom the Lord Jesus will kill with the breath of his mouth and bring to nothing by the appearance of his coming. 9 The coming of the lawless one is by the activity of Satan with all power and false signs and wonders, 10 and with all wicked deception for those who are perishing, because they refused to love the truth and so be saved. 11 Therefore God sends them a strong delusion, so that they may believe what is false, 12 in order that all may be condemned who did not believe the truth but had pleasure in unrighteousness.

1) 헬, 참

1 Or *brothers and sisters*; also verses 13, 15 *2* Some manuscripts *sin* *3* Greek *the son of perdition*(a Hebrew idiom)

≋≋≋≋ 단락 개관 ≋≋≋≋

데살로니가에는 분명 주의 날이 임박했다고 염려하는 이들이 있었다. 바울과 그의 동료들은 그러한 우려를 진정시키려 한다.

오늘날의 독자는 이 본문을 해석하는 데 불리한 입장에 서 있다. 바울은 데살로니가 교인들과 함께 있을 때 그가 종말에 관해 가르쳤던 것을 그들이 기억한다고 전제하기 때문이다. 이는 본문에 몇몇 논리적 틈을 남기는데, 이는 데살로니가 교인들이 이전의 지식에 근거하여 채울 수 있는 것이다. 예를 들어, 바울은 이전에 데살로니가 교인들에게 "불법의 사람"과 "지금은 그것을 막는 자"에 대해 가르쳤다고 상기시키지만, 우리는 이러한 이전의 가르침을 알지 못하며, 이는 오늘날의 다양한 이해로 이어진다(참고. 살후 2:5-6 주석). 그래서 이 절들은 수세기 동안 여러 가지로 해석되었다.

그러할지라도 더 광범위한 윤곽은 분명하다. 첫째로, 바울은 주의 날이 임함에 관해 숙고하게 만드는 것이 무엇이든 그것 때문에 괴로워하지 말라고 데살로니가 교인들을 격려한다. 둘째로, 그는 주님의 재림 이전에 어떤 사건들, 특히 배교의 시기와 불법의 사람이 나타나는 일이 있을 것임을 상기시킨다. 셋째로, 바울은 불법의 사람이 마땅한 때가 될 때까지 저지됨을 상기시킨다. 불법한 자가 나타나면, 그가 거짓 기적을 행하고 진리를 떠난 자들을 속이는 일이 있을 것이다. 암시된 주장은 이 사건들이 아직 일어나지 않았으므로 주의 날이 아직 오지 않았다는 것이다.

Ⅲ. 중심 단락: 굳건하게 서라(2:1-17)

  A. 종말에 대한 우려 가운데서 침착하라는 호소(2:1-12)

    1. 침착하라는 호소(2:1-2)

    2. 끝이 오기 전에 배교가 있음(2:3-4)

    3. 불법한 자가 나타남(2:5-12)

      a. 회중에게 상기시킴(2:5)

      b. 불법한 자를 막는 자(2:6-7)

      c. 불법한 자가 나타남(2:8-10)

      d. 믿지 않는 자들이 미혹됨(2:11-12)

≋≋≋ 주석 ≋≋≋

2:1 바울과 그의 동료들은, 데살로니가에 있는 "형제들"에게 주의 날이 이미 임했다고 우려하여 마음이 흔들리거나 두려워하지 말라고 요청함으로써(2:1-2) 그들의 호소를 시작한다. 이곳에 언급된 "형제들"은, 교회에 속한 모든 사람(남성과 여성 모두)을 그리스도 안에 있는 같은 가족 구성원으로 나타내는 바울의 관례적인 방식이다(참고. 살후 1:3 주석; 살전 4:9-10 주석).

당면한 주제는 1절에 나오는 밀접하게 연관된 두 사건, 곧 "우리 주 예수 그리스도의 강림하심"과 "우리가 그 앞에 모임"에 집중되어 있다. 이 두 사건은 헬라어 본문에서 하나의 관사로 합쳐져 있다. 그리스도의 재림은 바울이 이 교회와 소통할 때 계속 되풀이되는 주제다(살전 1:10; 2:16; 3:13; 4:13-5:11; 5:23-24; 살후 1:5-2:15). 이곳에서 예수님의 "강림하심"[파루시아(*parousia*)]에 사용된 단어는 바울의 글에서 몇몇 유사한 지점에 나온다(살전

2:19; 3:13; 5:23; 살후 2:8-9; 고전 15:23, 참고. 살전 4:15 주석). 마찬가지로 신약의 다른 곳에서 파루시아는 여러 차례 예수님의 재림을 가리킨다(참고. 마 24:3, 27, 37, 39; 약 5:7-8; 벧후 1:16; 3:4, 12; 요일 2:28).

신자들이 주님께로 "모임"에 관해서는 앞의 데살로니가전서 4:13-18에서 논의되었다(참고. 마 24:31). 그곳에서 바울은 그리스도 안에서 죽은 자들이 먼저 일어나고, 여전히 살아있는 그 신자들이 공중에서 주님을 영접하기 위해 먼저 일어난 죽은 자들과 합류하는 순서에 대해 더 자세히 설명한다. 이곳에서는 그가 다른 문제들에 집중하고 있기 때문에, 그 사건들을 지나가는 말로만 언급한다. 이는 우리가 데살로니가전서에서든 후서에서든 예수님의 재림의 완벽한 진행표를 얻지는 못함을 상기시킨다. 오히려 바울은 교회가 이미 받은 종말에 관한 가르침에 비추어, 현재 분투하고 있는 교회를 격려하는 데 초점을 둔다. 1절에서 바울은 "우리"라는 말에 그 독자들을 포함시킴으로써, 그들이 이 다가올 사건들에 참여함을 확실히 한다.

2:2 바울과 그의 동료들은 데살로니가 신자들이 "흔들리거나" "두려워하[지]" 않기를 바란다. '두려워하다'[트로에오(throeō)]라는 동사는 신약 다른 곳에서 두 번 나오는데, 두 경우 모두 예수님이 자신을 따르는 이들에게 그분의 재림 이전에 나타날 거짓 메시아, 전쟁, 전쟁의 소문으로 인해 두려워하지 말라고 하시는 문맥이다(마 24:6; 막 13:7).

바울은 데살로니가 교인들이 주의 날에 대한 소문으로 인해 염려하지 않을까 걱정했다. "주의 날"은 구약에서는 하나님께서 심판하러 오시는 것을 가리키고, 신약에서는 그리스도께서 아버지를 대신하여 메시아로서 심판을 수행하기 위해 영광스럽게 재림하시는 것에 명확하게 적용된다(참고. 살전 5:2 주석; 살후 1:10 주석).

이는 몇몇 주요한 해석학적 논쟁 중 첫 번째 논쟁을 초래했다. 일부 데살로니가 교인들은 어떤 의미에서 주의 날이 "이르렀다고" 믿은 것인가? 바울이 다루고 있는 논란을 직접 알았던 원 독자들에게는 바울의 말이 명확했을 것이다. 그러나 우리는 그러한 역사적 맥락을 알지 못하므로, 두세

마디에서 많은 것을 추론해야 한다. 그래서 오늘날 이 주제에 대해 많은 의견이 있다.

문법적 질문은 완료 시제 동사인 "이르렀다"["has come", 에니스테미 (enistēmi)]에 암시된 시간과 관련이 있다. 여러 주석가들은 바울 시대에 누구도 예수님이 이미 육체적으로 임하셔서 세상을 다스리신다고 이해하지 않았으리라고 추정하면서, "이르렀다"는 표현은 틀림없이 미래를 가리키는 완료 시제로 예수님의 재림이 곧 일어남('임박함')을 암시한다고 주장했다. 이런 설명이 가능하긴 하지만 에니스테미의 완료 시제는 보통 현재를 의미하며, 이는 특히 바울의 글에서 이 동사가 현재 완료 시제로 사용된 다른 모든 경우에 해당한다(롬 8:38; 고전 3:22; 7:26; 갈 1:4, 참고. 히 9:9). 오늘날의 번역자들은 이 다른 용례들에 비추어, 보통 에니스테미라는 동사를 '현존하다'('이르렀다'보다)로 번역한다.

따라서 일부 데살로니가 교인들은 주의 날이 어느 정도는 이미 현존했다고 염려한 것으로 보인다. 그러나 어떤 식으로 현존했는가? 이에 답을 하려면 바울이 어떻게 답변하는지를 검토해야 한다. 예를 들어, 바울은 '주께서 아직 그분의 땅의 보좌에 계시지 않는다'라거나 '심판이 아직 일어나지 않았다'라고 주장하며 반박하지 않는다. 따라서 데살로니가 교인들이 예수님이 육체적으로 돌아오셔서 이미 마지막 심판을 하셨다고 믿었던 것 같지는 않다. 일부 학자들은, 그들 가운데 나타난 성령의 역사에 감동받은 데살로니가 교인들이 마치 주의 날이 그들의 교회에 내적인 영적 실체로 현존하는 것처럼 행동하면서 열광적인 신앙을 가지고 종교 예식에 참여했다고 주장한다. 그러나 바울은 그러한 가상의 상황을 바로잡으려는 식으로 대응하지 않는다. 또 어떤 학자들은 초기 영지주의가 본문 배후에 있다고 주장한다. 교회 지체들이 이미 이 세상에서 영적으로 온전한 상태로 일으키심을 받았다고 확신했다는 것이다. 그러나 이 의견 역시 이어지는 절들에 나오는 바울의 논증과 부합하지 않는 것 같다. 그 말이 맞는다면, 바울은 그저 '너희는 아직 영적 온전함을 경험하지 못했다'고 말했을 것이다.

아마도 데살로니가 교회는 임박한 주의 날의 절정으로 이어질 일련의 사건들이 시작되었지만 핵심 사건들(특히 그리스도의 육체적 재림)은 아직 일어나지 않았다고 믿은 것 같다. 따라서 "이르렀다"(에니스테미)에 대한 두 가지 주된 의견이 가장 합리적으로 보인다. (1) 데살로니가 교인들은 어떤 출처로부터 주의 날이 이미 부분적으로 임했다는 말을 듣고서, 그들의 소망이 허사가 되는 것이 아닌가 염려했다. 그들의 상황에 눈에 띄는 변화가 없었기 때문이다. (2) 그들은 주의 날에 선행하는 일련의 사건들이 시작되었으므로, 곧 더 큰 환난이 닥치고 이어서 하나님의 임박한 진노가 임할까 봐 걱정했다. 그 결과 그들은 환난의 시기에 올 더 심한 박해를 두려워했거나, 하나님의 진노가 그들에게 어떻게 영향을 미칠까 불안해했다. 우리가 확실하게 말할 수 있는 것은, 바울이 이어지는 절들에서 그들의 잘못된 믿음을 바로잡으려 한다는 것이다.

바울은 이 거짓된 믿음이 "영으로나 또는 말로나 또는 우리에게서 받았다 하는 편지로" 생겼을 수 있다고 가정한다. 헬라어 단어 메데/메테(*mēde/mēte*, '…도 아니다')가 세 번 되풀이된 것을 고려할 때, 헬라어로는 세 가지 별개의 항목이 언급되는 것이 분명하다. 그것은 곧, "영"(아마도 예언을 가리키는, 참고. 요일 4:1), "말"(즉, 가르침), "우리에게서 받았다 하는 편지"다. 바울은 이전 편지에서 데살로니가에서 돌아다니는 어떤 예언들이 거짓일 수 있음을 시사하며, 데살로니가 교인들에게 예언들을 "헤아[리라]"고 가르쳤다(참고. 살전 5:20-21). 바울은 또한 사역하는 내내 다른 회중 가운데서도 거짓 선생들이 일어난 것을 알았다(예를 들어, 고후 11:1-15; 빌 3:2; 골 2:16-23; 딤전 1:3-7; 4:1-5). 마지막으로, 바울은 실제로 위조 편지들이 그의 이름으로 유포되었을 수 있음을 염려한 듯 보인다(참고. 살후 3:17 주석).

학자들의 논쟁은 데살로니가 교인들이 실제로 어떤 하나의(혹은 그 이상의) 그러한 예언이나 가르침이나 편지를 받았는지 여부와 관련된다. 어떤 이들은 바울이 썼다고 거짓말을 하는 편지가 배달되었다고 주장한다. 그래서 바울이 이 편지의 마무리 부분에 진짜임을 증명하는 표시를 남겼다는 것이다(살후 3:17). 또 어떤 이들은 데살로니가 교인들이 바울의 이전 편지를 잘못 해석하여(특히 살전 5:1-3), 그 편지를 예수님의 재림이 실제로 일어난 듯이 임박했음을 가리키는 것으로 믿었다고 주장한다. 그러나 데살로 니가후서에는 그러한 주장에 대한 실제적인 증거가 빈약하다. 더 나아가 바울은 데살로니가 교인들을 주의 날이 임박했다는 잘못된 믿음에 이르게 한 세 가지 가능한 수단을 말하므로, 사실 어떻게 이러한 거짓 믿음이 생겼 는지는 구체적으로 알지 못한 것 같다. 바울은 단지 새로운 종말론 교리가 데살로니가 교인들을 향한 그의 이전 가르침과 모순되어서는 안 됨을 강조 하는 것 같다. 그 새로운 교리가 예언이나 노련한 수사학자나 바울의 저작 이라고 거짓된 주장을 하는 편지에서 비롯된 것일지라도 말이다.

우리는 자신 있게 아는 것과 추정할 수 있을 뿐인 것을 잘 검토해야 한 다. 우리는 데살로니가에 주의 날의 시기에 관한 잘못된 견해와 관련된 문 제가 있었음을 안다. 또한 아무리 그러한 견해가 전개되었더라도 바울이 그것을 거짓이라고 주장함도 안다. 학자들은 그 옳지 않은 가르침의 구체 적인 성격을 두고 논쟁을 벌이고, 이러한 학자들의 여러 의견은 분명 살펴 볼 가치가 있으며, 어떤 견해들은 다른 견해들보다 더 타당해 보인다. 하지 만 그러한 함축적인 결론에 지나치게 의지하는 것은 현명하지 못할 것이 다. 그 문제에 관한 더 광범위한 윤곽만으로도 우리가 계속 나아가기에는 충분해 보인다.

2:3-4 바울은 데살로니가 교인들이 주의 날에 관한 잘못된 믿음을 갖게 된 정확한 정황을 아는 것 같지 않지만, 3절에서 불법적인 행위를 의심한 다. 바울은 그의 종말 메시지에 반대되는 가르침을, 미혹하려는 시도라 부 른다(참고. 2:10; 엡 5:6; 골 2:8). 그런 다음 그는 주의 날이 아직 시작되지 않 았다고 판단한다. 세상이 아직 "배교"와 "불법의 사람"을 경험하지 못했기 때문이다. 이 두 가지가 주의 날에 앞서야 한다.

"배교"[아포스타시아(*apostasia*)]에 해당하는 헬라어는 70인역 구약과 신약 에서 하나님과 그분의 법에 반역하는 것을 말할 때 나온다(수 22:22; 대하 29:19; 렘 2:19; 행 21:21). 제자들이 예수님께 재림의 징조와 시기에 관해 질 문했을 때, 예수님은 교회에 임하는 큰 환난처럼 거짓 메시아와 예언자들이 먼저 등장할 것이라고 대답하셨다(마 24:4-13, 23-28; 막 13:5-13, 21-23; 눅 21:8-19). 바울은 다른 곳에서 "미혹하는 영과 귀신의 가르침", 또 "고통 하는 때"가 마지막 때를 암시할 것이라고 가르친다(딤전 4:1; 딤후 3:1, 참고. 벧후 3:3-7; 유 1:17-19). 데살로니가전서에서처럼 그러한 문제에 대한 바울의 가르침은 종말에 관한 예수님의 가르침에서 영향을 받은 것 같다(참고. 살전 4:15-16 주석; 5:1 주석).

이와 유사하게 예수님은 재림에 앞선 징후 가운데 하나로 성전의 "거룩한 곳"에 "멸망의 가증한 것"이 서리라고 가르치셨다(마 24:15; 막 13:14). 예수님은 다니엘의 가르침을 인용하시는데, 다니엘은 이 가증한 것이 예루살렘 성전을 더럽히리라고 예언했다(단 9:27; 11:31; 12:11). 바울은 "불법의 사람"에 관해 이야기할 때 이 전통에 의지한다. 그 불법의 사람은 데살로니가후서 2:3에서는 "멸망의 아들"이고 2:8-9에서는 "불법한 자"다. 이사야 57:3-4의 70인역 헬라어 번역도 유사하게, '멸망의 자식'(참고. 요 17:12)이자 '불법의 후손'[참고. 시 89:22(70인역은 88:23)]인 '불법의 아들들'에 관해 말한다. "불법의 사람"은 일반적인 셈어 관용구를 따라, 그 삶이 하나님의 통치와 다스림을 거스르는 모습을 보이는 사람을 가리킬 것이다.

또 하나의 묘사가 이 불법한 자에게 적용된다. 그는 "나타[나게]"[아포칼립토(apokalyptō), 또한 살후 2:6, 8] 될 것인데, 이는 바울이 보통 숨겨진 무언가를 알리시는 하나님의 행동에 사용하는 단어다(예를 들어, 롬 1:17-18; 8:18; 엡 3:5). 3절의 '발각되다'("is revealed")라는 수동태는, 밝히는 일을 하는 존재가 하나님이신지 혹은 악한 행위자(사탄 같은, 참고. 살후 2:9-10)인지 분별하기 어렵게 만든다.

불법의 사람은 "신이라고 불리는 모든 것과 숭배함을 받는 것"에 대항하며 자기를 그 위에 높인다. 바울은 다른 곳에서 "대적"(딤전 5:14)인 사탄의 호칭으로 "대항하[다]"에 해당하는 헬라어 단어를 사용한다. "자기를 높이고"[휘페라이로(hyperairō)]에 해당하는 헬라어는 바울이 이 단어를 사용한 유일한 다른 글에서 이곳에서와 마찬가지로 자만심이라는 함의를 가진다(고후 12:7). 바울은 조심스럽게 "신이라고 '불리는' 모든 것"이라 말하면서, 이

교도가 숭배하는 거짓 신들을 암시한다. "숭배함을 받는 것"이라는 단어[세바스마(sebasma)]는 이교 우상을 가리킨다(참고. 행 17:23). 이 불법의 사람은 당시 다른 신앙의 대상이나 인물보다 자신을 숭배의 중심으로 높이려 한다.

또한 거기서 더 나아가 불법의 사람은, 전능하신 하나님께 드리는 예배보다 자신을 높인다. 불법한 자가 예배를 받으려는 시도는 결국 그가 "하나님의 성전에 앉[는]" 것으로 귀결된다. 주석가들은 이곳에서 바울이 어떤 성전을 염두에 둔 것인지를 놓고 논쟁을 벌인다. 예루살렘 성전이 가장 가능성이 있지만, 어떤 이들은 데살로니가 교인들이 그 도시에 있는 중요한 신전을 상상했다고 주장하며, 또 다른 이들은 그 성전이 "하나님의 성전"인 교회(예를 들어, 고전 3:16-17; 6:19; 고후 6:16; 엡 2:21)를 가리킨다고 주장한다. 그러나 바울이 이 문맥에서 구약의 이미지와 종말에 관한 예수님의 가르침에 의지하는 것을 고려할 때, "하나님의 성전"은 예루살렘 성전을 암시하는 것 같다. 이는 성전에서 불법한 자가 행하는 행동, 곧 "자기를 하나님이라고 내세우[는]" 것과 잘 연결된다. 불법의 사람은 전능하신 하나님 대신 자신을 숭배 받아야 할 중요한 신으로 높인다. 그러나 미래의 물리적인 성전이 어떤 역할을 할 것인가, 아니면 이는 예언적으로 어떤 다른 다가올 실재를 상징하는가 하는 질문은 여전히 미해결 상태다(참고. 아래의 내용).

바울은 여기서 하나님과 그분의 백성을 반대한 통치자와 관련된 구약 다니엘의 이미지에 의지한다(참고. 단 7:24-27; 8:23-26; 11:20-45, 특히 11:28-39). 다니엘의 배경은 4절에 나오는 불법의 사람과 비교할 때 특히 두드러진다. 다니엘에는 "스스로 높여 모든 신보다 크다 하며 비상한 말로 신들의 신을 대적하며", "모든 것보다 스스로 크다 하고…어떤 신도 돌아보지 아니하[는]" 왕이 등장한다(단 11:36-37). 다니엘에서 바로 이 왕이 예루살렘에 "멸망하게 하는 가증한 것"을 세운다(단 11:31). 다른 예언자들 역시 스스로 신이라 칭하는 통치자들에 대해 이야기한다(예를 들어, 사 14:12-15; 겔 28:1-10).

이 두 절에서 중요한 해석학적 논의는 이 불법의 사람의 정체와 관련되어 있다. 이 복잡한 질문에 답하기 위해 우리는 어느 정도 자신 있게 알 수 있는 것과 짐작할 수 있을 뿐인 것을 구분해야 한다.

두 가지 주요한 역사적 사건은 알려져 있다. 첫 번째로, 다니엘 예언의 표현은 셀레우키아(Seleucia)의 안티오쿠스 4세(Antiochus Ⅳ)를 가리킨다. 자신을 에피파네스('신의 현현')라 칭한 안티오쿠스 4세는 예루살렘을 침략하여 성전을 약탈하고, 성경을 불태우라고 명하고, 할례 예식을 금하고, 수많은 신실한 유대인을 처형하고, 마침내는 예루살렘 성전에 이교 희생 제사를 도입했다(주전 167년). 놀랍게도 그 시기의 주요한 유대 문헌 자료는, 안티오쿠스가 성전에 세운 이교 제단을 가증스러운 파멸의 우상이라 칭함으로써(마카베오상 1:54: 6:7) 다니엘서의 표현을 떠올리게 한다. 그로 인해 일어난 마카베오 혁명의 결과로, 결국 유대 제사장과 왕이 다시 예루살렘을 차지했다. 하지만 거의 200년 후 예수님은 "멸망의 가증한 것"이라는 표현을 미래에 적용하시면서(마 24:15: 막 13:14), 다니엘의 이미지가 하나님의 종말론적 심판에 앞서 하나님의 통치를 반대하는 일이 있으리라는 사실을 확고히 함을 드러내신다. 바울 역시 이 다니엘의 이미지를 아직 일어나지 않은 사건들에 적용함으로써, 종말에 관한 예수님의 가르침에 의지한다.

두 번째로, 바울이 데살로니가후서를 쓰기 전에 이미 유대인들이 하나님께 드리는 예배에 대한 로마 제국의 반대가 있을 것을 예고하는 사건들이 있었다. 특히 가이우스 칼리굴라(Gaius Caligula)는 유대인들의 광범위한 반대에도 불구하고 군인들에게 예루살렘 성전에 자신의 신상을 세우라고 명령했다(주후 40-41년, Josephus, *Antiquities* 18.261-309). 그러나 하나님의 섭리로 칼리굴라는 그 신상이 아직 길에 있을 때 죽었고, 그 신상은 설치되지 못했다. 바울이 이 역사를 알았을 것은 거의 확실하며, 아마도 이 편지를 쓸 때 그것을 염두에 두었을 것이다. 그렇지만 바울의 주장은 그 불법의 사람이 아직 나타나지 않았을 때만 유효하다. 불법한 자가 아직 나타나지 않았음이 주의 날이 아직 이르지 않았음을 입증하기 때문이다.

이러한 배경에서 이제 수년간 이 불법의 사람과 관련하여 제안된 여러 독특한 해석들을 다음과 같이 간단히 정리할 수 있다. 많은 사람이 미래에 이런 식으로 자신을 높이려 할 아직 알려지지 않은 사람을 생각한다. 어떤 사람들은 이 불법한 자가 사탄이나 그의 악령 중 하나를 가리킨다고 주장했지만, 사탄은 뒤에서 별도의 존재로 언급된다(살후 2:9). 이 본문과 다니엘의 이미지로부터 가장 자연스러운 추론은, 불법의 사람이 인간 통치자를 가리킨다는 것이다. 일부 학자들은 이 불법의 사람이 민족 국가를(특정 개인이라기보다) 가리킨다고 주장하며, 로마 제국을 가장 가능성 있는 후보로 보았다. 그러나 그 이미지 자체는 나라 전체보다는 계속 개인을 가리킨다. 또 어떤 사람들은 구체적으로 그가 성전에 앉은 것이(2:4) 티투스(Titus, 주후 70년)의 손에 예루살렘 성전이 파괴된 것을 가리킨다고 보았다. 하지만 그 사건의 세부 사항들은 한 개인이 성전 경내에 앉아 자신을 하나님이라 칭한 것과 맞지 않는다. 이후 예루살렘 성전 산꼭대기에 세워진 어떤 종교적 신전에 대해서도 유사한 반대가 가능하다. 하드리아누스의 주피터 신전(주후 135년에 세워진)이든 현재의 바위 사원(691년경에 세워진)이든 마찬가지다. 이는 우리에게 또 다른 연관된 논쟁을 상기시킨다. 그것은 곧 예언서의 기대를 충족시키기 위해 특정한 물리적 성전이 필요한가 하는 것이다. 만약 그렇다면 불법한 자가 오기 전에 장차 예루살렘 성전이 다시 세워져야 할 것이라고 많은 사람이 주장한다. 그러나 불법한 자가 성전 안에 있는 시기에 대해 더 은유적인 이해를 제안하는 이들도 있다.

필자는 미래에 사람인 불법한 자가 나타나리라 예상한다. 거짓된 표징과 예언들 가운데서 그의 나타남이 예수님의 재림과 마지막 심판 이전에 일어날 것이다. 예루살렘에 물리적인 성전이 있을 것이냐 아니냐는 아직 예측할 수 없다. 그러나 그러한 문제들과 관련하여 이 주석의 가장 기본적인 목표는 그 모든 추측에서 겸손하기를 권하는 것이다. 하나님은 그분의 예언적 약속에 신실하시지만, 그 약속들이 실제로 성취되는 모습은 종종 우리를 놀라게 한다. 예수님이 구약 예언의 성취로 이 땅에 오신 것은, 지나고 나서는 이해할 만하고 경이로웠지만 가장 신실하게 성경을 연구한 유대인들조차 제대로 예상하지 못한 일이었다. 예수님 당시 유대교에서 구약 예언을 철저히 연구한 사람 중 단 한 명이라도, 메시아가 성육신

하신 하나님일 것이라고 예측했는가? 또 그분이 오셔서 십자가에 못 박히시고 부활하시고 승천하신 뒤 그분의 나라를 온전히 세우시기 위해 돌아오시기를 2천 년 이상이나 지연시키실 것이라고 어느 누가 예측했는가? 따라서 여전히 불법의 사람이 나타나리라고 추정하는 것이 최상으로 보이지만, 그 일의 구체적인 모습은(그가 성전에서 보내는 시기가 어떤 의미인지를 포함해서) 최고의 해석자들도 놀라게 할 것 같다. 우리는 지나고 나서야 그 예언의 말씀에 담긴 온전한 의도를 이해할 것이다.

2:5 이 절은 오늘날의 모든 해석자에게 겸손을 권해야 할 또 다른 이유를 제시한다. 바울은 "내가 너희와 함께 있을 때에 이 일을 너희에게 말한 것을 기억하지 못하느냐?"라고 말한다. 분명 원래의 청중은 현재의 우리보다 이미 종말에 관한 바울의 가르침을 더 많이 알았다. 바울과 그의 동료들은 원했던 것보다 더 빨리 데살로니가를 떠나야만 했지만(행 17:10), 데살로니가 교인들에게 예수님의 재림과 관련된 사건들에 관해 가르치기를 시작할 수 있었다. 바울은 데살로니가 교인들이 그 가르침을 기억한다고 전제한다. 그래서 바울은 종종 우리로서는 그가 훨씬 자세하게 썼으면 싶은 문제들에 대해 축약해서 말한다.

바울은 그의 가르침이 그들이 처음부터 알았던 메시지와 일치한다고 주장한다. 그래서 그는 그의 현재 주장에 대한 신뢰감을 불어넣으려 한다. 특히 그들은 불법의 사람이 나타날 것에 관해 이전에 들었다.

2:6 바울이 "너희는 지금 [그를]···막는 것이 있는 것을 아나니"라고 말할 때, 우리는 다시 직접적인 지식이 부족한 상황을 맞닥뜨린다. 바울의 원 청중은 바울의 이전 가르침에 기초하여 그러한 일들을 '알았지만'(2:5), 우리는 할 수 있는 한 최선을 다해 추론해야 한다. 이 문제는 특히 어렵다. 오늘날 주석가들 사이에서 가장 열띤 논쟁의 주제 중 하나가, 누가 혹은 무엇이 불법한 자의 나타남을 막고 있느냐이다.

선택지들을 검토하기 전에 주목할 것은, 6절은 불법한 자를 막는 어떤

'실체'(entity, 헬라어에서는 중성형)를 말하는 반면, 7절은 남성형으로 바뀌어서 그것을 막는 존재가 어떤 '인격'(person, "지금은 그것을 막는 자")임을 암시한다는 것이다. 불법한 자가 나타나기 위해서는 어떤 인격적 실체의 막는 행동을 중단시켜야만 하는 듯하다. 이는 한 무리의 사람에 대한 은유일 수 있지만, 바울은 한 개인을 염두에 둔 것으로 보인다.

해석자들은 이 "막는 자"를 놓고 수많은 선택지를 검토했다. 많은 사람이 하나님께서 아마도 특히 성령의 위격으로 그러한 악을 막으시는 것 같다고 주장한다. 또 다른 사람들은 바울이 어떤 지상의 대행자를 염두에 두었다고 보고, 아마도 바울 시대에 로마 황제나 그 제국 자체가 불법한 자를 저지한 것 같다고 생각한다. 그것도 가능하지만, 그러한 가정은 종종 "지금은 그것을 막는 자"가 한 개인보다는 나라 전체나 일련의 황제들을 나타낸다는 은유적 확장을 요구한다. 어떤 사람들은 심지어, 적절한 때까지 자신의 불법한 대행자를 저지하는 인물이 사탄이라고 주장한다(참고. 2:9-10). 그러나 6절에 언급된 "그의 때"는, 막는 것을 푸는 일을 주관하시는 하나님의 주권적 시기 선택에 대해 말하는 듯하다. 아주 흥미로운 최근의 논문은, 바울이 "그것을 막는 자"를 하나님의 천사라고 믿었다는 주장을 펼친다. 다니엘에서 멸망의 가증한 것을 세우는 불법의 통치자(단 11:20-45) 직후에 천사장 미가엘이 "일어[나]" 하나님의 백성의 구원에 앞선 환난의 시대를 불러오는 것(단 12:1-4)에 주목하면서 말이다.[2] 이러한 여러 선택지들이 있지만, 하나님께서 적절한 때까지 불법한 자의 나타남을 저지하시며, 직접 그 시기와 막는 것을 주관하실 가능성이 가장 높아 보인다. 그렇다면 하나님께서 그것을 막는 자(아마도 특별히 성령으로서)시거나 천사 대행자를 통해 막는 행동을 하실 수 있다.

분명히 말할 수 있는 바는, 불법한 자의 나타남은 전적으로 하나님의 주권을 따른다는 것이다(참고. 살후 2:11-12 주석). 그러므로 데살로니가 교인들

---

2 Colin R. Nicholl, *From Hope to Despair in Thessalonica: Situating 1 and 2 Thessalonians*, SNTSMS 126 (Cambridge: Cambridge University Press, 2004), esp. 225-249.

은 세상이 통제 불능일까 봐 두려워할 필요가 없다. 오히려 불법한 자는 "그의 때에" 나타날 것이고, 적절한 때에 주 예수님께 패할 것이다(2:8).

2:7 불법한 자가 아직 오지 않았음에도, "불법의 비밀이 이미 활동하[고]" 있다. 이는 신약 다른 데서 나오는 악의 개념과 일치한다. 요한은 "적그리스도가 오리라"라고 말하는 동시에 "적그리스도가 일어났으니"라고 말한다(요일 2:18, 참고. 요일 2:22; 4:3; 요이 1:7). 바울도 기만적으로 하나님을 반대할 특정 인물이 일어날 것을 예상하지만, 동일한 속임과 불법의 세력이 이미 사회에 널리 퍼져 있음도 기꺼이 인정한다. 데살로니가의 박해받던 교회와 마찬가지로 바울도 그런 악을 경험했다.

불법한 자가 "표적과 거짓 기적"과 "속임"(살후 2:9-10)으로 온다면, 오랜 시간 많은 거짓 메시아와 예언자가 일어날지라도 교회는 견디며 증언할 것이라는 예수님의 예언을 기억하는 것(마 24:4-5, 11-13, 23-25)이 도움이 된다. 그렇다면 우리는 교회가 성령의 능력으로 그 임무를 계속 수행하는 동시에 불법이 활동하는 시대에 살고 있는 것이다.

이곳에서 바울이 불법에 적용하는 동사들은, 그가 다른 데서 하나님과 그리스도에 대해 사용한 표현과 동일하다. 2:7에서 불법이 "활동"["at work", 에네르게오(*energeō*), 참고. 롬 7:5; 엡 2:2]하고 있다면, 신자들 가운데서 하나님의 말씀 역시 "역사"("at work", 살전 2:13, 참고. 엡 1:11, 20; 3:20; 빌 2:13)하고 있다. 이와 마찬가지로, 2:9에서 불법한 자가 "나타[난다]"(파루시아)면, 예수님도 "나타나[실]"(살후 2:1, 8, 참고. 2:9 주석) 것이다. 바울이 다른 데서 예수님과 그분의 복음이 나타난다고 말한 것처럼(참고. 2:3-4 주석), 불법의 사람이 "나타[날]"(아포칼륍토, 2:3, 8) 것이다. 마지막으로, "비밀"이라는 단어가 이곳에서는 불법에 적용되지만(유사한 악한 비밀에 대해서는 참고. 계 17:5, 7), 다른 곳에서 바울은 하나님을 복음의 비밀의 저자로 말한다(예를 들어, 롬 16:25; 고전 4:1; 15:51; 엡 3:3-4; 골 1:26-27; 딤전 3:9, 16). 사탄의 불법은 그리스도 안에서 이루어진 하나님의 선한 일을 흉내 내려 하는 것이 분명하다. 하지만 하나님께서 그러한 비밀을 드러내시며 그 시기를 주관하시는 분이므로, 바울이 불법의 비밀의 나타남을 하나님께서 주관하신다고 확신하는 것은 놀랍지 않다(참고. 살후 2:11-12).

현 시대("지금")의 불법은 아직 그것이 가능한 만큼 나쁘지는 않다. "지금은 그것을 막는 자"가 없어질 때에야 불법한 자가 일어날 것이다(2:7). 이 막는 자의 정체에 대한 다양한 견해는 앞 절에서 논의했다. 이곳에서 우리는 "물러나실 때까지"(새번역, ESV는 "until he is out of the way")가, 더 독특한 헬라어 어구인 "그 중에서 옮겨질 때까지"(개역개정)에 대한 영어 관용구임에 주목한다. 그 막는 자는 이 시대 사람들과, 불법한 자에 의해 악이 온전하게 드러나는 것 사이에 끼어 있다.

2:8 바울은 불법한 자의 나타남으로 되돌아온다(참고. 2:3-4 주석). 이 일은 막는 자가 그 악을 제지하는 행동을 중단한 이후에("그때에") 일어날 것이다. 그러나 바울은 데살로니가 교인들이 그러한 악의 권세를 염려하지 않도록 주 예수께서 그 불법한 자를 "죽이시고" "폐하시리라"고 곧바로 그들에게 확실히 말한다.

예수님은 "그 입의 기운"으로 불법한 자를 멸하실 것이다. 구약에서 하나님은 불같은 입 기운으로 죽이신다(욥 4:9, 참고. 사 30:33). 이사야는 "이새의 줄기에서 [메시아의] 한 싹이 나[서]" "그의 입술의 기운으로" 악인을 죽일 것이라고 예언했다(사 11:1, 4). 이곳에서 "기운"[프뉴마(*pneuma*)]이라는 단어는 성령에 사용되는 것과 동일한 단어이므로, 성령의 개입을 암시하는 것 같다. 어쨌든 구약의 메시아가 등장하는 것은 분명하다. 메시아의 심판이 모든 불법을 이긴다.

데살로니가 교인들(그리고 모든 그리스도인)은 불법의 때가 다가오는 것을 염려할 필요가 없다. 예수님이 여전히 주님이시고 때가 되면 그분이 물리치실 것이기 때문이다.

2:9-10 사탄으로부터 능력을 부여받은 불법한 자가 거짓 표적과 기적을 수반하며 와서 믿지 않는 자들을 속일 것이다. 그러나 이것조차도 하나님

의 주권적인 다스림 아래 있다(2:11-12).

바울은 다시 일반적으로 하나님께서 그리스도 안에서 행하시는 것을 나타내는 데 사용하는 용어를 불법한 자와 사탄에게 적용한다. 9절에서 불법한 자의 "나타남"(파루시아)은 예수님의 파루시아(2:8, 참고. 2:1 주석) 바로 옆에 나오고, 사탄의 "활동"은 흔히 하나님의 일하심[에네르게이아(*energeia*), 참고. 2:7 주석]에 사용되는 용어를 사용한다. 사탄은 불법한 자가 나타나게 함으로써 하나님의 일하심을 흉내 내지만, 결국 사탄의 계획은 실패할 것이다(참고. 2:8).

바울은 사탄이 대중을 속이는 수단을 두 종류의 묶음으로 언급한다. 첫 번째 묶음은 "모든 능력"과 "표적과 거짓 기적"으로 구성되고, 두 번째 묶음은 "불의의 모든 속임"으로 이루어져 있다. 첫 번째 묶음인 "능력"과 "표적과…기적"은 보통 그리스도의 복음에서 하나님께서 일하심에 대한 증거 역할을 한다("능력"에 대해서는 참고. 고전 2:4-5; 살전 1:5; 살후 1:11, "표적과…기적"에 대해서는 참고. 롬 15:19; 고후 12:12). 따라서 사탄은 계속 복음과 하나님의 일하심을 흉내 내고 있다. 우리는 다시금 예수님의 감람산 강화를 떠올린다. 그곳에서 예수님은 사람들을 미혹하기 위해 "표적과 기사"를 행하는 거짓 메시아와 예언자들이 올 것이라고 경고하신다(마 24:23-25; 막 13:21-23). 예수님의 가르침은 종말에 관한 사도의 논의의 모델이다. 이 점에서 이 구절은 짐승과 거짓 예언자에 대한 요한계시록의 묘사와 연결된다(계 13:11-18; 16:13-14; 19:19-20).

불법의 사람은 대중에게 아주 설득력 있기 때문에, 바울은 그가 "불의의 '모든' 속임"으로 나타난다고 강조한다. 그러나 그러한 속임 가운데서도 바울은 "멸망하는 자들"만이 속임수에 넘어갈 것이라고(참고. 계 13:8) 조심스럽게 기록한다. "멸망"에 해당하는 단어[아폴뤼미(*apollymi*)]는 멸망을 맞이할 이들을 가리킨다. 바울은 다른 곳에서 그리스도의 복음을 거절하는 이들을 묘사하기 위해 아폴뤼미라는 단어를 사용한다(고전 1:18; 고후 2:15; 4:3). 이 불법을 따르는 자들은 그리스도의 복음 진리를 사랑하지 못하기 때문에 멸망할 것이다. 데살로니가 교인들은 불법의 사람에게 속는 이들 가운데 포함될까 봐 염려할 필요가 없다. 그들이 이미 그 진리를 알고 사랑하기 때문이다.

2:11-12 하나님은 멸망하는 자들이 진리를 거절한 것 때문에("이러므로"), 그들을 거짓과 심판에 넘긴다. 더 구체적으로 하나님은 바울이 "미혹의 역사"[에네르게이아 플라네스(*energeia planēs*), '속임의 힘']라고 칭하는 것을 "그들에게 보내[신다]." 2:9에서 사탄이 "활동"(에네르게이아)하지만, 하나님께서 진실로 주관하는 자로서 일하신다. 이 속이는 힘을 "보내[시는]" 방법은 명시되지 않는다. 그러나 불법한 자의 속임수를 통한 사탄의 활동이 부지불식간에 장엄한 우주적 드라마에 흡수되는데, 그것 역시 결국 하나님께서 주관하신다.

그러한 미혹의 목적은 멸망하는 자들을 더 잘못된 생각과 행위에 빠지게 하는 것이다("거짓 것을 믿게 하심은", 11절). 이는 결국 그들이 받아 마땅한 심판에 이르게 한다("모든 자들로 하여금 심판을 받게 하려 하심이라", 12절).

심판받는 이들은 또한 12절에서 "진리를 믿지 않고 불의를 좋아하는" 이들로 정의된다. 이 사람들은 기독교 복음과 성경의 참된 신학을 거부했다. 그러한 불신은 이미 그들이 진리를 사랑하려 하지 않는 데서 입증되었던 것이다(참고. 2:10). 더욱이 그들은 의도적으로 부도덕에 관여한다(다시 말해, 그들은 "불의를 좋아[한다]").

11-12절의 의미는 데살로니가 교인들에게 함축하는 바와 같이 아주 명료하다. 이 박해받는 교회가 격려를 받을 수 있는 까닭은, 예수님의 복음과 사도의 가르침에 뿌리박은 그들의 세계관을 통해 그들 주변에서 일어나는 불신과 불의의 원인을 알 수 있기 때문이다. 이 우주적 전쟁 가운데서 그들은 사탄이 아니라 하나님과 동맹 관계여야 한다.

그러나 이 절들은 또한 신학적 문제를 제기한다. 하나님은 죄를 만드신 분도 아니고 누구도 유혹하지 않으신다(약 1:13-15). 그렇다면 어떻게 하나님께서 미혹하는 힘을 보내셔서, 믿지 않는 자들의 불신과 쾌락주의를 강화하시고 결국 그들을 멸망에 이르게 하실 수 있는가? 이곳에서 바울은 그러한 신정론의 문제를 논의하는 데 관심이 없다. 그는 기꺼이 우리를 신학적 신비 속에 내버려 둔다. 하지만 문맥이 약간의 도움을 준다. 9절부터 12절의 순서가 암시하는 바는, 많은 사람이 진리를 사랑하려 하지 않고, 그래서 하나님은 사탄의 미혹을 사용하셔서 이 사람들의 완강한 마음으로 인해 이들을 심판하신다는 것이다.

성경의 다른 부분에서도 하나님은 유사한 방식으로 일하신다. 예를 들어, 바로가 하나님과 그분의 백성에 맞서 마음을 완강하게 하자(출 7:14, 22: 8:15, 19, 32: 9:7), 그 이후 하나님은 바로의 마음을 완강하게 하셔서 선을 행하려 하지 않게 하셨다(출 9:12; 10:1, 20, 27; 11:10; 14:4, 8), 이 모든 것이 결국 바로의 심판을 불러오리라고 미리 아신 것이다(출 4:21: 7:3). 또 다른 성경의 예로, 하나님께서 심판을 행하시려고(또 다른 궁극적인 선한 목적을 위해) 악한 사람들과 영을 사용하시는 것을 볼 수 있다[창 50:15-21: 삼상 16:14: 왕상 22:19-23(참고. 대하 18:18-22); 렘 20:1-6; 21:1-10; 애 2:1-2; 겔 14:6-11; 막 14:18-21, 43-46, 64-65; 15:13-15; 행 2:23; 4:24-28; 계 17:15-17]. 하나님은 죄를 만드신 분이 아니다. 그러나 주님은 그분에게 반대하는 이들에 대한 심판을 포함하여 그분의 선한 목적을 위해 사탄의 악한 계획까지도 주관하시며, 악한 행위자들을 다스리신다.

≋≋≋≋ **응답** ≋≋≋≋

그리스도인은 예수님의 재림 이전에 올 징조든 뒤이을 심판이든 두려워하지 말고 그분의 재림을 고대해야 한다. 신자에게 그리스도의 두 번째 강림은 예수님의 영광에 참여하는 것을 뜻하므로, 그 이전에 올 징조를 그리스도의 은혜로 견딜 수 있다. 그러나 많은 사람이 종말에 관한 거짓된 가르침에 미혹될 것이기에, 우리는 종말을 예언하는 이들을 조심해야 한다.

하나님은 마지막 때에 불법한 자가 임하는 것을 포함하여 여전히 모든 사건을 주관하신다. 우리는 항상 사탄의 계획을 경계해야 하지만, 사탄의 활동을 두려워할 필요가 없다. 예수 그리스도께서 우주적 전쟁의 승리자시고, 하나님께서 그분의 자녀들을 이 시대를 지나 그들의 영원한 집으로 인도하실 것이다. 이 세상에 불법이 증가하고 박해가 뒤따를 수 있지만, 교회는 예수님을 신뢰함으로 굳게 선다. 우리는 불법이 복음의 선한 사역을 반대하는 시대에 살지만, 하나님은 적절한 때까지 막는 자를 두시고, 성령께서 복음 메시지가 전진하도록 힘을 공급하신다. 끝이 이를 때까지 그리스도인의 소명은 복음 진리를 사랑하고 믿으며, 삶의 모든 면에서 예수님을 따르고 그분의 이름으로 다른 사람을 사랑하는 것이다. 그러다 때가 되면 그리스도와 그분의 교회가 옳음이 입증될 것을 기억하면서 말이다.

13 주께서 사랑하시는 형제들아 우리가 항상 너희에 관하여 마땅히 하나님께 감사할 것은 하나님이 처음부터 너희를 택하사 성령의 거룩하게 하심과 1)진리를 믿음으로 구원을 받게 하심이니 14 이를 위하여 우리의 복음으로 너희를 부르사 우리 주 예수 그리스도의 영광을 얻게 하려 하심이니라 15 그러므로 형제들아 굳건하게 서서 말로나 우리의 편지로 가르침을 받은 전통을 지키라

13 But we ought always to give thanks to God for you, brothers beloved by the Lord, because God chose you as the firstfruits¹ to be saved, through sanctification by the Spirit and belief in the truth. 14 To this he called you through our gospel, so that you may obtain the glory of our Lord Jesus Christ. 15 So then, brothers, stand firm and hold to the traditions that you were taught by us, either by our spoken word or by our letter.

16 우리 주 예수 그리스도와 우리를 사랑하시고 영원한 위로와 좋은 소망을 은혜로 주신 하나님 우리 아버지께서 17 너희 마음을 위로하시

고 모든 선한 일과 말에 굳건하게 하시기를 원하노라

16 Now may our Lord Jesus Christ himself, and God our Father, who
loved us and gave us eternal comfort and good hope through grace,
17 comfort your hearts and establish them in every good work and word.

1) 헬, 참
1 Some manuscripts *chose you from the beginning*

≈≈≈≈ 단락 개관 ≈≈≈≈

바울과 그의 동료들은 이전 편지에서처럼(살전 2:13; 3:11-13), 이 편지 중간
에 하나님께 드리는 감사(살후 2:13-14)와 함께 축도(16-17절)를 삽입한다.
이곳에서 저자들은 데살로니가 신자들을 향한 신뢰라는 주제로 되돌아간
다(13-14절). 이 교회는 그들의 지역에서 구원받은 이들의 첫 열매를 대표
한다. 그들은 하나님의 택함을 받고, 성령의 거룩하게 하심을 입고, 복음
진리에 신실한 이들이다. 그들이 결국 받을 것은 영광이다. 바울은 이 진리
에 비추어 다시 사도의 가르침을 따름으로써 굳건하게 서라고 격려한다(15
절). 그런 다음 축도로 신자들을 향한 위로를 구한다(16-17절).

≈≈≈≈≈ 단락 개요 ≈≈≈≈≈

Ⅲ. 중심 단락: 굳건하게 서라(2:1-17)

  B. 또 다른 감사와 굳건하게 서라는 권면(2:13-17)

    1. 데살로니가 교인들의 택하심과 부르심에 대한 감사(2:13-14)

    2. 굳건하게 서라는 권면(2:15)

    3. 교회를 위한 바울의 축복 기도(2:16-17)

≈≈≈≈≈ 주석 ≈≈≈≈≈

2:13 바울과 실루아노와 디모데는 서신 서두의 감사에서 썼던 것과 동일한 표현으로 이 감사의 말을 시작한다(참고. 1:3). 앞의 감사는 그 교회가 믿음이 자라고 사랑이 풍성해짐으로써 복음 메시지에 응답한 것에 초점을 맞추었다. 반면 이 감사는 전적으로 하나님의 구원하심과 택하셔서 부르심을 향해 있다.

"사랑하시는"이라는 단어는 이 데살로니가 신자들이 하나님과의 관계에서 더 큰 신뢰를 가지도록 격려한다. 이 호칭은 또한 그들이 택함 받고 부르심 받은 근거이기도 하다. 주님이 사랑과 은혜로 그들을 부르셨기 때문이다.

하나님은 그들을 "택하[셨다]". 특정한 목적으로 누군가를 선택함을 가리키는 이 특별한 동사는 신약에서 드문 것이다[하이레오(*haireō*), 참고. 빌 1:22; 히 11:25]. 다른 동의어들은[예를 들어, 하이레티조(*hairetizō*), 에클렉토스(*eklektos*), 에클레고마이(*eklegomai*)] 다른 곳에서 하나님께서 다양한 목적으로, 특히 구원하시려고 사람을 택하시는 것을 말한다(예를 들어, 마 22:14; 요 15:16; 행 13:17; 계 17:14). 바울도 하나님께서 은혜로 신자들을 택하여 구원하시는 것에, 그러한 선택이라는 표현을 사용한다(예를 들어, 롬 11:5; 엡 1:4; 골 1:27; 3:12, 참고, 살전 1:4 주석).

이 문맥에서는 하나님께서 이 데살로니가 교인들을 '구원받은 첫 열매로'("as the firstfruits to be saved") 택하셨다. "첫 열매"[아파르케(*aparchē*)]라는 단어는 수확물의 첫 소산을 가리킨다(예를 들어, 출 23:19; 레 2:12; 23:10). 이 데살로니가 교인들은 그들 지역에서 구원을 경험한 첫 신자들이었다. 바울은 이를 축하하며, 하나님께서 그들에게 구원을 주셨음을 확실히 하고, 다른 이들도 추가된 열매로 그 교회에 더해질 것을 암시한다.

하나님께서 그들의 구원에 쓰신 수단으로는 "성령의 거룩하게 하심"과 "진리를 믿음"이 있다. "거룩하게 하심"이라는 단어는 거룩하게 되는 것, 즉 불의에서 떠나 정결과 흠 없음에 이르는 것을 가리킨다. 성령께서 이 신자들 안에서 그렇게 거룩하게 하는 일을 하신다(예를 들어, 롬 15:16; 고전 6:11, 참고, 살전 5:23).

2:14 바울은 더 나아가 "이를 위하여 우리의 복음으로 너희를 부르사"라고 말한다. 그들은 무엇을 위해 부르심 받았는가? 눈에 띄는 것은, "이를 위하여"[에이스 호(*eis ho*)]에서 "이를"에 해당하는 헬라어 단어는 중성형인데, 직전에 나오는 명사는 모두 여성형 아니면 남성형이라는 것이다. 따라서 바울이 13절에서 어떤 특정 단어("첫 열매", "구원", "거룩하게 하심", "진리" 중 무엇이든)를 선택한 것 같지는 않으며, 오히려 구원에 관한 13절의 전체 내용을 염두에 둔 듯하다. 그 신자들은 거룩하게 하심과 믿음을 통해 구원의 첫 열매가 되도록 부르심 받았다.

하나님의 "부르[심]"은, 그분의 뜻과 은혜로 그분의 백성을 소환하여 구원과 거룩하게 하심에 이르게 하시는 것을 가리킨다(참고, 딤후 1:9, 그리고 살전 1:4 주석; 2:11-12 주석; 4:7 주석; 5:23-24 주석). 개념적으로 볼 때, 그러한 "부르[심]"은 논리상 "하나님이…너희를 택하사"(살후 2:13)로 묘사된 선택의 뒤를 잇는다. 바울과 그의 동료들이 선포했듯이 하나님은, 십자가에 못 박히고 부활하신 예수 그리스도에 관한 좋은 소식을 통해 그들을 불러 구원하셨다. 그분은 이를 위해 창세전부터 이미 그들을 택하셨다(엡 1:4). 여기서 하나님께서 택하고 부르신 목적은, "우리 주 예수 그리스도의 영광을 얻게 하려 하심"이다. "얻게"라는 단어는 헬라어로는 명사[페리포이에시스 (*peripoiēsis*)]이며, 그들이 영광을 '소유함'을 가리킨다. 이는 몇 절 앞에 나오는 "멸망하는 자들"과 극명하게 대조된다(살후 2:10-12).

데살로니가 교회는 그들을 사랑하시는 하나님께서 그들을 택하시고 부르셔서, 성령의 거룩하게 하시는 사역과 복음 진리에 대한 그들의 믿음을 통해 그들을 구원으로 이끄셨음을 확신할 수 있다. 이 구원의 궁극적인 결과는 그리스도께서 나타나실 때 신자들에게 주어질 영광이다.

2:15 바울은 2:13-14의 놀라운 진리에 비추어 다시 데살로니가 교인들에게 "굳건하게 서서" 견디라고 권면한다(참고. 1:4-5 주석; 살전 3:8 주석). 바울은 그와 그의 동료들이 가르친 것을 굳게 붙들라고 명령한다. 기독교 신앙에 대한 기초적인 가르침은, 바울과 그의 팀이 어쩔 수 없이 데살로니가를 떠나야 했을 때 갑자기 끝나기는 했지만(행 17:5-10) 계속해서 데살로니가 교인들에게 그리스도인으로 사는데 필요한 가르침이 되었다. 이 초기의 직접적인 가르침은 데살로니가에 보내는 바울의 첫 번째 편지로 보완되었다. 바울이 데살로니가에 있던(그 이후 디모데의 방문, 참고. 살전 3:1-6) 시기에 전한 최초의 "말"에 "우리의 편지" 즉 데살로니가전서가 더해진 것이다.

2:16 이전 편지에서처럼(살전 3:11-13), 바울과 그의 동료들은 교회를 향한 하나님의 복을 구하는 축도로 이 서신의 첫 주요 부분을 마무리한다. 두 축도 모두 서신의 특정 관심사와 맥을 같이 한다. 이곳에서 바울은 데살로니가 교인들을 "위로하시고" "굳건하게 하시기를" 하나님께 간구한다. 이는 이 고통 가운데 있는 교회가 위로받고 계속 굳건하게 서야 하는 필요와 잘 어울린다.

바울은 이 간구를 하나님 아버지뿐만 아니라 주 예수 그리스도께도 드린다(참고. 살전 3:11 주석). 바울은 하나님 아버지와 함께 예수님께 기도드리면서, 그분들의 구별된 위격을 분명히 인정하는 한편, 예수님이 기도를 받으시고 아버지와 동일한 표현으로 불릴 수 있게 하는 하나님의 권위와 속성을 동등하게 소유하고 계심을 주장한다. 바울은 여러 곳에서 그리스도의 온전한 신성을 명백하게 주장하지만(예를 들어, 롬 1:3-4; 9:5; 빌 2:5-11; 골 1:15-20; 2:8-10; 딛 2:13), 우리는 이 조금 더 간접적인 기도에서 바울의 고기독론을 목격한다.

두 가지 특별한 묘사가 하나님께 적용된다. 그분은 "우리를 사랑하시고" 위로와 함께 소망을 "주신" 분이다. 바울은 사랑을 언급함으로써 "주께서 사랑하시는"(살후 2:13) 데살로니가 신자들의 지위를 더욱 강조한다. 또 하나님은 이미 이 신자들에게 "영원한 위로"를 주셨다. 이는 17절에 나오는 "너희 마음을 위로하시고"라는 바울의 간청으로 이어진다. 하나님은 또한 이 신자들에게 이미 "은혜로" "좋은 소망"도 주셨다. 이러한 "소망"은 데살로니가 교인들이 이생에서 환난을 견디는 데 필요할 것이다.

2:17 하나님께서 이미 데살로니가 교인들에게 위로와 소망을 주셨지만(16절), 바울은 계속 그들을 격려하고 위로해 달라고 하나님께 간구한다. 현대의 어법에서는 "마음"이 인간 감정의 자리지만, 바울 시대에는 인격 전체(특히 지성)의 자리였다. 바울은 그들의 불안이 잠잠해지고 그들의 상처가 위로받기를 구한다.

덧붙여 바울은 이 신자들의 마음이 "모든 선한 일과 말에" 굳건해지기를 기도한다. 이와 마찬가지로 데살로니가전서 3:13에 나오는 바울의 축도도 하나님께 "너희 마음을 굳건하게 하시고…하나님 우리 아버지 앞에서 거룩함에 흠이 없게 하시기를" 구했다. "굳건하게 하[다]"라는 동사는 "굳건하게 서서"(살후 2:15)라는 바울의 이전 권면과 연결된다. 그러므로 바울은, 그가 이전에 신자들에게 살아내라고 지시했던 그 인내가 그 교회에 주어지기를 하나님께 기도한 것이다.

더 구체적으로 이 인내는 영적 열매로 입증되어야 한다. 선한 일은 절대 공적을 통해 구원을 얻으려는 것이 아니며, 이미 구원받은 신자들의 삶 가운데 성령께서 일하신 결과로 나온다(참고. 1:11 주석). 또한 바울은 신자들이 올바르게 행동할 뿐만 아니라 은혜와 사랑의 말을 하는 것이 중요함을 안다(예를 들어 골 4:6; 딤전 4:12; 딛 2:7-8). 이 기도의 내용은 자연스럽게 마무리 권면이 담긴 다음 장으로 넘어갈 수 있게 해준다.

〰〰〰 응답 〰〰〰

바울과 그의 동료들은 다시 선교와 목회의 본을 보인다(참고. 살후 1:1-12의 '응답'). 바울의 감사와 축도는 회중의 필요에 딱 맞다. 특히 구원에 대한 확신, 위로, 데살로니가 사회로부터 오는 환난을 견딜 힘이 그렇다. 바울은 하나님의 택하심과 부르심이 그들에게 구원을 보장해 줌을 확실하게 인정한다. 더 나아가 그들은 예수님이 다시 오실 때 신실하게 그리스도를 따른 이들에게 임할 영광을, 확신을 가지고 기다릴 수 있다.

모든 세대 신자들이 복음과 성경에 나오는 사도의 가르침을 붙들고 굳건하게 서야 한다. 교회를 향한 도전은 시간과 장소에 따라 다양하겠지만, 결국 우리는 그리스도의 복음에 반대하는 인간 세력과 영적 세력에 자신 있게 맞선다. 그리스도의 능력으로 견디는 이들에게는 영원한 승리가 보장된다.

하나님은 이미 그분의 교회에 대한 사랑을 분명히 말씀하셨고, 이미 우리에게 위로와 소망을 주셨다. 그러나 우리는 또한 동료 신자들을 위해 하나님 앞에서 무릎을 꿇고 그들이 이 위로를 경험하기를, 그리고 우리 모두 모든 선한 "일과 말에" 굳건하게 되기를 간구해야 한다. 결국 하나님의 은혜가 널리 임할 것이다. 그러므로 우리는 날마다 그분의 은혜가 우리 삶에 역사하도록 기도한다.

바울과 그의 동료들은 첫 번째 서신에서처럼, 서신 중간의 축도에서 데살
로니가 교인들을 향한 일련의 권면으로 옮겨간다. 먼저, 그들은 그리스도
를 반대하는 문화의 도전 가운데서도 흔들리지 말라고 교회를 격려한다.
중심 단락은 교회 지체들에게 게으름에 빠지지 말고 열심히 일하라고 요
청한다. 그리고 이 단락은 편지 앞부분의 주제로 돌아가서, 선한 일을 하다
가 낙심하지 말라는 권면 및 사도의 가르침을 무시하는 이들을 조심하라
는 권고로 마무리된다.

¹ 끝으로 형제들아 너희는 우리를 위하여 기도하기를 주의 말씀이 너희 가운데서와 같이 퍼져 나가 영광스럽게 되고 ² 또한 우리를 부당하고 악한 사람들에게서 건지시옵소서 하라 믿음은 모든 사람의 것이 아니니라 ³ 주는 미쁘사 너희를 굳건하게 하시고 악한 자에게서 지키시리라 ⁴ 너희에 대하여는 우리가 명한 것을 너희가 행하고 또 행할 줄을 우리가 주 안에서 확신하노니 ⁵ 주께서 너희 마음을 인도하여 하나님의 사랑과 그리스도의 인내에 들어가게 하시기를 원하노라

¹ Finally, brothers,¹ pray for us, that the word of the Lord may speed ahead and be honored,² as happened among you, ² and that we may be delivered from wicked and evil men. For not all have faith. ³ But the Lord is faithful. He will establish you and guard you against the evil one.³ ⁴ And we have confidence in the Lord about you, that you are doing and will do the things that we command. ⁵ May the Lord direct your hearts to the love of God and to the steadfastness of Christ.

1 Or brothers and sisters; also verses 6, 13 2 Or glorified 3 Or evil

바울과 그의 동료들은 데살로니가 교인들에게, 복음이 퍼져나가고 그들의 사역을 지켜 주시도록 바울의 선교를 위해 기도해 달라고 부탁한다. 또한 바울은 신실한 주님께서 그들을 지키실 것이라고 그 교회에 상기시킨다. 그는 데살로니가 교인들이 순종으로 응답한 것과 주님께서 그들에게 사랑과 인내가 뿌리 내리게 하실 것에 초점을 맞추며, 그들에 대한 확신을 표현한다.

≋≋≋≋ 단락 개요 ≋≋≋≋

Ⅳ. 마지막 권면(3:1-15)
  A. 기도 요청과 교회에 대한 확신(3:1-5)
    1. 바울의 사역을 위한 기도 요청(3:1-2)
    2. 주께서 교회를 세우실 것임(3:3-5)

≋≋≋≋ 주석 ≋≋≋≋

3:1-2 바울과 그의 동료들은 이전 편지에서처럼(살전 4:1) "끝으로"라는 단어를 통해, 편지 중간의 축도에서 일련의 권면들로 옮겨간다. 그들은 편지 중간에 이렇게 "끝으로"를 씀으로써, 주제를 바꾸고 중요한 새로운 내용을 소개한다(또한 빌 3:1, 참고. 살전 4:1 주석).

  바울은 데살로니가 교회의 형제자매들에게 "우리를 위하여 기도하기를" 요청한다(참고. 살전 5:25). 바울과 그의 동료들이 정기적으로 그들을 위해 기도하듯이(살후 1:11), 그 교회도 그들을 위해 기도해 달라고 요청한다. 교회 지체들(사역자와 평신도 모두)은 정기적으로 서로를 위해 기도해야 한다.

첫 번째로, 바울은 "주의 말씀"이 바울과 그의 팀의 사역을 통해 퍼져나 가기를 기도해 달라고 요청한다(참고. 골 4:3). 주의 말씀은 예수님의 가르침 과 죽으심과 부활에 초점을 둔, 그리스도에 관한 좋은 소식이다(참고. 살전 1:8-10 주석; 4:15 주석). 특히 바울은 주의 말씀이 "[빠르게] 퍼져 나가" "영광 스럽게 되[기를]" 구한다. "퍼져나가"[트레코(*trechō*)]에 해당하는 헬라어 단 어는 문자적으로 달리기를 가리킨다. 바울은 이 표현을 통해 복음이 로마 세계에 빨리 들어가기를 구한다(참고. 시 147:15). "영광스럽게 되고"[독사조 (*doxazō*)]에 해당하는 단어는, 복음을 받아들이는 자들이 그 복음을 영광스 럽게 찬미하기를 고대한다(참고. 살후 3:1 ESV 난외주). 따라서 바울은 그리스 도의 복음이 널리 그리고 깊이 퍼져나가 제국 전역으로 침투하여 복음을 받는 사람이 그것을 온전히 받아들이기를 간청하는 것이다. 또한 바울은 데살로니가 교인들에게 자신감을 주는 말을 삽입함으로써("너희 가운데서와 같이"), 주의 말씀이 데살로니가 교회 안에 왕성하고 그곳에서 영광 받음을 데살로니가 교인들의 신앙의 아버지인 그와 그의 동료들이 기쁘게 인정함 을 나타낸다.

두 번째로, 바울은 그와 그의 동료들을 "악한 사람들에게서 건지시옵 소서"(3:2)라고 기도해 달라고 부탁한다. 이 "악한"이라는 단어[아토포스 (*atopos*)]는 신약에서 매우 드물게 나온다. 이는 제자리에 있지 않은 무언가 를 나타낸다. 또 관용적으로, 비뚤어지고 왜곡된 행동을 가리킬 수 있다(참 고. 눅 23:41; 행 25:5). 바울은 현 시대가 '악하며'(갈 1:4, 또한 엡 5:16), 그래서 하나님에 대한 반대가 가득하고 악한 자의 영향력 아래 있음을(살후 3:3) 안 다. 그럼에도 주님은 끊임없이 그분의 교회를 세우신다. 오는 시대에 하나 님은 그분의 백성을 악에서 구해 내시고 그들에게 영원한 구원을 주실 것 이다(딤후 4:18). 그렇지만 이곳에서 바울은 당면한 염려를 이야기한다. 선 교 여행을 하는 내내 그와 그의 동료들은, 데살로니가 교인들이 기억하듯 이(행 17:5-10) 복음에 대한 숱한 반대에 맞닥뜨렸다. 바울은 분명 절제된 표현으로 2절에서 "믿음은 모든 사람의 것이 아니니라"라고 말한다. 바울과 그의 동료들은 그러한 인간의 반대 가운데서도 그들의 사역이 전진하기를 기도해 달라고 부탁한다. 주님께서 그들의 일상생활과 선교 중에도 구원을 베푸시기 때문이다.

때로 하나님은 반대로부터 즉각 구원해 주시지만, 또 다른 경우 우리는 하나님께서 이 세상에서는 물론 영원에 이르기까지 일하신다는 장기적인 시각을 가지고 하나님의 구원하시는 손길을 감지할 수 있어야 한다(예를 들어, 딤후 3:10-13; 4:15-18). 우리에게는 하나님의 섭리적 구원하심이 일어나는 뜻밖의 방향을 포착하고 인식하기 위한 하나님의 지혜가 필요하다.

3:3 이 세상 불신자들의 신실하지 못함과 대조적으로(3:2), 주님은 신실하시다(참고. 살전 5:23-24 주석). 그분은 신뢰할 만한 분이시다. 항상 그분의 거룩하고 의롭고 사랑이 많으신 성품에 일관되게 행동하시기 때문이다. "주"는 성경에서 하나님 아버지와 예수 그리스도를 모두 가리키는 호칭이므로, 어떤 문맥에서는 바울이 삼위일체의 제1위격을 가리키는지 제2위격을 가리키는지 확실하게 알기가 어려울 수 있다(예를 들어, 살후 1:9; 2:2, 13; 3:1, 3, 4, 5, 16). 이 절과 관련하여 우리는 바울이 이 서신에서 "주"라는 단어를 빈번하게 예수님께 적용하고 있음에 주목한다(1:1, 2, 7, 8, 12; 2:8, 14, 16; 3:6, 12, 18. 참고. 살전 1:1 주석). 그러나 다른 한편으로 바울은 보통 하나님 아버지께서 "미쁘[시다]"고 말한다(고전 1:9; 10:13; 고후 1:18). 따라서 해석을 위한 증거는 다른 방향을 향한다. 물론 바울은 삼위일체의 이 두 위격 모두의 신실하심과 보편적인 주권을 인정하고, 일반적으로 자신의 축도에서 신자들의 삶 속에 이 두 분이 주권적으로 역사하시기를 기도한다(살후 2:16-17).

주님께서 신실하시므로 데살로니가 교인들은 그분이 "너희를 군건하게" 하시고 "악한 자에게서 지키[실]" 것을 확신할 수 있다. 바울은 바로 몇 절 앞에서(참고. 2:17 주석), 신자들의 마음이 "모든 선한 일과 말에 군건하게" 되기를 주 예수 그리스도와 하나님 아버지께 기도했다. 그러므로 바울은 3:3에서, 신실하신 삼위 하나님께서 정말로 정확히 바울이 2:17에서 기도

했던 대로 일하실 것이라는 확신을 표현한다.

바울은 하나님께서 "[너희를] 악한 자에게서 지키시리라"고 자신 있게 그 교회에 알린다. "악한 자"는 마귀/사탄(예를 들어, 마 13:38-39; 엡 6:11, 16; 요일 3:8-12), 하나님 백성의 대적자인 타락한 천사(참고. 살전 2:17-18)다. 예수님은 악한 자에게서 보호해 주시기를 하나님께 기도하라고 가르치셨고(마 6:13; 요 17:15), 바울은 이전에 사탄에 대한 하나님의 주권을 단언했다(참고. 살후 2:6-12과 주석들). 불법의 사람을 통한 사탄의 활동이 다가온다는 암울한 진실을 고려할 때(특히 2:9-10), 데살로니가 교인들은 주께서 그들을 굳건하게 하시고 보호하실 것을 확신하며 이곳에 나오는 바울의 말로 위로를 받았음에 틀림없다.

3:4 바울과 그의 동료들은 계속해서 그 교회에 대해 주 안에서 확신을 표현한다. 바울은 직접적으로 '교회 안에서'가 아니라 "주 안에서" 확신한다(참고. 갈 5:10; 빌 2:24). 바울은 주님께서 그분의 교회가 사도의 가르침을 순종하는 데까지 강해지게 해주실 것이라고 신뢰한다. 그가 현재뿐만 아니라 미래에도 그들이 순종하리라고 확신하는 것을 주목하라. 이 확신의 말은 다음의 여러 가지 방식으로 이 신자들을 격려한다. 그들이 "주 안에" 있음을, 주님이 결국 그들 가운데서 순종이 일어나도록 일하시는 분임을, 그리고 바울이 이미 그들의 현재 순종을 고마워하면서 또한 그들이 장차 그리스도인다운 성실함을 보일 것을 소망하고 있음을 되새기게 한다. 이 절은 또한 간접적으로 독자들이 바울의 사도적 가르침을 따르고 있음을 상기시킨다.

3:5 바울과 실루아노와 디모데는 이 권면 가운데 또 다른 간단한 축도를 삽입한다. "그리스도의 인내"란, 그리스도께서 지상 사역을 하시는 동안 본을 보이셨던 인내를 가리키는 듯하다. 따라서 병행 구조인 "하나님의 사랑"은 데살로니가 교인들을 향한 하나님의 사랑을 말한다(참고. 살후 2:13, 16, 참고. 롬 5:5; 8:39; 고후 13:13). 그러므로 바울은 데살로니가 교인들의 "마

음"(참고. 살후 2:17 주석)이 그들을 향한 하나님의 사랑과 예수님의 인내를 묵상하게 해 달라고 간구하는 것이다. 그러한 묵상은 그들이 인내하고 사랑하도록 더 용기를 북돋을 것이다.

∼∼∼∼ 응답 ∼∼∼∼

사역하는 이들은 다른 사람들에게 우리의 일을 위해 기도해 달라고 요청하는 바울의 선례를 따라야 한다. 이와 마찬가지로, 선교사와 목사, 자원봉사 사역자를 비롯하여 복음 사역을 행하는 이들을 위해 기도하는 것은 고귀한 부르심이다. 바울의 기도가 복음의 광범위하면서도 집중적인 성장을 바란다는, 곧 복음이 여러 지역으로 가서 응답하는 이들의 마음속에 깊이 자리 잡기를 바란다는 점을 주목하라. 이는 복음의 확장에 대한 놀랍도록 균형 잡힌 비전이다.

하나님은 정말로 신실하시다. 따라서 우리는 인간의 반대나 마귀의 반대를 두려워할 필요가 없다. 주께서 그분의 백성을 굳건하게 하시고 지키시기 때문이다. 우리는 주변에 있는 신자들 가운데서 하나님께서 일하고 계신다는 확신을 공개적으로 표현해야 한다. 그러한 표현이 사람들에게 큰 격려가 되어 사도의 본을 따르게 되기 때문이다(3:4). 마지막으로 그리스도인으로서 우리의 걸음은 "하나님의 사랑과 그리스도의 인내"를 향한 마음으로 드러나야 한다.

⁶ 형제들아 우리 주 예수 그리스도의 이름으로 너희를 명하노니 게으르게 행하고 우리에게서 받은 전통대로 행하지 아니하는 모든 형제에게서 떠나라 ⁷ 어떻게 우리를 본받아야 할지를 너희가 스스로 아나니 우리가 너희 가운데서 무질서하게 행하지 아니하며 ⁸ 누구에게서든지 음식을 값없이 먹지 않고 오직 수고하고 애써 주야로 일함은 너희 아무에게도 폐를 끼치지 아니하려 함이니 ⁹ 우리에게 권리가 없는 것이 아니요 오직 스스로 너희에게 본을 보여 우리를 본받게 하려 함이니라 ¹⁰ 우리가 너희와 함께 있을 때에도 너희에게 명하기를 누구든지 일하기 싫어하거든 먹지도 말게 하라 하였더니 ¹¹ 우리가 들은즉 너희 가운데 게으르게 행하여 도무지 일하지 아니하고 일을 만들기만 하는 자들이 있다 하니 ¹² 이런 자들에게 우리가 명하고 주 예수 그리스도 안에서 권하기를 조용히 일하여 자기 양식을 먹으라 하노라

⁶ Now we command you, brothers, in the name of our Lord Jesus Christ, that you keep away from any brother who is walking in idleness and not in accord with the tradition that you received from us. ⁷ For you yourselves know how you ought to imitate us, because we were not

idle when we were with you, ⁸ nor did we eat anyone's bread without paying for it, but with toil and labor we worked night and day, that we might not be a burden to any of you. ⁹ It was not because we do not have that right, but to give you in ourselves an example to imitate. ¹⁰ For even when we were with you, we would give you this command: If anyone is not willing to work, let him not eat. ¹¹ For we hear that some among you walk in idleness, not busy at work, but busybodies. ¹² Now such persons we command and encourage in the Lord Jesus Christ to do their work quietly and to earn their own living.¹

1 Greek *to eat their own bread*

〰〰〰 단락 개관 〰〰〰

데살로니가에 있는 몇몇 사람은 일하지 않으려 했다(살후 3:11). 그래서 바울과 그의 동료들은 일할 수 있는 자는 일해야 한다는(10-12절) 그들의 이전 가르침을 상기시킨다. 실제로 바울과 그의 팀은 이전에 근면한 노동으로 본을 보였다.

〰〰〰 단락 개요 〰〰〰

이 단락 서두와 마무리 부분에 나오는, "주 예수 그리스도의 이름"과 결합된 "명하노니"라는 단어는, 수미상관(강조를 위해 단락의 시작과 끝부분에 동일한 핵심 단어가 반복되는 것)을 이룬다. 이 때문에 3:6-12이 통일성 있는 한 단락을 이루고, 3:13에서 새로운 단락이 시작되는 것으로 보인다.

〰〰〰　　주석　　〰〰〰

3:6 몇 가지 특징이 바울이 이 가르침들에 부여하는 중요성을 강조한다. 첫째로, 3장에 나오는 다른 어떤 권면보다 이 단락에 더 많은 지면이 할애된다. 둘째로, 바울은 "너희를 명하노니"라는 말로 시작하며, 단 두 절 앞에서 데살로니가 교인들이 "우리가 명한 것을…행하고 또 행할"(3:4) 것이라고 그가 확신한 바를 상기시킨다. 셋째로, 바울은 6절에서 그의 말에 엄중함을 더하며(참고. 예를 들어, 행 16:18), "우리 주 예수 그리스도의 이름으로" 이 명령을 전한다(참고. 고전 5:4; 6:11; 엡 5:20; 골 3:17). 넷째로, 바울은 단락 끝부분에서 수미상관을 이루는 "명하고"(살후 3:12)라는 표현으로 되돌아가는데, 이러한 반복을 통해 그의 명령의 중요성을 강조한다. 마지막으로, 바울과 그의 팀의 사례는 그들이 이 구절에서 요구하는 근면한 행위의 본보기가 된다(3:7-10).

　6절은 신자들에게 교회 안에 있는 누구든 일하려 하지 않는 이들은 피하라고 명령한다. 피해야 할 사람은 구체적으로 "형제"라 불린다. "떠나라"[스텔로(*stellō*)]로 번역된 동사는 신약에서 흔치 않지만, 사전들은 그것을 누군가를 피하는 것 혹은 회피하는 것을 나타낸다고 이해한다. 피해야 할 형제는 "게으르게" 행한다. 그 헬라어 단어[아타크토스(*ataktōs*)]는 훈련이 안 되어 있거나, 무질서하거나, 사회의 관습에 반항하는 행동을 가리킨다. 문맥상 이 제멋대로 구는 행동은 특별히 일하려 하지 않거나 생계를 꾸리려 하지 않는 것이다(특히 3:10-12).

이 훈련되지 않은 게으름은 바울과 그의 동료들이 그 교회에 내린 지침("우리에게서 받은 전통")을 거스른다. 바울과 동료들은 데살로니가에서 충실하게 일하는 것이 중요하다고 가르쳤다(3:10, 또한 살전 4:11). 이는 그들이 사도의 사례로 신자들에게 본을 보이기도 한 것이다(살후 3:7-10). 더욱이 같은 명령이 그들의 이전 편지에도 언급되었다(참고. 살전 4:10-12 주석; 5:14 주석).

피하고 회피하라는 뜻으로 게으른 형제를 "떠나라"고 하는 이 권면이 현대인들에게는 냉혹하게 들릴지 모르지만, 바울이 모든 형태의 접촉을 차단하라고 요구하는 것은 아니다. 몇 절 뒤에서 그는 이 게으른 형제들이 이 가르침을 듣기 위해 회중 가운데 있을 것임을 전제하기 때문이다(3:12). 더 나아가 바울은 그 교회가 충분히 일할 수 있는 사람들까지도 도우라는 압력을 받을 수 있음을 염려한다. 이로 인해 정말 궁핍한 이들이 지원을 받지 못하게 되고(참고. 딤전 5:3, 9-10), 얻어먹기만 하는 그들은 자신들에게는 도덕적으로 해롭고 교회 안에 있는 다른 이들에게는 손해를 끼치는 짓을 하느라 동분서주하게 된다(참고. 살후 3:10-12 주석). 또한 이 빈둥거리는 이들은 이미 직업을 찾으라는 가르침을 받았으므로, 그들이 사도의 명령에 주의를 기울이지 않는 모습은 영적으로 더 깊은 문제가 있음을 시사한다. 따라서 교회는 어떻게든 그들을 지원하는 일을 피해야 하고, 신자들은 그들의 게으름과 도덕적 나태함을 막기 위해 그러한 사람들과 관계를 맺는 데 신중해야 한다(참고. 3:14-15).

다수의 주석가가 이 게으름의 문제와 데살로니가후서의 또 다른 주요 관심사인 종말론을 연결시키려 한다. 어떤 학자들은, 특히 주의 날이 이미 데살로니가의 신자들에게 임했다고 전제하는 종말론의 천년왕국 열풍 때문에(2:2), 일부 교회 지체들이 그리스도께서 돌아오실 때에는 일이 불필요할 것이라고 가정하여, 시민 사회에서 일을 버리게 되었다고 추측한다. 그러나 바울은 이러한 가르침과 종말에 관한 그의 이전 논의를 분명하게 연결시키지 않는다.

더 중요한 것은, 바울이 데살로니가에 머물렀던 가장 초창기부터, 교회에 속한 일부가 게으른 성향을 가지고 있음을 염려했다는 것이다. 이 때문에 그는 데살로니가에 있었을 때부터 이에 대해 회중에게 가르치기 시작했다(3:10). 그러한 초기의 가르침이, 종말에 관한 어떤 성찰이 이 새 신자들 가운데 만연하기 전에 주어졌음은 거의 확실하다. 더 나아가 바울과 그의 동료들은 첫 번째 편지에서 일과 게으름의 문제를 다루었는데(살전 2:9-10; 4:11-12; 5:14), 그 편지에 담긴 종말에 관한 어떤 성찰이 회중으로 하여금 일을 회피하는 쪽으로 몰고 갔음은 암시되지 않는다(참고. 살전 4:10-12 주석). 오히려 가능성이 높은 쪽으로, 바울은 정황상 그리스-로마의 이교 순회 철학자들이 아마도 육체노동에 종사하는 이들을 비하하기도 하면서 일을 하지 말라고 조장했을 수도 있음을 염려했을 것이다(참고. 살전 2:9-10 주석). 바울은 다른 회중에게 육체노동을 존중하라고도 권한다(엡 4:28; 골 3:23-24). 그러므로 데살로니가에서 나타난 이러한 게으름의 동향은 그리스-로마 사회의 문화적 전제와 얽혀 있을 가능성이 크다. 그 이상으로 성경은 오랫동안 게으름으로 향하려는 인간의 죄악된 습성을 인식하고 있었다(잠 12:24, 27; 19:15; 31:27; 전 10:18; 마 25:24-30; 딛 1:12).

3:7-8 바울은 게으른 자들과 대조적으로 그와 그의 팀이 데살로니가에서 근면하게 일했던 모습을 상기시키며, 그들의 부지런함을 본받으라고 권한다(3:9). 본받음은 바울 윤리에서 핵심되는 주제다(참고. 살전 1:6 주석). 이는 "내가 그리스도를 본받는 자가 된 것같이 너희는 나를 본받는 자가 되라"(고전 11:1)라는 그의 명령에서 간결하게 언급된다. 모든 신자가 그리스도를 따르려 하므로, 신자들이 서로에게 도덕적 본이 되는 것은 큰 힘이자 모범 사례가 된다.

일부 게으른 데살로니가 교인들과는 대조적으로(살후 3:6), 바울과 그의 동료들은 "너희[데살로니가 교인들] 가운데서 무질서하게 행하지 아니하[였다]". 더 구체적으로 그들은 "누구에게서든지 음식을 값없이 먹지 않[았다]". 바울은 천막 만드는 자로서(행 18:3), 아마 시간이 될 때마다("주야로"에 대해서는 참고. 살전 2:9; 3:10) "수고하고 애써" 사업을 했을 것이다. 이 내용의 상당 부분은 데살로니가전서 2:9-10과 겹친다. 그곳에서 바울은 이와 유사하게 그와 그의 동료들이 회중에게 "폐"가 되지 않으려 했다고 언급한다. 그러나 그가 데살로니가전서에서는 주로 그들의 선교 활동을 이교 순회 교사와 철학자들이 보인 행동과 구분하는 데 더 초점을 맞추었다면(참고. 살전 2:5-6 주석; 2:9-10 주석), 이곳에서는 생계를 꾸려 교회에 폐를 끼치지 않아야 하는 것에 초점을 맞춘다(3:10, 참고. 행 20:33-35).

3:9 바울과 그의 팀은 그들이 사역하고 있던 이들로부터 재정적인 보상을 받을 권리가 있었지만(고전 9:8-14; 딤전 5:17-18, 참고. 눅 10:7-8), 신앙이 어린 회중을 위해 그 권리를 포기하기로 했다(참고. 살전 2:5-6 주석; 고전 9:3-18; 고후 11:7-13). 바울은 교회가 이 부지런한 노동을 본받는 것이 중요함을 다시 강조한다(참고. 살후 3:7).

3:10 데살로니가에서 그들의 모범은 "누구든지 일하기 싫어하거든 먹지도 말게 하라"라는 가르침과 함께 주어졌다. 바울은 정말 궁핍한 사람들이나 교회에 구호금을 주는 것은 거부하지 않지만(예를 들어, 행 24:17; 롬 15:25-28; 고전 16:1-3; 고후 8:1-5; 딤전 5:3, 9-10), "일하기 '싫어하는'" 이들에 대해서는 우려를 표한다. 그들이 일하려 하지 않는 모습이, 교회의 자선으로 보상을 받아서는 안 된다. 교회가 후원을 베풀지 않는다면 생산적일 수 있는데도 그들이 그 후원에 길들여져서는 안 된다. 일할 수 있는 사람은 누구나 자신의 복지와 가족의 복지를 위해 그리고 다른 사람들의 필요를 위해 일을 해야 한다(엡 4:28; 살전 4:11; 5:14). 바울은 그러한 게으름의 당연한 결과("먹지도 말게 하라", 살후 3:8과 대조하라)가 이 게으른 자들이 일하는 동기가 되어야 한다고 조언한다.

3:11-12 바울과 그의 동료들은 사람들이 "게으르게 행[한다]"는 소식을 들었다. 그렇게 일하려 하지 않는 모습은 개인적으로는 영적으로 해롭고,

교회의 재정을 고갈시킬 뿐더러, 다른 해로운 행동을 하는 데로 번지는 경향이 있다. 그래서 게으른 자들이 "일을 만들기만 하는 자들"[페리에르가조메노이(*periergazomenoi*)]이 된다. 이는 다른 사람들의 행동에 주제넘게 참견하는 이들을 가리킨다. 그들이 다른 사람들의 삶에 간섭하게 되면서, 공동체 내에 험담과 비난과 불화가 생겨난다(참고. 살전 4:10-12 주석; 딤전 5:13).

바울은 게으른 자들에게 직접 말하며 마무리한다. "우리가 명하고…권하기를"의 결합은 "주 예수 그리스도 안에서"의 엄중함이 그러했듯(참고. 살후 3:6), 따라야 할 명령을 강조한다. 그들은 "조용히 일[해야]" 한다. 바울은 열심히 일할 뿐만 아니라, 험담을 하며 일을 만드는 자들이나 불평하는 노동자처럼 행동하지도 말라고 명령한다(3:11과 대조하라). 바울은 더 나아가 "자기가 먹을 것을 자기가 벌어서 먹으십시오"(새번역)라고 지시한다(3:10과 대조하라). 헬라어는 문자적으로 그들이 "자기 양식을 먹[어야]"(개역개정)함을 나타낸다.

≋≋≋≋ 응답 ≋≋≋≋

집사의 직분을 맡은 이들은 종종 어려운 결정을 해야 하는 상황에 놓인다. 도움을 구하는 모든 사람이 정말 궁핍한 이들은 아니기 때문이다. 게으른 사람을 후원하는 것은 일을 피하려는 그들의 성향을 활성화시킬 뿐이다. 또 그들에게 험담이나 과도한 개인적인 여흥, 마약, 호색 혹은 다른 중독성 있는 행위들 같은 이로울 것 없는 활동을 할 기회를 줄 수도 있다. 우리의 돈과 자원을 받을 이들에 대해 신중을 기하는 것은 옳고도 마땅한 일이다. 그러한 자원들이 낭비되지 않고, 수혜자들이 결국 영적으로 스스로를 상하게 하지 않고 다른 사람들에게도 해를 입히지 않도록 말이다. 동시에 그것은 정말 궁핍한 사람들을 돕는 훌륭한 사역이다. 어떤 사람들은 그야말로 일을 할 수 없어서 우리 그리스도인의 돌봄을 받을 만하다. 또 어떤 사람들은 유능한 일꾼 역할을 할 수 있을 때까지 의료 지원, 훈련, 상담 등을 통해 지원을 받아야 한다.

때때로 우리 사회는 게으른 사람들을 칭찬한다. 영화, 책, 노래, 그 외에 대중문화의 다른 요소들이 하루 종일 앉아 햇볕을 쬐고, 지원금을 받으려고 편법을 쓰며, 여유 있게 행동하는 이들을 옹호할 수 있다. 많은 사람이 일하기보다는 인생에서 바라는 모든 것이 운 좋게도 그들 수중에 들어오기를 더 좋아할 것이다. 하지만 우리는 하나님께서 타락 이전에도 인류에게 할 수 있는 선하고 의미 있는 일을 주셨다는 사실을 기억하고 또 그 사실을 다른 사람들에게 가르쳐야 한다(창 1:26-28; 2:5-25, 참고. 살전 4:9-12의 '응답'). 때로는 인간의 타락한 상태가 그러한 노동을 고역과 도전이 되게 하지만, 근면한 노동은 여전히 기독교 윤리의 중요한 측면으로 권장되어야 한다.

2Thessalonians
데살로니가후서
3:13-15

3장

¹³ 형제들아 너희는 선을 행하다가 낙심하지 말라 ¹⁴ 누가 이 편지에 한 우리 말을 순종하지 아니하거든 그 사람을 지목하여 사귀지 말고 그로 하여금 부끄럽게 하라 ¹⁵ 그러나 원수와 같이 생각하지 말고 형제 같이 권면하라

¹³ As for you, brothers, do not grow weary in doing good. ¹⁴ If anyone does not obey what we say in this letter, take note of that person, and have nothing to do with him, that he may be ashamed. ¹⁵ Do not regard him as an enemy, but warn him as a brother.

≋≋≋ 단락 개관 ≋≋≋

바울은 꾸준히 선한 일을 하라고 명령한다. 그 다음 바울과 그의 동료들은 사도들의 가르침에 순종하지 않는 이들과 관계를 끊으라고 명령함으로써 서신의 이전 가르침(특히 게으른 자들에 대한 명령들)을 강조한다. 그러나 교회 내에 있는 그러한 불순종하는 자들도 여전히 주 안에서 형제로 여겨야 하고, 회개하고 주님을 따르는 일의 모든 유익을 경험하도록 권면을 받아야 한다.

≋≋≋ 단락 개요 ≋≋≋

Ⅳ. 마지막 권면(3:1-15)

   C. 낙심하지 말고 권면하라(3:13-15)

     1. 선을 행하다가 낙심하지 말라(3:13)

     2. 불순종하는 형제에게 권면하라(3:14-15)

≋≋≋ 주석 ≋≋≋

3:13 이 짧은 절은 3:6-12과 이어지는 절들 사이의 경첩 역할을 한다. 3:6-12에 나오는 수미상관을 볼 때(참고. 3:6-12 '단락 개요'의 논의), 13절은 새로운 짧은 단락을 시작하는 것 같다(3:13-15. 참고. ESV).

바울은 다시 수신인을 교회 전체로 바꾼다("형제들아", 참고. 갈 4:28; 살전 5:4). 이곳의 금지 규정은 선을 행하다가 낙심하지 말라는 것이다. "낙심하다"(go weary)에 해당하는 헬라어 동사[엥카케오(*enkakeō*)]는 낙담하거나 열심을 잃어버리는 것을 가리킨다. 이 단어는 다른 데서 종종 "낙심"(lose heart, 눅 18:1; 고후 4:1, 16; 엡 3:13)으로 번역된다. "선을 행하다"라는 표현은 갈라디아서 6:9-10에 담긴 유사한 권면에 나오는데, 이는 특히 신자들 가운데서 그들을 위해 도덕적 선을 행하는 것을 가리킨다.

3:14-15 바울과 그의 동료들은 교회가 그들의 편지에 순종해야 한다고 주장한다. 현대인들에게는 이것이 지나치게 자신감 있거나 과도한 요구로 보일 수 있다. 그러나 바울의 편지는 오늘날 누구도 주장할 수 없는 사도의 증언이다. 또한 그는 이 어린 교회의 미약한 상황과 동포들의 박해를 잘 알고 있다. 따라서 바울은 마땅히 자신의 말이 가진 권위와 중요성을 주장한다.

데살로니가 교인들은 사도의 명령을 거역하기로 마음먹은 이들을 "지목"하고 그들과 "사귀지 말[아야]" 한다. 그들은 게으른 자들을 멀리하는 것(3:6)과 유사한 방식으로, 그렇게 불순종하는 이들과 관계를 끊어야 한다(참고. 고전 5:9, 11). 데살로니가후서 3:6에서처럼, 그러한 멀리함이 그 사람을 원수로 여기거나 그 사람이 신자임을 부인하기까지 한다는 뜻은 아니다(참고. 딛 3:10-11). 오히려 그 사람은 권면을 받고 책망을 받아야 한다. 교회가 그러한 사람들을 피하는 목적 중 하나는 그들의 유익을 위함이다. 그래서 그들이 회개할 수 있게 하는 것이다. 또 다른 목적은 사회 속에서 교회의 안녕을 유지하기 위함이다. 그래서 교회에 대한 나쁜 평판이 나오지 않게 하고 또 다른 지체들이 비슷한 불순종의 유혹을 받지 않게 하려는 것이다. 데살로니가후서 3:6-13의 문맥 뿐만 아니라 3:6과의 연관성은, 이러한 명령이 특히 일하려 하지 않는 이들의 문제와 관련이 있음을 시사한다. 그러나 의도적이고도 노골적으로 사도의 명령을 위반하는 사람에게는 누구든 비슷한 권면을 하고 그를 멀리해야 한다. 특히 비도덕적인 행동을 가르치거나 그것의 전형적인 사례가 되는 이들에게 그리해야 한다.

우리는 선행으로 구원받지 않지만, 그분의 이름을 위해 꾸준히 선한 일을 할 때 십자가에 못 박히시고 부활하신 우리 구세주께 영광을 돌린다. 반면 성경의 명백한 가르침에 주의를 기울이려 하지 않는 이들은 교회의 책망을 받아야 한다. 우리가 그들을 위해 기도하고 그들을 사랑할 때도 그렇다. 때로는 그들이 거듭 동료 신자들의 애정 어린 경고를 거부하면 그들과 관계를 끊어야 할 필요도 있다. 그렇지만 우리는 항상 그렇게 죄를 범하는 형제자매들이 그리스도를 따르는 데도 돌아오기를 간절히 바라며 그렇게 행한다. 우리는 급하게 동료 신자들과 관계를 끊어서는 안 된다. 우리 모두 그리스도인으로 살아가는 데 힘을 얻기 위해 공동체의 상호 지원이 필요하기 때문이다.

¹⁶ 평강의 주께서 친히 때마다 일마다 너희에게 평강을 주시고 주께서 너희 모든 사람과 함께 하시기를 원하노라

¹⁶ Now may the Lord of peace himself give you peace at all times in every way. The Lord be with you all.

¹⁷ 나 바울은 친필로 문안하노니 이는 편지마다 표시로서 이렇게 쓰노라 ¹⁸ 우리 주 예수 그리스도의 은혜가 너희 무리에게 있을지어다

¹⁷ I, Paul, write this greeting with my own hand. This is the sign of genuineness in every letter of mine; it is the way I write. ¹⁸ The grace of our Lord Jesus Christ be with you all.

이 마무리 인사에서 바울이 동료들 가운데서 주요 저자임이 다시 분명해진다. 그는 회중에게 평강을 주시기를 구하고, 자신이 이 편지의 저자임을 확실히 하면서, 그가 자주 건네는 은혜의 인사로 서신을 마무리한다.

≈≈≈≈≈ 단락 개요 ≈≈≈≈≈

Ⅴ. 축도와 서신의 마무리(3:16-18)

  A. 축도(3:16)

  B. 바울의 친필 인사(3:17)

  C. 은혜를 구하는 기도(3:18)

≈≈≈≈≈ 주석 ≈≈≈≈≈

3:16 바울은 이 서신을 축도로 마무리 하는데, 이 편지에서는 세 번째로 나온 것이다(참고. 2:16-17; 3:5). "평강의 주"라는 표현에서, 우리는 다시금 바울이 삼위일체의 첫 번째 위격을 가리키는지 두 번째 위격을 가리키는지에 관한 질문을 마주한다(참고. 3:3 주석). 그러나 아마도 이곳에서는 주로 주 예수 그리스도를 염두에 둔 것 같다(3:18). 바울은 구체적으로 "평강의 주"께서 주님의 본질적인 특성인 바로 그 "평강"을 교회에 주시도록 간구한다. 바울은 이와 유사하게 다른 편지의 결론에서도 교회에 평강이 임하기를 기도한다(예를 들어, 갈 6:16; 엡 6:23). 물론 종종 서신의 서두에 비슷한 호소를 하기도 하지만 말이다(참고. 살후 1:2 주석). 영어에서처럼 헬라어에서

도 바울은 이 평강이 교회에 포괄적으로("때마다 일마다") 적용되기를 기도한 것을 강조한다.

바울은 평강을 구한 것에 더하여, 전통적인 유대의 축복문을 따라 주님의 임재가 교회의 모든 사람'과 함께'하기를 간구한다(참고. 룻 2:4; 삼상 20:13; 대상 22:16; 딤후 4:22). 문맥을 통해 "주"가 주 예수님을 가리킨다고 (살후 3:12, 18) 볼 때, 이를 구약과 비교해 보면 매우 놀라운 점이 드러난다. 구약에서 유사한 축도가 한결같이 주 하나님의 언약적 이름인 여호와(Yahweh)를 언급하기 때문이다(참고. 신 2:7; 20:1; 수 1:9; 삿 6:12, 16; 렘 42:11; 암 5:14). 바울이 주 예수님에 대한 병행 표현을 사용한 것은 깊은 고기독론을 암시한다.

3:17 고대에는 대부분의 서신을, 서법과 헬라어 훈련을 받은 서기관 또는 대필자의 도움을 받아 기록했다(참고. 롬 16:22). 그러나 바울은 이 마무리 인사에 "친필로" 쓴 글을 삽입한다. 앞에서 보았듯이(참고. 살후 1:1; 2:5), 이는 그 서신이 근본적으로 사도의 작품임을 나타낸다. 물론 바울이 서신 내내 공동 저자로 실루아노와 디모데를 포함시키지만 말이다. 바울은 그의 대적들이 그의 이름으로 서신들을 위조하려 할까 봐 염려했을지도 모른다(참고. 2:2). 그래서 그의 서신들이 진짜임을 증명하는 이런 방법을 발전시켰다(참고. 고전 16:21; 갈 6:11; 골 4:18; 몬 1:19).

3:18 바울은 보통 주의 은혜가 교회 전체와 함께하기를 바라는 간단한 기도로 편지를 마무리한다(참고. 살전 5:28). 이 표준 마무리는 또한 서신이 진본이라는 표지이기도 할 것이다(살후 3:17처럼). 더 중요한 것은, 이 서신에서 바울의 마지막 말이 은혜에 대한 서두의 초점을(1:2) 다시 강조한다는 것이다.

복음 사역자들은 온당히 하나님의 백성에게 은혜와 평강을 구하는 바울의 습관을 본받아야 한다. 그래서 교회 예배는 보통 축도로 마무리된다. 그러나 우리는 은혜와 평강이 서로에게 임하도록 전심으로 기도할 수 있다. 더 나아가 이 서신에서 우리는, 신자들이 그리스도와 연합되어 있으므로 예수님이 우리 가운데 계심을 경탄하며 기억한다.

성경구절 찾아보기

국제제자훈련원은 건강한 교회를 꿈꾸는 목회의 동반자로서 제자 삼는 사역을 중심으로 성경적 목회 모델을 제시함으로 세계 교회를 섬기는 전문 사역 기관입니다.

ESV 성경 해설 주석

빌립보서-데살로니가후서

초판 1쇄 인쇄 2023년 2월 14일
초판 1쇄 발행 2023년 2월 27일

지은이 제이슨 C. 마이어, 앨리스터 I. 윌슨, 데이비드 W. 채프먼
옮긴이 김명희

펴낸이 오정현
펴낸곳 국제제자훈련원
등록번호 제2013-000170호(2013년 9월 25일)
주소 서울시 서초구 효령로68길 98(서초동)
전화 02) 3489-4300 **팩스** 02) 3489-4329
이메일 dmipress@sarang.org

ISBN 978-89-5731-863-8 94230
　　　978-89-5731-825-6 94230(세트)